THE
WITCH·

A HISTORY OF FEAR,
FROM ANCIENT TIMES TO THE PRESENT
RONALD HUTTON

巫师
一部恐惧史

〔英〕罗纳德·赫顿 著

赵凯 汪纯 译

GUANGXI NORMAL UNIVERSITY PRESS
广西师范大学出版社

·桂林·

WUSHI: YI BU KONGJUSHI
巫师：一部恐惧史

THE WITCH: A HISTORY OF FEAR, FROM ANCIENT TIMES TO THE PRESENT
Copyright © 2017 by Ronald Hutton
Originally published by Yale University Press
All rights reserved
著作权合同登记号桂图登字：20-2018-011 号

图书在版编目（CIP）数据

巫师：一部恐惧史 ／（英）罗纳德·赫顿著；赵凯，汪纯译 . —桂林：
广西师范大学出版社，2020.9（2025.3 重印）
书名原文：The Witch: A History of Fear, from Ancient Times to the Present
ISBN 978-7-5598-2909-2

Ⅰ．①巫⋯ Ⅱ．①罗⋯ ②赵⋯ ③汪⋯ Ⅲ．①巫术—历史—世界
Ⅳ．①B992.5

中国版本图书馆 CIP 数据核字（2020）第 094228 号

广西师范大学出版社出版发行

（ 广西桂林市五里店路 9 号　邮政编码：541004 ）
　网址：http://www.bbtpress.com
出版人：黄轩庄
全国新华书店经销
深圳市精彩印联合印务有限公司印刷
（深圳市光明区马田街道新庄社区同富工业区 B 栋 103　邮政编码：518107）
开本：880 mm × 1 240 mm　1/32
印张：14.875　　　字数：250 千字
2020 年 9 月第 1 版　　　2025 年 3 月第 8 次印刷
定价：89.00 元

如发现印装质量问题，影响阅读，请与出版社发行部门联系调换。

目　录

第一部分　深度视角

致　谢

　　这本书的写作时间已逾二十五年，其间欠下了很多"人情债"。我在20世纪80年代，对本书的写作主题产生了最初的想法，其中部分源于对英国民间传说的兴趣，而后这个兴趣又因为我对"仪式年"（ritual year）[1] 历史的研究而变得愈发强烈；另一部分则是源于我的旅行经历，特别是在波利尼西亚群岛和当时的苏联的旅行，增添了我对本土宗教和魔法以及萨满教的兴趣。从20世纪90年代开始，我在牛津大学、莱斯特大学、爱丁堡大学以及（当时的）威尔士大学以客座演讲和研讨会论文的形式对主题进行初步的尝试；进入新世纪以后，这种尝试依然在爱丁堡、牛津、达勒姆、埃塞克斯、奥博、哈佛、俄亥俄州立、耶路撒冷和曼彻斯特等高等学府中开展。自1999年起，我也逐步将其中的一些观点发表出来，这些作品既是本书的基石，也为本书提供了参考。因此，我要衷心感谢这些学术机构的主办方，感谢接纳我那些早期作品的期刊、论文集和出版社的编辑，以及评论这些作品的同行评议者，还要感谢许多图书馆工作人员和档案管理人员，他们对我的研究工作给予了极大的热情和善意。为此，我仅在这小小的篇幅里致以我诚挚和持久的敬意。

1　译注：仪式年是中世纪生活中的一种基本观念，是循环的宗教和民俗节期的统称。

　　除此之外，在本书的研究和写作过程中，我也获得了非常多的帮助。2013 至 2017 年，在莱弗尔梅信托基金（Leverhulme Trust）的资助下，我得以成立了一个为期三年的项目组研究"巫师形象"，成员包括我的助手露易丝·威尔逊（Louise Wilson），我的学生黛博拉·莫雷蒂（Debora Moretti）。之后还吸引了其他学生加入进来，比如，维多利亚·卡尔（Victoria Carr）、谢里登·摩根（Sheriden Morgan）和塔比莎·斯坦莫尔（Tabitha Stanmore），以及艺术家贝丝·科利尔（Beth Collier），他们给我们提供了多种资源的支持。我的同事吉纳维夫·利弗里（Genevieve Liveley）在经典文学和古代历史方面有着非常丰富的经验，他为组织专题讨论会做了非常宝贵的工作。这个团队活力十足、和谐友爱，实在是棒极了，为我们的工作提供了完美的环境。露易丝是个理想的助手，她校阅了书稿。简·布雷默（Jan Bremmer）、马克·威廉姆斯（Mark Williams）、夏洛特 – 罗斯·米拉（Charlotte-Rose Millar）和维多利亚·卡尔审读了部分章节，提出了非常有价值的建议。阿娜·阿德南（Ana Adnan）通读了全文，另外，她再次证明了自己在陪伴作者这种"出了名"的艰巨任务上，颇具异禀。

　　专业上的同事也提供了很多帮助，他们对本书的诸多贡献已经一一记载在本书的参考文献里。事实上，如果你认真阅读一下这些注释就能发现，历史书写已经变成一个共同协作的过程。在过去的几十年里，史学家之间的个人恩怨和意识形态之争已经明显减少，在如今欧洲巫术和魔法信仰专业研究这个内容庞大而地域辽阔的领域里，这样的争斗尤其少。在这个领域，我从未见过有人卷入这样的争斗中，我自己更不可能参与其中，因为我无法将这些同事视如仇雠，他们中的大多数是熟人，一些更是密友，相信本书的参考文献也能让你有这样的感觉。作为收束，我想表达与两位伟大的前辈交往所感到的荣幸，并向第三位前辈致敬。

第一位前辈是卡洛·金兹伯格（Carlo Ginzburg），从1981年在牛津大学读书时，我就经常反复听闻他的那些名言，但直到在2009年哈佛大学召开的学术会议上才终于与他建立了友谊。我记得那是一个炎热的夏日傍晚，我们一起在麻省剑桥散步，其间他向我介绍了自己是如何第一次发现本南丹蒂（benandanti）的记录并揭示其存在的。第二位是理查德·基克希弗，那又是一次夏日散步，这回我与他（还有其他与会者）同行在耶路撒冷。但当时大家都忧心忡忡，因为我们要参加一个学术会议，而我还要发表演讲，却被一个狡黠的出租车司机丢在了陌生的街头。他用手机示范了新技术，用卫星地图指引我们步行到达了参会地点，让我不至于失约，也让东道主的安排不至于落空。第三位是诺曼·科恩（Norman Cohn），他对我来说非比寻常，虽然我们只有一面之缘。1973年，我在剑桥大学读书时看到了他的一篇论文。作为回应，我试图证实查尔斯·戈弗雷·利兰（Charles Godfrey Leland）在19世纪的作品《阿拉迪亚》（*Aradia*）是了解中世纪和近代早期巫术的可靠资料，但他推翻了我的论点。他的态度尔雅温文，直到后来我才认识到他是对的，而那依然是一段惨痛的教训。他的观点后来在我的许多作品（包括本书）中发挥了很大的作用，这证明了个人际遇对学术判断的影响微乎其微，也证明了最好的教训往往都是非常尖锐的。谨以此书献给这三位指引我成长的巨人。

题 记

巫师的定义

什么是巫师？1978 年，由宗教人类学权威专家罗德尼·尼达姆（Rodney Needham）提出的一种标准的学术定义是："以神秘手段伤害他人的人"。在如此陈述时，他有意识地完全不带个人观点，只是对公认的学术共识做了一个总结，这类学术共识将巫师形象看作人类的"原型"（primordial characters）的一种。他进而补充，再也没有其他能够被广泛接受的严格定义了。[1] 如果考察仅止于此，那么他当然是正确的，因为英语国家的学者，无论是在尼达姆之前，还是自他以后，都使用"巫"（witch）这个字来处理全世界耳熟能详的这种人的形象。近年来，唯一将欧洲的巫师审判放在全球语境下进行系统研究的历史学家沃尔夫冈·贝林格（Wolfgang Behringer）将巫术称为"当代人认识中的各种各样的邪恶魔法和妖术"[2]。在这里，他自觉地延续了一种学术规范。这种用法一直存在于欧洲以外世界的人类学家和历史学家中：举个最近的例子，2011 年，凯瑟琳·卢翁戈（Katherine Luongo）

1　Rodney Needham, *Primordial Characters*, Charlottesville, 1978, p. 26.

2　Wolfgang Behringer, *Witches and Witch-hunts*, Cambridge, 2004, p. 4.

在研究 20 世纪初肯尼亚巫术与法律的关系时，"在欧－美语义中"把巫术定义为"魔法伤害"。[3]

然而，这只是这个词当前的一种用法。事实上，尽管上面讨论的概念似乎在学术界最广泛也最常见，但在英－美语义中，它至少还有另三种不同形式的定义。这另外几种定义或将巫师形象定义为使用魔法的人（为了有益的目的而使用魔法的人通常被称为"好巫师"或"白巫师"）；或将它看作某种基于自然的非基督宗教的修习者；或将它作为独立女权和反抗男性统治的象征。[4] 它们在当下都是有效的，把其中任何一种用法视为错误，就是在暴露自己常识、学养上的不足。事实上，这四个定义并存的状况，正是当今巫术研究如此令人兴奋和引人关注的原因之一，同时也造成了困难。后两个定义代表着这个词的现代意义，它们源自 19 世纪，在 20 世纪晚期得到发展，而前两个则都有好几个世纪的历史。但将"巫师"作为从事有害魔法的人，这个用法不仅更普遍，而且似乎已被那些真的相信魔法并向它求助的人所采纳，他们代表着前现代社会的大多数人。它沿袭了中世纪以来的传统，被用来形容所有民间魔法师，当时教会人士充满敌意地用拉丁文术语来虚饰"witch"一词，指称一系列显然在使用有益魔法的人。这似乎是一种舆论工具，用原本形容具破坏性或令人憎恶的魔法使用者的词，抹黑所有使用魔法的人。[5] 因此，本书将遵循主流的学术惯例，只将"巫师"一词用以指称所谓使用破坏性魔法的人。这样的用法可

3　Katherine Luongo, *Witchcraft and Colonial Rule in Kenya 1900–1955*, Cambridge, 2011, p. 49.

4　如前，我将基督教之前的欧洲和近东宗教称为"异教"（pagan），并将那些从这些宗教中吸收形象和观念的现代宗教称为"非基督宗教"（Pagan），以示区分。关于巫术形象的现代意义的发展，可参见 Ronald Hutton, *The Triumph of the Moon: A History of Modern Pagan Witchcraft*, Oxford, 1999。

5　我打算在以后的著作中详细论述这一点。

能会让一些人感到困惑，毕竟他们现在习惯把这个词当成魔法使用者的统称（甚至特别用以指代使用善意魔法的人）。但我希望在读过本书后，他们能够理解，鉴于本书关注的重点，我的选择是有一定的价值的。

接下来，我们需要解决另一个定义：什么是魔法？在这里，本书所使用的是我在早期作品中详细讨论并证明过的定义[6]，它被用在我随后发表的所有涉及此类主题的作品中："为了达到某种特定的目的，人类对超自然力量或隐藏在自然界中的精神力量进行控制、操纵和引导的任何形式化行为"。为了与它相区别，我在同一部作品中将宗教定义为"笃信有某种精神体或精神力量存在，认为它们在某种程度上对这个宇宙负有责任，人类需要与它们保持关系，给予它们尊重"，当一群人都拥有同一种笃信的时候，"宗教"就形成了。实际上我们从这些表述中可以清楚地知道，两者之间也许存在着相当大的重叠，比如，可以通过一种魔法仪式来"看到"崇拜的神祇，或与其互动。魔法的确可以算作宗教内部的一个概念，但当人类完全出于实际需要而试图操纵某种与神祇没有直接关系的精神力量时，就可以将魔法视为某种独立于宗教之外的概念。

如果将那些以魔法为害的人称作"巫师"的话，那么那些声称可以将魔法用于善意目的的人，以及那些被相信有这种能力的人，又该怎么称呼呢？大多数传统人类社会都有这样的形象。他们中有些人只精通一种魔法技巧，以及（或者）只提供一种魔法服务，比如疗愈、占卜、消除巫术的影响、寻找遗失或被盗物品，或者引诱一个人爱上

6　Ronald Hutton, *Witches, Druids and King Arthur: Studies in Paganism, Myth and Magic*, London, 2003, pp. 98–135.

另一个人，而有些人则无论在方法还是"业务"上都很全能。在极简单的社会里，他们服务的对象是整个社群，也因出众的能力享有荣誉和特权。而在较为复杂的社会群体中，他们则更多地作为独立的经营者来运作生意，就像其他类型的手艺人一样为委托人提供技能服务。在英格兰，他们通常被当作术士（cunning folk）或智者，而英语国家的学者在研究欧洲以外的传统社会时，则将这类人称为"药师"（medicine men or women，特别是北美地区）或"巫医"（witch-doctors，特别是非洲）。在非洲说英语的地区，最近常把他们称为"传统的疗愈师"（traditional healer），但这种说法具有双重误导性，因为他们不断在创新，甚至接受了外来的传统观念，而且疗愈只是他们提供的一小部分服务。事实上，对许多人来说，占卜（特别是向人指明不幸的原因）更加重要，因为这些魔法师都声称自己拥有源自看不见的存在的特殊能力，所谓的"拥有魔法"也就成了他们的主要特征。[7] 本书使用了"服务型魔法师"（service magician）来称呼这类人。"术士"、"药师"、"巫医"这些称呼似乎只能用于某种特定的文化，即便是在英语中它们也只涵盖了一部分名称。"魔法修习者"（magical practitioner）这个更具法律意味的术语最近在学者间越来越流行，但它的缺点在于，从逻辑上看这个词涵盖了所有出于各种目的而修习魔法的人，其中包括了那些出于私人或利己目的而修习魔法的人，也包括了巫师。而"服务型魔法师"这种表达方式胜在总结了这类人一直以来的特殊功能，亦即为委托人提供魔法服务。在许多人看来，无论巫师还是魔法师都需要获得某种帮助，在英语中这些提供帮助的实体被称为"灵体"（spirits），本书也对它们进行了考察。我将它们定义为"超人类体"（superhuman

---

7　关于这一点，参见 Adam Ashforth, *Witchcraft, Violence and Democracy in South Africa*, Chicago, 2005, pp. 50–61。

beings），具有一种大多数人在大多数时候都看不见听不到的属性，被认为会对显在的物质世界进行建设性或破坏性的干预。根据这种用法，最高形式的灵体，掌握着宇宙的方方面面，控制着宇宙中的活动，它们被称为"神祇"（deities）、"女神"（goddesses）或"神"（gods）。然而，世界各地的传统民族还构想出很多次级灵体，从神祇的仆从和信使，到某种树木或水体的生命力，乃至表面看来没有生命的人造物比如火炉。将它们称为"灵体"是一种传统，但近期某些人类学家，以及一些受他们影响的学者开始放弃这种称呼，认为它过于以欧洲为中心，背负的包袱太重。我依然保留这样的用法，因为这个词在历史上是由非常相信这类实体的人创造的，而本书主要关注的就是这种"内部人士"。再者，他们所赋予"灵体"一词的上述意义依然具有共通性，有助于在历史脉络中对它加以理解，而不是把它复杂化。不过，我又用"精神"（spirit）来描述一种人类意识，许多民族相信人类意识具有独立于肉体的生命，并且能够与肉体分离。如此一词多义并不一定会带来混乱，因为，正如我们后面将会说明的那样，"灵体"和"精神"有时可以混为一谈。

最后，我延续了上一本书中的三个描述惯例，并详细解释了自己这么做的原因。[8] 我使用"异教"（paganism）这个词来代表欧洲和近东的前基督（pre-Christian）[9]宗教，并将它限制在对有关神祇的主动崇

8　Ronald Hutton, *Pagan Britain*, London, 2013, pp. viii–ix.

9　译注："pre-Christian"，前基督教，这个词并非指称"基督教诞生"以前，而是指一个地区被"基督教化"以前。例如，斯堪的纳维亚半岛的一些地区至 8 世纪后才基督教化，东欧某些地区则晚至 12 世纪以后。因此，各地的"前基督教"时期各不相同。相应地，在"前基督教"时期流行的宗教被称为"前基督宗教"。另，在某些基督教乐观主义者看来，所有非基督教徒都可被称为"前基督教徒"，喻指他们总有一天会成为基督徒，本书无此意。

拜上。我沿用了"不列颠群岛"（British Isles）这种旧式表达来描述整个复杂的岛屿群，其中不列颠是最大的岛（爱尔兰第二大）；使用地理意义上的"不列颠"，而不是政治意义的"英国"来指代该群岛的主要自然组成部分。我使用传统的缩写词"BC"和"AD"来表示历史时代，而不是在宗教上更加中立的、近期才出现的"BCE"和"CE"。[10]同以前一样，我选择的描述都充分尊重了出版方的普遍惯例，但也试图表现出一种勇敢的姿态，以符合我所主张的各宗教之间相互宽容和尊重的理想。

10　译注：译文不受此影响。

导　言

　　本书的主要目的是帮助人们了解与巫术有关的信仰，以及由巫术信仰引发的近代早期欧洲对所谓巫师进行的臭名昭著的审判。在过去四十五年里，它在国际上已经成为最有活力、最让人兴奋和研究者最多的学术领域之一。而且，它还是新文化史学研究的范例，充分说明了历史学家们在向当今世界解释、阐明和展示那些现代人难以理解的观念和态度方面的作用。在此过程中，对有关信仰和审判程序的理解取得了巨大的进展，但在英语地区和欧洲大陆的学者之间却出现了比较大的分歧。

　　世界各地的英语地区学者从犯罪学、心理学、文学批评、文化研究和科学哲学等视角贡献了很多真知灼见。他们对社会和政治权力结构以及两性关系研究特别感兴趣，并生产出了很多优秀的作品。比如英国的詹姆斯·夏普（James Sharpe）、斯图尔特·克拉克（Stuart Clark）、黛安娜·珀基斯（Diane Purkiss）、林达尔·罗珀（Lyndal Roper）、马尔科姆·加斯基尔（Malcolm Gaskill）、罗宾·布里格斯（Robin Briggs）和朱利安·古达尔（Julian Goodare）等人的作品都非常出色。然而，他们在人类学、民俗学和古代历史方面涉猎较少，尽管在 20 世纪前三分之二的时间里，这方面的研究在英国史学界还特别流行。在许多方面，学术后辈关注重点之不同代表了一种反应，这种反应最初源于学术自觉，他们对早期研究方法的反对是由整个学术风向的转变而引发的，在本书正文部分我们将探讨这个问题。这种转变所带来的一种结果是，与之前相比，学者对促成近代早期巫术刻板印象的大众观念和传统失去了兴趣，并以此反对那些依然执着于此的同侪。另一方面，巫术信仰的古老根源及其与近代早期审判之间的关系这一课题，依然是一些欧洲大陆学者的兴趣所在。他们试图将支持了这些审判的信仰体系与"前基督教"传统，特别是与后者在大众文化中的表现联系起来。这导致他们对古典学、民俗学和欧洲以外类似现象的兴趣要比英语国家的学者大得多，卡洛·金兹伯格、埃娃·波奇（Éva Pócs）、古斯塔夫·亨宁森（Gustav Henningsen）和沃尔夫冈·贝林格等学者是这类方法的著名代表。他们应用这类方法提出了另一系列洞见，但反过来也容易招致另一种批评，比如误用现代民俗材料来填补对早期社会理解的空白，以及不够关注地区差异性，试图用陈腐的和世界性的信仰体系构建一种普遍模型。

本书试图将这两种方法结合起来，从而提高它们各自的效用，同时又不忽视其局限性。因此本书尤其重视不同地区与超自然现象相关的信仰体系，以及这些体系支持、限制或否定某种普遍模型的方式。

本书的中心问题是：民族志的比较关系，在书面文本的传播及地方流行传统中体现的古代及中世纪早期的巫术观念，它们究竟与近代早期巫术信仰和巫师审判模式及性质之间有着怎样的相关性？本书由三个逐步收缩的视角构成，分别对应书中的三个部分。第一个视角介绍的是近代早期资料能够并且已经置身其中的广阔语境：首先，在民族志研究的基础上，比较了世界范围内、欧洲以外的社会对巫术的态度，以及对被怀疑是巫师的人的看待方式；其次，考察了古代欧洲和近东社会中的类似现象，特别强调了它们在不同文化中的巨大差异，以及大部分信仰和实践与后来的欧洲历史的相关性；最后，讨论了泛欧亚大陆萨满教传统是否在欧洲巫术和魔法信仰方面发挥了重要的作用，这个内容绕不开对萨满教定义的探讨。

第二个视角展示了如何将第一部分的见解应用于作为近代早期巫师审判背景的欧洲大陆的中世纪研究中，还应用于考察现存的当地传统——特别是大众传统——对这些审判模式和性质的意义。首先，考察了受教育阶层的仪式性魔法，这是魔法活动的一个分支，它的起源和性质与巫术完全不同，在实践中也很少与巫术相混淆。然而因为中世纪正统基督教官方经常将它与巫术联系在一起，引发了社会上愈发强烈的敌对情绪，这种情绪在后来成为近代早期猎巫行动的根源之一。本章讨论的是这种魔法的古代根源，继续沿用第一部分广角的视角，但重点放在欧洲和近东，尤其注重这种魔法从古典时代晚期的传统发展成其中世纪形态的过程。下一章，讨论了中世纪夜游灵体和它们的人类伙伴，这也是一种为巫师审判提供了材料的复杂观念。这一部分的第三章追溯了中世纪巫术观念的演变，依次考察了基督教的影响、中世纪巫师审判的发生率和近代早期撒旦巫师刻板印象的起源。最后一章考察了近代早期巫师审判本身的模式和性质，以确定这两者在多大程度上受到了各地区大众传统的影响。

本书的第三部分将前两部分的方法和资料用于研究不列颠群岛这个特定的欧洲地区。它特别关注不列颠巫师审判的三个具体方面，这些方面最近一直是学者感兴趣和讨论的主题，也是他们努力突破的方向。第一个方面，是近代早期想象和不列颠巫师审判中的巫师和妖精（fairies）之间的关系问题。这个问题要求我们探索近代早期不列颠的妖精信仰的发展和性质。第二个方面研究了巫师审判在不列颠群岛的凯尔特语言和文化区域的情况，并尝试回答以下这个问题：可以像使用近代早期材料一样，用中世纪和现代民间传说来建立一种有效的解释模式吗？这部分的最后探讨了英格兰巫师的"动物密友"这一特有的现象，并将它放在全球、欧洲大陆、古代和中世纪视角中讨论，以期增进对它的了解。

第一部分　深度视角

I 全球语境下的巫术

　　将欧洲近代早期的巫师审判放在全球语境下考察的好处在于，可以判定这些巫师审判，以及欧洲人对于巫师的印象中，哪些元素是特别"欧洲"的。这么做也许可以帮助我们回答这样一个问题：从全球范围看，近代早期欧洲发生的巫师审判究竟是一种特殊现象，还是人类在任何时期任何地方都具有的某种共同行为在某个区域呈现出来的特别戏剧性的表现？要回答这个问题，首先必须确定考察的目标，并弄清英语世界所认知的巫师形象应该具有哪些特征。"破坏性魔法使用者"这个前文所采用的定义，确立了近代早期欧洲巫师审判中被起诉者的第一个，也是最重要的特征：他们对同胞构成了直接威胁。在许多案例中，他们被认为以非物质和离奇的手段给其他人带来不幸或伤害。而且，通常很多指控，都声称他们破坏了社会的宗教和道德基础。基于这些巫师审判和反映出来的意识形态，巫师的形象还有另外几个鲜明特征。第二个特征是巫师伤害的是邻居或亲属，而不是陌生人，因此他们是来自社区内部的威胁。第三个特征是巫师的出现并不是孤立和独有的事件。人们认为，巫术在某种传统中运作，汲取了从传统中传承下来的技术和资源，这就要求巫师继承、领受或者自发表现出与之相关的特殊能力。第四个特征是巫师对社会带有强烈而普遍的敌意。巫师所使用的巫术从来都没有正式地被作为寻仇或与敌人对抗的合法手段。公众自发地对他们带有愤怒和恐惧的态度，常常认为他们之所以为害，是出于一种对人类社会的普遍仇恨，还与宇宙间的邪恶超人类力量结成了联盟。在欧洲，这个邪恶的力量是基督教中著名的魔王撒旦（Devil）。最后，人们普遍认为巫师应该被抵抗，也可以被抵抗，最常见的办法是强迫或者说服他们解除诅咒；或者直接攻击其身体来杀死或者伤害他们；又或者通过法律起诉，用合法的惩罚甚至是死刑来破坏他们的能力。

研究近代早期巫师审判的专家几乎都会接受以上罗列的五个关于巫师形象的决定性特征，如果它们实在有什么问题的话，可能就是太陈词滥调了。不过，这些特征作为标准，依旧比起过去采用的更精确，适用于世界范围内的巫师比较研究。从某种意义上看，这项研究的结果似乎已成定局。因为几个世纪以来，学者们一直在寻找与欧洲巫师相似的形象，实际上也使用了英文单词"witch"来指代他们。然而，我们必须再次提请学者在进行必要的比较时要格外谨慎，并且可以引入更大的材料样本。此外，不能保证大部分从事欧洲巫师审判研究的专家都认为这种比较研究有价值。研究欧洲巫师审判的专家和研究世界其他地区所谓"巫术"的专家之间的关系，是段冗长、有时还充满矛盾的故事，彼此有很大的分歧。我们必须首先从这个故事开始说起。

历史学家、人类学家与巫术：友谊错了吗？ [1]

20世纪60年代，使用全球性方法研究巫师形象在英国学者中曾是一种常态，这主要是因为20世纪中期巫术领域的大部分成果来自

---

[1] 本节第一部分的大部分材料来源于本人公开发表的 "Anthropological and Historical Approaches to Witchcraft: Potential for a New Collaboration?", *Historical Journal*, 47 (2004), pp. 413–434, 其中有完整的引证。

人类学家在对欧洲之外，特别是撒哈拉以南的非洲地区的研究所得。
60 年代末英国专家在欧洲巫师审判领域涌现，他们不仅使用人类学资料来解读欧洲的证据，还坦承他们对这一问题的兴趣部分是受到这些海外报告的启发。[2] 而人类学家也以合作的姿态积极回应，因此，在他们关于巫术的学术会议和论文集中经常收录欧洲历史学专家的论文。[3] 罗德尼·尼达姆在 1978 年那本将巫师视作一类"人类原型"（human archetype）的作品中，使用的就是非洲和欧洲的资料，他断言，这种比较方法是至关重要的。[4] 然而，当时这种观点已经开始没落了。它没能说服美国的历史学家，他们声称非洲"原始"社会群体与近代早期欧洲那种更为复杂的文化和社会几乎没有什么相似性。[5] 这种观点也影响到美国的一些人类学家，他们早在 20 世纪 60 年代末前就曾警告说，"巫术"一词已经被当成各个社会中本质上完全不同的现象的标签。[6] 即使在英国，在历史学和人类学合作的鼎盛期，这两个学科的杰出人物都强调这种学术交流应该谨慎。[7]

最终将这种合作终结的是人类学自身的转变，欧洲殖民帝国的解

2　Keith Thomas, "The Relevance of Social Anthropology to the Historical Study of English Witchcraft", in Mary Douglas (ed.), *Witchcraft Confessions and Accusations*, London, 1970, pp. 47–48; Alan Macfarlane, *Witchcraft in Tudor and Stuart England*, London, 1970, pp. 211–253; Norman Cohn, *Europe's Inner Demons*, Falmer, 1975, pp. 220–223.

3　Douglas (ed.), *Witchcraft Confessions and Accusations*; Max Marwick (ed.), *Witchcraft and Sorcery*, Harmondsworth, 1970.

4　Rodney Needham, *Primordial Characters*, Charlottesville, 1978, pp. 23–50.

5　H. C. Erik Midelfort, *Witch Hunting in Southwestern Germany*, 1562–1684, Stanford, 1972, p. 5; E. William Monter, *Witchcraft in France and Switzerland*, Ithaca, NY, 1976, p. 11.

6　T. O. Beidelman, "Towards More Open Theoretical Interpretations", in Douglas (ed.), *Witchcraft Confessions and Accusations*, pp. 351–356.

7　例如，E. P. Thompson, "Anthropology and the Discipline of Historical Context", *Midland History*, 1 (1972), pp. 46–55；以及 Max Marwick, review of Macfarlane, *Witchcraft in Tudor and Stuart England*, in *Man*, N. S. 6 (1971), pp. 320–321。

体引起了对这一学科的传统框架的排斥。当时的人类学被视为帝国主义的侍女，因此学者开始反对将欧洲的术语和概念强加在其他社会之上，也反对比较这些被术语简单化了的社会。如今学者们转向特定社区，将其视为独特的存在，更多地运用其自身的语言和心理模式尽可能地透彻分析（当然，这也给了声称拥有关于那些社区"特殊知识"的个别学者附加的价值和权力）。这种自觉的"新人类学"在20世纪70年代早期进入了英国的大学校园。[8]1975年，来自美国的"新人类学"倡导者，希尔德里德·格尔茨（Hildred Geertz）公开表达了对历史学家基思·托马斯（Keith Thomas）的严厉批评，后者是将人类学概念应用于英国历史方面最杰出的践行者。格尔茨指责他将英国人从18世纪以来建立的人类学分类方法用作对付其他民族的文化武器，并从总体上质疑将某种文化特征推广为一般概念，用于跨时代和跨地域的比较研究的做法。她实际上并没有质疑学术分类本身的价值，只是在讨论应该更加谨慎和更具批判性地使用它们；但托马斯借由这场论争指出，西方历史学家现在的确需要从与欧洲之外文化的比较中抽身出来，专注于他们自身的社会，因为只有在那里，他们的学术术语才是原生且适用的。[9]

在此过程中，他明确承认了人类学的变化，即人类学家在运用西方概念理解非西方文化方面已经变得谨慎，并更加倾向于使用他们所研究的民族自身的概念作为参照。他承认，他们希望全面重建不同的文化体系，而不是像历史学家那样不假思索地使用诸如"巫术"、"信仰"和"魔法"等词语，并对它们进行比较研究。为防有同行错过了

---

8 Edwin Ardener, "The New Anthropology and its Critics", *Man*, N. S. 6 (1971), p. 449–467.

9 Hildred Geertz and Keith Thomas, "An Anthropology of Religion and Magic", *Journal of Interdisciplinary History*, 6 (1975), pp. 71–110.

这场论争，在 1973 至 1976 年之间，托马斯在牛津大学的人类学同事马尔科姆·克里克（Malcolm Crick）的研究不断强调了这个观点，并将其具体应用于巫术研究领域。克里克呼吁将英语中的巫师形象与其他特定社会中那些掌握不同种类离奇能力的人联系起来，从而将巫师的概念"融入更大的参照框架"。他还断言，不同文化之间的概念范畴差异很大，因此"巫术"根本不能被当作一般性主题来对待，他告诫历史学家应该远离民族志材料，并宣布（而没有实际证明）"英语世界的巫术并没有其他文化中的标签化现象"。[10] 研究欧洲巫术的历史学家接纳了这个观点，20 世纪 70 年代末以来，有关近代早期巫师信仰和审判的研究，采用与欧洲世界（有时甚至包括欧洲海外殖民地）进行跨文化研究方法的研究数量越来越少。偶尔有学者将欧洲和非洲的材料予以比较，但都不是巫术研究的佼佼者，或长期在此领域耕耘的人。[11]

1989 年，一篇题为《无人类学的历史学》的文章立场分明地表示：人类学家已经非常有效地扼制了历史学家进一步涉猎巫术课题的兴趣。[12] 具有讽刺意味的是，在同一时期，人类学家们自己再一次改变了想法。从某个重要意义上看，他们从未放弃他们中的很多人在 1970

10　Malcolm Crick, "Two Styles in the Study of Witchcraft", *Journal of the Anthropological Society of Oxford*, 4 (1973), pp. 17–31（引文见第 18 页）；以及 *Expositions in Language and Meaning, London*, 1976, pp. 109–127。

11　例如，Robert Rowland, "Fantasticall and Devilishe Persons: European Witch Beliefs in Comparative Perspective", in Bengt Ankarloo and Gustav Henningsen (eds.), *Early Modern European Witchcraft*, Oxford, 1990, pp. 161–190。

12　J. H. M. Salmon, "History without Anthropology: A New Witchcraft Analysis", *Journal of Interdisciplinary History*, 19 (1989), pp. 481–486. 历史学家普遍接受了这一信息，从 1991 年开始，我在其他大学的客座演讲和研讨会中建议，尝试对来自世界不同地区的资料进行比较可能是有益的，但总是被人告知，人类学家们已经宣告这种做法无论如何都是无效的。

年代就批评过的比较学方法和西方术语，因为就算是那些使用本土术语描述非欧洲地区魔法实践的研究者，也依然要在标题上用到诸如"巫术"、"魔法"这样的英语表述。大多数情况下，他们也继续将这些词放在他们文章的引言中，一些学者还把这些英文表述引入他们地方性研究的学术框架：对于英语地区的学者来说，这些术语仍具有一种"国际语义通货"（international semantic currency）的价值。到 20 世纪 90 年代，一些最杰出的人类学家开始越来越积极地与欧洲历史学家展开新的合作。有人认为，将人类学限制在运用参与观察法，对具体的小规模社会进行整体的田野调查，是"学术上的狭隘"，切断了该学科与宗教史的联系。[13] 有人则利用现代非洲和近代早期欧洲的材料，将不同社会对巫术和麻风病的拒斥态度进行比较，并以此展开对猎巫现象的考察。[14] 还有人认为近代早期的巫术形象和非洲信仰密切相关，明确抨击了先前认为"巫术"这个词在跨文化比较中缺乏有效性的论断，并将这种比较当作一种学术责任。[15] 1995 年，英国社会学家安德鲁·桑德斯（Andrew Sanders）也对那些论断提出了类似的质疑，他发表了一项世界范围内的巫师形象调查报告，其中兼用了欧洲历史上的和现代的民族志记录。[16] 这方面最重要的发展来自非洲研究者。他们呼吁重新强调在巫术研究中使用跨文化比较的方法。因为在这些后殖民时代的非洲大陆国家中，对巫术的恐惧和对巫术嫌疑人的攻击不断

13　A. -L. Siikala, "Introduction", in A. -L. Siikala and M. Hoppal (eds.), *Studies on Shamanism*, Helsinki, 1992, pp. 15–16.

14　Mary Douglas, *Risk and Blame*, London, 1992, pp. 83–101; 以及 "Sorcery Accusations Unleashed", *Africa*, 69 (1999), pp. 177–193。

15　J. S. La Fontaine, *Speak of the Devil: Tales of Satanic Abuse in Contemporary England*, Cambridge, 1998, esp. pp. 180–192.

16　Andrew Sanders, *A Deed Without a Name*, Oxford, 1995.

升级，已经成为这些地区最令人困扰和（对于大多数人来说）令人震惊的特征之一，这是非洲独立之后现代化进程的回响——这一点我们将在下文讨论。研究这一现象的人类学家想要说服西方同行，让他们不再执意将非洲的巫术信仰归咎于这些地区人民的"迷信"或"落后"。20 世纪 90 年代中期，一些杰出的非洲研究者对此提出了直接的呼吁，他们提倡回到原来的比较方法上来，强调巫术信仰是一种全球流行的现象，在相对较晚近的欧洲历史里也同样盛行。[17] 其中的典型代表是彼得·赫希尔（Peter Geschiere）对喀麦隆进行的一项颇有影响力的研究。他的结论是，"这些如今在整个非洲被统一翻译成'巫术'的观念，反映了与所有人类社会面临的共同困境所做的斗争"。他邀请人类学家研究欧洲巫师审判，并表示，人类学家近期对这一课题的忽视比欧洲历史学家在非洲类似课题上失去兴趣"更令人担心"。近代早期欧洲专家说现代非洲社会和他们的研究重点完全不一样。但赫希尔认为，特别是在欧洲的殖民地管理者和定居者的统治精英的介入下，20 世纪初非洲社会和文化的复杂程度和 16 世纪的欧洲并无二致。[18] 到了 2001 年，一本非洲巫术论文集的编撰者在引言部分告诫学者不要将巫术信仰研究限制在"世界上任何一个地区或任何一个历史时期"[19]。在现代非洲的城市中心，多元文化视角已变得至关重要：例如，约翰内斯堡索韦托（Soweto）郊区的巫师形象就是由多个原住民族群的观

17　Ralph A. Austen, "The Moral Economy of Witchcraft", in Jean and John Comaroff (eds.), *Modernity and its Malcontents*, Chicago, 1993, p. 94; Ray Abrahams (ed.), *Witchcraft in Contemporary Tanzania*, Cambridge, 1994, p. 12; Barry Hallen and J. Olubi Sodipo, *Knowledge, Belief and Witchcraft*, Stanford, 1997.

18　Peter Geschiere, *The Modernity of Witchcraft*, Charlottesville, 1997, pp. 188–223.

19　George Clement Bond and Diane M. Ciekawy (eds.), *Witchcraft Dialogues*, Athens, OH, 2001, p. 5.

念与舶来的荷兰、英格兰移民者的观念在 20 世纪 90 年代结合而成的产物，并以近代早期欧洲对巫术的刻板印象为基础。[20] 然而，让历史学家和人类学家在这个问题上达成和解，还存在着相当大的困难。

尽管有些学者呼吁回归比较方法，但实际上很少有非洲研究者注意研究世界上其他地方或时期出现的巫师形象。那些试图引用近代早期欧洲资料的学者似乎对 20 世纪 70 年代以后发表的相关研究成果一无所知，而从 70 年代开始，国际上这一领域的研究开始蓬勃发展，研究形式也更为复杂，完全超越了此前的研究成果。至于为何研究巫术的历史学家大都不再阅读人类学著作，大概因为没有人类学家鼓励这么做。在这二十多年间，其他专业的跨学科研究已经获得了许多令人印象深刻的成果，而恢复历史学与人类学的联系还需要大量额外的探索性工作。到了 20 世纪 90 年代，巫术领域的非洲研究者或许能从与欧洲巫术的比较中受益，但就连人类学家自己也无法清楚地说明，欧洲历史学家能从中收获到什么。讽刺的是，20 世纪 80 至 90 年代对欧洲巫术研究产生深远影响的新兴文化史学，某种程度上是人类学研究发展的成果，但历史学家却一再与这种机会擦身而过。

因此，毫无意外地，历史学家基本都忽视了展开新一轮对话的机会，人类学家也不再提供这种机会。在 21 世纪初，我发表了两篇文章，提醒大家关注历史学和人类学的比较研究，并指出从事欧洲近代早期研究的专家能从比较研究中获得哪些明确的收获。[21] 然而，这两篇论文

---

20   Adam Ashforth, "Of Secrecy and the Commonplace", *Social Research*, 63(1996), pp. 1183–1234.

21   "The Global Context of the Scottish Witch-hunt", in Julian Goodare (ed.), *The Scottish Witch-hunt in Context*, Manchester, 2002, pp. 16–32; 以及 "Anthropological and Historical Approaches to Witch-craft".

被引用得多，被重视得少。2004年，研究德国巫师审判的杰出专家，沃尔夫冈·贝林格出版了名为《巫师与猎巫：一部全球史》[22]的重要著作，将细节丰富、令人印象深刻的欧洲猎巫史，放置在两次对世界其他地区的巫术信仰和起诉的短暂调查之中。第一个调查得出的结论是，欧洲的巫师审判是全球模式的一部分；第二个调查表明，持续不断的猎巫行动不仅是当代非洲的问题，也是全球其他很多地区的问题。该著作在使用比较方法方面是准确而富有成果的实例。但在那之后，似乎只有本书跟进了贝林格著作所取得的成果。越来越多的学者意识到人类学家和历史学家在巫术研究方面合作的潜力，那种认为合作不可取的断言消失了，这本身就是某种进步。一些人类学家开始继续使用欧洲的历史材料，但欧洲的历史学家却通常不能回赠美意。[23]如果要使双方的合作取得切实的进展，就必须细化和改进研究方法。

安德鲁·桑德斯主要关注的是世界上不同地区在竞争性社会关系中进行的权力竞逐与巫师形象的联系。作为一名社会学家，他更关注巫术信仰对人类社会的影响及其后果，而不是这种信仰本身的性质。沃尔夫冈·贝林格旨在表明，在世界上大部分地区，人们往往将看似离奇的不幸遭遇归咎于同类所实施的邪恶魔法，且这种倾向经常造成

---

22 Wolfgang Behringer, *Witches and Witch-hunts*, Cambridge, 2004.

23 近期历史学使用人类学方法的研究成果有：Soma Chaudhuri, "Women as Easy Scapegoats: Witchcraft Accusations and Women as Targets in Tea Plantations of India", *Violence Against Women*, 18 (2012), pp. 1213–1234; 以及下文中将探讨的尼克·科宁（Niek Koning）。近来，一些著名的研究近代早期欧洲审判的历史学家注意到非欧洲材料的存在：如 Johannes Dillinger, *Evil People: A Comparative Study of Witch Hunts in Swabian Austria and the Electorate of Trier* (Charlottesville, VA, 2009, pp. 4–5) 中敦促其他学者将它们与欧洲魔法概念进行比较研究；Malcolm Gaskill, *Witchcraft: A Very Short Introduction* (Oxford, 2010) 中不时地用它们来丰富欧洲的资料，并倾向于强调其与欧洲模式的差异；Julian Goodare, *The European Witch-hunt* (London, 2016, pp. 173–176, 375–381) 中增加了对其主题的全球性比较，并提请学界注意这一方法更为广泛的潜在价值。

（且至今仍在制造）致命的后果。而我的文章则试图为巫师形象建立一种具有跨文化特征的连贯的全球模式，并根据前述的欧洲巫师形象的五个主要特征，提出一个新的巫师形象。接下来我将更系统地应用跨文化和跨地域的方法，逐一检视这些特征。本书使用了1890至2013年间对总共三百个欧洲以外的社会所开展的巫术信仰研究的成果，其中有一百七十个位于撒哈拉以南的非洲地区，六个位于北非和中东地区，三十七个位于南亚的印度至中国和印度尼西亚，三十九个位于澳大利亚、波利尼西亚、美拉尼西亚以及新几内亚，四十一个在北美地区（包括格陵兰和加勒比地区），七个在南美地区。[24] 非洲的样本占了大多数，这反映了人类学家在那儿做的大量工作，同时也反映了英国研究者所能获得的资料来源，因为很多从事非洲研究的人类学家都是英国人。[25] 然而，世界上其他国家也提供了大量的数据可以和非洲的材料进行比较，这一方法现在可以被用来逐一检视以上列出的欧洲巫师的特点。被研究的社会是发表英文著作的人类学家选择聚焦或有能力关注的，一般相对简单和小型，由部落单位组成。那些较大的、以国家为基础的社会和政治结构，比如中国和日本的材料，本书涉及较少，但在一定程度上可以通过下一章对欧洲、中东地区及近中东地区的古代国家进行的长时段考察来弥补。无论如何，对于比较研究来说，来自世界各地小型族群单位的样本已经足够大了，可以让我们通过比较做出一些一般性的判断。

24　它们都被列在本书的脚注或附录中。

25　虽然法语、德语和西班牙语也有相关研究，但它们的数量相对较少：值得注意的是，贝林格在进行全球调查时使用的材料大部分都是英文的，尽管他本人是德国人。因此，本书的样本可能包含了大部分相关主题出版物中的资料。

特征一：巫师以离奇的方式造成伤害

毫无疑问，在世界上每一个人居大陆，大多数被人类学家所记录的人类社会，都相信并害怕有人具备使用非物理的、离奇的（即"魔法的"）手段给别人带来不幸和伤害的能力。这是人类学田野调查和对欧洲以外地区的历史写作中最吸引人的一笔。从事近代早期欧洲史方面研究的杰出专家罗宾·布里格斯提出，对巫术的恐惧是固有的人性，"作为我们人类久远遗传的一部分，潜藏在精神世界的深处"[26]。彼得·赫希尔从人类学的角度提出："这些如今在整个非洲被统一翻译成'巫术'的观念，反映了与所有人类社会面临的共同困境所做的斗争。"[27] 这些见解的价值在于，它们证明了一个普遍的事实，即自古以来在应对随机偶然性的时候，人类往往会手足无措。一般来说，人们倾向于将那些重要的好运或者厄运归结于某种动因，要么是他人，要么是超人类力量。但必须强调的是，心肠歹毒的人只是诸多动因中的一种。除此之外，还包括神祇、寄身人类世界的非人类灵体和祖先的亡灵等。如果它们被某人的行为冒犯，或者天生就具备与人类敌对的属性，都有可能带来死亡、疾病或其他严重的不幸后果。一旦人们把灾难归为这些动因，就不再或者至少将其归结于巫术的作用。

此外，很多人类社会都存在这样的情况：人们相信某些人即便并不出于主观意愿也能对人造成伤害，而且往往在不知情的状态下这么做——他们只是无意间讲出了某些具有破坏力的词句，或投射了某种具有破坏力的眼神。而关于后者的例子，就是英语世界熟知的"邪恶

---

26 Robin Briggs, *Witches and Neighbours*, London, 1996, p. 394.

27 Geschiere, *The Modernity of Witchcraft*, p. 223.

之眼"（evil eye）。在从摩洛哥到伊朗的中东和北非的大部分地区，以及欧洲和印度的部分区域，这些崇信"邪恶之眼"的地方对巫师的恐惧往往没那么强烈。这是因为人们认为"邪眼"是其拥有者本身器官构造所固有的属性。如果"邪眼"的主人有意制造伤害，那么其行为就完全符合人们观念中巫术的范畴；然而，大多数表现出这种伤害能力的人，人们认为他们如此行动完全是出于天生本能而且身不由己，因此，他们不必为造成的后果负责任。对"邪眼"的防护和补救的措施，主要是一些反制魔法（counter-magic），比如佩戴护身符（amulets）、符咒（charms）或者辟邪物（talismans），祈祷或诵念祷词（incantations），献祭、朝圣或举行驱魔仪式，以及回避或者安抚当地可能拥有这种能力的人。"邪恶之眼"是这种信仰的重要组成部分，持该信仰的人们以此解释那些在其他地方恰恰会被归因为巫术的离奇不幸。[28]

不用或者少用巫术来解释不幸的遭遇，这种状况在世界上大多数地区都能看见。在现代以前，西伯利亚可能是世界上最大的无巫师地区，它横跨北半球的三分之一。本书的第三章将会把这个地区作为重点来介绍。在世界的其他地方，不相信巫术或不将巫术严肃对待的社会散布在惧怕巫师的民族之间，很少紧凑地集中在一起。虽然它们的

28　Thomas Frederick Elworthy, *The Evil Eye*, London, 1895; Clarence Maloney (ed.),*The Evil Eye*, New York, 1976; Alan Dundes (ed.), *The Evil Eye*, Madison, 1992; G. F. Abbott, *Macedonian Folklore*, Cambridge, 1903, pp. 139–142; Fredrik Barth, *Nomads of South Persia*, Oslo, 1961, pp. 144–145; Yedida Stillman, "The Evil Eye in Morocco", in Dov Noy and Issachar Ben Ami (eds), *Folklore Research Center Studies*, Jerusalem, 1970, pp. 81–94; William Francis Ryan, "The Evil Eye", in Richard M. Golden (ed.), *Encyclopedia of Witchcraft: The Western Tradition*, Santa Barbara, 2005, vol. 2, pp. 332–333; Aref Abu-Rabia, "The Evil Eye and Cultural Beliefs among the Bedouin Tribes of the Negev", *Folklore*, 116 (2005), pp. 241–254; Philippe Marcais, "Ayn, 'Evil Eye'", in H. A. R. Gibb (ed.), *Encyclopedia of Islam. Volume One*, Leiden, 1960, p. 786; Edward Westermarch, *Ritual and Belief in Morocco*, London, 1926, vol. 1, pp. 414–478; Lisbeth Sachs, *Evil Eye or Bacteria?*, Stockholm, 1983.

数量比特别恐惧巫术的群体更少，但遍布在绝大多数大陆上，比如印度洋的安达曼（Andaman）岛民，苏丹的科龙戈人（Korongo），加纳北部的塔伦西人（Tallensi），埃塞俄比亚的古拉格人（Gurage），刚果盆地的姆巴提人（Mbuti），太平洋上的斐济人，印度北方邦的山区部落，加拿大西北部的斯拉维人（Slave）和塞卡尼（Sekani）印第安人，新几内亚的尼加英人（Ngaing）、米雅恩加人（Mea Enga）、马努斯人（Manus）和达利比人（Daribi）等等。[29] 赞比亚的恩登布人（Ndembu）把不幸归咎于恶毒之人召唤的愤怒祖灵，将这些灵体看作巫师意志的媒介。不过，他们相信通过举行仪式可以安抚祖灵，于是巫师也就被认为无害而被忽视了。[30]

在有巫术概念的民族中，对巫术的恐惧程度也可能存在着很大的差异，即便这些民族都处于同一个区域或国家。比如在现代喀麦隆生活着的班扬人（Banyang）、巴米累克人（Bamileke）和贝克威里人（Bakweri）。班扬人崇信巫师，但很少将人指认为巫师。那些受到敌对魔法折磨的人被认为是自作自受。[31] 巴米累克人对待巫术非常严肃，

29　Philip Mayer, "Witches", in Marwick (ed.), *Witchcraft and Sorcery*, pp. 51–53; S. F. Nadel, "Witchcraft in Four African Societies", *American Anthropologist*, 54 (1952), pp. 18–29; P. Lawrence, "The Ngaing of the Rai Coast", in P. Lawrence and M. J. Meggitt (eds.), *Gods, Ghosts and Men in Melanesia*, Oxford, 1965, pp. 198–223; Meyer Forbes, *The Web of Kinship among the Tallensi*, Oxford, 1967, pp. 32–35; I. M. Lewis, "A Structural Approach to Witchcraft and Spirit Possession", in Douglas (ed.), *Witchcraft Confessions and Accusations*, pp. 293–303; Andrew Strathern, "Witchcraft, Greed, Cannibalism and Death", in Maurice Bloch and Jonathan Parry (eds.), *Death and the Regeneration of Life, Cambridge*, 1982, pp. 111–133; Colin Turnbull, *The Forest People*, London, 1984, pp. 205–207; Bruce M. Knauft, *Good Company and Violence*, Berkeley, 1985, pp. 341–342; John J. Honigman, "Witch-Fear in Post-contact Kaska Society", *American Anthropologist*, 49 (1947), pp. 222–242.

30　Victor W. Turner, *The Ritual Process*, London, 1969, pp. 1–43.

31　Malcolm Ruel, "Were-animals and the Introverted Witch", in Douglas (ed.), *Witchcraft Confessions and Accusations*, pp. 333–350.

花大功夫查明巫术的修习者。但他们认为巫师不必为自己的行为负责，并且认为后者一旦被公之于众就会自动失去能力。[32] 而贝克威里人对巫术的恐惧感非常强烈，他们追捕假定的施行巫术者，同时认为即便其身份被曝光，巫师依然是危险和恶毒的，所以要直接受到与造成的伤害相当的惩罚。[33] 在喀麦隆的邻国尼日利亚，一些部落社会对巫师有着非常类似的理论观点，但在实际生活中，厄科伊人（Ekoi）非常恐惧巫师，伊比比奥人（Ibibio）和伊乔人（Ijo）的恐惧程度比较适中，伊博人（Ibo）和雅科人（Yakö）对巫师则几乎不予理睬。[34] 同样，1985 年对美拉尼西亚群岛某民族的抽样调查发现，族人中有两人不相信有人使用恶意魔法；五人认为魔法由世袭头人合法垄断，是维护秩序和进行战争的有效武器；二十三人认为头人可以使用魔法，但这种做法并不体面；五人将魔法视为受压迫者的秘密武器，用以对抗不受欢迎的头人；十一人认为魔法是社区成员之间互相实施秘密伤害的手段，但实际上却缓解了由对它的恐惧而引发的紧张局势；还有六人对魔法的认识与前述类似，但相反的是，他们认为社区成员之间的关系被这种相互猜忌破坏殆尽。[35] 在同一个民族中，这种对巫术的恐惧程度可因人们定居的环境而异。20 世纪早期，墨西哥尤卡坦半岛的玛雅人虽然在理论上都同样仇视巫师，但居住在村庄里的人很少怀疑别人是巫师，而城镇居民之间的猜忌则严重得多：20 世纪 30 年代，在该地区的首府齐塔斯（Dzitas），10% 的成年人被认为曾是巫术的施行者

---

32 Charles-Henry Pradelles de Latour, "Witchcraft and the Avoidance of Physical Violence in Cameroon", *Journal of the Royal Anthropological Institute*, N. S. 1 (1995), pp. 599–609.

33 Edwin Ardener, "Witchcraft, Economics and the Continuity of Belief", in Douglas (ed.), *Witchcraft Confessions and Accusations*, pp. 141–160.

34 G. I. Jones, "Aboundary to Accusations", in ibid., pp. 321–332.

35 Knauft, *Good Company and Violence*, pp. 340–343.

或者受害者。[36]

　　一个来自欧洲的学者，若要识别一种来自欧洲以外民族的巫术信仰，往往会从一系列当地关于魔法和魔法师种类的概念中提取其中一个要素。喀麦隆西北部的维布姆人（Wimbum）用三个术语来指称神秘的知识："bfiu"，使用无害的奥术进行自我保护；"brii"，恶意地使用神秘能力，但有时仅是恶作剧；"tfu"，代表的则是在黑暗中隐秘运作的先天的魔法力量，可用于善、恶两个方面。从欧洲的意义上看，巫术包含了"brii"和"tfu"中的某些类型。但维布姆人还相信"tfu"中的一种特殊分支"tfu yibi"，其中包括为了食人肉而用魔法杀人，行此道者恰好与近代早期欧洲巫师的形象相吻合。[37]新几内亚东南部山区的那鲁敏人（Nalumin）将"biis"和"yakop"区分开来。前者指的是人，大多是女性，她们以精神体的形态在世间漫游，使用看不见的武器杀人，为了在集体宴会中吃掉受害者的肉。而后者是一种技巧，主要由女性使用，包括把受害者遗留的食物残渣、指甲碎屑和头发等物品掩埋起来后施咒，从而达到杀人的目的。然而，当地人认为，以上两者有时可以集于一身，使用任意一种办法的任何人都能与欧洲的巫师形象产生呼应。事实上，这也是人类学家解释它们的方式。[38]最后一个类似的例子是墨西哥中部的特拉斯卡拉省（Tlaxcala），那里的村民害怕的巫师有五类："tetlachiwike"，被他摸一下或看一眼就会受到伤害（相当于当地的"邪恶之眼"或"邪恶触摸"）；"tlawelpochime"，

36　Robert Redfield, *The Folk Culture of Yucatan*, Chicago, 1941, pp. 303–337.

37　Elias Bongmba, "African Witchcraft", in Bond and Ciekawy (eds.), *Witchcraft Dialogues*, pp. 39–79.

38　Eytan Bercovitch, "Moral Insights", in Gilbert Herdt and Michele Stephen (eds.), *The Religious Imagination in New Guinea*, New Brunswick, 1989, pp. 122–159.

大部分是女性，她们会吸光婴儿的血致其死亡，并对人类、农作物或牲畜造成伤害；"tetzitazcs"，会带来暴雨和冰雹的男子；"tetlachihuics"，亦正亦邪的魔法师；还有"nahuatl"，他们有男有女，可以变成动物以实施伤害或搞恶作剧。其中，"tetlachihuics"普遍受到尊重，因为他们能为别人提供疗愈和其他魔法服务，但如果人们认定他们用这种能力来杀人，也会谋杀他们（在本书中，"谋杀"一词被限定为其确切的法律意义：非官方和未经批准的杀人）。能变化外形的"nahuatl"会使用变形能力来偷盗或强奸，以及作弄人，但不会激起人们对谋杀儿童的"tlawelpochime"那样的恐惧和仇恨。讲西班牙语的土著将"tlawelpochime"称为"bruja"或"brujo"，即"巫师"，认为她们天生邪恶，与基督教的魔王有联系。[39] 维姆·范·宾斯伯根（Wim van Binsbergen）在2001年对非洲魔法信仰的复杂性发表评论，所得出的结论是，关于巫术，"令人惊讶的不是整个非洲大陆的差异性，而是趋同性"[40]。考察约翰内斯堡附近的现代索韦托乡镇对于破坏性魔法和受指控行凶者的态度，亚当·阿什福思（Adam Ashforth）认为引入"巫术"和"巫师"这两个英文表述是"不可避免的"。[41]

本书在全球尺度上再现了以上这两个结论。许多研究表明，至少在其所调查的时间段内，有许多欧洲以外的社会表现出对巫术的普遍恐惧，其程度甚至比任何欧洲记录都更为强烈。生活在新几内亚海岸附近岛屿的多布人（Dobu）没有"不幸"的概念，他们把所有的灾祸

39　Hugo G. Nutini and John M. Roberts, *Blood-sucking Witchcraft: An Epistemological Study of Anthropomorphic Supernaturalism in Rural Tlaxcala*, Tucson, 1993.

40　Wim van Binsbergen, "Witchcraft in Modern Africa as Virtualized Boundary Conditions of the Kinship Order", in Bond and Ciekawy (eds.), *Witchcraft Dialogues*, p. 243.

41　Ashforth, "Of Secrecy and the Commonplace", p. 1191.

都归咎于巫师。他们从来不敢单独出门，就是害怕更容易受到伤害。[42]20世纪80年代，新几内亚的一个名为格布斯（Gebusi）的小部落中，大约60%的中年男性都杀过至少一个人（绝大部分是他们自己社群中的成员），动机就是对他们所认定的巫术进行报复。[43]最著名的阿拉斯加的特林吉特人（Tlingit）研究学者宣称，巫术主宰了他们的生活，最简单的语句或行为都很容易被误解为巫术的表征。[44]据统计，加纳的夸胡人（Kwahu）中有92%都曾是巫术的指控者、受害者或嫌疑人。[45]在新墨西哥州的科希提（Cochiti）部落，"几乎每个人"都曾受过怀疑，长老们不得不在其中筛选出那些会对社区利益产生影响的指控，再决定后续的正式行动。[46]20世纪70年代的缅甸，人们认为每个村庄都有至少一位女性在秘密运用魔法，她们致使邻居生病或死亡的原因往往只是为了发泄私愤。[47]非洲、美拉尼西亚和澳大利亚北部地区的一些民族认为，除了谋杀、自杀和大多数疾病造成的死亡，其他全部的死亡都是由巫术造成的。[48]尽管如此，大多数崇信巫师的人看待巫术风

42　R. F. Fortune, *Sorcerers of Dobu*, London, 1932, pp. 150–154.

43　Knauft, *Good Company and Violence*, p. 112.

44　George T. Emmons, *The Tlingit Indians*, ed. Fredericade Lagona (Seattle, 1991), p. 398.

45　Wolf Bleek, "Witchcraft, Gossip and Death", *Man*, N. S. 11 (1976), pp. 526–541.

46　J. Robin Fox, "Witchcraft and Clanshipin Cochiti Therapy", in Ari Kiev (ed.), *Magic, Faithand Healing*, New York, 1964, pp. 174–200.

47　Melford E. Spiro, *Burmese Supernaturalism*, Philadelphia, 1974, pp. 30–35.

48　Mary Douglas, "Techniques of Sorcery Control in Central Africa", in John Middleton and E. H. Winter (eds.), *Witchcraft and Sorcery in East Africa*, London, 1963, pp. 123–141; Jean La Fontaine, "Witchcraft in Bugisu", in ibid., pp. 187–220; Edward L. Schieffelin, *The Sorrow of the Lonely and the Burning of the Dancers*, St. Lucia, Queensland, 1977, p. 101; Paul Bohannan, "Extra-processual Events in Tiv Political Institutions", *American Anthropologist*, 60 (1958), pp. 1–12; Fortune, *Sorcerers of Dobu*, pp. 150–153; Ryan Schram, "Witches' Wealth: Witchcraft, Confession and Christianity in Auhelawa", *Journal of the Royal Anthropological Institute*, 16 (2010), pp. 726–742; W. Lloyd Warner, *A Black Civilization: A Social Study of an Australian Tribe*, New York, 2nd edition, 1958, pp. 193–194.

险的态度，与现在的司机看待车祸危险的态度差不多。

人类群体相信巫师存在与否的倾向似乎没有任何功能性解释，因为这两种群体通常拥有类似的社会、经济和宇宙观，生活区域也相距不远。[49] 同样，就不同民族对巫术恐惧程度的差异，也没有明确的一般性解释。20 世纪 60 年代，致力于东非巫术研究的巴克斯特（P. T. W. Baxter）指出，该地区有非常成熟的巫术信仰，当地的游牧民相信别人有行巫术的能力，却很少指责别人使用巫术。[50] 这种模式似乎适用于全球的游牧民，也许是因为逐草而居的生活方式和相对较小的社会单位会降低个体之间产生冲突的可能性，从而减少了对巫术的猜忌。另一方面，并非所有静态的、根深蒂固的农业社会都相信巫师的存在，也并非所有相信巫师存在的社会都对巫术怀有深刻的恐惧。此外，即使是那些对巫术持严肃态度的社会，它们对巫术的紧张程度也并非一成不变。相反，世界各地猎巫行动总是在某个特定的时期急剧膨胀，然后又在某个时期回落到较低的水平，或逐渐消失。

2013 年，荷兰人类学家尼克·科宁对这一现象进行了解释，用一种自 1990 年代以来倍受人类学同侪推崇的方式，他将 20 世纪 90 年代以来的历史学和人类学研究结合到一起，发展出一种适用于任何时间任何地区的巫术信仰的普遍理论。他认为小型觅食团体擅长妥善应对欺骗和嫉妒所造成的社会影响，农业社会则会放大这些影响，从而导致猎巫行动的扩大化。国家的形成、文明的开化和经济的发展会消除这些影响，取而代之的是更集体主义的社会偏执；但人口和经济危机

49　桑德斯特别关注这个问题，他的结论是，一个社会的信仰模式似乎具有独立于社会结构之外的特性。参见 *A Deed Without a Name*, pp. 21–27。

50　P. T. W. Baxter, "Absence Makes the Heart Grow Fonder", in Max Gluckman (ed.), *The Allocation of Responsibility*, Manchester, 1972, pp. 163–191.

仍可能重新引发对巫术的恐惧，就像近代早期欧洲所发生的那样。[51]

这种全景式扫描既大胆也可佩，其中的确蕴含了一些真义：经济和社会压力往往让那些已经存在巫术恐惧的社会产生更大的恐慌，比如近代早期欧洲的情况。然而，这番定论却没有考虑到太多例外情况：澳大利亚本土的小型觅食团体可能已经对巫术产生了明确的信仰，一些农业社会则没有；古罗马和近代早期欧洲等高度发达的城市文明也可能会进行大规模的猎巫行动；近代早期欧洲的巫师审判不能简单直接地对应到人口和经济压力大的地区，事实上这些审判开始于人口稀少和收入相对较高的时期。所有相信巫术的群体都会指认出某种像巫师的人群，但他们借以识别嫌疑人的根据却大不相同。

第一个差异是年龄。在很多社会中，巫师指控主要针对老年人，也有一些社会主要针对年轻人，不过更多的社会并不把年龄作为决定性因素。青春期及以前的孩子很少被当作嫌疑人，这很正常。因为儿童较少涉及成年人之间紧张的社会关系，也很少被认为拥有任何形式的权力。然而，喀麦隆的邦瓦（Bangwa），经常以巫术罪指控儿童，甚至婴儿；正如我们将会在下文看到的那样，还有其他一些把巫术和年轻人联系起来的社会。[52]

第二个差异是性别。世界上的大部分社会认为巫师基本上是女性，也有些地方认为巫师基本上是男性，还有男性、女性呈不同比例，分属不同角色的情况。同时，一些社会中，刻板印象中巫师的性别和实际被指控者的性别之间存在差异的情况也非常普遍。根据不同的文化传统，提出指控的人在性别上通常也有差异：女性、男性或者兼而有之。

51　Niek Koning, "Witchcraft Beliefs and Witch Hunts", *Human Nature*, 24 (2013), pp. 158–181.

52　Robert Brain, "Child-Witches", in Douglas (ed.), *Witchcraft Confessions and Accusations*, pp. 161–179.

同样，差异性还体现在指控者和被指控者的社会地位和财富的差距上。巫术被视作一种武器，穷人用它来对抗富人，富人用它来对抗穷人，或者被用在地位平等、存在竞争关系的成员之间，甚至任何社群成员之间，而这一点也因社会情况而异。但世界各地都有一种共同的倾向：社会成员间互相猜忌的情况可以反映经济和社会的紧张程度，因此，在将友爱和谦虚视作主要美德，经济流动性有限的社会中，那些容易和旁人起争执的人、喜欢自夸的人，或者暴发户，最有可能被认为是行巫所针对的目标，或者巫术的修习者。此外，还有其他几种行为或个人也可能被当作巫术受害者或巫师。

　　尽管在细节上千差万别，但各地区的巫师形象往往根深蒂固，似乎很少受到相邻民族完全不同的观念的影响。多布、特罗布里恩（Trobriand）和弗格森（Fergusson）是新几内亚东北海岸三个彼此接近并经常往来的岛屿群，它们的居民在外表、社会和文化方面都很相似，看起来就像一个民族。三个岛上的居民都恐惧巫术，但多布人认为男女都能当巫师，不过女巫更危险；特罗布里恩人的巫师则多为男性；而弗格森人的巫师基本上是女性，而且特别危险。那么，一个显而易见的问题是：他们会因为与其他民族拥有不同的巫术信仰而感到奇怪吗？答案似乎是完全否定的。当多布人前往特罗布里恩的时候，他们并不害怕当地的女性，而是入乡随俗地提防男性；而前往弗格森的时候，多布人会比在家的时候更畏惧女性。[53]

特征二：巫师对社区内部造成威胁

　　如前所述，近代早期的欧洲人相信巫师袭击的对象多为邻居、亲

53　Fortune, *Sorcerers of Dobu*, pp. 150–152.

属，在某种特殊情况下还会攻击其所属政治团体中的精英人物，比如贵族或国王。因此，他们不认为巫师会伤害陌生人，这种巫术也就有别于那些被用作社区间冲突武器的有害魔法。传统人类社会，无论是部落、氏族还是村落，它们之间的许多争斗都包含了魔法元素，而且成员们往往倾向于将自身的不幸遭遇归因于敌对群体的魔法师。这种观念在世界上很多地方都存在，在亚马孙流域、西伯利亚、澳大利亚（和美拉尼西亚）这三个地区特别显著，尤其在最后一个地区非常流行。尽管如此，在这些地区仍然能发现散布着很多相信破坏性魔法在大体上或完全针对社会内部的社会。[54]

虽然认为本社区面临的魔法威胁来自外部的社区非常多，但它们在世界上的数量依然远远少于那些畏惧内部威胁的社区。拉尔夫·奥斯汀（Ralph Austen）评论道，几乎所有关于非洲农村社会的研究都表明，当地人认为巫术的效果与巫师和受害者之间的亲密程度成正比。[55]彼得·赫希尔补充说："从许多方面来看，巫术都是血缘关系的黑暗面。"维姆·范·宾斯伯根说，巫术是"对血缘秩序的挑战"。[56]无疑，这些论断对大部分非洲地区来说是适用的，但即使是这些地方，根据亲缘关系的不同，巫术的运作方式也有很大的差别。在一夫多妻的社

54　马克斯·马威克（Max Marwick）警告说，他的人类学同仁夸大了美拉尼西亚人将魔法伤害归咎于外来者的程度，参见 "Witchcraft as a Social Strain-Gauge", *Australian Journal of Science*, 26 (1964), pp. 263–268。敌对社区之间的战争中使用魔法作为武器的例子可参见 Fitz John Porter Poole, "Cannibals, Tricksters and Witches", in Paula Brown and Donald Tuzin (ed.), *The Ethnography of Cannibalism*, Washington, DC, 1983, pp. 6–32; Knauft, *Good Company and Violence*, pp. 340–343; 以及 Mary Paterson, "Sorcery and Witchcraft in Melanesia", Oceania, 45 (1974), pp. 132–160, 212–234。

55　Austen, "The Moral Economy of Witchcraft", p. 89.

56　Geschiere, *The Modernity of Witchcraft*, p. 11; Vim van Binsbergen, "Witchcraft in Modern Africa", p. 241.

会中，巫术指控往往是从同一男性的不同妻子之间的嫉妒和敌意中生发的。[57] 不过，这些研究结果绝不是确凿无疑的。一夫多妻制和巫术嫌疑人之间的因果关系，并不比巫术与其他社会组织之间的关系更必然或可预见。多哥（Togo）北部的孔孔巴人（Konkomba）信奉巫术，同一位丈夫的诸多妻子之间存在着很紧张的关系，但她们却从未提出过巫术指控。[58] 生活在坦桑尼亚裂谷的万布圭人（Wambugwe）认为巫师不能攻击自己的血亲。[59] 在更北的肯尼亚，南迪人（Nandi）认为巫术能够在姻亲之间起作用，而另一个坦桑尼亚部落萨伏瓦（Safwa）则认为巫术只能用在施行者自己的父系成员身上。[60] 在赞比亚，恩登布人认为只有母系近亲才有危险，而在塞拉利昂，库兰科人（Kuranko）认为巫术只对婚姻关系造成威胁，只有已婚妇女会对丈夫及其亲属使用巫术。[61] 马拉维的恩戈尼人（Ngoni）认为巫师只攻击他们的母系亲属。[62]

在非洲或世界的其他地方，巫术嫌疑人并不一定只限于亲属，怀疑的对象可以是朋友、邻居甚至社区中的外来定居者。在肯尼亚的固西伊人（Gusii）中，那些不能向整个社群表明忠心的人是最明显的怀

57　J. D. Krige, "The Social Function of Witchcraft", *Theoria*, 1 (1947), pp. 8–21; Armin W. Geertz, "Hopi Indian Witchcraft and Healing", *American Indian Quarterly*, 35 (2011), pp. 372–393.

58　David Tait, "Konkomba Sorcery", *Journal of the Royal Anthropological Institute*, 84 (1954), pp. 66–74.

59　Robert F. Gray, "Some Structural Aspects of Mbugwe Witchcraft", in Middleton and Winter (eds.), *Witchcraft and Sorcery in East Africa*, pp. 143–173.

60　G. W. B. Huntingford, "Nandi Witchcraft", in ibid., pp. 175–186; Alan Harwood, *Witchcraft, Sorcery and Social Categories among the Safwa*, Oxford, 1970, 散见全书各处。

61　Victor Turner, *Schism and Continuity in an African Society*, Manchester, 1957, pp. 151–152; Michael D. Jackson, "Structure and Event", *Man*, N. S. 10 (1975), pp. 387–403.

62　Max Marwick, "Another Modern Anti-Witchcraft Movement in East Central Africa", *Africa*, 20 (1950), pp. 100–112.

疑目标；同样，坦桑尼亚的尼亚库萨人（Nyakyusa）也怀疑那些不合群的成员。[63] 新几内亚的坦古人（Tangu）用方言中指代巫师的词来形容一切不参与社交酬答的社会边缘人，不管他们是否使用巫术。[64] 乌干达的卢格巴拉人（Lugbara）将巫术与陌生人、独居者、长着红色眼睛的或斜眼的人、贪婪或脾气暴躁的人联系在一起。[65] 危地马拉的基切人（Quiché）认为懒惰和不合群的人都是巫师。[66] 西阿帕奇人（Western Apache）则会折中地怀疑富人、老人和不期而至的陌生人。[67] 有时候，这些刻板印象与实际情况并不相符，比如苏丹的曼达里人（Mandari）习惯将巫术与身体上的不洁、偷窃以及通常意义上的不合群和离经叛道的行为联系起来，但也承认大多数被怀疑者并未违反社会规范。[68] 坦桑尼亚的万布圭人认为巫师并不存在明显的特征，而赫赫人（Hehe）的巫师指控和性别、年龄或亲缘因素都无关。[69] 乌干达的基苏人（Gisu）认为巫师只攻击相同性别的人，巴布亚的卡卢利人（Kaluli）则认为巫师往往会伤害那些和他们没有血缘和婚姻关系的人。[70] 对于传统生活区域跨加利福尼亚、内华达和亚利桑那三州部分地区的莫哈维人

63　Philip Mayer, "Witches", in Marwick (ed.), *Witchcraft and Sorcery*, p. 55; Monica Hunter Wilson, "Witch Beliefs and Social Structure", *American Journal of Sociology*, 56 (1951), pp. 307–313.

64　K. O. L. Burridge, "Tangu", in Lawrence and Meggitt(eds.), *Gods, Ghosts and Men in Melanesia*, pp. 224–249.

65　John Middleton, "The Concept of 'Bewitching' in Lugbara", *Africa*, 25 (1955), pp. 252–260.

66　Benson Saler, "Nagual, Witch and Sorcerer in a Quiché Village", *Ethnology*, 3 (1964), pp. 305–328.

67　Keith H. Basso, *Western Apache Witchcraft*, Tucson, 1969, pp. 34–59.

68　Jean Buxton, "Mandari Witchcraft", in Middleton and Winter (eds.), *Witchcraft and Sorcery in East Africa*, pp. 99–121.

69　Gray, "Some Structural Aspects of Mbugwe Witchcraft"; Alison Redmayne, "Chikanga", in Douglas (ed.), *Witchcraft Confessions and Accusations*, pp. 103–128.

70　La Fontaine, "Witchcraft in Bugisu"; Schieffelin, *The Sorrow of the Lonely*, pp. 78–127.

（Mohave）来说，巫术尤其阴险，因为那些拥有巫术的人只会利用巫术杀死他们喜欢的人，真实的感情造成了难以控制、骇人听闻的后果。[71]

总的来说，菲利普·梅耶尔（Philip Mayer）在半个世纪以前关于非洲民族的评论对整个人类社会都有启发，他认为，提出巫术指控的人与巫师嫌疑人本来应该相亲相爱，但实际上却互相厌恶。[72]换言之，就像艾坦·贝尔科维奇（Eytan Bercovitch）研究了新几内亚地区之后所说的那样："巫师是那些本身作为群体和个体真实存在的，却宁愿游离在外的所有社会角色。"[73]被怀疑行巫通常是未履行社会义务的后果之一。这些怀疑往往出现在任何普通、密切和非正式的关系中，特别是当关系处在封闭和紧张的环境中，敌意无法通过公开争吵和对抗表达出来的时候。例如，印度南部地区的巫术指控从来不会出现在不同的社会种姓之间，因为它们从来没有建立足够密切的关系。[74]虽然巫术指控的后果最终往往涉及社会群体，但实质上这些指控是由个体间密切的人际关系造成的。用戈弗雷·林哈特（Godfrey Lienhardt）的话来说："巫术是评估两个人之间关系的一种概念。"[75]对巫术的崇信反映了人际关系的面貌。

---

71 K. M. Stewart, "Witchcraft among the Mohave Indians", *Ethnology*, 12 (1973), pp. 315–324.

72 Mayer, "Witches", p. 55.

73 Bercovitch, "MoralInsights", p. 146.

74 Scarlett Epstein, "A Sociological Analysis of Witch Beliefs in a Mysore Village", *Eastern Anthropologist*, 12 (1959), pp. 234–251.

75 Godfrey Lienhardt, "Some Notions of Witchcraft amongst the Dinka", *Africa*, 21 (1951), pp. 303–318.

特征三：巫师施术有某种传统

在世界各地，人们普遍认为巫师能够通过某种训练或遗传继承来获得邪恶能力，但关于如何实现，没有一个一般性的模式。其中有两个比较常见：一个是造成伤害的能力是巫师先天具有的；另一个是巫师通过使用魔法材料来达到目的。二者经常有交集，因为一个被赋予某种先天和内在的能力的巫师，也能够对物体施以某种奥术，从而利用它们的能量。那些确信巫术是一种先天能力的社会往往还会分成以下两种：一种认为这种能力之所以有效，是因为受巫师的意志操控；另一种认为这种能力不受巫师的意愿和行为的掌控，甚至违反本人意愿。在同一个社会群体的想象中，先天能力型的巫师和需要操纵正确的工具和物质来行巫术的巫师，这两种常见的巫师形象往往是并存的。

苏丹南部的阿赞德人（Azande）就是对巫师同时持有两种想象的群体。20 世纪 30 年代，爱德华·埃文思－普里查德爵士（Sir Edward Evans-Pritchard）对它进行了一次非常著名的研究，研究取得的成果激发了该学科学者们对巫术的兴趣，并创立了一些方法和模型。他所创立的模型将"巫术"定义为通过先天和内在能力造成伤害的人类行为，并将需要外部工具的行为称为"妖术"（sorcery）。[76] 有一段时间，他的这种区分方式被广泛地应用于欧洲以外的魔法研究，特别是在非洲。[77] 然而，到了 20 世纪 60 年代，这种方式受到了批评，被认为不

76　E. E. Evans-Pritchard, *Witchcraft, Oracles and Magic among the Azande*, Oxford, 1937.

77　比如，Middleton and Winter, *Witchcraft and Sorcery in East Africa*，以及 Marwick, *Witchcraft and Sorcery*，这些著名论文集的标题将巫术和妖术所做的区分，都反映了他的贡献。

适用于非洲或其他地方的许多传统民族。[78]尽管某些人类学家有时候发现它依然适用于某些特定社会，但这种方式现在基本上已经被抛弃了。[79]世界性的研究表明，传统民族以不同的方式区分不同形式的魔法，其中有些可以套用埃文思 – 普里查德的区分方式，有些则不行。因此，本书不再采用他的区分方式，即将有害的魔法分成巫术和妖术。尽管如此，必须认识到，世界各地的社会将施行有害魔法的人分为不同类型，有的术士更多依靠先天和内在的能力，有的则更多依靠人为的设计和构思。比如，多布的岛民认为女性会在睡眠时作恶，她们释放出灵体去攻击邻居的灵体，从而造成伤害；男性则是在清醒的时候作恶，他们诅咒受害者的财物，以造成损失。[80]

人施行巫术是否出于自愿？若巫术的修习者施术并非自愿，这将如何影响对巫术嫌疑人的处置？关于这两个问题，世界各地的民族也提供了自己的答案。在非洲和美拉尼西亚的一些民族认为，巫术就是一种身体痼疾的后遗症。新几内亚高地的赫瓦人（Hewa）认为巫师身体里住着一个胎儿一样的物体，它们渴望人肉，于是驱使巫师去杀人。[81]尼日利亚的提夫人（Tiv）认为，巫术是某类人心中生长的物质，是它提供了魔法力量。[82]非洲南部的斯威士兰人（Swazis）则将巫术视作一种病毒，由母亲传给孩子，或在生活中被传染而获得。这种病毒迫使

78　例如，Victor W. Turner, "Witchcraft and Sorcery", *Africa*, 34 (1964), pp. 314–324。

79　本书使用的研究详细说明了这一点。桑德斯总结了 20 世纪 90 年代中期的学术立场，那时巫术和妖术的区别在很大程度上已经被摒弃了，参见 Sanders, *A Deed Without a Name*, pp. 19–20。2002 年，布鲁斯·卡普费雷尔（Bruce Kapferer）发起一场论争，为其效力进行了辩护，参见 Introduction' to Kapferer (ed.), *Beyond Rationalism: Rethinking Magic, Witchcraft and Sorcery*, New York, 2002, pp. 1–30。

80　Fortune, *Sorcerers of Dobu*, pp. 150–154.

81　Strathern, "Witchcraft, Greed, Cannibalism and Death".

82　Bohannan, "Extra-Processual Events in Tiv Political Institutions".

感染者加入一个专门从事谋杀的秘密巫师社团。[83] 加纳东北部的曼普鲁西人(Mamprusi)也认为巫术能力是继承于母亲的某种体内遗传物质，但善良的人可以抵抗、中和它。[84] 喀麦隆的巴米累克人认为巫术是一个额外的人体器官，具有嗜血性，要通过发出魔法攻击才能得到满足。[85] 同样是在喀麦隆，邦瓦人认为巫术由某种人出生时就在其食道中的物质产生，如果婴儿表现出奇怪的行为，父母就会推测他正在被这种物质折磨，会允许他死去。[86] 生活在印尼东部摩鹿加群岛的塞拉姆(Seram)岛民认为，邪恶魔法力量是由胃肠里的坚硬肿块产生的。[87]

还有些社会认为造成非自愿巫术的原因大多是精神方面的折磨，而不是身体上的病痛，虽然这两者的界限有时模糊不清。埃文思－普里查德认为阿赞德人巫师的恶灵继承自他们的父母，父亲传给儿子，母亲传给女儿。这个灵体寄居在他们的肠道里，控制了他们，需要像吸血鬼一样捕食正常人的生命能量。这种折磨人的灵体不仅与生俱来，而且会像某些遗传病一样随着年龄增长而变得越发严重。[88] 尼亚库萨人认为巫术是由某个邪恶实体赋予的，它化为巨蟒藏在巫师的腹中；而在新几内亚的卡卢利人看来，这种物质藏在巫师的心脏里。[89] 在印

83 Hilda Kuper, *An African Aristocracy*, Oxford,1947, pp.172–176.

84 Susan Drucker Brown, "Mamprusi Witchcraft, Subversion, and Changing Gender Relations", *Africa*, 63 (1993), pp. 531–549.

85 Pradelles de Latour, "Witchcraft and the Avoidance of Physical Violence in Cameroon".

86 Fiona Bowie, "Witchcraft and Healing among the Bangwa of Cameroon", in Graham Harvey (ed.), *Indigenous Religions*, London, 2000, pp. 68–79.

87 Roy Ellen, "Anger, Anxiety and Sorcery: An Analysis of Some Nuaulu Case Material from Seram, Eastern Indonesia", in C. W. Watson and Roy Ellen (eds.), *Understanding Witchcraft and Sorcery in Southeast Asia*, Honolulu, 1993, pp. 81–97.

88 Evans-Pritchard, *Witchcraft, Oracles and Magic among the Azande*，散见全书各处。

89 Wilson, "Witch Beliefs and Social Structure", p. 308; Schieffelin, *The Sorrow of the Lonely*, p. 101.

度迈索尔邦（Mysore）部分地区，人们认为巫师是被恶灵折磨着的女性，受它驱使而做坏事。[90] 加纳南部的嘎人（Gă）认为，巫师必须通过谋杀他人来安抚这些控制他们的灵体，否则它们就会折磨或杀死宿主；那些担心被附身的人会寻求魔法治疗（magical cures）。[91] 在菲律宾，灵体要求巫师每年至少杀死一个人作为献祭，否则该巫师就会被它杀死。[92] 然而，大部分承认巫术存在的文化都认为巫术和人类其他的病态本性一样（尽管通常更可怕、更危险），可以人为控制，因此操纵巫术的巫师有罪。即使人们认为巫师完全被恶灵附身，不能为他们的行为负责，但被附身至少说明了其本性是软弱的，甚至是恶毒的。妮古拉·坦嫩鲍姆（Nicola Tannenbaum）在研究中泰边境的佛教部族掸邦（Shan）时指出，当地人对待巫师的方式与对待那些不爱社交的醉鬼的方式大致相同，都把他们当作真实存在的危险，认为他们虽然不必为特定行为负责，但要为自己的状态负责。[93]

从全球范围看，巫师形象还存在着另一种差异。有些地区认为巫师大多单独行动或偶尔与朋友、同盟合作；而另一些则认为巫师都是有组织的秘密社团的成员。在撒哈拉以南的非洲大部分地区，以及美国西南部、印度、尼泊尔和新几内亚，都有崇信巫师组织的记录。一般认为，这些社团成员一起聚餐，相互鼓励、共同壮大，一起策划行动、研习邪恶的魔法，实际上他们也的确经常这么做。无论是集体还是单独行动，巫师在施展魔法过程中所使用的方法，在不同的地区必

90 Epstein, "A Sociological Analysis of Witch Beliefs in a Mysore Village".

91 M. J. Field, *Religion and Medicine of the Ga People*, Oxford, 1937, pp. 149–160.

92 Richard E. Lieban, *Cebuano Sorcery*, Berkeley, 1967, ch. 2.

93 Nicola Tannenbaum, "Witches, Fortune and Misfortune among the Shan of Northwestern Thailand", in Watson and Ellen (eds.), *Understanding Witchcraft and Sorcery in Southeast Asia*, pp. 67–80.

然表现出不同的形式，但某些模式在世界范围内普遍存在。第一种信仰体系相信，如果巫师能从行巫对象身上取得其身体代谢物，巫术就更容易奏效。据说，新西兰的毛利人巫师会在念咒时毁坏受害者的衣服、头发、指甲或粪便，从而杀害对方。[94] 祖尼人（Zuñi）会烧掉所有剪下来的行巫对象的头发，他们的邻居纳瓦霍人（Navaho）会将所有人体代谢物都藏起来，以免因其被魔法所用而受到伤害。[95] 阿拉斯加的特林吉特人认为巫师从受害者身上取走了的食物残渣或衣物碎片，用其制作人偶，作为诅咒的工具。[96] 相似的恐惧和反应在波利尼西亚、美拉尼西亚、非洲、南亚和北美洲的大部分地区也都有记录。另一种信仰体系与第一种并不冲突，它强调的是巫师利用仅在自然界中获得的拥有魔力的物件施术（比如特殊的石头、植物或动物的某些特定部位）。乌干达的尼奥罗人（Nyoro）认为，大部分巫术都要用到蔬菜与爬行动物肢体的混合物。[97] 在北美和非洲发现的另一种非常普遍的传统是，巫师通过将诸如石块、骨头、羽毛或灰烬等魔法物质置入人体来造成伤害，将这些东西去除掉就能够移除魔法的效果。第三种信仰模式在西非、中非和美拉尼西亚尤其常见，即相信巫师运用先天的邪恶能力来施行巫术，不需要物质的帮助。还有一种非常普遍的传统是，巫师得到一个或一系列专属的灵体助手的帮助，或者通过它们获得能力，这些助手通常以动物的形态出现。这些内容将在本书的最后

94　Raymond Firth, *Human Types*, London, 2nd edition, 1956, pp. 155–156.

95　Parsons, "Witchcraft among the Pueblos"; Clyde Kluckhohn, *Navaho Witchcraft*, Boston,1944, pp. 67–121.

96　Frederica de Laguna, "Tlingit", in William W. Fitzhugh and Aron Crowell (eds.), *Crossroads of Continents*, Washington DC, 1988, p. 63.

97　John Beattie, "Sorcery in Bunyoro", in Middleton and Winter (eds.), *Witchcraft and Sorcery in East Africa*, pp. 27–55.

一章详细介绍。美拉尼西亚的所罗门群岛，当地人与其他地方不同的是，他们相信，为巫师服务的恶灵来自这些巫师逝去的祖先。[98]在美洲、非洲和美拉尼西亚等地，关于巫师究竟是以日常的、肉体的、亲身参与的形式行巫，还是处在睡梦中，以一种脱离肉体的精神形式，这方面的传统各不相同。在撒哈拉以南的非洲、南亚、美拉尼西亚和北美洲的部分地区，人们认为巫师会飞行，这样就能够极大地提高他们接近目标的能力，不过，对于这种飞行是通过肉体，还是像幽灵一样，看法也不一致。

特征四：巫师是邪恶的

在世界各地，巫师一直被人们憎恶和恐惧，通常与不合群的态度，以及超自然世界的邪恶势力联系在一起。按照这种特征，巫师被批准或默许对邻里世仇使用魔法的情况，就被排除到巫术的范畴之外。这种情况时有出现，比如特洛布里恩群岛的服务型魔法师会使用他们的技能伤害那些财产所得超出了社会地位而引发酋长和四邻嫉妒的人，还有那些破坏正常社会秩序的人。这时，魔法师的行动一般会被认为是正当的。[99]然而，在大多数民族中，使用魔法从未被视作社区内世仇和争端的合法手段，而是一种隐秘、恶意和本质邪恶的行为。所谓"隐秘"，指在被伤害之前，预期受害者不会收到任何警告，也不会意识到正在发生的事。它旨在杜绝任何妥协、谈判与和解，以及对方采取防御措施的可能性，还起到帮助巫师脱罪的作用。它违背了人类

---

98   A. M. Hocart, "Medicine and Witchcraft in Eddystone of the Solomons", *Journal of the Royal Anthropological Institute*, 55 (1925), pp. 229–270.

99   E. E. Evans-Pritchard, "Sorcery and Native Opinion", *Africa*, 4 (1931), pp. 23–28.

关于勇气、社交性和正义的普遍观念。所谓"恶意"和"本质邪恶"指的是：一方面，巫术是宇宙所固有的邪恶的体现，被驱使的人因为他们的特性而成为这种邪恶的载体和管道；另一方面，巫术体现了人性中一切自私、报复性和反社会的特质，在追求团结和睦的社会，巫师就是其中的异类和叛徒。戈弗雷·林哈特在谈到非洲的丁卡（Dinka）一族时总结了一条普遍规律：巫师"体现了每个人的欲望和激情，如果不加以管制，就会破坏所有道德法则"[100]。因此，在世界上大多数地区，人们常常认为，巫师社团以更戏剧性的方式翻转这些社会规范，在聚会或集体操弄邪恶魔法的时候做出乱伦、裸体或吃人等行径。笃信这类观念的例子很多。美国西南部的祖尼人认为，巫师社团的目标是毁灭人类，只有用魔法杀过人的巫师才能加入。[101] 他们的邻居霍皮人（Hopi）认为，他们当地的巫师是一个世界巫师网络的领袖，每个国家在这个网络中都有代表，成员们必须不断牺牲各自亲属的生命以延长自己的。[102] 尼日利亚的约鲁巴人（Yoruba）和加纳的冈加人（Gonja）认为，为了加入秘密巫师社团，人们甚至被要求在入社仪式中杀死自己的孩子。[103] 新几内亚的阿贝兰人（Abelam）认为，如果女孩参加某种仪式——在仪式上，当地的巫师们挖出一具刚死去的婴儿的尸体，然后将它分食——那么这个女孩的巫师能力就会被激活。[104] 整个波利

---

100   Lienhardt, "Some Notions of Witchcraft amongst the Dinka", p. 317.

101   Parsons, "Witchcraft among the Pueblos".

102   Don C. Talayesva and Leon W. Simmons, *Sun Chief*, New Haven, 1963, pp. 331–333.

103   P. Morton-Williams, "The Atinga Cult among the South-Western Yoruba", *Bulletin de L'Institut Français d'Afrique Noire*, 18 (1956), pp. 315–334; Esther Goody, "Legitimate and Illegitimate Aggression in a West African State", in Douglas (ed.), *Witchcraft Confessions and Accusations*, pp. 207–244.

104   Anthony Forge, "Prestige, Influence and Sorcery", in Douglas (ed.), *Witchcraft Confessions and Accusations*.

尼西亚都不太相信巫师社团的存在，人们认为巫术训练是有经验的修习者向新手传授的一项个人事务，但这些巫师仍然对人类怀有一种普遍的恶意，巫力成熟与否则要通过杀死一个近亲来证明。[105] 易洛魁人（Iroquois）认为，若想加入当地巫师组织，就要用魔法杀死血缘最亲和关系最好的人。[106] 在世界的大部分地区，人们都认为巫师的聚会时间通常在夜间，那是正常人最不活跃，通常也是最脆弱的睡眠时间。茨瓦纳人（Tswana）认为巫师在黑夜里聚集起来挖掘尸体，并使用尸体的某些部分来施行破坏性魔法。[107] 在非洲大部分地区和美拉尼西亚，包括新几内亚，人们猜测巫师杀人主要是为了将刚去世的人的尸体挖出来分食掉。赞比亚的本巴人认为，只有乱伦和谋杀婴儿的人才会行巫术。[108] 裸体被视为巫师的常见属性，因为它不仅违反了社会规范，而且将巫师从其日常身份中剥离出来。在所罗门群岛，巫术被认为是夜里聚会、脱下衣服跳舞的妇女所为。[109] 孟加拉的阿加尔人（Agariyars）认为，妇女若想变成巫师，只需在午夜去火葬场，脱去衣服坐在地上，在火化的骨灰上念祷词。[110] 赞比亚的拉拉人（Lala）告诉孩子不要赤身裸体，以免被误认为巫师，而在德兰士瓦（Transvaal）的低地地区，任何在户外没穿衣服的妇女（即使是在她自家的院子）都会被人认为是巫师。[111]

105　Peter H. Buck, *Regional Diversity in the Elaboration of Sorcery in Polynesia*, New Haven, 1936.

106　Annemarie Shimony, "Iroquois Witchcraft at Six Nations", in Dewar E. Walker (ed.), *Systems of North American Witchcraft and Sorcery*, Moscow, ID, 1970, pp. 239–265.

107　Isaac Schapera, "Sorcery and Witchcraft in Bechuanaland", *African Affairs*, 51 (1952), pp. 41–52.

108　Audrey Richards, "A Modern Movement of Witch-finders", *Africa*, 8 (1935), pp. 448–461.

109　Hocart, "Medicine and Witchcraft in Eddystone of the Solomons".

110　W. Crooke, *An Introduction to the Popular Religion and Folklore of Northern India*, Allahabad, 1894, p. 352.

111　J. T. Munday, "Witchcraft in England and Central Africa", in J. T. Munday et al. (eds.), *Witchcraft*, London, 1951, p. 12; Isak Niehaus, *Witchcraft, Power and Politics*, London, 2001, pp. 119–120.

印度尼西亚群岛南部的弗洛雷斯岛（Flores）上，据说人只要在户外赤身裸体就能吸引一种占有欲很强的灵体，从而获得巫力。[112] 坦桑尼亚的卡古鲁人（Kaguru）认为巫师不仅赤身裸体，而且在逆转仪式（rites of reversal）中用双手在地上行走，用灰将黑色的皮肤涂成白色。[113] 乌干达西部的安巴人（Amba）认为，巫师倒挂在树上休息，吃盐止渴（在日常生活中当然也赤身裸体，并以人肉为食）。[114] 菲律宾的巫师也被认为会像蝙蝠一样倒挂着，没有肉体上的羞耻感。[115] 据说，祖鲁人（Zulu）的巫师在晚上会赤身裸体，倒骑狒狒。[116] 西阿帕奇人想象中的巫师会脱掉衣服，拿着挖出来的尸体的某些部分在篝火边通宵跳舞，作为仪式的其中一环男性还要和月经来潮的女性欢好。[117] 在这些认知中，巫师的形象代表着一种想象的尝试：如果所有道德约束都被拒绝遵守和暗中破坏，所有维系社会成员、让他们共同协作的诚命都被取消，人类要如何继续在社区中生活。在以团结和谐为名，经常压制社会成员相互之间的竞争和不满的社会中——这在传统民族中非常普遍——巫师形象为社会成员提供了一个仇恨的对象：积极和公开仇恨巫师不仅是正当的，而且是必要的。

112　Gregory Forth, "Social and Symbolic Aspects of the Witch among the Nage of Eastern Indonesia", in Watson and Ellen (eds.), *Understanding Witchcraft and Sorcery in Southeastern Asia*, pp. 99–122.

113　T. O. Beidelman, "Witchcraft in Ukaguru", in Middleton and Winter (eds.), *Witchcraft and Sorcery in East Africa*, pp. 57–98.

114　E. H. Winter, "The Enemy Within", in Middleton and Winter (eds.), *Witchcraft and Sorcery in East Africa*, pp. 277–299.

115　Lieban, *Cebano Sorcery*, ch. 4.

116　Harriet Ngubane, "Aspects of Zulu Treatment", in J. B. Loudon (ed.), *Social Anthropology and Medicine*, London, 1976, pp. 328–337.

117　Keith H. Basso, "Western Apache Witchcraft", in Walker (ed.), *Systems of North American Witchcraft and Sorcery*, pp. 11–36.

特征五：巫师可以被抵抗

相信人类可以抵抗巫师的信念在全世界都是存在的，在欧洲主要有以下三种主要形式。第一种，善意的魔法可以消除咒语和诅咒，保护自己、家人和财产。如果后者已经生效，那么就要使用更强大的魔法来打破和消除巫术的影响；或许还能使巫师自吞苦果。喀麦隆的多瓦悠人（Dowayo）在他们的屋顶上布置锋利的蓟或豪猪刺，在他们的田地和打谷场周围放置尖刺和长钉，以抵御邪恶的咒语。[118] 纳瓦霍人拥有很多据说可以用来抵御巫术伤害的物品和技巧，其中包括歌曲、祈祷、故事、神圣的手工艺品、绘画和植物。[119] 在印度北部，人们认为血祭仪式或布置酸角或蓖麻植物等办法能够抵抗巫术。[120] 在波利尼西亚各地，保护性仪式被用来抵御巫术的伤害，如果这些仪式明显失败了，人们则会启用反击性仪式来对付巫师。[121] 肯尼亚西部的乌古苏人（Vugusu）和罗苟利人（Logoli）对巫术的反应是，他们通常会避开被认为是巫师的人，并发动反制魔法来抵御他们。[122] 在美拉尼西亚的加瓦岛（Gawa），人们从来不会公开指控那些被怀疑为巫师的人，也没有任何机制来审判他们，只是用防御性魔法来进行对抗。[123] 苏门答腊岛北部的加亚人（Gaya）则使用驱魔术来对抗巫术，他们把恶灵送

118　Nigel Barley, *The Innocent Anthropologist*, London, 1983, pp. 103, 139.

119　Kluckhohn, *Navaho Witchcraft*, section 1. 8.

120　Crooke, *An Introduction to the Popular Religion and Folklore of Northern India*, pp. 359–362.

121　Buck, *Regional Diversity in the Elaboration of Sorcery in Polynesia*，散见全书各处。

122　Gunter Wagner, *The Bantu of Western Kenya*, Oxford, 1970, pp. 111–132.

123　Nancy D. Munn, *The Fame of Gawa: A Symbolic Study of Value Transformations in a Massim (Papua New Guinea) Society*, Durham, NC, 1986, pp. 215–233.

回巫师那里去，给他带来等价的伤害。[124] 大多数相信巫师存在的社会都有服务型魔法师，他们被认为是抵御巫术的专家，可以提供有偿或无偿的服务。实际上，英语词汇中有个常见的"巫医"（通常在非欧洲地区和部落的语境中）就包含了这个职能。"巫医"这个词最初是由玛丽·金斯利的一本畅销书推广开来的，她是维多利亚时期著名的英国探险家。有时候人们将它误解为"作为医生的巫师"，但它实际上指的是（至少在某些时候）专门疗愈巫术伤害的医生。金斯利自己的定义是："与巫师和魔鬼战斗，保护人类灵魂和财产的人。"[125] 无论用什么称呼，从世界范围上看，破除巫术是服务型魔法师最常见也是最重要的职能之一。

第二种对巫术的常见补救措施是调整引起猜疑的社会关系。通过说服或强迫巫师移除他所施放的咒语，移除巫术的破坏性后果。对阿赞德人来说，一旦服务型魔法师或酋长确定某种疾病是巫术造成的，下一步将是要求被指认出来的罪魁祸首解除咒语。博茨瓦纳（Botswana）的茨瓦纳人（Tswana）也是如此。[126] 在固西伊人中，对怀疑的第一反应就是私下雇佣魔法师来破除敌对咒语，然后切断与巫术嫌疑人的所有关系，让巫师与巫术受害者丧失联系，使巫术无从生效。[127] 在波利尼西亚的汤加群岛，人们认为治愈巫术的唯一办法是劝说或强迫巫师将其移除。[128] 尼日利亚东部的雅科人认为，解决猜疑的最优解，是私

124　John R. Bowen, "Return to Sender: A Muslim Discourse of Sorcery in a Relatively Egalitarian Society, the Gaya of Northern Sumatra", in Watson and Ellen (ed.), *Understanding Witchcraft and Sorcery in Southeastern Asia*, pp. 179–190.

125　Mary Kingsley, *West African Studies*, London, 1899, p. 211.

126　Evans-Pritchard, *Witchcraft, Oracles and Magic among the Azande*，散见全书各处；Schapera, "Sorcery and Witchcraft in Bechuanaland".

127　Mayer, "Witches".

128　Buck, *Regional Diversity in the Elaboration of Sorcery in Polynesia*，散见全书各处。

下请求巫师停止施术。[129] 加纳的阿善蒂人（Ashanti）谴责的是巫术行为，而不是行巫术的人，因此，那些被怀疑的巫师在公开认罪（人们认为这样就能解除巫术）、支付罚款或忏悔后就可以得到宽恕。[130] 新几内亚的坦古人认为，只要被发现的巫师向受害者赔偿，问题就能得到解决。[131] 多布人雇用服务型魔法师通过观察水或水晶来查找巫术的来源。被找出来的嫌疑人会受到指控，还得收回对受害者的诅咒。如果受害者被治愈，他要付给占卜的魔法师和被怀疑的巫师一定的酬劳；而如果他没有被治愈，人们会猜测是出现了新的诅咒和巫师在为害。[132] 喀麦隆的巴米累克人认为巫术是体内生长的额外器官带来的非自愿后果，他们也相信公开揭露巫师的身份会破坏巫术生长的能力，从而让巫师失去巫力，重新融入社会。[133] 泰国北部高地的里苏人（Lisu）非常惧怕巫术，他们依靠服务型魔法师或私人反制魔法来抵御巫术。如果失败，则会指控某个被怀疑的巫师，迫使他赔偿并收回咒语。人们很少杀死被指控为巫师的人，原因很简单，他们认为谁杀死巫师，谁就会被传染变成巫师。[134]

第三种补救措施是通过肉体上的反击破坏巫师的能力，这种反击可以采取直接行动的形式，比如痛殴、谋杀，或恐吓当事人远离本地区。

129　Daryll Forde, "Spirits, Witches and Sorcerers in the Supernatural Economy of the Yakö", *Journal of the Royal Anthropological Institute*, 88 (1958), pp. 165–178.

130　Barbara Ward, "Some Observations on Religious Cults in Ashanti", *Africa*, 26 (1956), pp. 47–60.

131　Burridge, "Tangu", pp. 226–230.

132　Fortune, *Sorcerers of Dobu*, pp. 154–166.

133　Pradelles de Latour, "Witchcraft and the Avoidance of Physical Violence in Cameroon".

134　E. Paul Durrenberger, "Witchcraft, Sorcery, Fortune and Misfortune among Lisu Highlanders of Northern Thailand", in Watson and Ellen (ed.), *Understanding Witchcraft and Sorcery in Southeast Asia*, pp. 47–66.

然而，在大多数社会，与这种私了行为相比，人们更倾向于采用正式和合法的补救措施：嫌疑人在社群内部遭到起诉，如果被判定有罪，就会受到规定的惩罚。在多数情况下，对巫师的指认由能够提供反制魔法的魔法师协助或执行。在非洲中部或南部的某些地方，人们还认为，追查巫师是酋长天生的能力，这被视作使他们获得领导权的半神秘特性之一。在印度中部，一些圣人也被认为拥有这种能力。在世界上的大部分地区，当人们怀疑出现巫术时，会使用神谕和特殊仪式来寻找罪犯。西印度的当斯人（Dangs）会将代表每个成年男性村民的扁豆放进一个装满水的容器里，谁的扁豆浮起来了，谁的妻子就是巫师。[135]赞比亚的拉拉人的服务型巫师会通过观察一碗圣水，或把斧柄丢进灰烬里或观察插在土里的角状物来找出巫师。[136]乌干达的尼奥罗人把若干贝壳丢在垫子上，然后解释它们所组成的图案，该国的基苏人则会透过观察转盘中的鹅卵石所构成的形状来寻找答案。[137]

一旦受到怀疑，人们通常就得强制接受神判（ordeal），以证无辜与否。尼日利亚北部的努佩人（Nupe）传统的寻巫协会让嫌疑人徒手挖土，如果手流血则被认为有罪。[138]多瓦悠人则迫使嫌疑人喝下掺了毒液的啤酒，如果此人死亡或呕吐物为红色则为有罪，而呕吐物为白色并活下来的人则无罪。[139]在非洲中部，从尼日利亚到赞比亚和马达加斯加，都发现了这种毒药神判的不同形式，药剂的毒性决定了判决的结果。勒勒人（Lele）把有嫌疑的人集中到围栏里接受检测，很多

135　Ajay Skaria, "Women, Witchcraft and Gratuitous Violence in Colonial Western India", *Past and Present*, 155 (1997), pp. 109–141.

136　Munday, "Witchcraft in England and Central Africa", pp. 12–13.

137　Beattie, "Sorcery in Bunyoro"; La Fontaine, "Witchcraft in Bugisu".

138　S. F. Nadel, *Nupe Religion*, London, 1954, pp. 188–190.

139　Barley, *The Innocent Anthropologist*, pp. 103–104.

人因此被毒死。[140] 新几内亚西北部也使用同样的检测方式：呕吐毒药的人被判有罪并处死，而如果不吐出毒药又会被毒死。对于嫌疑人来说，这真是严峻的考验。[141] 从加纳到坦桑尼亚海岸外的岛屿，在这些非洲地区，接受考验的人面前会摆放一只被割了喉或下了毒的鸡，有罪还是清白取决于这只鸡死前的最后姿势。对于嫌疑人来说，这种方式的危险性在于，有多少种姿势能够被视为无罪的证据，这一点有很大的随意性。在 20 世纪 40 至 50 年代，尼日利亚的很多地方由于只有一种姿势代表无罪，所以嫌疑人获罪的概率非常大。[142] 在印度尼西亚南部岛屿链的弗洛雷斯，标准的巫术测试是必须从沸腾的水中捡出一块石头，有罪的人手会被烫出水泡。[143]

一旦某人被指认为巫师，他可能会遭受到严刑逼供。在印度，当斯人通常把被告倒挂在火上。[144] 在印度的其他大部分地区和缅甸，嫌疑人会被人用圣树的树枝抽打。[145] 美国西南部的纳瓦霍人则选择把嫌疑人绑在户外，让他们忍饥挨饿。[146] 对犯有巫术罪的人采取何种严厉的惩罚，取决于当地对巫术的态度和对巫师造成伤害的认定程度。在那些将谋杀或严重侵害人身的罪行判处死刑的社会，把用魔法造成他

140 Douglas, "Techniques of Sorcery Control in Central Africa".

141 Herman Slaats and Karen Porter, "Sorcery and the Law in Modern Indonesia", in Watson and Ellen (eds.), *Understanding Witchcraft and Sorcery in Southeast Asia*, pp. 135–158.

142 Geoffrey Parrinder, *Witchcraft*, London, 1963, pp. 173–174.

143 Gregory Forth, "Social and Symbolic Aspects of the Witch among the Nage of Eastern Indonesia", in Watson and Ellen (eds.), *Understanding Witchcraft and Sorcery in Southeast Asia*, pp. 99–122.

144 Skaria, "Women, Witchcraft and Gratuitous Violence".

145 Sir Alfred Lyall, *Asiatic Studies: Religious and Social*. First Series, London, 1899, pp. 99–130; Crooke, *An Introduction to the Popular Religion and Folklore of Northern India*, pp. 356–359; Spiro, *Burmese Supernaturalism*.

146 Kluckhohn, *Navaho Witchcraft*, section 1.8.

人死亡或毁灭性伤害的罪行判处死刑是符合逻辑的。大多数传统上相信巫术存在的民族，都或多或少杀害过一些被正式定罪的巫师。在极其惧怕巫术的社区中，杀巫数量可能相当大。据说，在前殖民时代，喀麦隆每个贝克威里人的村庄都有用来吊死巫师的树。[147] 在被英国征服前夕的南非庞多（Pondo）地区，每天都要处死巫师，这还不包括脱逃者和改判罚款的人。[148]19 世纪初在印度服役的一名英国军官估计，过去三十年中，在北部平原上约有一千名女性因被指控使用巫术而被处死，死亡率远远高于当地更为臭名昭著的"娑提"[149]（sati）所造成的死亡率。[150] 在 1857 年的叛乱中，英国对印度的统治被打破，这使得印度北部各部落之间发生了一场大规模猎巫行动，造成很多人丧命。[151] 在英国殖民者来到乌干达之前，据说尼奥罗人把很多族人视为巫师活活烧死，而在德国人征服之前，坦桑尼亚卡古鲁人用棍棒打死巫术犯，弃尸榛莽，任其腐烂，而保古鲁人（Pogoro）则将他们烧死。[152] 格陵兰因纽特人（Inuit）把那些被处死的人的尸体切成小块，防止他们的灵体纠缠生者。[153] 同样，内华达州和俄勒冈州的北派尤特人（Northern Paiute）用石块砸死嫌疑人，然后火化。[154]1635 年，一位在加拿大休伦

147　Ardener, "Witchcraft, Economics, and the Continuity of Belief", pp. 141–160.

148　Monica Hunter, *Reaction to Conquest*, Oxford, 1981, ch. 6.

149　译注：在丈夫的火葬仪式上被烧死，是几个世纪以来印度女性获得尊重甚至被神化的一种方式，这种行为在 1829 年被宣布为非法。参见 Sakuntal Narasimhan: *Sati-Widow Burning in India*, Doubleday, 1992。

150　Skaria, "Women, Witchcraft and Gratuitous Violence".

151　Crooke, *An Introduction to the Popular Religion and Folklore of Northern India*, pp. 363–365.

152　Beattie, "Sorcery in Bunyoro"; Beidelman, "Witchcraft in Ukaguru"; Maia Green, "Shaving Witchcraft in Ulanga", in Ray Abrahams (ed.), *Witchcraft in Contemporary Tanzania*, Cambridge, 1994, p. 28.

153　Merete Demant Jakobsen, *Shamanism*, NewYork, 1999, pp. 94–100.

154　Beatrice B.Whiting, *Paiute Sorcery*, NewYork, 1950, p. 50.

人（Huron）部落传教的耶稣会传教士指出，当地土著根据病故者在临终前的魔法指控，经常互相残杀或活活烧死别人。[155] 在被荷兰人征服前的弗洛雷斯岛，对巫师的惩罚手段是活埋，而且经常使用。印度尼西亚的苏拉威西岛，托拉查人（Toraja）在对巫师进行神判时几乎不给嫌疑人自证清白的机会，就将他们打死了。他们还鼓励男孩参加这个活动以证明他们的勇气。[156] 在被英国人统治之前，一个现在属于博茨瓦纳的部落允许被巫术杀害的死者家属杀死巫师的家属来复仇，或者让当地首领审判有嫌疑的巫师并将他处决。在 1910 至 1916 年之间，仅在班瓜特茨（Bangwatetse）一地，就进行了二十六次这样的审判。20 世纪 40 年代，从英国来的游客还在当地看到了以前巫师被行刑的场所。[157] 卡斯卡人（Kaska）生活在加拿大和阿拉斯加之间的边界上，他们没有用魔法疗愈巫术伤害的概念，因此，唯一已知的补救办法是处置巫师。他们通常认为巫师是孩子，在 20 世纪的头二十年里，这种观念导致了持续性的杀戮，常常是那些被指控孩子的家人所为。[158]

在世界各地，传统民族的猎巫行动往往会呈现出一种规律：在某一段时间内，猎巫的数量会激增，而在另一段很长的时期里，猎巫行动几乎绝迹。一般来说，那些传统上恐惧巫术的民族，在遭受经济压力和（或）经历不稳定的经济、政治与文化变革的时期，往往会更频繁地指控他们的邻居；但社会大背景的动荡并不必然引起指控的增加。猎巫事件激增时，社会秩序往往会出现三种不同形式的反弹：传统领

155　Matthew Dennis, "American Indians, Witchcraft and Witch-hunting", *Magazine of History*, 17.4 (2003), pp. 21–23.

156　Forth, "Social and Symbolic Aspects of the Witch among the Nage of Eastern Indonesia"; Margaret Wiener, "Colonial Magic: The Dutch East Indies", in David J. Collins (ed.), *The Cambridge History of Magic and Witchcraft in the West*, Cambridge, 2015, pp. 496–497.

157　Shapera, "Sorcery and Witchcraft in Bechuanaland".

158　Honigman, "Witch-Fear in Post-contact Kaska Society".

导人和社会的权威也许会得到巩固；传统精英中个人的权力也许会得到加强；又或者使得一个新的社会群体夺取权力。在 19 世纪的非洲，马塔贝勒（Matabele）国王洛本古拉（Lobengula）、马达加斯加女王腊纳瓦洛娜（Ranavalona）、祖鲁斯（Zulus）国王沙卡（Shaka）等领导人都通过对所谓的巫师发动战争来强化他们的世袭权威。沙卡曾一次传唤近四百名嫌疑人到庭，然后将他们全部杀害；而在腊纳瓦洛娜的治下，大约十分之一的臣民受到用来检测巫师的毒药神判的折磨，其中五分之一的人死亡；洛本古拉平均每个月要执行九至十次死刑，被处死的大多是有权势的人。在 19 世纪北美的纳瓦霍部落，酋长曼纽利托（Manuelito）以巫术罪处死了四十多名政治对手，上一代的塞内卡酋长汉森·雷克（Handsome Lake）通过发起巫师迫害确立了宗教领袖的地位。[159] 有时，猎巫行动是捍卫传统反对变革的武器：18 世纪的俄亥俄州山谷，肖尼人（Shawnee）的先知滕斯克瓦塔瓦（Tenskwatawa）煽动猎巫来对抗基督教在部落联盟中的传播。[160] 特定的领导者和先知可以联手将这种机制用以满足自己的政治目的。因此，17 世纪北美的阿尔冈昆（Algonquin）部落提出巫术指控，他们的主要目的是为了建立新的领土边界，同欧洲定居者发展毛皮贸易。[161] 另外，一些基础牢固、统治时间较长的政权会以阻止猎巫的方式来证明自身的权威。1768 年，

159　A. T. Bryant, *Olden Times in Zululand and Natal*, London, 1929, pp. 650–651; Crawford, *Witchcraft and Sorcery in Rhodesia*, ch. 17; Kluckhohn, *Navaho Witchcraft*, ch. II. 3; A. F. C. Wallace, *The Death and Rebirth of the Seneca*, New York, 1972, pp. 102–110; Stephen Ellis, "Witch-hunting in Central Madagascar 1828–1861", *Past and Present*, 175 (2002), pp. 90–123; Matthew Dennis, *Seneca Possessed*, Philadelphia, 2010.

160　R. D. Edmunds, *The Shawnee Prophet*, Lincoln, NB, 1985, p. 5–97; Jay Miller, "The 1806 Purge among the Indiana Delaware", *Ethnohistory*, 41 (1994), pp. 245–265.

161　Amanda Porterfield, "Witchcraft and the Colonization of Algonquian and Iroquois Cultures", *Religion and American Culture*, 2 (1992), pp. 103–124.

一场恐慌席卷中国十二个省，人们相信游方的妖术师将他人（特别是男童）诅咒致死以奴役其灵魂，军机处推翻了地方官府的死刑判决，但还是有很多嫌疑人在被逮捕之前就已经被狂暴的民众杀害。[162]

在非洲，寻巫运动在殖民时期很普遍，它的影响遍及非洲大陆西部和中部的大部分地区。在一定程度上，这种运动应该被视作对欧洲当局禁止或大力修改传统巫师审判的回应。此外，也有可能是因为殖民统治破坏了部落制度和道德准则，加剧了社会的不稳定程度，导致巫术恐惧的蔓延。[163]1910 至 1952 年间，勒勒人至少发起了五次猎巫行动。[164] 通常，部落里的青年男子是行动的主力，他们在社区里巡查，甚至跨过部落边界，声称可以找出巫师并让他们永远无法为害。所谓"让他们永远无法为害"，主要是迫使嫌疑人交出魔法材料并销毁，让他们服用某种饮料或涂抹某种药膏，或进行某种特殊的仪式，以消除他们的巫力。20 世纪 20 年代，印度西部的恶魔教（Devi）再次流行，

162　Philip A. Kuhn, *Soulstealers: The Chinese Sorcery Scare of 1768*, Cambridge, MA, 1990.

163　根据 Audrey Richards, "A Modern Movement of Witch-finders"；Marwick, "Another Modern Anti-Witchcraft Movement"；Willis, "The Kamcape Movement"；Douglas, "Techniques of Sorcery Control in Central Africa"；Ward, "Some Observations on Religious Cults in Ashanti"；Redmayne, "Chikanga"；R. G. Willis, "Instant Millennium", in Douglas (ed.), *Witchcraft Confessions and Accusations*, pp. 129–139；Morton-Williams, "The Atinga Cult"；Jack Goody, "Anomie in Ashanti", *Africa*, 27 (1957), pp. 356–363；Bohannan, "Extra-Processual Events in Tiv Political Institutions"；Karen E. Fields, "Political Contingencies of Witchcraft in Colonial Central Africa", *Canadian Journal of African Studies*, 16 (1982), pp. 567–593；Andrew Apter, "Atinga Revisited", in Comaroff and Comraroff (eds.), *Modernity and its Malcontents*, pp. 111–128；Green, "Shaving Witchcraft in Ulanga"；John Parker, "Northern Gothic: Witches, Ghosts and Werewolves in the Savanna Hinterland of the Gold Coast, 1900s–1950s", *Africa*, 76 (2006), pp. 352–379；Marwick, "Another Modern Anti-witchcraft Movement in East Central Africa"；David Tait, "A Sorcery Hunt in Dagomba", *Africa*, 33 (1963), pp. 136–146；Anthony A. Lee, "Ngoja and Six Theories of Witchcraft", *Ufahamu*, 6 (1976), pp. 101–117。

164　Douglas, "Techniques of Sorcery Control in Central Africa".

该教的职权范围就包括了侦测并驱逐村庄中的巫师。[165] 这些运动虽然起源于传统的权威和习俗结构之外，但通常会在它们的内部起作用。然而，即便在殖民统治下，有时也会产生猎巫者，他们导致当地人排斥原本熟悉的本地宗教，或惩罚本地精英。西非阿廷加人（Atinga）的寻巫狂热是由加纳北部一所庙宇的信众传过来的，在传播过程中他们摧毁了其他部落传统宗教信仰的中心。[166] 同样，与尼日利亚其他民族相似，尼亚姆布阿人（Nyambua）不仅谴责巫师，还连带着对他们的酋邦（chiefdoms）怀有不满。[167] 有时，这种运动夹杂着反殖民情绪，甚至发展成公开的叛乱：1905 至 1906 年，在坦噶尼喀（Tanganyika）发生的反对德国统治的"马及马及起义"（Maji Maji uprising）是由一位先知领导的，他称自己为巫师的"杀手和仇敌"，并下令杀死任何拒绝使用"药水"（medicine water）来摧毁邪恶魔法的人。[168]

欧洲人的统治结束以后，这种模式变得更加普遍，因为非洲经历了自我意识的现代化，发生了重大的社会变革。[169] 从直接对抗或推动

165　Skaria, "Women, Witchcraft and Gratuitous Violence".

166　Bohannan, "Extra-processual Events in Tiv Political Institutions"; Morton-Williams, "The Atinga Cult".

167　Bohannan, "Extra-Processual Events in Tiv Political Institutions".

168　Michael Adas, *Prophets of Rebellion: Millenarian Protest Movements against the European Colonial Order*, Cambridge, 1979, pp. 102–105.

169　David J. Parkin, "Medicines and Men of Influence", *Man*, N. S. 3 (1968), pp. 424–439; Willis, "Kamcape"; Daniel Offiong, "The Social Context of Ibibio Witch Beliefs", *Africa*, 53 (1982), pp. 73–82; Suzette Heald, "Witches and Thieves", *Man*, N. S. 21 (1986), pp. 65–78; Douglas, "Sorcery Accusations Unleashed"; Simon Mesaki, "Witch-Killing in Sukumaland", in Abrahams (ed.), *Witchcraft in Contemporary Tanzania*, pp. 47–60; Maia Green, "Witchcraft Suppression Practices and Movements", *Comparative Studies in Society and History*, 39 (1997), pp. 319–345; Drucker-Brown, "Mamprusi Witchcraft"; Blair Rutherford, "To Find an African Witch", *Critique of Anthropology*, 19 (1999), pp. 89–109; Mark Auslander, "Open the Wombs!", in Comaroff and Comaroff (eds.), *Modernity and its Malcontents*, pp. 167–192; Cynthia Brantley, "An Historical Perspective of the Giriama and Witchcraft Control", *Africa*, 49 (1979), pp. 112–133.

结束殖民主义或白人至上主义的革命运动，到从殖民地的土著政权转变而成的国家，猎巫行动都非常突出。20 世纪 80 年代的德兰士瓦，袭击巫师的年轻人群体主要也是原先那些反抗种族隔离制度的领头人，他们将维护种族隔离制度和禁止猎巫的白人政府描述成巫术的保护者。在黑人多数的统治建立之后，他们发现自己仍然被新政权边缘化，因此，面对一个基本陌生的中央政府，他们继续充任地方民众保护者的角色，而迫害巫师仍然是这个角色的职能之一。[170]20 世纪 90 年代早期，在靠近新南非主要人口中心的索韦托镇，当地人对巫术的恐惧是"巨大的"，据说"每一个年长的妇女，特别是古怪和不受欢迎的妇女，都有可能面临巫术指控"。[171] 在肯尼亚海岸的米吉肯达（Mijikenda）地区，独立后的部落和国家行政首脑联合起来，将某一个特定的巫医指派为寻巫者，对巫术嫌疑人的指控和暴力行为于是剧增。[172] 自 20 世纪 70 年代以来，赞比亚对巫术的直接和公开的指控以及专业寻巫者的数量都有所增加，到了 80 年代，后者在农村地区随处可见。[173]

在确立了本地人统治的津巴布韦独立战争中，通常得到当地社区全力支持的游击队，充当了传统上由酋长扮演的寻巫者的角色，如果这些社区同意，他们会将巫师杀死。不难预料，受害者往往都是白人政府的支持者。[174] 该国在 20 世纪 80 年代独立之后，由政府许可的国

170　Niehaus, *Witchcraft, Power and Politics*, pp. 130–182；以及 "Witch-hunting and Political Legitimacy: Continuity and Change in Green Valley, Lebowa, 1930–91", *Africa*, 63 (1993), pp. 498–530。

171　Ashforth, "Of Secrecy and the Commonplace", p. 1209.

172　Diane Ciekawy, "Witchcraft in Statecraft: Five Technologies of Power in Colonial and Post-colonial Coastal Kenya", *African Studies Review*, 41 (1998), pp. 119–141.

173　Elizabeth Colson, "The Father as Witch", *Africa*, 70 (2000), pp. 333–358.

174　David Law, *Guns and Rain: Guerrillas and Spirit Mediums in Zimbabwe*, London, 1985, pp. 167–168.

家传统疗愈师协会（National Traditional Healers' Association）的灵媒组织了一场地区性的猎巫行动，他们声称只要让嫌疑人跨过一根手杖，就能鉴别出谁是巫师。[175] 上世纪 90 年代初，在葡萄牙统治垮台后的安哥拉，内战中的双方都将处死巫师作为提高声望和维护合法性的手段。其中一方用火刑活活烧死巫师，而另一方则在逼迫他们挖好自己的坟墓后将他们处死。难民们对猎巫行动的泛滥表示愤慨，为此双方统治者把政治对手（及其子女）指认为巫师，但没有处决他们。[176] 在世界上那些被欧洲列强统治的地区，土著民族对所谓巫师的迫害行为呈现出一个特点：他们从殖民统治者的文化中借用了基督教的某些特征，并将它与传统的巫师概念结合在一起。在拉丁美洲，这是一个自然而然的过程。因为欧洲统治者两百多年来一直恐惧巫术，将所有魔法都定为非法。两个并行的猎巫系统就这样相遇并融合在一起，近代早期欧洲将巫术看作魔鬼崇拜的某种形式，这种刻板印象渗透到土著人的思想中，永远地扎下了根。[177]

20 世纪的非洲，在与以往截然不同的殖民体系下，这种融合进程仍然持续，官方对巫术的态度令人难以置信：在这里，近代早期的《圣经》译本坚定地反对和压制巫术，以自身特有的方式巩固当地的信仰。

175　Blair Rutherford, "To Find an African Witch", *Critique of Anthropology*, 19 (1999), pp. 89–109.

176　Linda M. Heywood, "Towards an Understanding of Modern Political Ideology in Africa: The Case of the Ovimbundu of Angola", *Journal of Modern African Studies*, 36 (1998), pp. 139–167; Inge Brinkman, "Ways of Death: Accounts of Terror from Angolan Refugees in Namibia", *Africa*, 70 (2000), p. 15.

177　Malcolm Ebright and Rick Hendricks, *The Witches of Abiquiu*, Albuquerque, 2006; Lieban, *Cebuano Sorcery*, pp. 19–47; Laura A. Lewis, *Hall of Mirrors: Power, Witchcraft and Caste in Colonial Mexico*, Durham, NC, 2003; William and Claudia Madsen, "Witchcraft in Tecapsa and Tepepan", and Benson Sales, "Sorcery in Santiago El Palmar", in Walker (ed.), *Systems of North American Witchcraft and Sorcery*, pp. 73–94, 124–146.

但讽刺的是，通过传教士的宣讲，基督教贬低了祖灵和土地灵体在当地人心中的可信度。于是，一种将离奇的不幸遭遇都归罪于巫师的倾向产生了。传统民族非常容易将基督教和猎巫联系起来，这方面的例证非常多。19世纪30年代，马达加斯达女王腊纳瓦洛娜创建了一种不容异说的宗教，通过迫害巫师和基督徒，将她的国家团结起来。当时她所使用的就是近代早期欧洲基督教的模式。[178]再早一代，汉森·雷克的混合宗教（他把这种宗教引入了纽约州北部塞内卡人的分支）在土著神灵中加入了基督教天使和魔鬼的元素，强化了人们对巫术的恐惧。[179]20世纪20年代，中非耶和华见证会运动的本地信徒认为，完全浸入水中的洗礼可以探测到巫师。这场运动的一个支持者自称"上帝之子"，杀害了北罗得西亚（Rhodesia）境内的几十个人。他被比属刚果境内的二百多人起诉，后来被英国人处决了。[180]在随后的十年里，他的一个追随者在受过基督复临安息日会的教导之后，决定在北罗得西亚建立自己的教会，教会视揭发巫师为己任之一。[181]而20世纪30年代，遍布中非尼亚萨湖至刚果盆地一带的巴穆卡皮族（Bamucapi）猎巫者穿着欧洲人的衣服，学着白人传教士的模样传讲"上帝的话语"。[182]两次世界大战期间，一名妇女与基督新教徒接触以后，在象牙海岸发动了德玛（Déima）运动。她确信自己是基督教圣灵意志和话语的代言人，宣称自己只要用肉眼就能发现巫师。20世纪50年代，救世

178　Ellis, "Witch-hunting in Central Madagascar".

179　Dennis, *Seneca Possessed*.

180　Bryan R. Wilson, *Magic and the Millennium: A Sociological Study of Religious Movements of Protest among Tribal and Third-world Peoples*, London, 1973, pp.83–84.

181　Barrie Reynolds, *Magic, Divination and Witchcraft among the Barotse of Northern Rhodesia*, London, 1963, pp. 133–135.

182　Richards, "A Modern Movement of Witch-finders".

军的传教活动在刚果盆地引发了蒙库库萨（Munkukusa）或穆孔古纳（Mukunguna）运动，《圣经》和十字架是它们的重要象征。十年后，北罗得西亚的一个新教徒联合组织为一位女性施洗，并加以指导——这位女性宣称自己背负着一项神圣的使命，要宣讲反对巫术的教义，她建立了自己的教会组织，同乡民众中有 85% 都是她的信众。[183] 南非北部省建立的犹太复国主义教会增加了该地区对巫师的恐惧，而在祖鲁人中，该教派的一些领导人成为著名的猎巫者。1988 至 1989 年期间，在一位名为摩西的先知的带领下，这个教会还在赞比亚进行了一次猎巫行动。[184] 新几内亚的坦古人皈依基督教后，立即把巫师和魔王撒旦联系起来，同样的状况也发生在加纳的埃维人（Ewe）之中。[185]1960 年左右，马拉维一个著名的猎巫者在长老会教堂习得了宗教理念，而在 20 世纪 60 年代的赞比亚，五旬节派教会的先知在探侦邪恶魔法来源的魔法师中表现非常突出。[186]20 世纪 70 年代，赞比亚首都卢萨卡的天主教行动运动领导人是一名妇女，她声称自己拥有灵仆（servitor spirits），并有通过自己的身体反应来侦测巫师的能力。[187] 20 世纪晚期，许多勒勒人皈依罗马天主教，之后他们立刻将本土宗教视作撒旦及其

183　Wilson, *Magic and the Millennium*, pp. 89–91, 94–101, 152–156.

184　Niehaus, *Witchcraft, Power and Politics*, pp. 27–41; Auslander, "Open the Wombs!; Bengt M. Sundkler, *Bantu Prophets in South Africa*, Oxford, 1961, pp. 109, 253–259.

185　Burridge, "Tangu", pp. 226–230; Birgit Meyer, "If You Are a Devil, You are a Witch, and If You Are a Witch You Are a Devil': The Integration of "Pagan" Ideas into the Conceptual Universe of Ewe Christians in Southeastern Ghana', *Journal of Religion in Africa*, 22 (1992), pp. 98–132.

186　Redmayne, "Chikanga"; J. R. Crawford, *Witchcraft and Sorcery in Rhodesia*, Oxford, 1967, ch. 16.

187　Wim van Binsbergen, "Creating 'a Place to Feel at Home': Christian Church Life and Social Control in Lusaka, Zambia (1970s)" in Piet Konings et al. (eds.), *Trajectoires de Liberation en Afrique Contemporaine*, Paris, 2000, pp. 234–238.

门徒巫师的宗教。年轻人尤其热衷，他们将改教作为反抗长辈的机会，其中一些新的天主教神父成了狂热的猎巫者，使用酷刑逼人招认。[188] 到了 20 世纪，刚果首都金沙萨的数百个社区教会将巫术当成邪恶势力，开始了反对巫术的斗争。[189]2005 年，据估计，非洲已有数十万的"先知"依附于当地的基督教派别，他们声称从圣灵和其他灵体那里获得启发，能够发现不幸的潜在原因（特别是巫术）。[190] 在殖民统治下，根除巫术的运动通常较少发生流血事件，因为使用严重的暴力会招致那些不认为巫师会带来什么危害的欧洲行政官员的敌视。在 20 世纪 40 年代和 50 年代，加纳和尼日利亚的阿廷加教派就落得了这样的下场，他们经常折磨，偶尔还杀害拒绝认罪的巫术嫌疑人。[191] 然而，外来统治结束之后，大规模的人身攻击就回来了，经常导致嫌疑人的死亡。20 世纪 60 年代，比利时在刚果的统治崩溃后，勒勒人立即恢复了他们的毒药神判，导致数百人丧生。[192] 在英国统治结束之后，乌干达北部的酋长们又重新开始猎巫行动，并获得民众的大力支持。巫术嫌疑人被迫光着身子坐在（或行走于）带刺的铁丝网上，被白蚁叮咬，被殴打，被迫喝自己的尿，或被人往眼睛里撒胡椒粉。[193]

在南非的北部省（现林波波省），20 世纪前三分之二的时间里，巫术似乎并不让人恐惧，巫术指控率也相当低。最高水平出现在勒

188　Mary Douglas, "Sorcery Accusations Unleashed: the Lele Revisited", *Africa*, 69 (1999), pp. 177–193.

189　René Devisch, "Sorcery Forces of Life and Death among the Yaka of Congo", in Bond and Ciekawy (eds.), *Witchcraft Dialogues*, pp. 101–130.

190　Ashforth, *Witchcraft, Violence and Democracy in South Africa*, pp. ix–xii.

191　Morton-Williams, "The Atinga Cult".

192　Douglas, "Techniques of Sorcery Control in Central Africa".

193　R. G. Abrahams, "A Modern Witch-hunt among the Lango of Uganda", *Cambridge Anthropology*, 10 (1985), pp. 32–45.

伯杜人（Lobedu）那里，20 世纪 30 年代有五十人被判处流放。然而，随着种族隔离制度的崩溃，社会、政治和经济的不稳定导致相邻地区之间的紧张局势升级，仅在 1985 至 1989 年间，该省就发生了三百八十九起与巫师有关的杀人事件。[194] 在 20 世纪 90 年代，此类谋杀光记录在案的就有五百八十七起，但人们认为出于对向当局报告此类事件的恐惧，这个数字被严重低估了——我们所知道的是，仅在莱博瓦（Lebowa）地区的一次行动中，就有四十三人被活活烧死。[195] 在索韦托，与巫术有关的谋杀比较罕见，但在 20 世纪 90 年代，这种情况也时有发生，一群年轻人会烧死受害者，并称之为"民主"进程。[196]

马拉维和喀麦隆都恢复了允许民众对巫术嫌疑人审判和定罪的法律。在喀麦隆，法官将服务型魔法师视作专家证人，他们证词的价值高于被告的无罪声明，后者通常没有人权，有时会被刑讯逼供的警察打死。定罪不需要具体的证据或供词，判处的刑期很长（可达十年），但至少被告不会被判处死刑。坦桑尼亚不允许恢复对巫师的法律诉讼，结果私刑泛滥，导致大量死亡。1970 至 1984 年间，这个国家的大陆地区至少发生了三千三百三十三起针对巫术嫌疑人的谋杀，其中三分之二与苏库马人（Sukuma）有关。[197] 至 1991 年，加纳曼普鲁西人在旧

194　Niehaus, *Witchcraft, Power and Politics*, pp. 1–2; 以及 "Witch-hunting and Political Legitimacy"; Jean and John Comaroff, "Occult Economics and the Violence of Abstraction", *American Ethnologist*, 26 (1999), pp. 279–303。

195　Johannes Harnischfeger, "Witchcraft and the State in South Africa", in John Hund (ed.), *Witchcraft Violence and the Law in South Africa*, Pretoria, 2002, pp. 40–72.

196　Ashforth, "Of Secrecy and the Commonplace", p. 1215.

197　Niehaus, *Witchcraft, Power and Politics*, pp. 191–192; Michael Rowlands and Jean-Pierre Warnier, "Sorcery, Power and the Modern State in Cameroon", *Man*, N. S. 23 (1988), pp. 118–132; Peter Geschiere and Cyprian Fisiy, "Domesticating Personal Violence", *Africa*, 64 (1994), pp. 323–341; Cyprian F. Fisiy, "Containing Occult Practices: Witchcraft Trials in Cameroon", *African Studies Review*, 41 (1998), pp. 143–163; Geschiere, *The Modernity of Witchcraft*, pp. 109–197; Mesaki, "Witch-Killing in Sukumalan".

首都建立了一个隔离区，一百四十名有巫师嫌疑的妇女被永久禁锢于其中。这个空间既是监狱，也是避难所，在那里她们可以免遭控告者的伤害。[198]2007年，冈比亚总统叶海亚·贾梅派出他的私人保镖，后者与当地警察一道在冈比亚一行政区内搜捕了一千三百多名巫师嫌疑人。他们被带到拘留中心，服下某种药物来解除巫术能力，结果多人生病。三年后，尼日利亚南部发生了一场针对儿童的大规模搜捕行动。发起人是当地基督教会的牧师，他们提出为被告驱魔以解除其危害。为使其招供，年轻的受害者常常被拘留并折磨，在接受驱魔后被全家遗弃。尽管国家颁布了一项新的法律禁止对儿童施加巫术指控，但仍然无济于事。至2012年，关于儿童巫师的恐慌蔓延到刚果，据说有两万名儿童流落首都金沙萨街头，他们都被从家里赶出来了。[199]至2005年，仅在南非就有至少五十万人自称是处理巫术问题的专家。如果说，基督教很容易被同化到与巫术有关的传统信仰中并使之得到强化，那么现代科技也是如此。的确，正如人类学家亚当·阿什福思所强调的那样，科学已经成为一些南非城镇解释巫术的"主要参照系"，因为量子物理、手机、数字影像、克隆和人工生命都比之前的机械时代更符合宇宙的魔法景观。[200]

近来，在世界的其他地区，对巫师嫌疑人非正式和非法的暴力也达到了（或维持在）非常高的水平。20世纪60年代，墨西哥的一个玛雅人居住的小镇，其凶杀率是美国的五十倍，是墨西哥平均水平的

---

198   Drucker-Brown, "Mamprusi Witchcraft".

199   David Macfarlane, "African Witch-hunts", *The Cauldron*, 141 (2011), pp. 42–44; Nick Britton, "Witchcraft Murder that Exposed Hidden Wave of Faith-Based Child Abuse", *Daily Telegraph* (2 March 2012), p. 6; "Branded a Witch", BBC3 television documentary, screened 20 May 2013.

200   Ashforth, *Witchcraft, Violence and Democracy in South Africa*, pp. xiii, 7–19, 120.

八倍，在所有案件中，大约有一半动机都是巫术。[201] 在印度东北部，仅 1982 年一年，马尔达（Malda）县就发生了十二起与巫术有关的谋杀案，在 20 世纪 90 年代中的四年里，新奔（Singhbhum）县发生了六十多起谋杀案。[202] 1978 年，某个玻利维亚村民被一个非正式的社区法庭施以酷刑并流放，仅因为他被控告趁邻居熟睡时使用魔法吸干了他们的生命；五年后，一名男子因为相同的罪行被一个相似的团体烧死。[203] 20 世纪 90 年代后期，在美拉尼西亚中部的安布里姆（Ambrym）岛民中，对巫术的恐慌及由此产生的杀人事件达到了所谓的"临界水平"。[204] 到了 21 世纪 10 年代，由于传统社会和文化制度的崩溃、医疗服务水平的下降、贫困加剧、生活方式疾病的增加和早夭率的升高，美拉尼西亚的其他地区也受到同样严重的影响。针对嫌疑人的暴力行为（正如最近在非洲南部所发生的那些）主要是由渴望在社区中实现自我价值的贫困年轻人发起的，而且这些行为变得越发公开和极端。2013 年，新几内亚一名年轻女性在包括警察在内的数百名旁观者面前被活活烧死；另有两名妇女在所罗门群岛北部的布干维尔（Bougainville）岛上被公开施以酷刑后斩首。2014 年，两名男子在瓦努阿图（Vanuatu）的一个社区会堂内被公开绞死。[205] 非洲以外的世界，尤其是伊斯兰国家，

201　June Nash, "Death as a Way of Life: The Increasing Resort to Homicide in a Maya Indian Community", *American Anthropologist*, 69 (1967), pp. 455–470.

202　Govind Kelkar and Dev Nathan, *Gender and Tribe: Women, Land and Forests in Jharkand*, New Delhi, 1991, p. 94; Puja Roy, "Sanctioned Violence: Development and the Persecution of Women as Witches in South Bihar", *Development in Practice*, 8 (1998), pp. 136–147.

203　Nathan Wachtel, *Gods and Vampires: Return to Chipaya*, Chicago, 1994, pp. 77–79.

204　Knut Rio, "The Sorcerer as an Absented Third Person", in Kapferer (ed.), *Beyond Rationalism*, pp.129–130.

205　Miranda Forsyth and Richard Eves (eds.), *Talking It Through: Responses to Sorcery and Witchcraft Beliefs and Practices in Melanesia* (Canberra, 2015) 中搜集了关于这个问题的十七篇论文。

也存在着针对巫术的法律行动。2008 至 2012 年间，阿富汗、加沙地带、巴林和沙特阿拉伯，禁止一切魔法的法律得到了更严格的执行。在这期间，沙特阿拉伯处决了数名被控此类罪行的人，其中大多数是外国人，行刑方式大多是斩首。2010 年，加沙的一名妇女因被怀疑为巫师而遭到谋杀。沙特政府不仅把政府雇员培养成猎巫者，还让他们举行仪式以破坏巫术的效果，巴基斯坦前总统阿西夫·阿里·扎尔达里则几乎每天都要献祭一只黑山羊以抵御巫术的影响。[206] 而在印度尼西亚，法院越来越倾向于将魔法行为判作犯罪或至少是反社会行为，这样的判决往往非常被法官所笃信，而且也很受民众欢迎。[207]

从理论上讲，猎巫在某些时候的确可以发挥积极的社会作用。在某些情况下，通过对异常或反社会行为的阻止，它可以强化文化规范，从而加强社区团结。把巫术与嫉妒、贪婪和恶意联系起来，有助于加强对与之相反的美德的依附，并阻止敌意的表露。它可以用来强制人履行经济义务，减少合作中的竞争。在其他情况下，它可以成为社会变化的催化剂，因为反巫术运动往往使新团体的力量得以合法化或强化。巫术指控有时提供了一种手段，使那些被剥夺权力的个人（如儿童或妇女）获得注意和尊重，并能对地位较高者施以恐吓。它们可以表达无以名状的幻想，揭示和表现破坏性的冲动，鉴别和表现家庭甚至更广泛的社会群体之间的紧张关系，进而摧毁不牢固的社会关系。抵抗巫术的措施使人们在逆境中有针对性地行动。正是出于这些原因，一个有影响力的人类学学派认为，巫术指控是保持社会健康的手段，

---

206 Dawn Perlemutter, "The Politics of Muslim Magic", *Middle East Quarterly*, 20 (2013), pp. 73–80.
207 Slaats and Porter, "Sorcery and the Law in Modern Indonesia".

而不是社会故障的症状。[208]

然而，亦有与此不同的观点（本书更倾向于这后一种）。[209] 我们强调的是，当指控率低下，指控零星分布，并受到严格控制的时候，之前说的巫术信仰的确可以强化社会，或使社会更有效地适应不断变化的大环境。但在许多案例中，这种情况并不存在，猜疑和指控没有解决恐惧和敌对，反而让它们更加激化，阻碍了社会内的友好合作。最恶劣的是，猎巫使社区四分五裂，留下了持久的创伤和仇恨，大大加剧了因适应新的经济和社会发展而造成的痛苦。大多数相信巫术存在的社会都渴望摆脱巫术的伤害和诅咒，但他们所能想到的唯一办法就是消灭巫师。虽然他们想方设法（往往付出了高昂的血的代价）减少现存的恐惧，但这种企图往往强化了人们关于巫术威胁的认知，使人们对巫术的恐惧越发持久，也使未来的猎巫行动成为可能。

进一步思考

人类学研究让我们对"巫师的刻板印象是如何建构和维持的"这个课题有了一些从历史学出发并不一定能得到的见解。通过研究相对较小、自给自足的社会，亲身详细询问当地居民，人类学家所获得的其中一种认知是，宇宙观并不都是某种连贯一致的精神构造。传统民族往往信奉不同的超自然体，包括各种神祇、土地灵、动物灵和祖灵，却不太清楚它们是如何相互关联或区分的，也不清楚它们与巫师之间的确切关系。对与之相关的人来说，重要的是这些超自然体对社会有

208　Douglas, "Introduction", in Douglas (ed.), *Witchcraft Confessions and Accusations*, pp. xiii–xxi.

209　请注意参考 Douglas, "Techniques of Sorcery Control in Central Africa"; 以及 Winter, "The Enemy Within"。

什么预想的影响，以及根据其效用和善意的程度，人们可以采取什么样的手段来鼓励、阻止或抵消这些影响。在生存型社会中，真正的问题是与灵体世界打交道的实际后果，而这些问题往往事关生死。在欧洲学者看来，巫术理论的起源和运作以及巫师的刻板印象，似乎不太符合某些地方对神祇和灵体运作方式的普遍预想，然而这似乎并没有使当地信奉这些神灵的人们感到困扰。[210]

可以直接观察到某个特定社会中的信仰随着不断变化的社会和心理环境发生变异的方式，这是人类学研究另一件非常难得的事情。上文对欧洲以外巫术信仰的概述可能会让人产生某种印象：巫术信仰或多或少是静态的，特定民族对巫术的观念基本保持不变，而且几乎不受其他文明的影响。从本质上说，这种印象似乎反映了现实，但需要提出一些限定条件。总的来说，某个特定人类社会对巫师的想象随着环境的变化而发生细节上的变化，但大体上基本保持不变。学者注意到，欧洲以外的世界其他民族将基督教神学的各种形态吸收到他们关于巫师的传统信仰中，而且，人类学家还记录了许多更加在地的巫术信仰吸纳融合的案例。由于环境的变化或与其他文化观念的接触，传统民族赋予巫师以新的能力和新的施术方式，这种情况也并不少见。在 20 世纪晚期，一种认为受害者会被巫师变成僵尸，为他们劳动，进而增长他们的财富的观念在非洲西部和南部一些地区传播开来；在加纳，这种观念转化成另一种形式，人们认为巫师

---

210 Evans-Pritchard, *Witchcraft, Oracles and Magic*, chs. 1.1, 1.4, 1.8; John Middleton, *Lugbara Religion*, Oxford, 1960, pp. 238–250; Jean La Fontaine, "Witchcraft in Bugisu", in ibid., pp. 187–220; Lawrence and Meggitt, "Introduction", in Lawrence and Meggitt (eds.), *Gods, Ghosts and Men in Melanesia*, pp. 16–18; Bowie, "Witchcraft and Healing among the Bangwa of Cameroon", p. 71; Lieban, *Cebuano Sorcery*, p. 19.

把人变成了动物或植物，然后再把他们卖掉。[211] 更早的时候，在东非的一些地区，一些特定的部落从阿拉伯商人那里接受了巫师可以控制恶灵的观念（有些恶灵是从阿拉伯人手里买来的），而德兰士瓦省莱博瓦地区的混血居民则从附近的祖鲁人那里习得了巫术可以驱使动物形态的灵体的观念。[212]

巫师的刻板印象产生变化的例子比较罕见，但这种情况也时有发生。19 世纪晚期，随着肯尼亚的基里亚马人（Giriama）从筑城社区（fortified communities）迁移到分散的农庄，他们之间的财富差距越来越大，新富们就成了特别值得怀疑的目标。[213] 在赞比亚南部的格温贝河谷（Gwembe Valley），传统上巫师是受害者的男性亲属而不是父母。然而，从 20 世纪 80 年代开始，经济衰退导致了年轻一代的经济状况要劣于上一代，随之而来的紧张局势使得年轻一代开始对自己的父辈进行了巫术指控。[214] 在刚果河谷下游，巫师通常都是老年人，但在千禧年初的首都金沙萨，正如上文所说，儿童和青少年被当成所有不幸遭遇的罪魁祸首。[215] 最让人感到稀奇的，是一些传统上不恐惧巫术的民族可能开始惧怕巫术，而一些原本对巫术只感到些微恐惧的民族，对此变得更为恐惧。19 世纪早期，坦桑尼亚维多利亚湖畔的克雷韦人

211　Geschiere and Fisiy, "Domesticating Personal Violence"; Drucker-Brown, "Mamprusi Witchcraft"; Comaroff and Comaroff, "Occult Economics"; Geschiere, "Witchcraft and New Forms of Wealth", in Paul Clough and Jon P. Mitchell (eds.), *Powers of Good and Evil*, New York, pp. 43–76.

212　Niehaus, "Witch-hunting and Political Legitimacy", p. 503; James Howard Smith, *Bewitching Development: Witchcraft and the Reinvention of Development in Neoliberal Kenya*, Chicago, 2008; Brantley, "An Historical Perspective of the Giriama and Witchcraft Control".

213　Ibid.

214　Colson, "The Father as Witch".

215　BBC3, "Branded a Witch".

（Kerebe）酋长们被认为拥有合法的魔法力量来管束民众；后来，新的贸易经济破坏了酋长和社区的权力，形成了新的竞争性和个人主义的社会，巫术恐惧变得更普遍。[216]19世纪晚期，由于欧洲人征服所导致的剧烈社会变化危及生存，阿拉斯加和加拿大交界处的卡斯卡人从他们西边的近邻，拥有猎巫传统的邻居特林吉特人那儿引入了巫术信仰。[217]

针对"巫术在多大程度上，以及在何种意义上是真实存在的"这一问题，民族志田野调查也能提供一些答案。世界各地的人类学家都报告了类似的经历，他们发现，那些信奉巫术的民族在与学者建立互信后，都会热切地谈论谁是巫师，以及这些巫师会做什么。但人类学家几乎不可能访问到一个自称是巫师，并扮演前者预设的角色的人。不过，同样真实的是，传统民族的巫术指控通常会导致被告的招供，特别是在后者被社区定罪之后。被告之所以招供，很可能是因为恐惧、绝望，以及希望通过表现出忏悔来博取怜悯和宽恕。据说，一些被告在愤怒、嫉妒或恶意的驱使下，的确使用了巫术的惯用语（formulae）和材料，企图诅咒邻居和亲属。这种说法可信而合理，然而要证明这一点非常困难。[218]人类学家在第一手的观察中注意到，当寻巫运动经过某个地区时，那些被定罪的人被迫交出了所谓的巫术材料。然而，那些起到积极作用的魔法，比如那些旨在保护和疗愈的魔法，也会因此被牵扯进来。[219]一位在新几内亚进行实地研究的学者描述了当地是

216 Gerald W. Hartwig, "Long-Distance Trade and the Evolution of Sorcery among the Kerebe", *African Historical Studies*, 4 (1971), pp. 505–524.

217 Honigman, "Witch-Fear in Post-contact Kaska Society".

218 Shapera, "Sorcery and Witchcraft in Bechuanaland"，以及 Martin Zelenietz, *The Effects of Sorcery in Kilenge, West New Britain Province*, Port Moresby, 1979。以上是一些受学界尊重的学者所提出的例子，他们声称在所研究的民族中的确出现了巫术，但没有提供证据。

219 Richards, "A Modern Movement of Witch-finders"; Parrinder, *Witchcraft*, pp. 173–174.

如何使用破坏性魔法的：他们用树皮、树叶和石头把他们蓄意要伤害之人的身体代谢物包起来，然后念咒语。她补充道，曾亲眼见过这些物品的制作，但没有详细说明它们是在什么情况下被制作的。[220] 肯尼亚西南部高地的固西伊人认为巫师通常是女性，她们在晚上裸奔，还带着一锅正在燃烧的植物。一名男子告诉人类学家罗伯特·莱文（Robert Levine），他小时候曾看到一个女性邻居带着火盆在黎明时分裸奔回家。莱文还被告知，在一次寻巫运动中，妇女们承认了巫术指控，并交出了藏匿在家中的人类遗骸。然而，这个说法与某位人类学家在现今已是刚果国土的巴罗茨高原得到的信息一样没有得到证实：在巫术嫌疑人的家中经常发现来自坟墓的人类残骸。[221] 非洲近期升级的巫术恐慌中出现了一些最令人感到信服又不安的证据，可以证明使用魔法害人的现象确实存在。20 世纪 90 年代，索韦托的魔法疗愈师承认客户经常要求他们使用咒语杀人，而且似乎存在一个巫术的黑市，与世界其他地区的毒品市场差不多。[222] 在南非的其他地方也发生了被证实的杀人案件，犯罪的目的是为了获取邪恶魔法所需要的身体部位。[223] 在肯尼亚的坎巴部落，出于善意而兜售自己法力的魔法师经常向人们出售诅咒材料，专门用以对付邻里世仇，虽然它们是真的毒药，却被当作魔药掺进食物里。[224]

---

220 Shirley Lindenbaum, *Kuru Sorcery: Disease and Danger in the New Guinea Highlands*, Palo Alto, CA, 1979, p. 65.

221 Robert A. Levine, "*Witchcraft and Sorcery* in a Gusii Community", in Middleton and Winter (eds.), *Witchcraft and Sorcery in East Africa*, pp. 221–255; Reynolds, *Magic, Divination and Witchcraft among the Barotse of Northern Rhodesia*, ch. 1.

222 Ashforth, *Witchcraft, Violence and Democracy*, pp. 63–87.

223 Tina Hamrin-Dahl, "Witch Accusations, Rapes and Burnings in South Africa", in Tore Ahlbäck (ed.), *Ritualistics*, Åbo, 2003, pp. 56–70.

224 Luongo, *Witchcraft and Colonial Rule in Kenya*, pp. 50–51.

如果以上事例属实，那就说明了时至今日确实有人试图在他们的社区里施行破坏性魔法，而且可能其中一部分人从前殖民时代的部落社会就已经这么干了，但很难找到证据表明他们其中一些人试图主动地迎合人们对巫师更广泛的想象。当然，传统民族所相信的那些可怕的食人行为和不道德的巫师社团，以及那些与巫师有关的连环谋杀指控，依然完全未经证实。玛格丽特·菲尔德（Margaret Field）在加纳海岸的噶人部落中调研，她采访了四百多名遭到巫术指控的妇女，其中一名被控杀害了五十个人，其中包括她的兄弟和七个孩子，另一个妇女则供称自己杀害了四个孩子和一个孙辈。菲尔德无法确定她们是否真犯下了这些罪行，或者只是做了犯罪的梦，也无法确定她们是否参加了巫师聚会。[225] 一位特林吉特的老年妇女向美国来访者提供的一个看起来明确而可信的第一手证词，似乎证明了传统社会中仍然流行着巫术。她讲述了自己是如何听到基督教传教士布道，并认定他口中的魔王比上帝更强大的。于是她成了一名撒旦教徒，她把特定对象（包括孩子）的头发和衣服偷出来，把这些物品用一种被普遍认为是破坏性魔法的方法放到萨满的坟墓里，让它们腐烂。物品的主人死了，她觉得自己有责任，随后供认自己是巫师。[226] 这一切听起来非常真实，也许事实真的如她所述，但很难完全肯定这不是梦境或者幻想的结果。1958 至 1962 年间，在英国的殖民地罗得西亚，有一批绍纳（Shona）妇女向地方法官供认自己使用了巫术。特别的是，她们声称自己在夜间的灌木丛中裸体聚会，召唤邪恶的灵体，骑着鬣狗或飞进邻居家，用巫术弄死邻居再吃他们的肉。询问中发现，她们曾经做过这样的梦，

225　Margaret Field, *Religion and Medicine of the Gā People*, Oxford, 1937, pp. 138–149.

226　Emmons, *The Tlingit Indians*, p. 410.

之后又将梦中的体验进行了交流，这就导致她们每个人的故事都被打磨成一个共同的、可以互相佐证的形式。因为她们的文化传统认为巫师的灵体在晚上会离开身体去作恶，所以她们对于睡眠和做梦的实际感觉并没有明显差异，认罪的行为也许完全是出自这种个人的坚信。在绍纳人的社会中，女性常遭到压制，因此，短期来看，自称是巫师可以提高一名女性在社会中的地位。[227]

　　然而，即使是基于做梦或者幻想的巫术信仰也有可能是致命的。1942年，美国医生沃尔特·坎农（Walter Cannon）对来自南美、非洲、澳大利亚、新西兰、波利尼西亚和加勒比海地区部落民族的报告产生了兴趣，其中称这些民族的族人自认为中了巫术，所以才会生重病并濒于死亡。坎农表示病人对巫术的笃信导致了持续不断的恐惧，使得饮食和睡眠都很困难，即便体内充满肾上腺素，身体也会变得虚弱。这种状况迫使血压下降，并给所有器官带来压力，对心脏的损害尤其大，让原本平常可以承受的虚弱都变得很危险。[228]随后的医学研究证实了"因暗示而亡"这一现象的真实性，并将它扩展成：这种现象可能是由人体的任何系统受到过度刺激造成的，病人的绝望会严重削弱其应对任何可能的致病过程中的身体机能。[229]在这些研究的基础上，

227　Crawford, *Witchcraft and Sorcery in Rhodesia*, ch. 2. 研究欧洲巫师审判的学者对此课题保持了长久的兴趣，可参见 Emma Wilby, *The Visions of Isobel Gowdie*, Falmer, 2010，以及 Edward Bever, *The Realities of Witchcraft and Popular Magic in Early Modern Europe*, Basingstoke, 2008。

228　Walter B. Cannon, "Voodoo Death", *American Anthropologist*, 44 (1942), pp. 169–181.

229　C. P. Richter, "On the Phenomenon of Sudden Death in Animals and Men", *Psychosomatic Medicine* 19 (1957), pp. 190–198; G. L. Engel, "A Life Setting Conducive to Illness", *Bulletin of the Menninger Clinic*, 32 (1968), pp. 355–365; David Lester, "Voodoo Death: Some New Thoughts on an Old Phenomenon", *American Anthropologist*, 74 (1972), pp. 378–385. 另，Bever, *The Realities of Witchcraft and Popular Magic*, pp. 5–39, 287–303，罕见地使用新近的医学文献来考察近代早期背景下的巫术主题。

克劳德·列维–斯特劳斯（Claude Lévi-Strauss）撰写了一篇经典的文章，强调了"绝对笃信"（absolute belief）在魔法功效中所发挥的关键作用。[230]

对于一个现代西方的自由理性主义者来说，这种看法可能构成了某种双重困境的一部分。如果对巫术的笃信可以导致真实的杀戮，那么相信巫术存在的社会难道不应该对巫术进行刑事处罚吗？让这个挑战更加复杂的是另一个难题，即处在多文化、多人种环境中的西方社会，是否应该尊重其他社会的不同传统，承认猎巫是这些社会的特性和世界观的固有属性，因此是与外界无关的事务。确实可以说，这些社会认识到对巫术的崇信可能符合它们的实际需要。在 20 世纪 90 年代末的南非，因拉鲁沙伊委员会（Ralushai Commission）的报告所引发的辩论使这个困境得到极大的缓解，该委员会是南非的北方省政府任命的，负责审议白人统治结束后该省与巫术有关的暴力事件迅速增加的问题。[231] 委员会的成员，其中包括学者和官员，几乎都是当地的土著。报告发表于 1996 年，主张采取一种新的方法，以非洲人的观念来审判非洲人，其中就包括"巫术是客观真实"的观念，以及认为巫术信仰是非洲传统特征的一个标志。该委员会的成员戈登·查武恩杜卡（Gordon Chavunduka）在报告里谈到了土著传统所描述的巫师传统中大部分特征的实际情况，包括从事邪恶活动的秘密社团成员；只是在介绍"巫师骑鬣狗"情况的时候，他表示缺乏把握。

---

230 "The Sorcerer and His Magic", in John Middleton (ed.), *Magic, Witchcraft and Curing*, New York, 1967, pp. 23–41.

231 该小组的正式名称是调查北方省巫术暴力和仪式谋杀案委员会（the Commission of Inquiry into Witchcraft Violence and Ritual Murder in the Northern Province）。其报告的副本可在以下网站查阅：http://policyresearch.limpopo.gov.za/handle/123456789/406（2014 年 3 月 15 日）。另，Hund (ed.), *Witchcraft, Violence and the Law in South Africa* 中的文章对由此产生的辩论做了很好的总结。

该报告建议，在今后习惯法庭所审理的案件中，酋长根据服务型魔法师的建议执行审判，罪犯要被处以监禁或罚款，而提出虚假或不合理指控的原告只应被处以较轻的处罚。这个建议和该报告本身，是对"如果不能将嫌疑人定罪，那么法庭是否被施了巫术"、"依据经验如何定罪"、"这种法律行动将会减轻还是加剧对巫术的恐惧"等问题所做的回应。而最大的障碍在于，很难就规范和评价传统的善意魔法达成一套专业的标准，然后使善意魔法师看起来更有资格作为专家证人出庭作证。此外，似乎没有简单的办法将这种法律的适用范围扩大到不相信巫术的南非白人那里，或者在不设置新的种族隔离制度的情况下让他们免于巫术的影响。最后，南非政府决定搁置这份报告，鼓励地方性和解程序来处理对巫术的猜疑，据说这些程序自20世纪90年代以来减少了暴力事件的发生。[232] 本书公开和由衷地赞成这项政策，以及与之相配套的其他长期政策。从世界范围看，它是一项由国家发起的教育计划，无论要花多少人力财力都是可取的，只要它可以说服人们，无论受害者多么轻信，破坏性魔法都是无效的。[233] 笃信巫术的人可能会因怀疑受到诅咒或中了巫术而遭受身体的痛苦，甚至会因此而死去，如果这个论断是真实的（它看起来也的确如此），那么唯一真正能解救他们的办法就是破除他们的崇信，从而截停这种效果。这种再教育进程也将会是一项长期的和根本的补救措施，打消人们对诅咒的渴望，制止为了获取人体器官作为破坏性魔法材料而进行的谋

232　Ashforth, *Witchcraft, Violence and Democracy in South Africa*, pp. 261–268.

233　我曾对近期南非的辩论做了一些调停工作，在此期间，我已经坚定了这一立场。当时该国的非基督徒联合会（Pagan Federation）请我作为顾问，制定一项共同政策，使该国的现代非基督教徒和非基督教巫师能够应对这些问题。我特别感谢时任联合会主席的唐娜·沃斯（Donna Voss），她将约翰·洪德（John Hund）编辑的论文集赠送给我，这些资料在英国很难得到。

杀。另一方面，同样地，由于对魔法的笃信通常决定了它的效力，这种再教育虽然并不一定会让人们对善意魔法产生怀疑，但也能让相关魔法参与到这一进程中。它最终会让人们意识到，在施法过程中人类主体的自愿参与，才是魔法成功的必要条件。无论这个进程多么困难、艰苦和漫长，通过它，这个世界最终可以摆脱一种古老的恐怖。在几千年的时间里，这种恐怖给世界上构建并培育了它的各国人民造成了巨大的分裂和苦难。对消除巫术恐惧的追求，与消灭天花和骨髓灰质炎同样重要，同样值得称赞。

结论

现在能明确的是，近代早期欧洲关于巫师的刻板印象中的五个特征，即便不是全世界民族都具备，也应该说是遍布全球。但值得强调的是，在以下两个方面，欧洲显得尤为突出。首先，欧洲大陆的居民在巫术与本质的恶（essential evil）之间发展出了一套普遍公式（common equation），这是其他地方都没有的。他们认为巫术代表了某个反宗教的异端组织，崇拜宇宙中某种邪恶的化身。这是因为在中世纪和近代早期欧洲占主导地位的宗教是基督教，在这一时期，它特别强调宇宙中至善与至恶之间的两极对立，基督教的上帝代表了至善，最终会战胜邪恶。欧洲巫术信仰的发展是这种不寻常神学的自然衍生物，虽然也许不是必然产物。如前所述，当欧洲征服者或传教士把欧洲基督教关于撒旦巫师的理念传播出去的时候，世界上的其他地区就受到了连带影响。

欧洲的另一个显著的特征是，它是世界上唯一一个在传统上笃信巫术存在，又（至少在官方意识形态上）自发地拒斥这种信仰的地区。

这也对世界其他地区产生了深远的影响。欧洲殖民官员强迫传统民族正式放弃巫术信念,这种不信在后者看来令人震惊、难以接受和陌生。产生的后果我们之前也讨论了。这种现代欧洲对巫术的怀疑态度当然有其内在的制约性和局限性。其中之一是,整个非洲大陆需要通过开展一场漫长而艰苦的教育和执法运动,来说服大多数普通老百姓相信官方态度转变的真实性和有效性。这个运动从18世纪一直延续到20世纪,甚至到现在都还没有完成。[234] 另一个制约是,西方移民社区,特别是非洲民族社区,他们在传统上一直是巫术的接纳者和维护者,近来又对巫术重新产生了强烈的恐慌。在21世纪的头十二年,这成了英国警方关注的问题。他们调查了八十三起涉嫌巫术的虐待儿童案,其中包括四起谋杀,但还有很多这类案件没有得到充分报道。伦敦警察厅专门成立了一个特别工作队——"紫罗兰计划"(Project Violet)来应对这类问题。[235]

另外,近代早期欧洲的撒旦巫师形象依然以世俗化的形式留存下来。20世纪80年代在美国出现的对罪恶的虐童仪式的恐慌,到了世纪末在大西洋彼岸的英国也爆发了,正如拉·封丹(Jean de la

---

234 如以下论著中列举的例子:Owen Davies, *Witchcraft, Magic and Culture 1736–1951*, Manchester, 1999;以及 *A People Bewitched: Witchcraft and Magic in Nineteenth-century Somerset*, Bruton, 1999;Owen Davies and Willem de Blecourt (eds.), *Beyond the Witch Trials: Witchcraft and Magic in Enlightenment Europe*, Manchester, 2004;以及 *Witchcraft Continued: Popular Magic in Modern Europe*, Manchester, 2004;Jeanne Favret-Saada, *Deadly Words; Witchcraft in the Bocage*, Cambridge, 1980。我在英国所接触到的最近一个案例发生在1984年弗兰斯(Four Lanes)的康沃尔村落,一个土著社区的居民被他们的邻居迫害,仅仅是因为后者怀疑他们以完全传统的方式行巫术。

235 Nick Britten and Victoria Ward, "Witchcraft Threat to Children", *Daily Telegraph* (2 March 2012), p. 1, 以及 Nick Britten, "Witchcraft Murder that Exposed Hidden Wave of Faith-Based Child Abuse", p. 6。可参考的历史背景资料,参见 Thomas Waters, "Maleficent Witchcraft in Britain since 1900", *History Workshop Journal*, 80 (2015), pp. 99–122.

Fontaine）所详细说明的那样，这种恐慌牢牢地建立在"西方社会藏匿着一个国际性的魔鬼崇拜团体"这种近代早期构想的基础上。而这种构想被重新包装以迎合理性主义者，例如许多社会工作者（在美国，教师和警察也是如此），他们开始相信其真实性。他们不需要真的相信世间存在着撒旦或魔法，只需要相信确实有组织良好的撒旦教团在进行反社会和犯罪行为，所以必须要对其揭发、镇压和惩罚。在大西洋两岸，这种观念带来了一些可怕的司法误判，后来经过仔细调查才发现这种撒旦教阴谋论完全缺乏证据。[236] 然而，那些所谓"撒旦仪式虐待"（satanic ritual abuse）恐慌的始作俑者，以及那些在恐慌形成阶段添油加醋的人，却都是传统意义上的福音派基督徒，他们狂热地相信魔王撒旦的存在。这种信仰也是美、加二国基督教在近期发展出来的"驱魔事工"的一个特征（deliverance ministry）——对魔鬼附身坚信不疑，有时也相信存在着撒旦巫师。[237] 到目前为止，"驱魔事工"成员的活动还没有扩大到公开呼吁新一轮猎巫的程度，这可能是因为他们能够区分私人信仰和公共政策的不同；但在某种程度上，也可能是因为政府方面对他们不予理会。此外，西方文化的这些变化反过来又对世界其他地区产生影响。19 世纪和 20 世纪的大部分时间里，到海外民族中传教的欧洲传教士倾向于反对传统的巫术信仰，将其视为落后和野蛮的体现；不过，如前所述，他们的做法没有成功，因为那本被他们当作神谕而分发的书的传统译本反而助长了巫术信仰。近年

236　James T. Richardson et al.(eds.), *The Satanism Scare*, New York, 1991; David Frankfurter, *Evil Incarnate: Rumours of Demonic Conspiracy and Ritual Abuse in History*, Princeton, 2006; La Fontaine, *Speak of the Devil*.

237　Bill Ellis, *Raising the Devil: Satanism, New Religion and the Media*, Lexington, 2000; Brian P. Levack, *The Devil Within: Possession and Exorcism in the Christian West*, New Haven, 2013, pp. 240–253.

来，一些访问非洲民族的美国传教士开始鼓励从字面意思去接受魔鬼和巫师的存在，促使了猎巫行动的重新抬头。[238]

就本书的目的而言，调查欧洲以外巫术信仰的最重要成果是，它有助于我们理解近代早期欧洲人的心态和由此产生的巫师审判。从它所揭示的世界图景来看，人们可以设想近代早期欧洲社会猎巫行动的烈度的明显波动与经济、社会和政治变革有关。另外，可以合理地设想，在审判数量、强度和被告的性质（地位、年龄、性别等）方面，各地区的情况也会有所不同。另一个很自然的设想是，欧洲人要区分不同种类的魔法修习者，不仅要区分他们行为的善恶，还要区分他们的天性。但对于那些想要立刻证实所有设想都是正确的人来说，这一主题的研究成果很难带来什么新的突破。从全球角度看待这一问题的另一个新成果是，我们将试图探寻欧洲信仰和实践的差异，是否可能来自古代族裔和文化差异，就与特定部落、政体和语言群体之间的差异一样以及这些古代传统的历史变迁有何不同。这是本书其余部分的目标。

---

238 Smith, *Bewitching Development*; Colson, "The Father as Witch".

Ⅱ 古代语境下的巫术

　　显然，对许多近代早期欧洲人来说，他们关于巫术的观念和想象至少有一部分是从古代继承下来的。作为他们文化基石的文本——《圣经》，本身就很古老，支持巫师诉讼的魔鬼学家以及教会神父们大量引用了里面的经文。不过，他们还采用了希腊 – 罗马异教徒作家的某些篇章：猎巫指南中最著名的《巫师之锤》（*Malleus maleficarum*）采用了五篇；亨利·博盖（Henri Boguet）的《论巫师》（*Discours des sorciers*）也采用了五篇；马丁·德·里奥（Martin del Rio）的《魔法研究》（*Disquisitiones magicae*）引用了二十九篇之多。[1]创意作家们也会借用这些资源。有时这种借用比较含蓄，比如近代早期文学中最著名的巫师，出现在威廉·莎士比亚的戏剧《麦克白》里，她们最初的源头是古代预言家——命运三女神，她们所哼唱的歌似乎与罗马异教徒诗人贺拉斯的颂歌相似。[2]而有时这种借用又很明显，与莎士比亚同一时

1　此处需要引用的作家作品实在太多，无法一一详列，只好用"遍及各处"来笼统指代以下作者各种版本的著作：《巫师之锤》引用了亚里士多德、西塞罗、卢坎、托勒密和塞内加；博盖引用了普鲁塔克、维吉尔、奥维德、普林尼和菲罗斯特拉托斯；德·里奥引用了阿米阿努斯·马尔切利努斯、普罗克洛、阿普列乌斯、安东尼努斯·利柏拉利斯、西西里的狄奥多罗斯、亚里士多德、西塞罗、希罗多德、赫西俄德、蓬波尼乌斯·梅拉、赫利俄多罗斯、维吉尔、普林尼、伊壁鸠鲁、扬布里柯、波菲利、尤维安、奥维德、卢坎、提布鲁斯、普鲁塔克、塞内加、卢克莱修、马提亚尔、希波克拉底、佩特罗尼乌斯、柏拉图和苏埃托尼乌斯。

2　关于麦克白传奇故事发展的概要，最好的似乎当属 Kenneth D. Farrow, "The Historiographical Evolution of the Macbeth Narrative", *Scottish Literary Journal*, 21 (1994), pp. 5–23（感谢朱利安·古达尔的提醒）。该书论述了《麦克白》中的"古怪姐妹"（Weird Sisters）出现在 1420 年《温顿的安德鲁编年》（1420 年版），后来在作家赫克托·博斯（Hector Boece）历史作品的约翰·贝伦登（John Bellenden）英译本中变成了巫师。

期但名声略逊的本·琼森（Ben Jonson），在《王后的假面剧》（*Masque of Queenes*）中穿插了一段有巫师角色的幕间滑稽戏，并在刊行本的脚注中提及了一些希腊和罗马的作者。[3] 可以理解为何当今研究近代早期对巫术之态度的历史学家都不愿意纠缠巫术与这些文本间的联系，毕竟他们关注的是近代早期与后来的历史联系。愿意关注这些文本的，往往是对这个问题做一般性调查的作者，他们用几页纸的篇幅草草交代，古代地中海世界对巫术的恐惧要么与近代早期欧洲类似，要么与之不同。[4] 而在过去几十年间，有关巫术和魔法的近代早期信仰的研究已经得到了巨大的扩展，同时，对于同一主题的古代研究也有了相应的发展。1995 年，这一领域最杰出的研究者之一弗里茨·格拉夫（Fritz Graf）认为，该领域已经进入了"繁荣"期。在那之后，发展的趋势进一步上升。[5] 但这两方面研究的发展几乎是在彼此之间没有对话的情况下发生。古代文明史家过去把自己局限在各自的专业领域，甚至连他们内部之间都很少交叉。近年来，这种模式开始引起了一些学者的关注，他们呼吁进一步分辨不同古代文化中魔法之概念的差异，停止

3　Ben Jonson, *The Masque of Queenes*, London, 1609 edition, lines 1–357.

4　如 Geoffrey Scarre and John Callow, *Witchcraft and Magic in Sixteenth- and Seventeenth- century Europe*, Basingstoke, 2001，用了两页篇幅（pp. 11–12）论述希腊人和罗马人相信有害的魔法，以及他们具有夜间飞行巫师的概念。Wolfgang Behringer, *Witches and Witch-hunts*, Cambridge, 2004 只用了三页的篇幅（pp. 47–50）来证明所谓的巫师迫害在美索不达米亚、巴勒斯坦和罗马已被人熟知。Malcolm Gaskill, *Witchcraft: A Very Short Introduction*, Oxford, 2010，用了四页（第 9、14、30、47 页）来讨论苏美尔、巴比伦、埃及、希腊、罗马和巴勒斯坦巫术的"具体细节"。他再次强调了其中的一致性，并评论说"我们对古代美索不达米亚宗教有足够的了解，可以看出它与所有宗教有多么相似"（第 9 页）。Julian Goodare, *The European Witch-hunt*, London, 2016，用了三页（第 31—33 页）篇幅来提醒大家注意其中的差异。

5　Fritz Graf, "Excluding the Charming: The Development of the Greek Concept of Magic", in Marvin Meyer and Paul Mirecki (eds.), *Ancient Magic and Ritual Power*, Leiden, 1995, p. 29.

采用"普遍化概括和还原论的方法"[6]。作为对这些呼吁的回应，本章将利用大量近期的研究成果及它们所依据的一些主要资料，对古代地中海和中东世界关于巫术和其他形式魔法的态度进行广泛的比较调查。它将以前一章中提到的人类学资料采集所使用的方法为基础，强调不同文化对巫术所持态度的独特性，并试图弄清楚它们中哪些是不变的，哪些是变化的。在关于巫术信仰的世界性调查中得到的经验之一是，地区性的差异是非常重要的。在这一部分中，同样重要的是，要看看这些古代民族有无表现出同样的现象。

埃及

古埃及人对超自然力量和神祇的态度集中体现在他们所称的"赫卡"（heka）这一概念中，它象征着宇宙的活力和控制力。[7] 神祇用赫

6　这两个词来自对这一进程最热心支持的金伯莉·B. 斯特拉顿（Kimberly B. Stratton），在其作品 *Naming the Witch: Magic, Ideology and Stereotype in the Ancient World*, Columbia, 2007, p. ix 中，她比较了古代希伯来人、希腊罗马异教徒和早期基督教徒对魔法的定义。

7　这种对埃及魔法的观点，近期的代表作有：Robert Kriech Ritner, in *The Mechanics of Ancient Egyptian Magical Practice*, Chicago, 1993；以及 "The Religious, Social and Legal Parameters of Traditional Egyptian Magic", in Meyer and Mirecki (eds.), *Ancient Magic and Ritual Power*, pp. 43–60。以下论著都赞同这一观点：Geraldine Pinch, *Ancient Egyptian Magic*, London, 1994；Jan Assman, "Magic and Theology in Ancient Egypt", in Peter Schäfer and Hans G. Kippenberg (eds.), *Envisioning Magic*, Leiden, 1997, pp. 1–18；David Frankfurter, "Ritual Expertise in Roman Egypt and the Problem of the Category 'Magician'", in ibid., pp. 115–135；Dominic Montserrat, *Ancient Egypt*, Glasgow, 2000, pp. 22–23；David Frankfurter, "Curses, Blessings and Ritual Authority: Egyptian Magic in Comparative Perspective", *Journaal of Ancient Near Eastern Religions*, 6 (2005), pp. 157–185；Emily Teeter, *Religion and Ritual in Ancient Egypt*, Cambridge, 2009；以及 Friedhelm Hoffmann, "Ancient Egypt", in David J. Collins (ed.), *The Cambridge History of Magic and Witchcraft in the West*, Cambridge, 2015, pp. 52–82。不过，在对这一问题持续研究之初，E. A. Wallis Budge, *Egyptian Magic*, London, 1899 就已经指出了这一点。本章接下来的内容都引用了这些权威人士的意见，还引用了雷蒙德·O. 福克纳（Raymond O. Faulkner）版本中关键的第一手资料：*The Ancient Egyptian Pyramid Texts*, Oxford, 1969；*The Ancient Egyptian Coffin Texts*, Warminster, 3 vols., 1973–1976；以及 *The Ancient Egyptian Book of the Dead*, Plymouth, 1985。

卡来维持自然的秩序。然而，它们并不垄断赫卡，因为个别神祇会将它教授给人类。人们不仅可以利用它来对抗自己的同类，还可以用它来对抗其他神，以满足其欲望，增强其力量。这是埃及人所描绘的世界图景的一部分。在这幅图景中，人和神之间的界限并不严密，因此神祇往往需要人类的帮助，最伟大的人在离世后会神化，有时甚至在离世之前就已经神化了。所以，在埃及的传统中，人们可以强迫神灵，这是完全允许的，甚至是令人敬佩的举动。从王室陵墓中所发现的铭文中可以看到，里面混合着对神的赞美和恐吓、祈祷和请求。赫卡尤其通过口头或书面语言表达出来，但也需要依靠仪式。这些仪式往往与特定的石头、植物和熏香联系在一起。埃及雕像的制作和处理也可能触发赫卡。从公元前第三个千年开始，埃及的历史曙光初现，埃及国王被绘制成俘虏敌军的英勇形象，以预祝战争中的好运。到了第二个千年的中期，墓葬中开始出现人形俑，它们为墓主的来世劳作。这是一套完整的思想体系，后来蜕变成为本书在开始时所定义的那种独立完整的宗教和魔法范畴里面也包含着相应的祭司和魔法师、祈祷和咒语。事实上，同样的咒语可以通过恳求、哄骗、奉承、恐吓和撒谎等方式来获得神祇和灵体的合作。

古埃及人没有巫术的概念，因此，正如上文所述，他们是那些分散在世界各地的无巫术民族的代表。其中一个原因可能在于，埃及人也相信"邪恶之眼"，他们还恐惧外来者，将他们看成有敌意的魔法师。世界上有这种特征的社会，对巫师的恐惧都比较少，甚至不存在恐惧感。在埃及的刑事审判中，只有一次提到了魔法的使用，那是大约公元前 1200 年，一群被控谋杀拉美西斯三世国王的犯人在王室法庭受审的记录。其中一名犯人被控企图使用魔法，他一边念着从王室图书馆的藏书中学到的据说可以索人性命的咒语，一边制作蜡像和魔药。但这些东西在审判中只被当作某种凶器，被告被判犯有叛国罪，而不是巫术罪。[8]赫卡在道德上是完全中立的，只要人们都认为争执是公正的，就可以合法地用赫卡来对付公敌和私敌。普通人如果想要得到赫卡的帮助，就要去寺庙寻求一类特殊祭司的服务。这类祭司是精于此道的"读经者"（lector），从寺庙的藏书中获取了部分知识。作为服务型魔法师，读经者最常见的业务是提供保护，防止不幸或者攻击事件，以及诊治疾病。然而，埃及墓葬中的铭文显示，他们也有能力使用致命的诅咒，无论是官方还是私人的读经者似乎都被要求正式宣誓对埃及的外敌使用这种能力。埃及的文学和艺术中都能找到这方面的证据，祭司之外的俗人，包括平民也具有专门的魔法知识，可以为某个特定的目的服务。其中的一些人可以被看作是某些咒语方面的专家，比如"弄蝎的符咒师"（scorpion-charmer）和"护身符制造者"（amulet-maker）。魔法很好地融入了整个社会和宗教系统，以至于埃及语言中并没有描述魔法师的通用词汇。

埃及人相信可怕和危险的精神实体，它们有些是宇宙本身所固有的，有些则是亡灵或愤怒神祇的执行者。[9]它们尤其与人类不常涉足的领域联系在一起：黑夜、沙漠和阴间。埃及人认为魔法保护可以对付它们，但并不认为它们的本质是邪恶的，而是将它们视为消极与积极的混合体，具体表现如何要根据情况而定。在对付敌人的时候，它们就是强大的帮手，现存的文本就是出于这种目的而被制作的。同样，至少从公元前第一个千年开始，熟练的魔法师能将超自然体变成私仆，人们认为这不仅有可能，甚至令人钦佩。控制住这些超自然体必须知

8　文本被翻译在：Budge, *Egyptian Magic*, p. 173–177。

9　参见 Pinch, *Ancient Egyptian Magic*, pp. 33–46；以及 Panagiotis Kousoulis (ed.), *Ancient Egyptian Demonology*, Leuven, 2011。

道它们的真实名字。埃及王国从出现到被罗马人征服的三千年间，埃及人的这套信仰体系没有发生实质性的变化，只是在信仰对象和行为上有所增加。奇怪的是，对于像埃及文化这样长久、模式化和看似静止的文化，其实很早就展示了吸收来自其他文化，特别是东方文化观念的能力：从公元前 2000 年中期开始，拥有闪米特族名字的灵体就在埃及的文本中大量出现了。另一方面，至公元前最后一个千年的早期，各相邻民族都认为埃及人在各种知识领域都很卓越，其中就包括魔法知识。现存最古老的欧洲文学《荷马史诗》（大约公元前 8 世纪）中，回到了祖国希腊的特洛伊的海伦将一种草本药水放在丈夫和客人的饮料里，它具有时效为一天的魔力，可以抹去所有痛苦的记忆，消除所有悲伤。这种草药是一个埃及人送给她的。荷马评论说，在使用草药以及其他各种药物方面，埃及人是所有民族中最精通的。荷马时代的希腊人其实分不清楚草药的化学性质和奥术性质（实际上它们也确实常常无法区分），在他的描述中，这种草药的性能明显优于单纯的化学药物。[10] 八百多年以后，犹太史学家约瑟夫斯（Josephus）宣称，所有人都认为埃及人代表着一切知识的顶峰，包括祷词和驱魔术。[11] 埃及人的声誉很可能只是埃及文明的悠久历史、稳定性、创造的财富和成熟度共同作用的自然结果，但从 19 世纪开始系统性研究埃及魔法的沃利斯·巴奇爵士（Sir Wallis Budge）写道，埃及人在魔法方面的古老声誉也与魔法在埃及社会中的接受和融入程度非常高有关。他的判断很可能是对的。[12]

10　Homer, *The Odyssey*, Book 4, lines 216–248.

11　Josephus, *Jewish Antiquities*, Book 8, lines 42–45. 关于将埃及比喻为最卓越的魔法产地，可以参考的文献清单参见 Dietrich Boschung and Jan Bremmer (eds.), *The Materiality of Magic*, Paderborn, 2015, p. 254, no. 53 中简·布雷默的清单。

12　Budge, *Egyptian Magic*, p. viii.

美索不达米亚

与埃及起源于尼罗河相似，苏美尔、巴比伦和亚述文明发源于底格里斯河和幼发拉底河冲积而成的平原，希腊人称之为"美索不达米亚"，现位于伊拉克境内。它们都以修建了许多大型神庙的城市为基础，神庙里配备了强大的祭司阶级。它们都是由被认为与当地神祇有特殊关系的君主所领导的集权王国。在三千年的光阴里，它们都表现出了非凡的连续性，尽管其间伴随着某些朝代的崛起和衰落，或者是强敌的入侵，也曾出现过治乱循环。它们也都拥有文化精英阶层，后者使用规范字体写成的文本是政府和宗教的重要组成部分。与埃及相似的还有，这些文明也都对魔法表现出了相当大的兴趣，在很大程度上把它当成官方宗教的一个面向。尽管公元前最后一个千年的前半期存证最多，但在整个古代美索不达米亚文化的各个历史时期对于魔法的兴趣都经久不衰。不过，在美索不达米亚地区，人们对魔法的态度呈现出与埃及文明截然不同的样貌，具有鲜明的地域特征。[13]

其中的一个区别是，美索不达米亚人比埃及人更敬畏他们的神祇，而且他们似乎认为强迫或欺骗神祇是不可能的，甚至也不能直接指挥灵体，而只能依靠神祇的帮助来控制次一级的超自然体。[14] 另一处区别是，他们对天体影响人间万事的作用表现出了更强烈的兴趣，从而成为西方占星学传统的鼻祖。早在公元前第三个千年，他们就已经相信恒星和行星与主要神祇之间存在着某种关联，能够决定重大行动的

---

13 参见本节以下部分的注释。

14 Marie-Louise Thomsen, "Witchcraft and Magic in Ancient Mesopotamia", in Marie-Louise Thomsen and Frederick H. Cryer (eds.), *The Athlone History of Witchcraft and Magic in Europe. Volume One*, London, 2001, p. 93.

最佳时机。到了公元前第一个千年，占星术被用来预测国王的命运，宫廷占星家要定期向统治者报告占星的结果。[15]

第三个主要区别是，美索不达米亚人民非常重视魔鬼。他们认为魔鬼是宇宙中固有的灵体，对人类怀有敌意并且造成永恒威胁，因此本质上是邪恶的。他们认为魔鬼会不断攻击人，特别是在人们家里时，所有物质屏障都挡不住它们。人类的几乎所有不幸遭遇，特别是疾病，都是由魔鬼造成的，需要通过常规的和临时专设的仪式来击退和驱赶它们。对付魔鬼的工作要交由一种被称为"阿希普"（āshipu）的祭司来完成。阿希普主要为私人客户工作，针对神祇、自然力量和魔鬼诵念祷词和举行仪式。仪式使用木质和黏土的塑像，这与埃及文明相似，它们被埋藏在建筑物下面，保护建筑物和里面的居住者；或者象征着痛苦之源从而被毁坏，代表消除痛苦；或者被用来封存从病人身体里驱除出来的恶灵。另外，美索不达米亚文明和埃及文明还有许多相似之处，比如它们都愿意引入外来观念，美索不达米亚人会使用别国语言的咒语。又比如，他们都相信获知一个超自然体的名字就能掌控它。但与埃及人不同的是，美索不达米亚人会把魔鬼和它们的特性列成长长的名单。事实上，我们所掌握的关于美索不达米亚魔法实践的一切证据都是由阿希普累积的记录所构成的，记录的目的也是为了方便阿希普使用。这些记录偶尔会提到一些低级别的魔法师，比如"驯鸦师"、"弄蛇人"、"在街头玩魔法的女子"，他们在普通人之中活动，但

---

15 Thomsen, "Witchcraft and Magic in Ancient Mesopotamia", pp. 88–92; Francesca Rochberg, *The Heavenly Writing: Divination, Horoscopy and Astronomy in Mesopotamian Culture*, Cambridge, 2004; A. Leo Oppenheim, *Ancient Mesopotamia*, Chicago, 1964, pp. 206–627; Erica Reiner, *Astral Magic in Babylonia*, Philadelphia, 1995. 一套重要的第一手文本的译本来自 R. Campbell Thompson (ed.), *The Reports of the Magicians and Astrologers of Nineveh and Babylon*, 2 vols., London, 1900。

在此之外，学者对这些人所知甚少。[16]

苏美尔人、巴比伦人和亚述人都相信巫师隐藏在他们的社会中，这是人类典型的观念。他们认为巫师生来邪恶，并且与人类所惧怕的魔鬼有联系，因此会作法伤害他人。阿希普的一项重要工作包括进行许多消除巫术伤害的仪式，法典则负责将造成这些巫术伤害的人判处死刑。然而，防止巫术的仪式都是为了消除痛苦，而不是为了要找到巫师。实际上，这些仪式本身就旨在杀死巫师。在任何情况下，大多数的不幸遭遇都会被归咎于愤怒的神灵、鬼魂，当然还有魔鬼。美索不达米亚人也相信"邪恶之眼"，还有"邪恶之口"、"邪恶之舌"、"邪恶之精"，都对人畜有破坏性。从文本里无法得知它们的攻击是出于自愿还是非自愿，但它们被仔细地与巫术做了区分。巫师审判在美索不达米亚文明中非常罕见，找不到大规模搜捕巫师的记录，巫术指控似乎也不是影响政治斗争的一个因素。人们认为巫师伤害的是个别的人，而不是整个社区。在公元前第二个千年早期颁布的著名的《汉谟拉比法典》，允许巫术嫌疑人接受神判，跳进一条圣河以证清白。如果嫌疑人溺水身亡，指控就得以证实，原告可以继承他的财产；但

---

16 Tzvi Abusch, "The Demonic Image of the Witch in Standard Babylonian Literature", in Jacob Neusner (ed.), *Religion, Science and Magic*, Oxford, 1989, pp. 27–31; Anthony Green, "Beneficent Spirits and Malevolent Demons", *Visible Religion*, 3 (1984), pp. 80–105; O. R. Gurney, "Babylonian Prophylactic Figures and their Rituals", *Annals of Archaeology and Anthropology*, 22 (1935), pp. 31–96; Daniel Schwemer, "Magic Rituals", in Karen Radner and Eleanor Robson (eds.), *The Oxford Handbook of Cuneiform Culture*, Oxford, 2011, pp. 418–442; 以及 "The Ancient Near East", in Collins (ed.), *Cambridge History of Magic and Witchcraft in the West*, pp. 17–51。关于仪式的主要文本有：上述 Gurney 的译本；Erica Reiner (ed.), *Šurpu: A Collection of Sumerian and Akkadian Incantations*, Graz, 1958；以及 R. Campbell Thompson (ed.), *The Devils and Evil Spirits of Babylonia*, 2 vols., London, 1903。

如果嫌疑人活下来了，原告的财产则会被转移到嫌疑人的名下。[17] 总的来说，可能与世界上其他很多社会一样，古美索不达米亚人也认为用来对付巫术的反制魔法已经足够有效，所以没有必要对抗巫师本身。

在资料中提到的典型巫师均为女性，这似乎符合女性在美索不达米亚社会中普遍低下的地位，以及将巫术假定为弱者和边缘人的武器的观念。这个设想也在其他被与巫术相联系的人群中得到了印证：他们是外来者、演员、小贩和低级魔法师。在巴比伦和亚述君主制时期仅有的少量巫术诉讼案件中，被告都是女性。[18] 人们认为巫术是通过施术过程中使用受害人剩下的食物、饮料，他们的所有物，身体代谢物（与世界各地的方法相同），或他们的画像，不然就是通过某种制作真实或象征性绳结的仪式来运作。与埃及一样，只要目的是正义的，破坏性魔法就会被视作合法武器，历代国王都曾正式地诅咒国家的敌人。但隐秘而恶意地使用魔法则会令古美索不达米亚人生畏和憎恶，

17　G. R. Driver and John C. Miles(eds.), *The Babylonian Laws*, Oxford, 1952, vol. 1, pp. 13–14, 58–59. 在美索不达米亚历史中，通过河水神判来解决刑事指控和民事诉讼的例子都很常见，参见 Peter Tóth, "River Ordeal", in Gábor Klaniczay and Éva Pócs (eds.), *Witchcraft Mythologies and Persecutions*, Budapest, 2008, p. 131。Russell Zguta, "The Ordeal by Water (Swimming of Witches) in the East Slavic World", *Slavic Review*, 36 (1977), pp. 220–230 似乎是首次提出，中世纪和近代早期欧洲曾流行将嫌疑人投入深水中，浮起即代表有罪，这种臭名昭著的判断巫师的习俗，盖起源于此。我在 "Witchcraft and Modernity", in Marko Nenonen and Raisa Maria Toivo (eds.), *Writing Witch-hunt Histories*, Leiden, 2014, p. 199 中也接受了这一概念，但现在有所怀疑。在巴比伦的神判中，对无辜者的考验与欧洲后来的考验正好相反，因此后者可能是从基督教的洗礼仪式中发展出来的。彼得·托特（Peter Tóth）的"河水神判"依然坚持兹古塔（Zguta）的假设，提出了另一种可能性。

18　本文所引用的第二手资料基本都强调了古美索不达米亚巫师的女性特征，但也许这些材料有局限性。上文提到了《汉谟拉比法典》中假定的巫师是男性，这种情况可能意味着公元前第二个千年和第一个千年之间对于巫师性别的观念发生了变化。而且，Daniel Schwemer, in "Magic Rituals", pp. 432–434 还提到了一种邪恶的男性魔法师 "bēl dabābi"，以及出现次数略少的女性魔法师 "bēlet dabābi"，他们可能与巫师是同类。因此，性别比例可能是一种语言上的错觉。

这在埃及却不明显。阿希普使用的文本使巫师成了公众的敌人，认为她们具有造成社会秩序混乱，甚至伤害神祇的能力。巫师是宇宙中的邪恶势力之一，与外来的敌人、野兽、域外旷野之地的神祇，（当然）还有魔鬼属于同类。在整个古美索不达米亚的历史中，对女巫的恐惧似乎在逐渐增长，因此到了公元前第一个千年中期，有时候人们不再将女巫视作人类，认为女巫已经变成了黑夜中的恶灵。[19] 与埃及人一样，美索不达米亚人似乎也不太区分（本书前面所定义的）宗教和魔法，然而不同在于，美索不达米亚人为实现愿望而举行的仪式，是由他们所请求的神灵允许并直接授权的。但这两种文明都会对仪式本身、主持仪式的人以及超人类体的善恶进行区分。

美索不达米亚人对魔法的态度似乎成了一个区域的典型，这一区域从西面的小亚细亚和巴勒斯坦一直延伸到了东面的印度河流域，远远超过了美索不达米亚本身的范围。在这个地区边界上的三个民族，他们在承袭这些观念的同时，也发展出了欧洲巫术史上具有重要意义的变体。首先是占领了美索不达米亚和印度之间地区的波斯人或伊朗人。在公元前 7 世纪到 6 世纪间，他们建立了庞大的帝国，控制的区域包括美索不达米亚地区，有时甚至是整个地中海沿岸的亚洲西部。到公元前第一个千年晚期，他们接纳了琐罗亚斯德教。该宗教建立在善恶二元论的基础上，认为这个宇宙是强大的至善神与至恶神斗争的

19　Thomsen, "Witchcraft and Magic in Ancient Mesopotamia", pp. 23–56; Tzvi Abusch, *Mesopotamian Witchcraft*, Leiden, 2002；H. W. F. Saggs, *The Greatness That Was Babylon*, London, 1962; Sue Rollin, "Women and Witchcraft in Ancient Assyria", in Averil Cameron and Amélie Kuhrt (eds.), *Images of Women in Antiquity*, London, 1983, pp. 34–46; Schwemer, "Magic Rituals". 此处涉及的第一手文本的版本依然具有很强的相关性，应该加入：Tzvi Abusch (ed.), *Babylonian Witchcraft Literature*, Atlanta, 1987；Tzvi Abusch and Daniel Schwemer (eds.), *Corpus of Mesopotamian Anti-witchcraft Rituals*, Leiden, 2011；以及 Stephen Langdon (ed.), *Babylonian Liturgies*, Paris, 1913。

产物。级别较低的神祇依附着这两位神，变成了类似于天使和魔鬼的存在。同样，善良的人是至善神的拥趸，邪恶的人是至恶神的仆从。在被认为邪恶的人中，有一部分据说会举行对魔鬼（至恶神的仆从）的崇拜仪式。通过这种仪式，他们能从魔鬼那里得到对他人施展破坏性魔法的能力。通常认为这样的仪式是在夜里举行的，崇拜者都赤裸着身体。但是，要把这些观念的发展，甚至仅仅是表述它们的词句，编成年表是非常困难的。因为最早的记录出现在13至14世纪的手稿中，但里面的内容写就于6至7世纪，而这些内容的思想源头可以追溯到公元前13世纪。此外，这些记录都是官方祭司的著作，几乎没有涉及普通人的态度，也没有提及现实中巫师嫌疑人是如何被对待的。然而，可以断定，这些记录所表达的信仰体系在古代晚期就已经完全形成，与罗马帝国信仰体系形成的时间相当。当时，波斯人认为巫师是最邪恶的人，为了保持土地的兴旺，必须要（通过美索不达米亚式的保护性和报复性的祭司仪式）打击和惩罚巫师。[20]

美索不达米亚盆地另一端的赫梯人（Hittites），在公元前第二个千年的后半叶，在小亚细亚建立了强大而极具侵略性的君主制国家。他们似乎再现了美索不达米亚地区对待巫师的态度，除了一个显著的不同：在赫梯历史上，巫术指控经常发生，是中央政治斗争的重要元素。这反映了赫梯政府试图将魔法力量集中控制在自己手中的倾向，这样一来，不仅巫术是非法的，而且任何被认为拥有魔法知识的人都会被带到王宫接受审判。男女祭司在净化仪式后的残余物必须在官方指定的场所焚烧。公元前1500年以前，哈图西里一世（Khattushili I）禁止王后与专门从事驱魔的女祭司为伴，几个世纪后，一个统治者指控齐

20　最近有一项实质性研究：Satnan Mendoza Forrest, *Witches, Whores and Sorcerers: The Concept of Evil in Early Iran*, Austin, TX, 2011。

普兰塔维公主（Princess Ziplantawi）对他和家族施巫。在 14 世纪晚期，哈图西里三世审讯一个官员，认为他雇佣巫师来对付自己，而早在 13 世纪晚期，穆尔西里二世（Murshili II）也对王太后提出了同样的指控。[21]

最后一个变体出现在美索不达米亚世界的东南边缘地区，是从希伯来人那里发现的。公元前第一个千年左右，在众多的神明之中，希伯来人特别重视其中一位——耶和华，并将它作为唯一允许崇敬的真神来看待。他们因此认为，灵体力量集中在与耶和华崇拜有关的祭司和其他圣徒手中，而这影响了他们对魔法的态度。希伯来圣经颂扬那些为耶和华效力的行神迹的先知，尤其是以利亚和以利沙，即便他们有时将神力用在私仇上。耶和华崇拜中的圣物，特别是祭坛和约柜，被赋予了先天的力量，有时这种力量甚至是致命的。约书亚的军队举行了一场精心设计的仪式，借用耶和华的神力推倒了耶利哥的城墙，还有，上帝亲自告诉摩西要制作出一条铜蛇来保护子民免受蛇咬。摩西的律法中有一种判断女性是否通奸的仪式：将混有咒语与帐幕地上尘土的圣水让妇人喝下（《民数记》5:11-31）。所有这些仪式都可归为与魔法有关的同一类，共同为官方崇拜服务。

于是，希伯来圣经当然也会禁止人们向官方崇拜以外的魔法和魔法师求助。《圣经》中列举了异教徒迦南人的魔法师，称他们为"可憎恶的"，命令希伯来人必须依靠耶和华的先知（《申命记》18:9-22；参见《利未记》19:31, 20:6）。摩西处死了一名诅咒耶和华圣名的

21　Gabriella Frantz-Szabó, "Hittite Witchcraft, Magic and Divination", in Jack M. Sasson (ed.), *Civilizations of the Ancient Near East*, New York, 1995, vol. 3, 2007–2019. 关于赫梯魔法的其他著作，参见：Richard H. Beal, "Hittite Military Rituals", in Meyer and Mirecki (eds.), *Ancient Magic and Ritual Power*, pp. 63–76；O. R. Gurney, *Some Aspects of Hittite Religion*, Oxford, 1977, pp. 44–63；以及 Alice Mouton, "Hittite Witchcraft", in *VII Uluslarasi Hititoloji Kongresi Bildirileri*, Ankara, 2010 (no editors named), vol. 2, pp. 515–528。感谢简·布雷默提醒我注意最后那一篇。

希伯来人（《利未记》24:10-15），如果是像以利沙一样奉神之命的先知来使用同样的诅咒，则是完全可以接受的（《列王记下》2:24）。扫罗付钱给某位公认的希伯来圣者，以求丢失的驴的去向（这是古往今来魔法师所提供的传统服务），以及试图通过梦境和先知来获知耶和华的旨意，而在文中这些都表现为正确的做法（《撒母耳记上》9:1-10, 28:15）。然而，当他找一个 "ba'a lot'ov"，也就是官方崇拜之外的女魔法师（在近代早期英语中被翻译成隐多珥的女巫）的时候，他就做了错事（《撒母耳记上》28:4-25）。摩西律法曾经一度不允许"米哈什帕"（mekhashepa）继续生存，詹姆士一世治下的英格兰将这一句正式翻译成"行邪术的女人，不可容她存活"（《出埃及记》22:18）。对这段文本的理解可能不那么准确，因为我们无法确切知道"米哈什帕"指的是什么人，以及她的意图是什么。我们仅知道，它指的是使用某种魔法的特殊女性修习者（单从这个句子看，我们同样不知道，这个女人接下来的命运究竟是被杀死，还是终止在社群内的生活，也就是被流放）。总之，希伯来圣经没有在魔法上花费太多篇幅，相反花了很多篇幅谴责对其他神灵的崇拜，而且似乎将某种形式的魔法纳入为宗教，并宣称：同一种行为，如果是被唯一真神认可并赋予了权力，经由神的代表来执行，就能被认可；如果不是，就会遭到憎恶。[22]

22　这部分主要基于 Gideon Bohak, *Ancient Jewish Magic*, Cambridge, 2008, pp. 8–19，它证实了以下研究中的观点和证据：Stephen D. Ricks, "The Magician as Outsider in the Hebrew Bible and New Testament", in Meyer and Mirecki (eds.), *Ancient Magic and Ritual Power*, pp. 131–143；Ann Jeffries, *Magic and Divination in Ancient Palestine and Syria*, Leiden, 1996；Frederick H. Cryer, "Magic in Ancient Syria-Palestine and in the Old Testament", in Thomsen and Cryer, *The Athlone History of Witchcraft and Magic in Europe. Volume One*, pp. 102–144；以及 Yitschak Sefati and Jacob Klein, "The Law of the Sorceress", in Chaim Cohen et al. (eds.), *Sefer Moshe*, Winona Lake, IN, 2004, pp. 171–190；此外，Stratton, *Naming the Witch*, pp. 34–37 是对它的补充。

在第二圣殿时期，也就是公元前 6 世纪晚期到公元 1 世纪晚期之间，当希伯来人从巴比伦尼亚的流放中返回时，他们似乎依然对魔法缺乏兴趣，最后在巴勒斯坦建立一个新的君主制国家，只信奉耶和华。他们的不同的文学流派都继续呈现出对魔法的普遍仇恨，认为它不为真神的仆从所使用。这几乎没有异议。公元前 3 世纪和 2 世纪，《以诺一书》里的堕落天使们教人类女性使用魔法，特别是植物的魔法（《守望者之书》1—36），而《禧年纪》10:10—14 断言，耶和华派遣天使去约束那些折磨人类的魔鬼，教导人们疗愈的技巧，特别是使用植物的疗愈技巧。《死海古卷》则将使用魔法视为对真正信仰的背叛，认为以上两类行为都应受到惩罚。对附身在人身上或某个场所之中的魔鬼所进行的古代美索不达米亚式的驱魔仪式，依然是可被归入魔法范畴的活动中最常见的一种。[23]

在之后的日子里，罗马人毁掉了耶路撒冷的圣殿，希伯来人再次离散，变成了犹太人，耶和华崇拜发展成犹太教，更多的材料在此过程中被保存了下来。其中最重要的原始资料集是在 2 至 7 世纪间创作的拉比文学。首先是拥有巴勒斯坦和巴比伦两个版本的《塔木德》，里面收集了许多阐述信仰的宣言和轶事。《塔木德》对魔法的态度与之前并不完全一致，但依然倾向于认为以前那些杰出的宗教圣人，和现在的官方祭司成员——拉比，有创造奇迹的能力。他们的行为总是

23　再一次，在这个问题上，博哈克是主要的学术权威：Gideon Bohak, *Ancient Jewish Magic*, pp. 70–142, 此外，Florentino Garcia Martinez, "Magic in the Dead Sea Scrolls", in Jan N. Bremmer and Jan R. Veenstra (eds.), *The Metamorphosis of Magic from Late Antiquity to the Early Modern Period*, Leuven, 2002, pp. 13–33, 以及 Brian B. Schmidt, "Canaanite Magic vs Israelite Religion", in Mirecki and Meyer (eds.), *Magic and Ritual in the Ancient World*, Leiden, 2002, pp. 242–259 是对它的补充。

受到赞扬，大概是因为得到了真神的允许和授权，尽管这种支持偶尔才会显现出来。相比之下，无名女性或异教徒被当作天生的巫术修习者，即"凯沙芬"（keshaphim），在书里他们往往被拉比们击败。书里的巫师并没有特殊的外貌，也不属于特殊的种族：他们只是使用有害魔法的普通犹太人，通常是女性。有时他们似乎集体行动，有统一的领导。公元前200年的《密释纳》规定，凡对他人施巫，产生明显实质性影响的，当处以死刑。这条法令的真实效力很难判断，因为在书里没有提到巫师审判，或者拉比将嫌疑人处死的情节，除了一个拉比，西梅昂·本·谢塔赫（Simeon ben Shetah），和他的追随者在巴勒斯坦的阿什凯隆（Askelon）杀死八十个巫师的故事。然而这是一条带有强烈的民间故事成分的记录，因而不能将其看作历史事件。比如，里面说要将全部妇女一起抬离地面，这样才能消除她们的魔力。而且，这个事件在发生七百年之后才被记录下来，在有关巫术经济赔偿的其他文献和离婚案卷中都找不到相关的记载。所以，很难看出《塔木德》中描述的击败巫师的故事是否反映了社会现实。要考察现实的情况，也许可以借助在美索不达米亚和伊朗西部的民居与墓地中发掘出来的金属碗，这些碗可以追溯到5至8世纪，大部分但不完全是为犹太人制作的。碗上刻有咒语，保护主人免受巫术和魔鬼的伤害，还反映出比起男性来说，女性，尤其是集体行动的女性更易被认定为巫师。不过，女性同时也被发现是这些碗的使用者或制作者，而碗上90%的咒语只针对恶灵，而不针对邪恶的人类。一般来说，古代犹太文学很少给宗教上的对手贴上魔法的标签，他们更多地把不幸遭遇归因于神的愤怒或魔鬼的恶意，而不是巫术。尽管如此，犹太人沿袭了美索不达米亚的传统，认为巫师的确存在，且大部分是女性。[24]

希腊

古代欧洲社会中，最早留下对魔法（包括巫术）态度方面证据的是古希腊，虽然相关记载要比埃及和美索不达米亚晚得多，但也可追溯到公元前 7 至 8 世纪。最晚至公元前 4 世纪时，希腊人已经形成了一套独特的信仰，和广大近东文明中的任何信仰都不相同。其中一个方面表现在对宗教和魔法的区分上。希腊人常常贬低魔法，这一点我们在本书开篇时就已经阐明了，实际上，大多数欧洲人将这种态度一直保持到了近代。[25] 它首先出现在与癫痫有关的医疗册子《神圣病论》

24　Bohak, *Ancient Jewish Magic*, pp. 351–434; Stratton, *Naming the Witch*, pp. 143–164; Simcha Fishbane, "'Most Women Engage in Sorcery': An Analysis of Sorceresses in the Babylonian Talmud", *Jewish History*, 7 (1993), pp. 27–42; Meir Bar-Ilan, "Witches in the Bible and in the Talmud", in H. W. Basser and Simcha Fishbane (eds.), *Approaches to Ancient Judaism*, Atlanta, 1993, pp. 7–32; Jonathan Seidel, "Charming Criminals: Classification of Magic in the Babylonian Talmud", in Meyer and Mirecki (eds.), *Ancient Magic and Ritual Power*, pp. 145–166; Leo Mock, "Were the Rabbis Troubled by Witches?", *Zutot*, 1 (2001), pp. 33–43; Rebecca Lesses, "Exe(o)rcising Power: Women as Sorceresses, Exorcists and Demonesses in Babylonian Jewish Society of Late Antiquity", *Journal of the American Academy of Religion*, 69 (2001), pp. 342–375; M. J. Geller, "Deconstructing Talmudic Magic", in Charles Burnett and W. F. Ryan (eds.), *Magic and the Classical Tradition*, London, 2006, pp. 1–18; Michael D. Swartz, "Jewish Magic in Late Antiquity", in Steven T. Katz (ed.), *The Cambridge History of Judaism*, Cambridge, 2006, vol. 4, pp. 706–707; Michele Murray, "The Magical Female in Graeco-Roman Rabbinical Literature", *Religion and Theology*, 14 (2007), pp. 284–309; Daniel Breslaver, "Secrecy and Magic, Publicity and Torah", in Mirecki and Meyer (eds.), *Magic and Ritual in the Ancient World*, pp. 263–282.

25　这方面之前已被以下研究成果所注意：H. S. Versnel, "Some Reflections on the Relationship Magic-Religion", *Numen*, 38 (1991), pp. 177–197；Graf, "Excluding the Charming"。然而似乎被大部分参与讨论的研究者所遗忘。我在 *Witches, Druids and King Arthur*, London, 2003, pp. 98–117 中回顾了它们。关键的古代文本出版于 Daniel Ogden, *Magic, Witchcraft and Ghosts in the Ancient World*, 2nd edition, Oxford, 2009, pp. 1–50。

（*On the Sacred Disease*）中。这本书的历史可以追溯到公元前 400 年左右，因此，根据它，我们很可能可以将对宗教和魔法的区分往回推到公元前 5 世纪。在书中，用咒语和药物强迫神灵的行为是不体面的，"如同神的力量被人的聪明才智打败和奴役了一般"，只祈求神助的行为则是正当的。[26] 不久之后，伟大的雅典哲学家柏拉图重复了这个观点，抨击那些许诺"用牺牲、祈祷、祷词等蛊惑的方法使神明服从"的人。[27] 因此，在希腊文明古典时代的中期，至少知识分子已经信心十足地阐明了宗教和巫术这两个对立的概念，这种对立在日后将成为欧洲文化长久的组成部分。与现代不同，希腊时期的对立是魔法和规范的宗教实践之间的对立，而不是魔法和宗教本身的对立，但依然非常明显。[28] 它伴随着对大多数种类的魔法师的敌视。在公元前 5 至 4 世纪雅典的戏剧和哲学著作，以及偶尔出现的其他类型的文本中，这些魔法师或多或少成了各类文本中的寻常角色："agurtēs"，流浪的乞讨祭司（beggar-priest）；"goēs"，从这个词的语言关系上猜测是专门与鬼，也许还有其他形式的灵体打交道的人，他们或能驱鬼，或是让鬼附在人身上；"epoidos"，唱咏祷词者；"mantis"，预言家，可以揭示隐藏事物，尤其是预测未来；而对于这些职业的未来发展来说，其中最重要的是"magos"（术士），他似乎提供了上面所说的大部分服务项目，而他的技艺"mageia"，成为"魔法"（magic）这个词的词根。除此之外，还有一些数量较少的职业，他们通常以复数形式出现（并被谴责）："oracle-mongers"（神谕发布者）或"oracle-interpreters"（神

26　"Hippocrates", *On the Sacred Disease*, 1.10–46，引文见 1.31。

27　Plato, *Laws*, 909B.

28　这一变化在 Jan Bremmer, "Appendix", in Bremmerand Veenstra (eds.), *The Metamorphosis of Magic*, pp. 267–271 中得到了很好的强调。

谕解释者），解释符号和预兆的专家；"展现奇迹"的人；还有擅长使用药物的"pharmakeis"（男性）和"pharmakides"（女性）；以及"rhizotomoi"，切根茎者（root-cutters），从名字可以看出他们能操弄某种魔法，用现代的话来说，这魔法就是一种以草药为基础的药物。希腊作者在使用这些术语时并不一致，分类一定有很多漏洞，每个魔法修习者提供的个人服务往往也会重叠。不过，这些词并非都带着贬义，尤其是"mantis"，有的铭文称赞他提供的预测和建议有帮助，不过得到官方认可的占卜者和预兆的解释者往往也具有官方的地位。虽然缺乏埃及和美索不达米亚地区那样强大的神庙系统和专门的祭司团体，希腊人的原始资料却提供了对当时流行的魔法世界的洞察，这在近东的文献中也是几乎看不到的。幸存的希腊原始资料所表达出来的对魔法的贬抑态度，表明了它对许多希腊人想象力的控制。但是反过来说，将这些反对魔法的言论视为试图改革大众信仰的精英知识分子的抱怨是不明智的，毕竟剧作家也谴责魔法师，而他们必须借此来取悦大众，因为雅典的剧场是一种与大众观众有关的艺术形式。[29]

29　第一手资料包括：Sophocles, *Oedipus Tyrannus*, lines 380–403；Gorgias, *Encomium of Helen*, c. 10；*Euripides, Suppliants*, line 1110；*Iphigenia in Tauris*, line 1338；以及 *Orestes*, line 1497；Plato, *Republic*, 364B–E and *Laws*, 10.909A–D；Aristophanes, *The Clouds*, lines 749–751；以及 Derveni Papyrus (Ogden, *Magic, Witchcraft and Ghosts*, p. 23)。重要的讨论来自：Fritz Graf, *Magic in the Ancient World*, Cambridge, MA, 1994, pp. 21–31；Matthew Dickie, *Magic and Magicians in the Greco-Roman World*, London, 2001, pp. 28–36；Georg Luck, "Witches and Sorcerers in Classical Literature", in Bengt Ankarloo and Stuart Clark (eds.), *Witchcraft and Magic in Europe. Volume Three: Ancient Greece and Rome*, London, 1999, pp. 98–107；Sarah Iles Johnston, "Songs for the Ghosts", in David R. Jordan et al. (eds.), *The World of Ancient Magic*, Bergen, 1999, pp. 83–102；以及 *Restless Dead: Encounters between the Living and the Dead in Ancient Greece* (Berkeley, 1999), pp. 82–123；Jan Bremmer, "The Birth of the Term 'Magic'", *Zeitschrift für Papyrologie und Epigraphik*, 126 (1999), pp. 1–12；Esther Eidinow, *Oracles, Curses and Risk among the Ancient Greeks*, Oxford, 2007, pp. 26–41；Michael Attyah Flower, *The Seer in Ancient Greece*, Berkeley, 2008；以 及 Stratton, *Naming the Witch*, pp. 39–69。

专家们普遍认为，公元前 5 世纪希腊所出现的对魔法的敌意，是对若干事态发展的一种反应。[30] 其中之一是与波斯人的战争，这使得希腊人更加明确地抵制外国人，特别是抵制东方人。已经明确的是，后来发展成"魔法"的"magos"一词，来源于为琐罗亚斯德教服务的波斯官方祭司。希腊城邦也对自己的身份做了更为广泛的界定，提出了新的公民概念，而且（某些城邦）发展出了帝国主义性质的实体。另外，在公元前 6 世纪晚期到前 5 世纪这段时间里，希腊人对地下世界的神灵和亡灵越发感兴趣，认为活人可以和这些灵体合作来追求自己的利益。一些在原始资料中被谴责的魔法修习者的类型，可能直到此时才出现。"magos"和"goēs"驱除不受欢迎的灵体，这使他们的形象看起来很像来自美索不达米亚的驱魔祭司，而他们一到希腊就变成了流浪的自由职业者。[31] 此外，在公元前 450 年以前，希腊人对魔法没有时间确切和用词凿凿的谴责。[32] 然而，对于这种明显缺乏证据的情况，我们要采取谨慎的态度，因为在公元前 5 世纪之前关于这一主题的原始资料很少，而在更早期与之最为相关的那些戏剧和哲学著作，仍然

---

30 Graf, *Magic in the Ancient World*, pp. 27–29；Dickie, *Magic and Magicians in the Greco-Roman World*, pp. 22–33; Richard Gordon, "Imagining Greek and Roman Magic", in Ankarloo and Clark (eds.), *Witchcraft and Magic in Europe. Volume Two*, pp. 178–180; Johnston, "Songs for the Ghosts"; 以及 *Restless Dead*, pp. 82–123; Bremmer, "The Birth of the Term 'Magic'"; Stratton, *Naming the Witch*, pp. 39–47。

31 美索不达米亚模式对希腊魔法观念和魔法修习者可能的影响，已经被以下著作所强调：Walter Burkert, "Itinerant Diviners and Magicians", in Robin Hägg (ed.), *The Greek Renaissance of the Eighth Century*, Stockholm, 1983, pp. 115–119；以及 M. L. West, *The East Face of Helicon*, Oxford, 1997, pp. 46–51。

32 赫拉克利特在公元前 500 年左右的作品，可能被看作为此提供了一个例子。然而，这个篇章是所有作品中唯一一篇保存在后期亚历山大城的革利兔（Clement of Alexandria）所著的《劝勉篇》（*Protrepticus*. c. 22）中的，因此可能被歪曲了。此外，他并没有把"magoi"当作魔法师来谴责，而是将他们作为他们的原初角色波斯祭司，在警告大家抵抗这种新的外来的宗教形式。

无迹可寻。公元前 450 年左右出现了对魔法的新态度的观点，有些时候使学者注意到荷马史诗中没有任何对魔法的谴责，这个证据可能确实非常重要。不过，也许不应该单从一个诗人那里推断出太多东西，而且他在书中持明确认可态度的魔法，要么是女神和官方预言家（seer）等人物所使用的，要么就是寻求魔法疗愈和抚慰的行为，后来的希腊人也很可能接纳了这些魔法。希腊古典时期将魔法定义为"妄想控制神祇的企图"的敌对情绪，可能有比公元前 5 世纪更深的根源。

这幅复合图景里似乎看不到巫术。在希腊古风时期和古典时期的任何文本中，都找不到那些在恶魔的启发下使用破坏性魔法的社会隐藏敌人。柏拉图呼吁对任何通过伤害他人来换取金钱的魔法师处以死刑，而将那些试图以任何理由胁迫神祇的人处以监禁。然而他所针对的，不仅是那些在道德和宗教上提供可疑服务的魔法师，还有那些普通的、理论上仁慈善良的魔法师。[33] 另外，他的呼吁可能表明，在他的家乡雅典还不存在这样的法律。在古代雅典的历史里，没有任何对施行破坏性魔法之人的明确审判记录。公元前 4 世纪时，有些悲剧性的女性给男性致命的毒药，却以为那些是情爱春药。在同一个世纪里还发生了一个利姆诺斯岛的忒俄里斯（Theoris of Lemnos）案件，当事人是一个在雅典定居的外国女性，文本中称她为魔药师、预言家或女祭司，她和她的家人都被以渎神罪处死了。遗憾的是，关于她的罪行性质，这些文本的表述都不一致。有的说她提供了"药水和祷词"，有的说她是个不虔诚的预言家，这些说法叠加起来，会使她成为希腊民众发泄对各种魔法敌意的受害者。另外，还有一个文本指控她的罪

33　Plato, *Laws*, 909A–D.

行是教导奴隶如何欺骗主人。[34]

更广泛的图景同样令人费解。马修·迪基（Matthew Dickie）搜集了希罗多德的《历史》、欧里庇得斯的戏剧和柏拉图的《对话篇》中涉及魔法师在希腊城邦中被逮捕和惩罚的线索。他指出，这些人不是纯粹和简单的魔法师，而是好几个角色的叠加，如祭司、预言家或疗愈师，因此他们的罪行很难被归类为施行魔法。[35]《伊索寓言》中有则寓言以赞许的口吻讲述了一个女魔法师（gune magos）因出售咒语而被判死刑的故事。女魔法师声称自己的咒语能消除众神的愤怒，从而对他们的意愿造成干扰。这个故事完美地说明了试图胁迫神的行为会导致希腊人的恐惧，但我们不知道它是否符合历史事实。[36]忒俄斯（Teos）城通过一项法令，规定对任何使用破坏性魔药（pharmaka）的人处以死刑，无论他针对的是个人还是集体。可以猜测，这个术语既包括化学毒药，也包括魔法毒药。但不清楚的是，这项法令是否得到执行，以及它是否对城里的公民与外来者一视同仁。小亚细亚希腊城邦菲拉德尔斐亚的某个私人崇拜团体定下规则，让成员发誓远离一系列反社会的行为，其中就包括一些魔法实践。他们把复仇权留给了众神。[37]

在此语境中，特别有趣又令人费解的是诅咒板 (curse tablet)。它是上面刻有咒语或祷辞的铅制薄片，通常通过约束、惩罚或阻碍诅咒对

---

34 该案的主要资料，以及意外中毒的主要资料都出版于 Ogden, *Magic, Witchcraft and Ghosts*, pp. 106–107; 另外还有 Plutarch, *Demosthenes*, 14.4. 这些案例在以下著作中被讨论：Eidinow, *Oracles, Curses and Risk*, pp. 145–155; 以 及 "Patterns of Persecution: 'Witchcraft' Trials in Classical Athens", *Past and Present*, 208 (2010), pp. 9–35; Derek Collins, *Magic in the Ancient Greek World*, Oxford, 2008, pp. 133–136; Dickie, *Magic and Magicians in the Greco-Roman World*, pp. 51–54; 以及 Gordon, "Imagining Greek and Roman Magic", p. 251. 另一名叫尼侬（Ninon）的女性，因为在不熟悉的宗教仪式中渎神而被审判并处死，但这与魔法没有明显的关系。

35 Dickie, *Magic and Magicians in the Greco-Roman World*, pp. 55–61.

36 Aesop, *Fables*, no. 26.

37 两处铭文的翻译都出自 Ogden, *Magic, Witchcraft and Ghosts*, pp. 275–357.

象，使对象服从制作者的意愿。诅咒的目标涵盖了几乎所有的年龄、社会角色和阶层。它们召唤地下世界或夜行的神明、灵体或亡者，经常被放置在坑洞、坟冢和陵墓中。诅咒板从公元前 5 世纪开始出现，特别在雅典周边地区，许多诅咒使用了一套通用的惯用语，这说明，它们要么是大多数人都了解的普遍惯例，要么是由专业或半专业的魔法师专门制作的。对读写能力的需求本身就证明了在诅咒的过程中少不了专业人士的参与。尽管柏拉图谴责这种行为（并明确将它们归罪于受雇佣的魔法师），[38] 但没有任何一条法律禁止它们。对于这些专业人士是否被社会认可，是否会被控以谋杀、伤害或渎神罪，学者们意见不一。似乎没有一位诅咒的书写者关心社会的谴责，他们在乎的是被召唤灵体的反应。另一方面，他们当然违反了社会的文化规范，不仅乞灵于黑暗的神祇和鬼魂，还使用了奇异的名字、倒写的文字和母系血统的测算方式。这些调动灵体力量的手段很难被看作是体面的，但它究竟有多不光彩，多大程度不被社会和法律允许，我们完全不清楚。在其他社会中，这种行为可能被定义为典型的巫术，但在希腊似乎并没有被这样看待。[39]

在古风时期和古典时期的希腊文学中，似乎没有关于巫师的清晰描述。从中我们能找到希腊模式的一个例证。神话中两个使用破坏性

38　称作 "agurtai" 和 "manteis"。

39　许多诅咒板的翻译版本都来自 John Gager (ed.), *Curse Tablets and Binding Spells from the Ancient World*, Oxford, 1992；以及 Eidinow, *Oracles, Curses and Risk*, pp. 352–454 为它们编写了一览表。它们被以上学者们讨论，亦见 Christopher A. Faraone, "The Agonistic Context of Early Greek Binding Spells", in Faraone and Dirk Obbink (eds.), *Magika Hiera: Ancient Greek Magic and Religion*, Oxford, 1991, pp. 3–32；Daniel Ogden, "Binding Spells", in Ankarloo and Clark (eds.), *Witchcraft and Magic in Europe, Volume Two*, pp. 38–86；Dickie, *Magic and Magicians in the Greco-Roman World*, pp. 48–50；Collins, *Magic in the Ancient Greek World*, pp. 64–103。参见 Plato, *Republic*, 364B–C。

魔法的强大女性人物与巫师有些相似，她们是喀耳刻和美狄亚。喀耳刻用魔药和魔杖把人变成动物，而美狄亚用药剂来达到各种魔法目的，包括杀人。但这两位女性都不是人类，喀耳刻是太阳神和海神的女儿，美狄亚是喀耳刻的侄女，是喀耳刻的兄弟与另一位海神的孩子，有人将她看成魔法女神赫卡忒。她们也不是绝对邪恶的。英雄奥德修斯在赫尔墨斯的帮助下战胜了喀耳刻，喀耳刻从此便成了奥德修斯的情人和助手；美狄亚也曾帮助英雄伊阿宋寻找金羊毛，并嫁给了他。美狄亚为了帮助她的爱人而杀人，后来又因为被伊阿宋抛弃而复仇。但希腊文献对她的态度是矛盾的，最后她（像喀耳刻一样）逃脱了惩罚。这两位女性都是后来欧洲文学史上非常有影响力的人物，是许多拥有魔法的女性形象的先祖。但将她们放置在原初的语境下，则很难将她们视作本书所定义的巫师。[40]

当然，在古希腊文学中，魔法师被刻板地归为女性，而且被认为都来自社会下层。人们相信，体面的女性是不具备成为魔法师所需要的知识的。然而，原始资料中所提到的现实生活中的各类服务型魔法师却通常都是男性；女性被认为主要为了她们自身的利益而使用魔法。因此，绝大多数的诅咒板都被认为是男性写的。[41] 从雅典的证据判断，

40　第一手文本主要来自 Homer, *Odyssey*, c. 10；Euripides, *Medea*; Hesiod, *Theogony*；Eumelus, *Corinthiaca, Naupactica* 和 *Nostoi* 的一些片段；Pindar, *Fourth Pythian Ode*；以及 Sophocles, *Rhizotomoi*。大部分出版于 Ogden, *Magic, Witchcraft and Ghosts*, pp. 82–95, 312–313。奥格登本人在 *Night's Black Agents*, London, 2008, pp.7–35 中为"喀耳刻和美狄亚都可以被视作巫师"的观点辩护，以此反对目前主流的看法。在此我所支持的主流观点，总结于 Dickie, *Magic and Magicians in the Greco-Roman World*, pp. 5, 15, 34, 128, 135。然而，这取决于不同的学者对巫师的定义，如果根据奥格登自己的定义，那他是正确的。

41　关于这一点，参见 Dickie, *Magic and Magicians in the Greco-Roman World*, pp. 79–95；以及 "Who Practised Love-Magic in Classical Antiquity and the Ancient World", *Classical Quarterly*, N. S. 50 (2000), pp. 563–583；Ogden, "Binding Spells", pp. 62–65；以及 Flower, *The Seer in Ancient Greece*, pp. 211–239。

女性可能因使用或试图使用魔法而受到起诉，但审判案例的数量太少，很难得出肯定的结论。在希腊文学作品中，女性使用魔法通常并非出于攻击性的动机，由纯粹邪恶驱动，想要颠覆整个社会，而是出于某种防御性的动机，为了赢得或维系男性的感情，或者对背叛自己的男性施以惩罚。[42]有一种传统，从公元前5世纪一直延续到整个古代时期，希腊东北部的色萨利（Thessaly）地区的女魔药师能用强大的魔药把月亮从天上拽下来。[43]虽然这说明了这个地区并不完全是希腊本土的一部分，但没人解释过为什么色萨利的女性有这种可怕的名声。古典时代的古希腊文化经过了公元前5世纪至公元前4世纪都没有什么变化，直到亚历山大大帝征服之后逐渐进入希腊化时代，希腊文化延伸到了整个地中海东部世界。可能在埃及工作过的西西里诗人忒奥克里托斯（Theocritus）创作了一首不朽的名篇，描述了一位亚历山大时期的女性如何在女仆的帮助下，通过某个仪式挽回或惩罚了不忠的男友。这首诗的名字叫《魔药师》（Pharmakeutria），但从中可以发现魔药的概念已经超越了药物的范畴，因为她所使用的方法混合了诵念祷词、不同种类的物质和特殊工具。

希腊化时代明显有了一个新发展，出现了受过教育的魔法知识的收集者，他们出版了很多关于动物、植物和矿物所拥有的神秘特性的书籍。同希腊化文化一样，这种状况也超越了希腊的国土，并大量吸

---

42 Stratton, *Naming the Witch*, pp. 49–71 中特别提出了这一点。

43 它首次出现在 Aristophanes, *The Clouds*, lines 749–757。这则材料与其他资料一起再版于 D. E. Hill, "The Thessalian Trick", *Rheisches Museum für Philologie*, 116 (1973), pp. 221–238；当然亦见 Ogden, *Magic, Witchcraft and Ghosts*, pp. 226–240。对于这个比喻的学术探讨，参见简·布雷默在 Boschung and Bremmer (eds.), *The Materiality of Magic*, p. 252 中列出的条目，以及 P. J. Bicknell, "The Dark Side of the Moon", in Ann Moffatt (ed.), *Maistor: Classical, Byzantine and Renaissance Studies for Robert Browning*, Canberra, 1984, pp. 67–75。

收了埃及、美索不达米亚和叙利亚的传统。他们中间的第一位也是最著名的一位，门德斯的波洛斯（Bolus of Mendes），来自埃及。[44] 因此，除了使用希腊文书写之外，这些文本在多大程度上属于希腊文化还有待商榷。因为，如果在之前的古希腊世界里，魔法事务像古代商业活动一样平常，就很难从中找到巫师的身影。小亚细亚的克拉罗斯城（Claros）把瘟疫归咎于邪恶的魔法师，并希望得到神的搭救，神谕指示大家要召唤女神阿耳忒弥斯的力量来摧毁魔法师所使用的蜡像，但没有说明是否对被指认的罪犯加以惩处。同样，在希腊西北部的多多纳（Dodona），一块向神谕者提问的铅板上写着这样的问题："提莫使用魔法伤害阿里斯托玻拉了吗？"但我们不知道提莫是谁，也不知道假如得到的是肯定的答复，人们采取了何种行动。[45]

罗马

无论在共和时代还是帝国时代，罗马异教徒都深受希腊文化的影响，因此他们对宗教和魔法的区分方式与希腊人相同就不足为奇了；不过，也可以说，这种区分一定与他们自身对魔法的态度相符，因此才能扎下根来。在 1 世纪的帝国时期，以及之后的基督教时代，剧作家、哲学家塞内加和学者普林尼都将魔法视作一种向神祇发号施令的愿望，并加以谴责。[46] 公元 3 世纪，一本关于圣徒提亚那的阿波罗尼俄斯（Apollonius of Tyana）的传记中，作者写到传主在遭到魔法师指

44　Dickie, *Magic and Magicians in the Greco-Roman World*, pp. 97–123.

45　Fritz Graf, "Magic and Divination: Two Apolline Oracles on Magic", in Gideon Bohak eat al. (eds.), *Continuity and Innovation in the Magical Tradition*, Leiden, 2011, pp. 119–133.

46　Pliny, *Natural History*, 30.1–20; Seneca, *Oedipus*, lines 561–563.

控时，辩称自己只是向赫拉克勒斯神祷告，神回应了他的祈求。[47] 马达乌拉的阿普列乌斯（Apuleius of Madaura）也曾被指控为魔法师，他自辩道，自己服从众神，而真正的魔法师则通常被认为是"有能力借助神秘祷词力量实现任何想要达到的目的"的人。[48] 在同一个世纪里，新柏拉图主义哲学家普罗提诺（Plotinus）指责一些对手使用祷词引来更高的神力为他们服务。[49]

历史学家似乎一致认为，罗马人在公元前 1 世纪到公元 1 世纪之间形成了对魔法的态度，并在 250 年将其强化为法律和社会习俗。[50] 某些学者将这种发展归因于一种新的意愿，即把各种宗教体验加以分类，从而排除那些看起来不符合宗教的规范表达的活动。与之相关的是，反过来产生了一种对"外来者"和"社会威胁"更广泛的定义，因为越来越多的民族，以及越来越多的社会阶层被纳入了罗马公民中。还有学者更多地强调这归功于浸淫在希腊思想中的个人精英的出现。一般认为，将魔法师当作外人和威胁的观念出现的时间应该在诗人卡图卢斯（Catullus）和政治家、学者西塞罗活跃的公元前 1 世纪，至普林尼生活的公元 1 世纪晚期。卡图卢斯却使用了"术士"（magus）一词，这个词来自希腊语，原意是波斯祭司，但西塞罗将召唤地下灵体作为

47　Philostratus, *Life of Apollonius*, 8.7.9–10.

48　Apuleius, *Apologia*, 26.6.

49　Plotinus, *Enneads*, 2.9.14.1–8.

50　接下来的各种见解，参见 Mary Beard et al., *Religions of Rome*, Cambridge, 1998, vol. 1, pp. 154–156；Dickie, *Magic and Magicians in the Greco-Roman World*, pp. 135–139；Naomi Janowitz, *Magic in the Roman World*, London, 2001, pp. 1–16；Stratton, *Naming the Witch*, pp. 79–99；James B. Rives, "'Magus' and its Cognates in Classical Latin", in Richard L. Gordon and Francisco Marco Simon (eds.), *Magical Practice in the Latin West*, Leiden, 2010, pp. 53–77；J. A. North, "Novelty and Choice in Roman Religion", *Journal of Roman Studies*, 70 (1980), pp. 86–91；以及 Graf, *Magic in the Ancient World*, pp. 36–60。

一种新的、邪恶的宗教活动。普林尼痛斥术士（magi）所操弄的"邪术"（magia）是旨在通过发现和运用自然界中的神秘力量来"向神发号施令"的"最具欺诈性的技艺"，他还追溯了其从波斯和希伯来经希腊传到罗马世界的路线，从而强调了它的外国渊源和有害性质。[51]

乍看之下，罗马法律的发展似乎遵循了同样的轨迹。[52]《十二铜表法》从早期共和国（凭借后来的证据可以重现的最早时期）就开始以侵犯财产权为由，禁止将他人土地上的庄稼收成转移到自己的土地上，但没有说此举使用了魔法。其中还宣布"一种邪恶的歌唱"（也许是一种魔法祷词或仅是一种人身侮辱）为非法行为。同样，公元前81 年的《科尔奈利亚法》（*Lex Cornelia*）禁止使用秘密的手段杀人，其中一种是"邪术"（veneficium），这个术语对现代人来说与希腊语"pharmaka"一样不精确到令人沮丧，可能意味着毒药，或者魔法，古人往往认为这两者无法区分。到了 2 世纪，事情才变得清晰起来，当时术士的工作通常被等同于"邪术"或"作恶"（maleficium，意思是故意伤害他人）。3 世纪，罗马法典开始适应社会变化，将《科尔奈利亚法》扩展到涵盖制造爱情药水、举行魔法仪式、施行约束或捆绑魔法、拥有包含魔法配方的书籍和通常所说的"魔法技艺"等方面。持有一本魔法书，穷人会被判处死刑，富人则会被放逐（并剥夺财产）；进行魔法仪式将招致死刑；向魔法师提供资金的人则会被烧死。由于拥有书籍和提供商业服务是很容易被客观证明的活动，所以这些是比

---

51 参见上文注释 46。

52 接下来的各种见解所依据的资料参见上文注释 50，另参见 James Rives, "Magic in the XII Tables Revisited", *Classical Quarterly*, 52 (2002), pp. 270–290；以及 "Magic in Roman Law", *Classical Antiquity*, 22 (2003), pp. 313–339；以及 Collins, *Magic in the Ancient Greek World*, pp. 141–162。关键的 3 世纪的裁决，参见 Julius Paulus, *Sententiae*, 5.23.14–19。

较容易执行的法律。

　　要了解魔法在罗马世界中的实际地位，就需要面对以下两个主要问题。一个是，关于这些法律实际执行情况方面的信息很少；另一个是，如果受害者仅仅被指控以魔法手段实施谋杀，那么即便没有针对魔法的法律，猎巫行动也完全有可能发生。据记载，几个世纪前的公元前331年，一场死亡率很高的流行病侵袭了罗马，这次事件中，有一百七十名女性公民（其中有两位是贵族）被指控用邪术制造大瘟疫而被处死。这里的邪术指的可能就是毒药，因为最初的一批嫌疑人声称自己是疗愈师，但在被迫喝下自己配制的药水后死亡，这引发了大规模的搜捕。公元前184至前180年意大利也爆发了流行病，各城市发生了更大规模的审判，第一波造成了两千多人死亡，第二波则造成三千多人死亡。这次的罪名也是"邪术"，但无法判断这个词在此指的是毒药还是魔法仪式，或是两者的混合。[53] 如果这个词在此是后两种意思，而且记录是准确的话，那么与古代世界和欧洲历史上的其他任何时候相比，罗马共和国的猎巫规模都是空前绝后的，以死者的数量而论（无论多么不精确），都超过了任何一波近代早期巫师审判处死的人数。[54] 在异教罗马帝国统治下的猎巫情况并不为人所知，但在当时，不管是否对他人造成了身体上的伤害，施行魔法的个人无疑都会遭到起诉。传说中的阿波罗尼俄斯案，以及历史上真实发生的阿普列乌斯案，都反复被人引用：前者被指控使用占卜仪式预测瘟疫，后者被指控通过咒语来获得女性的爱。泰尔的阿德里安努斯（Adrianus of Tyre）是2世纪时期的法律专家，他说，那些提供魔药的人应该受

53　Livy, *History*, 8.18, 39.41 and 40.43.

54　Gordon, "Imagining Greek and Roman Magic", pp. 254–255 中提供了一个知名历史学家认为这个词代表魔法的例证。

到惩罚，"单纯因为我们憎恶他们的力量，因为他们每个人都拥有天然的毒药"，而且他们能提供"制造伤害的技艺"。[55]《罗马帝国纪354年》(*The Chronicle of the Year 354*) 中提到，罗马的第二位皇帝提比略 (Tiberius) 在位期间处死了四十五名男性和八十五名女性，他们都是邪术师 (veneficiarii) 和作恶者 (malefici)。[56] 这两个术语同样也是含糊的，可能仅意味着卖毒药的人和一般的罪犯，但如果是这样的话，总数似乎太低了，所以更可能指的是魔法师。此外，无论罗马人在帝国早期是否猎巫，他们所设想的巫师肯定与埃及人和希腊人的不同，却和美索不达米亚人、波斯人、赫梯人和希伯来人的一样。事实上，他们所创造的文学想象，是近代早期作家用来证明巫术威胁长期存在的主要古代来源。他们中的一些人效仿，甚至复制了希腊和希腊化模式中那些试图用魔法来得到或挽回伴侣的单相思的女性形象。[57]

然而，也有一些人物是希腊文学所没有的，比如经常操弄强大邪恶魔法的女性，她们使用令人厌恶的材料和仪式，召唤冥界和夜行的神祇、灵体和人类的鬼魂。这些形象出现在公元前 1 世纪晚期，并在罗马帝国时期延续了好几个世纪。就像贺拉斯笔下的卡尼狄亚 (Canidia)，一个用自己的气息和毒蛇的血液在食物中下毒的老巫婆，她有一本"祷词书"，还与她的伙伴们一起举行仪式来制造爱情药水，或者让冒犯她的人丧命。她们焚烧坟墓中长出的树枝、猫头鹰的羽毛和蛋、蟾蜍的血和有毒药草，撕开一只黑色的羔羊，作为对夜晚力量的祭品。她们绘制人像，还在杀害孩子后将其器官掺进她们所制得的

---

55 相关资料出版于 Ogden, *Magic, Witchcraft and Ghosts*, p. 284。

56 Ibid, p. 333.

57 例如，Virgil, *Eclogue*, 8.2。

混合物里。据说后来她们被暴民用石头打死，尸体被动物啃食。[58]另一个是卢坎（Lucan）笔下的厄里克托（Erictho），一个令人厌恶的老妇人，她掌握了"神所憎恶的魔法师的秘密"，可以"束缚不配合的神祇"。卢坎对听众信誓旦旦地说，即使是最普通的魔法修习者也能诱发无法抑制的爱，让太阳停止运行，呼风唤雨，阻止潮汐和河流，驯服猛兽，拽下月亮。厄里克托还有一种能力，将狗的涎沫、猞猁的内脏、鬣狗的隆肉、牡鹿的骨髓、海怪的肉块、龙的眼睛、鹰巢里的石头、毒蛇和致命的草药混合成药水来复活尸体，从而知悉未来。与卡尼狄亚的能力一样，她的混合药剂是邪术的典范。同样地，她也举行人祭，但规模更大，甚至剖开子宫，取出婴儿，放置在祭坛上焚烧献祭。[59]这两种仪式颠覆了传统宗教活动的所有准则。类似的形象还出现在其他诗人的作品中，但情节没有那么详细。维吉尔写过一位外国女祭司，她能用咒语给别人带来欢乐和痛苦，逆转河流和群星的运行，让树木移动，让大地咆哮，召唤黑暗之灵。[60]奥维德创作了一个醉醺醺的老巫婆形象，名叫狄普萨斯（Dipsas），她深悉草药和魔法工具的功能，能够控制天气，使死人复活，使星星滴血，使月亮变红，也能像杂耍一样摆弄河流。[61]普罗佩提乌斯（Propertius）挽歌里的巫师是阿坎提斯（Acanthis），她的魔药能使磁铁不再有磁性，让母鸟抛弃幼鸟，最忠实的女子背叛她的丈夫。她也能随心所欲地移动月亮，还能把自己变成一只狼。[62]提布鲁斯笔下的巫师被称为"预言者"（saga），她的

58　Horace, *Epodes*, 3.6–8; 5, 7，散见各处；以及 *Satires*, 1.8; 2.1.48; and 2.8.95–6。

59　Lucan, *Pharsalia*, 6.415–830.

60　Virgil, *Aeneid*, 4.478–508.

61　Ovid, *Amores*, 1.8.

62　Propertius, *Poems*, 4.5.5–18.

技艺也对月亮、河流、天气和亡者有效，她还能（通过念诵祷词）欺骗众人的眼睛：罗马巫师完全颠覆了宗教秩序和自然秩序。[63] 阿普列乌斯对魔法的指控并不陌生，他把不同年龄、能力和邪恶程度的施行魔法的女性编进了一部小说。阿普列乌斯评论说，那些使用魔法来达到目的的、凶残、淫荡或亵渎神明的人，通常是女性。他笔下最可怕的人物梅罗娥（Meroe）能降下天穹、阻止星移、化山为水、熄灭星辰、召唤神灵。和通常一样，他笔下的巫师也能将自己和别人变成动物。[64] 同一时期，早先就存在的人物偶尔也会被改头换面成巫师：首先是美狄亚，罗马诗人和剧作家将其形象改造得更加黑暗，举行精心安排的夜间仪式，这都是从之前那些巫师形象中借鉴过来的。[65] 讽刺作家佩特罗尼乌斯（Petronius）写于 1 世纪中期的小说说明，人们对恐怖而强大的巫师的刻板印象非常熟悉。小说的主角是个小人物，他需要治疗一种据称是由巫术导致的性无能，就向一位自诩与卡尼狄亚、厄里克托、梅罗娥等人同样掌控自然力量的年老女祭司求助。然而，这个女祭司生活在贫困和肮脏之中，最后闹剧般证明了自己只是个江湖骗子。[66]

相当值得怀疑的是，在当时，人们是否像后来的近代早期魔鬼学家那般严肃地对待这些形象。毕竟，这些大多是出现在类似浪漫幻想、哥特小说、讽刺剧和喜剧之类的作品中的文学发明，显然有荒谬和夸张的成分。不过，如果这些（由邪恶女性施展强力魔法的）想象没有

63　Tibullus, *Poems*, 1.2.41–58.

64　Apuleius, *Metamorphoses*, 1.3–8; 2.22–8; 9.29.

65　Ovid, *Metamorphoses*, 7.159–351; 以及 *Heroides*, 6.83–94; Seneca, *Medea*，散见全书各处；*Orphic Argonautica*, lines 887–1021; Hyginus, *Fabulae*, p. 26。

66　Petronius, *Satyricon*, cc.133–134.

在一定程度上与预期观众的偏见和成见产生共鸣，它们就不会被作家们选中。金伯利·斯特拉顿（Kimberley Stratton）看似合理地将她们的出现与罗马女性在同一时期的性许可（sexual licence）和奢侈生活联系起来，并将女性的贞洁理念作为社会稳定和秩序的指标。在她看来，对巫师的想象是作为理想化和政治化的女性行为的对立面出现的。[67]无论这个论点多么有说服力，仍然要再次考虑到以下的可能性：巫师的想象能够如此迅速而蓬勃地丰满起来，正因为拥有一片提供充足养分的肥沃土壤。毕竟，制造并消费了这一形象的罗马人拥有一段历史记忆：几个世纪以前，他们在城市里杀死了近二百名女性，原因是她们用邪术制造了一场大规模的流行病，夺取了许多人的生命。根据真实的医学，她们都是无罪的，是她们所处的社会在那时已经需要相信女性有能力和意愿犯罪。在公元前1世纪80年代，对同样罪行的大规模审判产生的数千名受害者中，女性的数量不知道有多少，这个数目可能非常大。因此，罗马人在那时就已经有了这样的观念：邪恶的女性是用隐秘手段制造谋杀和社会分裂的执行者。同样，虽然这种观念对希腊的社会现实和文学作品的影响比较小，但值得注意的是，希腊人构想出来的使用危险魔法的神或半神的人物，比如喀耳刻和美狄亚，也都是女性。由此看来，那些将魔法定义为非法、不体面和不虔诚的活动，并将女性排除在政治和社会权力之外的文化，比如希腊和罗马（包括希伯来和美索不达米亚），都倾向于将魔法和女性结合成一种"有威胁的他者"的刻板印象。不过，在罗马这个案例中，这种刻板印象无论是在现实生活中还是在文学作品里，都产生了最具戏剧性的结果。

目前还不清楚的，是罗马人关于"邪恶之眼"的信仰，对于他们

---

67 Stratton, *Naming the Witch*, pp. 79–96.

的巫术恐惧有多大的缓和或迎合作用。罗马人的确相信它的存在。维吉尔描写了一个牧羊人，他把自己的病归咎给"那只眼"，普林尼和瓦罗（Varro）都写过孩子用护身符来避免它的伤害。普林尼写到用呕吐三次的办法来破坏它的力量。普林尼和普鲁塔克讨论了"邪恶之眼"信仰的细节，并证明这种力量既可以被蓄意使用，也可能被无意触发。从理论上说，如果人们愿意相信这种力量并非被蓄意使用，就能抑制将伤害归咎于巫师作祟的观念。然而，他们也谈到"邪恶之眼"被认为是外来者、父亲和长着重瞳的女性（这种情况十分少见）的特殊能力。这些特征不会出现在绝大多数巫术嫌疑人身上，因此，这种信仰在实际中不太会减轻罗马人对巫术的恐惧。[68] 罗马人严肃对待巫术的另一个证据是，他们既是欧洲第一批，也是距一千年前赫梯人统治近东地区之后最早把巫术当作政治武器的民族。在第一王朝的前两位皇帝统治期间，经常出现这种指控，这作为一种特征体现了他们为了树立皇帝权威和稳定国家所做出的尝试。第一任皇帝奥古斯都把对魔法师的怀疑与社会稳定联系起来，他禁止一切非官方的预言行为，因为后者可能会激发破坏性的政治野心。在他统治期间，曾颁布法令将所有的召魔师和术士（magoi）驱逐出城，只保留了当地传统的从神祇及自然界寻求神谕的宗教形式。在随后的一百多年里，这项举措实施了九次（这要么说明了它的重要性，要么说明它压根没什么效果），据说奥古斯都下令烧毁了两千多部未经许可的预言书。[69] 下一任皇帝提比略对一名杰出的元老展开了调查，后者被控向术士和巴比伦占星家咨

68　参考文献收集在 Valerie M. Warrior, *Roman Religion*, Cambridge, 2006, p. 96；以及 Ogden, *Magic, Witchcraft and Ghosts*, pp. 222–226。我认为其中关于卡图卢斯和贺拉斯的观点有歧义，但对其他人的看法表示接受，并加以引用。

69　主要资料出版于 Ogden, *Magic, Witchcraft and Ghosts*, pp. 281–284。

询，还企图用祷词召唤地下世界的灵体，最后被逼自杀。接着，另一位元老院领袖也自杀了，他被控将人体的残骸、诅咒板、烧焦和带血的骨灰，还有其他邪恶的魔法工具藏在罗马皇位继承者日尔曼尼库斯（Germanicus）家中以实施谋杀。据称，提比略的继母，太后利维娅（Livia）曾指控她所憎恶的继女阿格里皮娜（Agrippina）的一位朋友行邪术，而阿格里皮娜的女儿小阿格里皮娜，则控告三个对手使用魔法，其中的一位也被迫自杀。一位贵族妇女被指控用"祷词和毒药"逼疯了丈夫。在那之后，这些巫术指控在高层政治中消失了，直到 4 世纪再次现身，当时又有两个奋力建立统治的王朝，分别是弗拉维安王朝[70]和瓦伦丁尼安王朝。在罗马帝国的历史上，巫术指控似乎是一种偶然现象的特征：如果一个新王朝的稳定化历程旷日持久，它就会出现。[71]

还需要考虑的是破坏性魔法实际操作的证据，以及它对罗马帝国民众所造成的恐惧。鉴于其本身的性质，这方面的证据相对稀少，但依然存在；即便将与复杂的仪式性魔法（这是后面一章要关注的内容）有关的文本拿掉之后，也还是有一些可用的部分。诅咒板持续存在于它们的发源地希腊，并从那里扩散到帝国的大部分地区。[72] 在法国南部拉尔扎克（Larzac），一个女性坟墓里的铅板上所刻的铭文表明，存在着两个对立的"魔法女子"团体。其中一个团体用恶毒的咒语"粘"

<hr />

70 译注：此处指君士坦丁王朝（305—363），因每个皇帝的名字中都带有弗拉维安，与 1 世纪时统治罗马的弗拉维安王朝相似，于是也被称为"新弗拉维安王朝"。

71 Tacitus, *Annals*, 2.27; 2.55; 2.69; 3.22–3; 4.52。这些文本在 Stratton, *Naming the Witch*, pp. 100–105 中得到了很好的整理和讨论。

72 参见上文注释 39；另参见 Beard et al., *Religions of Rome*, vol. 1, p. 220。我接受亨克·弗耐尔的看法，即帝国时期常与诅咒板一起出现在庙宇和神龛中的许多石板，应该被视作祈祷者的愿望未被神祇达成而实施的复仇行为，因此根本不属于传统的魔法范畴。他近期的一篇文章总结了迄今为止的证据和讨论："Prayers for Justice, East and West", in Gordon and Simon (eds.), *Magical Practice in the Latin West*, pp. 275–354。

（sticking）和"戳"（pricking）另一个团体（可能指的是其画像），而另一个"聪明的女子"用反制魔法挫败了她们的计划。墓主可能是这场冲突的受害者之一，或是冲突中获胜的一方，又或者这块板乃是仪式的一部分，被放进坟墓里与亡者和神祇共同发挥作用。[73]安德鲁·威尔伯恩（Andrew Wilburn）在古罗马时期的埃及、塞浦路斯和西班牙三个行省内的各一处地点，对魔法，特别是诅咒时所使用的物证进行了研究。他的结论是，经常雇佣专家来诅咒对手和压迫者，是罗马帝国统治下的人们生活中一个平常和重要的方面，尽管这并不体面。[74]这似乎证实了罗马学者和官员普林尼在1世纪的名言："没有人不害怕成为邪恶咒语的牺牲品。"[75]

同样明确的是，人们会将他们所爱之人的去世归因于这些咒语的作用。1世纪20年代，提比略皇帝的儿媳利维娅·尤利亚（Livia Julia）委托制作了一件碑铭，以悼念她死去的奴隶小男孩。她认为男孩被预言者杀害或诱拐了。[76]这生动地证明了，当时皇族对巫术的指控不仅是自私自利的政治投机主义的产物。近十几年来，作为希腊罗马魔法的主要学者之一，弗里茨·格拉夫对与利维娅·尤利亚所委托制造的相类似的碑铭进行了系统研究，这些碑铭通常是为被魔法杀死的年轻人制作的。他找到了三十五件碑铭，大部分来自2至3世纪的帝国东边的希腊殖民地。而在大多数年轻亡者的墓志铭中，这种碑铭并不常见，这说明早夭并不常被归咎于巫术。碑铭呼吁神祇对发起巫术袭击的人进行报复，而有时人们并不知道袭击者是谁，有时怀疑并

---

73 Wolfgang Meid, *Gaulish Inscriptions*, Budapest, 1992, pp. 40–46.

74 Andrew T. Wilburn, *Materia Magica*, Ann Arbor, 2012.

75 Pliny, *Natural History*, 28.19.

76 Ogden, *Magic, Witchcraft and Ghosts*, p. 48.

指名道姓出某个人（在这些嫌疑人里，女性只比男性略多一些）。格拉夫认为这些请求神祇的策略降低了人们对于法律指控的需求。[77]

考虑到罗马帝国异教时期法律档案的缺失，格拉夫说法的准确性有待商榷。我们可以肯定的是，当时没有大规模的猎巫和审判活动，因为如果有的话，肯定会在历史记录中留下痕迹。而很难判断的是，个人提出的巫术指控有否经常上升到法庭，如果有，法庭又是否会严肃对待这类指控。偶尔有些证据得以幸存，比如一张埃及莎草纸上记录了法尤姆（Fayum）地区的一位农民向地方长官告发邻居，说他们用魔法偷他的庄稼，案件的结果尚不得而知。[78]利维娅·尤利亚对奴隶男孩的死充满同情，她呼吁罗马的母亲保护孩子不受这种邪恶咒语的伤害。我们只能猜测，当时的人们是否需要这样的警告，当子女死亡或失踪时，他们是否也有同样的反应。还有，如果有同样的反应，他们又采取了什么措施来对付那些被认为是凶手的人。

暗夜魔女

世界上不同地区的一些社会中有两种并存的巫师概念，一种存在于理论之中，他们在暗夜里施展各种超越人类的绝技；另一种则是真实的人，他们在日常生活中而被怀疑和指控行巫术。比如，博茨瓦纳的茨瓦纳人就将"夜间巫师"（night witches）和"白日术士"（day sorcerers）区分开来。前者被认为是邪恶的老妇人，她们在晚上成群结

77　Fritz Graf, "Victimology", in Kimberly B. Stratton with Dayna S. Kalleres (eds.), *Daughters of Hecate*, Oxford, 2014, pp. 386–417.

78　David Frankfurter, "Fetus Magic and Sorcery Fears in Roman Egypt", *Greek, Roman and Byzantine Studies*, 46 (2006), pp. 37–62.

队地聚在一起，赤身裸体，身上涂满白灰或人血，在宅地周围伺机伤害居民。她们可以穿过上锁的门，令人陷入深睡。实际上，这或多或少有虚构的成分，很少有人声称真的见过她们，也有很多人公开拒绝相信她们的存在。而"白日术士"是部落中的普通成员，他们被认为是用咒语和魔法材料伤害私敌的人。部落里的所有人都相信他们是真实的。[79] 在东半球遥远的特罗布里恩群岛，岛民们会谈及一种女性，她们在夜晚裸体飞行，但不为人所见。她们在海中的礁石上策划阴谋，从活人的身上摘取器官举办人肉盛筵，而失去器官的人就会虚弱和生病。他们还认为，一些社群里的男性成员已经学会了如何组合使用魔法、天然材料和动物助手，来使特定受害者生病和死亡。人们在日常生活中忌惮这些施术的社群男性成员，而在夜晚裸体飞行的女性也被认为是偶发重大灾难（比如传染病）的罪魁祸首。[80] 这种双重信仰体系虽并非无处不在，但在相信巫术的社会中也相当普遍。

古代的罗马人就拥有这样的思想体系，他们还将巫师和猫头鹰的联系也纳入了进来，这是人类信仰中另一种很常见的观念。毕竟，在人类的观念中，猫头鹰具有五个邪恶的特征：在夜间活动，悄无声息，以掠食为生，直勾勾地盯着人类，以及不可思议的头部旋转角度。美国土著切诺基人（Cherokee）和米诺米尼人（Menominee）的语言用同一个词来代表猫头鹰和巫师，而从秘鲁到阿拉斯加都能发现相信"巫师能化身为猫头鹰"的观念。更为普遍的观念是，猫头鹰，或化作猫头鹰的人，是造成无所不在的那些突然发生的人间悲剧、不可预料的神秘疾病，以及婴幼儿死亡的元凶。这种观念不仅出现在很多北美民

---

79 Isaac Shapera, "Sorcery and Witchcraft in Bechuanaland", *African Affairs*, 51 (1952), pp. 41–52.

80 Bronislaw Malinowski, *Argonauts of the Western Pacific*, London, 1922, pp. 73–77, 239–242, 393.

族中，而且在中非、西非和马来亚也有发现。[81] 这也是罗马文化的一个特点，但仍只是一整套横跨近东和地中海大地的复杂思想的一隅，我们可借着它深入了解异教日耳曼人的思想世界。

这套复杂思想首先出现在美索不达米亚，在公元前第二个千年的早期，一张净化和驱魔仪式上的恶魔和鬼魂清单中包含着一个紧密联系的群体，由七个名字中都含有"lil"的成员组成。前四位是雌性，后三位是雄性。他们似乎是情欲之灵，能与人梦交，使人精疲力竭，备受折磨。至公元前第一个千年，尽管美索不达米亚地区的人们认为，专门危害婴儿、孕妇和新生儿母亲的女魔是长着母狮脑袋的拉马什图（Lamashtu），但似乎依然认为这七个恶魔能危害分娩时的妇女。[82] 公元前 7 世纪，腓尼基人的驱魔文将"lili"称作"暗室中的飞行者"，这个形容与这些角色很匹配，他们还把她描绘成带着翅膀的斯芬克斯。[83] 希伯来圣经中有一个著名的句子提到了"莉莉丝"（lilith）（《以赛亚书》34:14），将她放在一系列动物中，说她出没于被神的愤怒所摧毁的土地上。但有人认为，鉴于其他动物都是真正的野生动物，这里的"莉莉丝"可能指的是一种夜晚出没的鸟类，可能真的是英王钦定本《圣

---

81 Alex Scobie, "Strigiform Witches in Roman and Other Cultures", *Fabula*, 19 (1978), pp. 74–101.

82 第一手文本参见 O. R. Gurney, "Babylonian Prophylactic Figures and their Rituals"；以及 Langdon, *Babylonian Liturgies*, pp. 12–15。相关评论参见 Raphael Patai, *The Hebrew Goddess*, Detroit, 3rd edition, 1990, pp. 221–222; Thompson, *Semitic Magic*, pp. 65–68; Schwemer, "Magic Rituals", pp. 427–428; Markham J. Geller, "Tablets and Magical Bowls", in Shaul Shaked (ed.), *Officina Magica: Essays on the Practice of Magic in Antiquity*, Leiden, 2005, pp. 53–72; Kathrin Trattner, "From Lamashtu to Lilith", *Disputatio Philosophica*, 15 (2014), pp. 109–118.

83 Patai, *The Hebrew Goddess*, p. 222. 更为著名的是大英博物馆中一件长着爪子的裸女赤陶雕像，被称为"伯尼浮雕"，或者更浪漫地称为"夜之女王"，经常被人不加鉴别地认为描绘的是"lilitu"，或"莉莉丝"。然而，从图像来看，她不是女魔，而是一个女神：Dominique Collon, *The Queen of the Night*, London, 2005。

经》里翻译的"尖叫的猫头鹰"（screech owl）。[84] 如果真是这样，夜魔或凶鬼与夜行鸟类在语言学上的联系就暗示了下面将会提到的情况。

这些恶魔和鬼魂代表了一种最强大和最有说服力的连续性，将古美索不达米亚信仰体系与（可能在）400 至 800 年间同一地区流行的祷词碗联系起来。有人提到，90% 的保护性咒语针对的不是人类，而是恶魔，其中大约一半的对象是"莉莉丝"和"莉林"（lilin）。"莉莉丝"是女性，保持了旧式的名字中带"lil"的灵体的双重属性，她与男性梦交，并危害经期、受孕期、怀孕期和哺乳期的妇女，伤害她们的婴儿。这是因为人们认为"莉莉丝"自视为那个被她折磨的丈夫的真正爱人，因此她对丈夫的凡人妻子和他们所生的孩子充满了凶残的嫉妒。男性"莉林"给女性带来春梦。一幅画和一些碑铭上表现了"莉莉丝"现身的场景，画中她是一位年轻的裸体女子，有着披散的长发、饱满的乳房和鼓胀的阴户。她那咄咄逼人不合礼仪的性征，和不修边幅狂野不羁的状态，与那个时代行为端庄的犹太妻女的形象形成了强烈的对比。有时，"莉莉丝"也在祷词碗上被单独提到。《塔木德》文本里也有她的形象，在其中她留着长发，其中一次还被添上了翅膀。在 8 世纪的犹太文本《便西拉的字母》（The Alphabet of Ben Sira）中，"莉莉丝"的神话角色突然有了巨大变化，她成了亚当的第一任妻子，被纳入希伯来圣经的背景故事里。从此以后，她将是犹太教最可怕的恶魔，也会成为西方世界重要的想象性的形象之一。[85]

84　以下著作对其提出了有力的主张：Judit M. Blair, *De-Demonising the Old Testament*, Tübingen, 2009, pp. 63–95。

85　原始文本可参见 Joseph Naveh and Shaul Shaked (eds.), *Amulets and Magic Bowls: Aramaic Incantations of Late Antiquity*, Jerusalem, 3rd edition, 1998。《塔木德》及之后，关于他们和莉莉丝的评论参见 Patai, *The Hebrew Goddess*, pp. 223–240；Lesses, "Exe(o)rcizing Power"; Geller, "Tablets and Magical Bowls"；以及 Blair, *De-Demoni sing the Old Testament*, pp. 24–30。

希腊人也提到过各种夜间杀害孩子的魔鬼，它们被称作"摩尔莫"（mormō）、"摩尔莫路克"（mormoluke）、"革罗"（gellō）和"拉米亚"（lamia），它们都是单数名词。如美索不达米亚一样，这些魔鬼也会危害结婚前夕、婚姻中和分娩后的年轻女性。另外，人们还认为"拉米亚"对年轻男性感兴趣，会色诱男性上钩后吞噬掉他们。在希腊的神话系统里，这些魔鬼大多都有专属于自己的神话，通常被描写成早夭或失去孩子的妇女。[86] 她们与美索不达米亚灵体很相似，这很可能是直接移植的结果，比如拉米亚的原型可能是拉马什图，盖洛的原型可能是美索不达米亚魔鬼伽拉（galla），不过这还没有确凿的证据。[87] 不过，目前调查中最重要的是罗马人的资料，因为他们最常提到的杀害儿童的恐怖来自斯忒里克斯（strix，复数形式为 striges 或 strigae），是公元前几个世纪从希腊传来的神话形象。虽然希腊的斯忒里克斯像丑陋的人或大蛇，但罗马的则更像猫头鹰，或（小型的）像蝙蝠，有翅膀和利爪，在夜间飞行，发出可怕的尖叫。两者强烈的相似性在于，罗马人有时似乎将一种真实存在的叫声尖利的猫头鹰称作斯忒里克斯。[88] 虽然行为和角色发生了变化，但每个人都同意斯忒里

86　关于拉米亚的主要文本刊载于 Daniel Ogden, *Dragons, Serpents and Slayers in the Classical and Early Christian Worlds: A Sourcebook*, Oxford, 2013, pp. 68–107。以下论著对其进行了讨论：Johnston, *Restless Dead*, pp. 119–123, pp. 165–179；以及 "Defining the Dreadful: Remarks on the Greek Child-Killing Demon", in Meyer and Mirecki (eds.), *Ancient Magic and Ritual Power*, pp. 361–387; Daniel Ogden, *Drakōn: Dragon Myth and Serpent Cult in the Greek and Roman Worlds*, Oxford, 2013, pp. 86–92；以及 Stamatios Zochios, "Lamia", *Trictrac*, 4 (2011), pp. 96–112（非常感谢作者惠赐该论文）。

87　以下论著对其进行了讨论：Walter Burkert, *The Orientalizing Revolution*, Cambridge MA, 1992, pp. 82–87；Ogden, *Drakōn*, p. 95；Johnston, "Defining the Dreadful", p. 380。

88　所有重要的第一手资料刊载于 Samuel Grant Oliphant, "The Story of the Strix", *Transactions of the American Philological Association*, 44 (1913), pp. 133–149；以及 45 (1914), pp. 49–63，另参见 Ovid, *Fasti*, 6. 131–68。以下论著对其进行了讨论：Oliphant's article and in David Walter Leinweber, "Witchcraft and Lamiae in 'The Golden Ass'", *Folklore*, 105 (1994), pp. 77–82；Johnston, *Restless Dead*, pp. 165–169；以及 Laura Cherubini, "The Virgin, the Bear and the Upside-Down Strix", *Arethusa*, 42 (2009), pp. 77–97。以下的观察是根据这些资料提出的。

克斯会带来坏消息。对某些人来说，它预示着不祥，当它倒挂着的时候，预示着外敌入侵和内战的到来。然而，它最主要的危害是在夜间捕食儿童，以血液、生命力和内脏为食，导致儿童虚弱或死亡。猎物死了之后，它们也会吃尸体，但与远东来的杀孩子的怪物不同，斯忒里克斯似乎和性没有内在联系。准科学家普林尼不确定斯忒里克斯的真实性，诗人贺拉斯则明确嘲笑了相信它的人。事实上，它们几乎全部出现在想象性的文学作品中，在法典和历史里却找不到它们的身影。不过，在 7 世纪，大马士革的圣约翰（John Damascenus）仍然能够发现，即便接受了基督教，那个时代的老百姓依然相信鬼怪和斯忒里克斯会钻进上锁的房间，勒死沉睡的婴儿。

与它们在近东和中东地区的同类相异的，是罗马斯忒里克斯与以罗马巫师的一点特性为基础的巫术之间存在着联系：他们会化身动物形态以便外出。由此看来，斯忒里克斯实际上就有可能是由巫师暂时变成的。奥维德笔下的狄普萨斯除了具有巫师的所有能力之外，还能在夜间披着羽毛飞行。在另一部作品中，奥维德向读者发问：斯忒里克斯是真实的鸟类，还是通过咒语变成鸟形的老妇人？[89]1 世纪，文法学家塞克斯图斯·庞培乌斯·菲斯图斯（Sextus Pompeius Festus）已经简单地将斯忒里克斯定义为"施行魔法的女性，也被称为会飞的女性"。[90]后来，小说家们借用了这个观念，琉善（或者一个写作风格像他的人）和阿普列乌斯各写了一个故事，里面有个女人举行某种仪式，她脱去衣服，在身上抹上药膏，之后就变成一只猫头鹰从窗户飞

89 Ovid, *Amores*, 1.8.2；以及 *Fasti*, 6.131–68。

90 Sextus Pompeius Festus, *De verborum significatione*, 314.33, in *Patrologia Latina*, vol. 95, col. 1668。菲斯图斯的作品可能写于 2 世纪，但他概述了 1 世纪弗拉库斯的作品。

进了夜色里。[91] 在这些作品中，她都是个非常性感的妙龄女人，总想找年轻的男子寻欢，如果被拒绝就会杀死对方。这种形象在斯忒里克斯和掠夺性的性欲之间建立了早期文本中所缺失的联系，从而使二者更巧妙地融入更宽泛的信仰模式，可以一直延伸到美索不达米亚的传统。而且，阿普列乌斯还两次将笔下的一个人类巫师称为"拉米亚"，进一步消除了两者的区别。[92]

　　这种不断发展的信仰复合体也可能会是一把钥匙，用来破解异教日耳曼部落对巫术的态度。日耳曼人居住在罗马帝国北部，从 4 世纪晚期开始入侵，征服了帝国的西半部，建立了王国取而代之。[93] 要了解日耳曼人的看法，就要跨过古代和中世纪之间的传统界限，将一些能够揭示早期信仰的后期文本一并纳入考量。这些王国建立的过程中，往往会以罗马帝国的习惯或语言颁布一部法典。其中最古老的一部，也是最早被研究的现存法典，是法兰克国王克洛维（King Clovis）在507 至 511 年间为王国北部（现法国）所颁行的。因此，它最不罗马化，且由于它创立的时间仅比法兰克人皈依基督教晚了几十年，而保留了许多异教文化的回响。这部法典中的两条法条显然与恶意魔法有关。一条规定，任何人对其他人犯下恶行（maleficia），或用毒药杀人都将被处以巨额罚款。这两种行为可能都被视为与魔法有关，如同复制了罗马法的相关条文一样。另一条则对吃人的斯忒里亚（stria）处以同样严厉的处罚。这里的斯忒里亚是斯忒里克斯的另一种写法，而且似

91　(?Pseudo-) Lucian, *Lucius or the Ass*, c.12; Apuleius, *Metamorphoses*, c. 16.

92　Apuleius, *Metamorphoses*, 1.17, 5.11.

93　是诺曼·科恩首先注意到这一点并进行了充分的探索，参见：*Europe's Inner Demons*, London, 2nd edition, 1993, pp. 162–166。一些原始文本发表在：P. G. Maxwell-Stuart (ed.), *The Occult in Medieval Europe*, Basingstoke, 2005, pp. 135–136。

乎暗示了当地人的信仰——夜游女会魔法般地吞噬人的生命。还有两项条款提供了进一步的佐证。如果有人错误地指控他人是"herburgius"，并把这个词当作"拿大锅到斯忒里亚们煮饭的地方去的人"来用，那么他会被处以罚款。这说明，夜行的妇女会被认为要到某个地方聚会，烹煮和食用受害者身上的脂肪或器官。这是一项在非洲部分地区也有发现的传统。如果错误地称呼女性自由民为"斯忒里亚"将会被处以更大数额的罚款，因为那显然是非常严重的侮辱。[94] 其他日耳曼部落对上述形象也有相同的恐惧。7 世纪早期《阿勒曼尼法典》（*The Law Code of the Alamanni*）中规定，把别人称作斯忒里亚将被处以罚款。[95] 同一时期伦巴第国王罗撒里（Lombard King Rothari）颁布命令称，若有人将处于自己监护之下的年轻女性称为"斯忒里加"（striga）或"马斯卡"（masca），他将被推定是想取得她的遗产继承权，并因此被处以罚款。"马斯卡"的意思是蒙面者（masked one），可能是斯忒里加的另一种说法，或是隐秘伤人的魔法师的另一种说法。另一项条款规定，以化身斯忒里加或马斯卡为由杀害他人女仆或女奴的人将会被罚款，"因为基督徒绝不应该相信一个女人可以吃掉活人"。[96]789 年，日耳曼民族的首任罗马帝国皇帝查理曼这样告诉近期被征服并被迫皈依基督教的撒克逊人："如果有人被魔王蒙蔽，像周围的异教徒那样相信别人是会吃人的斯忒里加，会把人烹食或直接生吃，那么他就会

94 Pactus legis Salicae, texts 19 and 64, in *Monumenta Germaniae historica. Leges. Section One. Volume Four*. Part One, Hanover, 1962, pp. 81–82, 230–231.

95 *Leges Alamannorum*, Fragmentum II, paragraph 31, in *Monumenta Germaniae historica. Leges. Section One. Volume Five*, Hanover, 1962, p. 23.

96 *Conjuring Spirits*, nos. 197–198, 376, in *Monumenta Germaniae historica. Leges. Section One. Volume Four*, Witzenhausen, 1962, pp. 53, 91.

被处死。"[97]

值得注意的是，这些后来建立的王国继承了罗马学者的态度，认为像斯忒里克斯这样的生灵可能并不存在。然而，这些法典本身就证明，在异教时代的日耳曼社会，各个阶层都相信它们的存在。这与罗马的情况有显著的不同，而且，罗马的斯忒里克斯威胁的主要是儿童，而日耳曼的斯忒里克斯的攻击据说不分年龄。作为一种大众传统，这种观念一直顽固地延续到了中世纪。[98]大约在 1000 年，瑞士修士诺特克·拉贝奥（Notker Labeo）评论说：据说野蛮的外国部落会同类相食，但听说"我们这儿"的巫师也这么做。[99]不久之后，沃尔姆斯的布尔夏德（Burchard of Worms）为办告解的女子提供指导，这些女子相信，她们在晚间身体还躺在床上睡觉的时候，会以灵体的形式穿过紧闭的门窗与其他女子的灵体相聚。她们在一起杀人，烹食亡者的器官，然后用稻草或木制器官来填充被吃掉的部分，让亡者复活，短暂维持虚弱的生命。布尔夏德认为这是魔鬼般的妄念。[100]在 13 世纪早期，蒂尔伯里的杰瓦斯（Gervase of Tilbury）对一项在日耳曼和法兰西发现的传统不屑一顾，认为后者是幻觉的产物。在这项传统中，人们相信叫作拉米亚、马斯卡和斯忒里亚的妇女会在夜间飞到很远的地方，潜进受害者的家里，将他们化骨吸血，还偷走他们的婴儿。[101]

早期的资料可能对重建这些观念所处的文化语境有帮助。一系列

97　Capitularia Regum Francorum, *Capitulatio de partibus Saxonicae*, paragraph 6, in *Monumenta Germaniae historica. Leges. Section Two. Volume One*, Hanover, 1973, pp. 68–69.

98　再一次，参见 Norman Cohn, *Europe's Inner Demons*, pp. 164–166，这部作品让人们注意到中世纪的文字线索。

99　Paul Piper (ed.), *Notkers und seiner Schule Schriften*, Freiburg, 1883, vol. 1, p. 787. "巫师"这个词是中世纪日耳曼的标准术语。

100　Burchard, *Decretum*, Book 19, c. 170.

101　Gervase of Tilbury, *Otia Imperialia*, Book 3, cc. 85–88.

罗马作家注意到，日耳曼人认为妇女具有占卜者和预言家的特殊能力。尤里乌斯·恺撒（Julius Caesar）听说日耳曼军队并没有像预期那样发动袭击的原因是他们族里的"老奶奶们"（matrons）宣布，如果在新月出来以前作战，将会招致不幸的结果。恺撒还说，这些妇女习惯用"抽签和占卜"来做预测。[102] 到了后一个世纪，罗马历史学家塔西佗报告称，日耳曼人认为妇女"天生具有某些神秘的力量"，可以预测未来，其中几位最著名的女占卜师几乎都被奉为女神。[103] 其他古代和中世纪早期的历史学家在日耳曼部落和王国中也记录了一系列类似的人物，这启发了 19 世纪的民俗学家雅各布·格林（Jacob Grimm）。格林提出，古日耳曼文化赋予女性比男性更多的先天能力，它们既被用于占卜，也被用于一般的魔法，这无疑与对夜游食人女的恐惧相一致。[104]

这里仍然少了一块拼图：异教日耳曼民族是如何构想和区分魔法的善恶性质的。同样，关于巫术及其实践者在异教罗马帝国的普通人中的特征、分布，以及如何被避免的信息也太少。我们已经获悉了巫术的类型和它的实践者形象中的一部分，可以得出一些结论，但相关知识依然存在着很大一片空白。

总结

从以上材料可以看出，以魔法为调查对象，依据不同传统和人们

102　Julius Caesar, *Gallic War*, 1.50.

103　Tacitus, *Germania*, c. 8.

104　Jacob Grimm, *Teutonic Mythology*, trans. James Steven Stallybrass, London, 1883, vol. 1, pp. 95–97, 396; 格林引用了其他相关的原始资料，如斯特拉波（Strabo）、迪奥·卡西乌斯（Dio Cassius）、图尔的格里高利（Gregory of Tours）和萨克索·格拉玛提库斯（Saxo Grammaticus）。

对其的不同态度，的确可以将古代欧洲世界划分为不同的地区。埃及人对宗教和魔法一视同仁，不把魔鬼视作超自然体，也没有巫师形象的概念。美索不达米亚人既惧怕魔鬼，也惧怕巫师；波斯人将这种恐惧融合到善恶二元的宇宙观中，赫梯人将它引入了高层政治生活，而希伯来人将它与对唯一、至善神的崇拜混合起来。希腊人（或至少是其中一部分人）对宗教和魔法进行了区分，这对魔法和魔法修习者是不利的，但他们似乎并没有巫术的概念。罗马人也做了同样的区分，并将其与鲜活的巫术和巫师的概念并置，扩展到了许多魔法类型的入罪化中。日耳曼人惧怕某种神秘的夜间飞行食人巫师团体——暗夜魔女，这是发源于美索不达米亚并流传广泛的神话，他们将它投射于现实生活中，诉诸刑事诉讼。

从以上内容似乎可以得出简单而粗略的结论：近代早期的巫师审判，归根结底源自西方基督教成功地将美索不达米亚人对魔鬼和巫师的笃信，波斯人的二元论宇宙观，希伯来人所信仰的那个善妒、全能的唯一真神，希腊人对宗教和魔法的区分，罗马人的巫师和在特殊需要时的猎巫行动，以及日耳曼人对夜间食人者大部分或全部是女性的判断结合起来，并将它们融为一体。这样的结论有一定的道理，但它忽略了诸多复杂和微妙之处，以至于无法解释以下问题：既然基督教在欧洲大部分地区盛行了这么久，为什么巫师审判直到近代早期才出现？为什么这些审判持续的时间并不长？为什么它们发生在某个特定的时间和地点？长久以来，古老的传统以更为复杂和微妙的方式在欧洲巫术信仰的形成过程中发挥着重要的作用。这一过程将成为本书之后大部分内容的主题。

III 萨满语境下的巫术

"萨满教"是一个完全由西方学者创造的术语，而且，它在当前公开场合中的使用完全依赖于学者们对它的定义。它被如此广泛地使用于日常语言、学术和流行文化之中，很大程度上是因为这些定义太过多样化，以至于它们不再代表一种分类。用专家格雷厄姆·哈维（Graham Harvey）的话说，他们更像是一个"语义场"[1]（semantic field）。在被 18 世纪的德国作家创造出来之后，"萨满教"的含义就一直在发展和扩大。尽管为了研究它，人类学家提供了大量的材料，但由于它不够精准，从 20 世纪中期开始，人类学家们往往对它持谨慎态度。然而，在比较宗教学、宗教史和宗教研究中，以及一些历史学家、考古学家、文学专家和心理学家那里，以及大量的非学术性"流通"（non-academic currency）中，它都得到了更自由的应用。[2] 其中最广泛的应用，正如本书开篇就提到的，是将它用来描述一种被相信或声称自己能够定期与灵体沟通的人的行为。而更多时候，它被用来形

---

1 Graham Harvey, "Introduction", in Harvey (ed.), *Shamanism: A Reader*, London, 2003, p. 18.

2 关于它的发展，参见 Gloria Flaherty, *Shamanism and the Eighteenth Century*, Princeton, 1992; Jane Monnig Atkinson, "Shamanisms Today", *Annual Review of Anthropology*, 21 (1992), pp. 307–330; Peter N. Jones, "Shamanism", *Anthropology of Consciousness*, 17 (2006), pp. 4–32; Andrei A. Znamenski, *The Beauty of the Primitive: Shamanism and the Western Imagination*, Oxford, 2007; 以及 Jeroen W. Boekhoven, *Genealogies of Shamanism*, Groningen, 2011。

容在传统的非西方社会中，某个人为了其他成员的利益，定期与灵体沟通的技巧。它更为频繁地被用来指代一种在反常的意识状态下（通常被描述为"恍惚状态"）与灵体沟通的人。为了满足萨满教的定义，这个用法时常还要做进一步的细化，例如，萨满能够始终控制灵体，而不是反过来被灵体所控制；或能让自己的精神暂时离开身体，进入另一个世界；或能用戏剧化的表演与灵体进行必要的接触。这个语义场中最狭义的用法是，将这个术语限定于西伯利亚和欧亚大陆邻近地区民族中的这类人所使用的特定技巧，因为"萨满"（shaman）这个词源自西伯利亚语系的通古斯语。一些作者用它来指称该地区居民的整个宗教体系。[3] 没有任何一种方法可以客观地判断哪个用法更合理。实际上，学术和非学术作者都是根据用法之于他们特定论点的方便程度来做选择的。从这个方面看来，专业学术的象牙塔已然变成了一座巴别塔。

由于意大利最著名的历史学家卡洛·金兹伯格的著作，萨满教及

---

3 该术语的所有这些应用的实例可在上述引用的作品中找到。从本世纪初，以下著作进行了一系列的讨论和描述，参见：Alice Beck Kehoe, *Shamans and Religion*, Prospect Heights, 2000；Jeremy Narby and Francis Huxley (eds.), *Shamans Through Time*, London, 2001；Henri-Paul Francfort and Roberte N. Hamayon (eds.), *The Concept of Shamanism*, Budapest, 2001；Alby Stone, *Explore Shamanism, Loughborough*, 2003；Fiona Bowie, *The Anthropology of Religion*, 2nd edition, Oxford, 2006, pp. 174–196；Graham Harvey and Robert J. Wallis, *Historical Dictionary of Shamanism*, Lanham MD, 2007, p. 2；Aldo Colleoni, "Shamanism", in Colleoni (ed.), *Mongolian Shamanism*, Ulan Bator, 2007, pp. 25–35；Angela Sumegi, *Dreamworlds of Shamanism and Tibetan Buddhism*, New York, 2008, pp. 1–25；Thomas A. Dubois, *An Introduction to Shamanism*, Cambridge, 2009；Christine S. Van Pool, "The Signs of the Sacred", *Journal of Anthropology and Archaeology*, 28 (2009), pp. 177–190；H. Sidky, "Ethnographic Perspectives on Differentiating Shamans from other Ritual Intercessors", *Asian Ethnology*, 69 (2010), pp. 213–240；Adam J. Rock and Stanley Krippner, *Demystifying Shamans and their World*, Exeter, 2011, pp. x–xi, 1–40；Diana Riboli and Davide Torri (eds.), *Shamanism and Violence*, Farnham, 2013, p. 1; Marcel de Lima；*The Ethnopoetics of Shamanism*, Basingstoke, 2014, pp. 1–5。

它的定义问题，变成了近代早期巫术研究领域的一项课题。20 世纪
60 至 80 年代，他在意大利东北部的弗留利（Friuli）地区发现了一个
被称为"本南丹蒂"（意为"善意的行者"）的近代早期传说人物，
并在此之上发展了萨满教的研究路径。据本南丹蒂说，他们在晚上身
体处于梦游或恍惚状态时，灵体就会出去与巫师们战斗，以维护社区
的福祉。金兹伯格立刻意识到，他们的这种观念对应了萨满教的某些
活动，后来他又在东欧各地发现了类似形象的其他传说。金兹伯格认
为，这些传说都源自同一种曾经覆盖整个欧亚大陆的古代观念，这些
观念的残存记忆促进了"巫师安息日"[4]（witches' sabbath）这一近代
早期刻板印象的产生。他意识到直接描述萨满教的特征很困难，于是
转而使用"植根于当下民间文化中的萨满教式的起源要素，如魔法飞
行和变形成动物"这样的说法。换句话说，本南丹蒂不一定是萨满教
的修习者，而可能借鉴了一种起源于萨满教或类似于萨满教的旧习俗。[5]
卡洛·金兹伯格对萨满教的理解，与在他学术发展时期占主导地位的
萨满教概念有着惊人的相似之处。这个概念是由流亡的罗马尼亚学者
米尔恰·伊利亚德（Mircea Eliade）提出的，当时他定居美国，是宗教
史方面的权威。20 世纪 70 年代，美国这个学科的所有正教授中有一
半都是他的学生。[6] 他也是 20 世纪中期西方最有影响力的萨满教学者，
他将萨满教定义为一个古老而曾经普遍的传统：一群魔法战士精英派

4　译注：此词又译作"巫魔会"，因无法体现安息日外出所犯的宗教禁忌，故本书译作"巫
师安息日"。

5　Carlo Ginzburg, *The Night Battles*, London, 1983; 以及 *Ecstasies: Deciphering the Witches' Sabbath*,
London, 1992, p. 300. 他的论点基于一种旧式的理论，认为萨满教的实践是由跨越大
草原的史前迁徙带到欧洲的。这些理论后来的发展参见：Jan N. Bremmer, "Shamanism
in Classical Scholarship: Where Are We Now?", in Peter Jackson (ed.), *Horizons of Shamanism*,
Stockholm, 2016, p. 52–78, 其中也反映了金兹伯格对它们的使用。

6　Boekhoven, *Genealogies of Shamanism*, p. 129.

出自己的灵魂和灵体军团（platoon of spirits），为了社群的利益与邪恶势力作战。[7] 这个模型与金兹伯格的本南丹蒂具有明显的相关性，伊利亚德本人也认为可以将这个模型推广到东南欧民间文化中的其他形象中去。[8]

匈牙利学者支持将某些特殊的欧洲民间魔法师和萨满联系起来。匈牙利人，即马扎尔人，中世纪早期从欧亚大草原向西迁徙到现在的家园，他们所使用的语言与西伯利亚西部传统萨满教民族使用的乌拉尔语相似。20世纪中叶，一些匈牙利人发现萨满和他们社会中的一个形象——塔尔托斯（táltos）有相似之处。塔尔托斯被认为拥有帮助别人的魔法力量，他们在恍惚中或梦境中与邪恶力量进行灵体战斗。[9] 到了20世纪80至90年代，历史学家加博尔·克洛尼曹伊（Gábor Klaniczay）和民俗学家埃娃·波奇接续了金兹伯格的理念，特别积极地寻找类似的联系，并拥有了很大的影响力。他们进一步指出，东南欧的各民族都有这种行善意魔法的人，只不过名称不同。据称他们拥有在夜间献出自己的灵体，为了他人的利益与破坏性力量战斗的天赋。[10] 两位学者和金兹伯格一样，在对待萨满的问题上十分谨慎。对

7　他的伟大著作《萨满教》（*Shamanism*），其英文版于1964年首次在伦敦出版。关于我自己对他所下定义的评论，参见 Ronald Hutton, *Shamans*, London, 2001，特别是在第120—131页；其他学者的评论可参见上文注释1、2、5。

8　Mircea Eliade, "Some Observations on European Witchcraft", *History of Religions*, 14 (1975), pp. 149–172。关于埃里亚德对金兹伯格的明显影响也参见 Andrei A. Znamenski, *The Beauty of the Primitive*, Oxford, 2007, pp. 170–186，兹纳缅斯基还强调了金兹伯格被任命为加州大学洛杉矶分校教授对他思想的重要性，这是一个对埃里亚德萨满教概念特别热情的研究中心。

9　这种联系特别体现在20世纪中叶著名的西伯利亚萨满教学者维尔莫什·迪奥塞吉（Vilmos Dioszegi）的出版物中。

10　他们的出版物很多其中的一些是协作编辑的，其中相关性最大的可能是 Gábor Klaniczay, "Shamanistic Elements in Central European Witchcraft", in Mihály Hoppál (ed.), *Shamanism in Eurasia*, Göttingen, 1984, pp. 404–422；以及 Éva Pócs, *Between the Living and the Dead*, Budapest, 1999。

克洛尼曹伊而言，萨满和上述这些欧洲魔法师的相似性只在于他们都具有"萨满教式元素"，而波奇则直陈，欧洲魔法师和预言家"不能被视为严格意义上的萨满"。她认为他们只能被描述为"萨满教式的"，不过依然相信它们是在史前时期就已经存在的"欧洲农耕萨满教的遗存"。而这，正是金兹伯格的观点。[11] 到了 21 世纪，波奇坦承，卡洛·金兹伯格的书"在没有足够证据的情况下，做了巨大的时空跳跃"，但这些书仍然对她具有重要影响。这一时期，她开始相信萨满教的定义过于笼统，而与西伯利亚萨满相比，本南丹蒂的形象应该与欧洲和中东的崇拜团体相关性更大。然而，尽管意识到这已经成为一个有争议的概念，她依然坚持接受"欧洲萨满教式的底层"（European shamanistic substratum）。克洛尼曹伊则变得更加谨慎。他警告说，不要把遥远的，也许不相容的主题放在一起，构建一个假想的"底层"。他还强调，"巫师安息日"的意象是在近代早期随着时间的推移而不断被重新塑造的。2000 年以后，金兹伯格本人也承认，他可能低估了"萨满教式"复合体中不同部分之间关系的复杂性，萨满教也许不过是欧洲魔法传统的一个类似物。[12]

然而，欧洲巫术与萨满教之间的联系被研究德意志巫师审判的著名历史学家沃尔夫冈·贝林格所注意。他从一个非常有价值的案例研究中采纳了二者之间具有联系的观点，该案例研究是关于 1586 年对一个来自巴伐利亚山脉的民间魔法师的诉讼。这个民间魔法师声称，他

11　Klaniczay, "Shamanistic Elements"; Pócs, *Between the Living and the Dead*, pp. 14–15.

12　加博尔·克洛尼曹伊、埃娃·波奇和卡洛·金兹伯格在该次圆桌会的讨论稿，见 Klaniczay and Pócs (eds.), *Witchcraft Mythologies and Persecutions*, Budapest, 2008, pp. 37–42, 45–49；亦见 Klaniczay, "Shamanism and Witchcraft", *Magic, Ritual and Witchcraft*, 1 (2006), pp. 214–221。

的灵魂脱离了肉身，与一群夜行灵体（或是天使）相伴，在夜间长途旅行中，他获得了疗愈和寻巫的能力。贝林格毫不犹豫地将他称作"奥伯斯多夫的萨满"（Shaman of Oberstdorf）。[13] 与此同时，这种联系遭到了同样杰出的巫师审判学者，同时也是斯堪的纳维亚和地中海欧洲研究专家的古斯塔夫·亨宁森的不断批评和拒斥。他提出，东南欧的本南丹蒂以及其他类似的形象，在四个方面与"经典"的西伯利亚萨满区别：他们不能控制自己的恍惚状态；他们进入恍惚状态的时候是独自一人，在灵魂之旅中遇到的都是其他人类；他们没有公职；他们通常只不过是在睡梦里进行了一场旅行，实际上根本没有进入恍惚状态。亨宁森建议将这些人物的行为从萨满教中区分出来，或者从根本上将它们从所有的公开展示灵肉分离的行为（无论被冠以什么名称）中区分出来，另立类目。他认为，这类看起来像灵魂之旅的经历，是私人和被动的体验，大部分都出现睡眠和梦境中。[14] 然而，来自西欧（特别是西欧英语国家）的研究巫师审判的专家，直到最近都倾向于认为整个争论与他们关系不大，这主要是因为这些国家显然缺乏本南丹蒂及匈牙利、巴尔干地区与前者类似的形象。[15]

　　显然，由于缺乏一致的定义，我们无法客观地确定萨满教的定

13　至少见于由埃里克·米德福特（Erik Midelfort）翻译的以《奥斯特多夫的萨满》为题的微观史作品中（出版于夏洛茨维尔，1998 年）。

14　亨宁森在圆桌会议的讨论稿概括了十一年来对这一意见的阐述（第 35—37 页），见上文注释 12，pp. 35–37。而这个观点的首次提出，参见 Henningsen, "The White Sabbath and Other Archaic Patterns of Witchcraft", in Gábor Klaniczay and Éva Pócs (eds.), *Witch Beliefs and Witch Hunting in Central and Southern Europe*, Budapest, 1992, pp. 293–304。

15　盎格鲁学者对金兹伯格观点的批评参见 Yme Kuiper, "Witchcraft, Fertility Cults and Shamanism", in Brigitte Luchesi and Kocku von Stuckrad (eds.), *Religion in Cultural Discourse*, Berlin, 2006, pp. 35–59 的参考资料部分。自 2005 年以来，两位英国学者——埃玛·威尔比（Emma Wilby）和朱利安·古达尔将它们应用到他们研究的岛上，研究结果将在本书的后面部分讨论。

义在多大程度上适用于那些被认为在恍惚或梦中灵肉分离的欧洲魔法师。"萨满"一词的有些用法可以涵盖他们，但另一些显然不能。同样，他们与西伯利亚"经典"萨满之间存在类似之处，也存在迥异的地方。这些差异在多大程度上决定了前者是否与后者一致，这必然是个主观的问题。尽管如此，本书的研究不能回避这个问题。如若我们关注的是关于巫师形象的信仰在地区上的差异，以及其与近代早期巫师审判的相关性，所以我们必须做出某种尝试，以确定欧洲是否存在广义的古代萨满教，或者只是在某个历史时期存在过信奉萨满的区域。为此，必须直面萨满教的定义问题。[16] 在此过程中，将继续完成第一章中为欧洲巫术信仰提供全球语境的工作。

设定术语

埃娃·波奇在思考萨满教这个术语的时候，敏锐地注意到入迷的幻想体验（ecstatic visionary experience）是"广泛的、普遍的和不具有文化特定性的"，从中世纪到近代早期欧洲，从精英到普罗大众，从宗教到世俗中都能找到对这种体验的描述。[17] 一些来自欧洲和地中海世界的非常不同的文化的例子可以证明这一点。8 世纪末，一位伦巴第王国的史家记载了一位在二百年前统治该国的国王，说他相信自己在睡着的时候，能将他的精神化为小蛇从嘴巴里释放出去，让它做一

16　我在 "Shamanism: Mapping the Boundaries", *Magic, Ritual and Witchcraft*, 1 (2006), pp. 209–213 中，及 2007 年芬兰 Åbo 大学和 2009 年哈佛大学的演讲中做了探索性的尝试。非常感谢各位专家听众提供了有益和支持性的评论，尤其感谢哈佛大学的卡洛·金兹伯格对本人的慷慨帮助。

17　*Between the Living and the Dead*, p. 7.

些寻找地下宝藏之类的不可思议的事情。[18]12 世纪 80 年代，教士威尔士的杰拉德（Gerald of Wales）注意到，在他的国家里有一种人被通称为"awenyddion"，意即"有灵感的人"。如果有委托者向他们询问是否应该冒险，他们就会像被神灵附体了一般，大吼大叫，说些无意义的词句，但从里面通常可以拼凑出问题的答案。结束的时候，他们必须使劲摇晃身体，以摆脱恍惚状态，而且根本就不记得之前说过的话。他们声称这种能力是在梦中获得的，也是对基督教绝对虔诚的结果，因为在预言之前，他们会向圣三一和诸位圣人祷告。杰拉德认为他们与古代世界的异教徒神谕者和《圣经》中希伯来的先知很类似。[19]四个多世纪以后的 1591 年，一个名为约翰·菲安（John Fian）的苏格兰人声称自己"昏死两三个小时，精神被抽出身体，任凭人把他搬过来抬过去……走遍了整个世界"。在严刑拷打下，他承认了自己与魔王撒旦打交道。他所描述的体验可能是模仿《圣经》中所记载的基督受试探的章节，但也可能是在描述一种入迷的体验。[20]1665 年，犹太圣贤加沙的拿单（Nathan of Gaza）在徒众唱的赞美诗的引导下进入反常的意识状态，前一刻他还随着歌声舞蹈，后一刻就突然倒下，躺在地上如同死去一般，几乎没有呼吸。在这个状态下，他用不属于自己的声音说出了神的话语。他是从 16 世纪的希伯来手册上掌握这种技巧的。[21]同样在 17 世纪中期，一位叫马可·班迪尼（Marco Bandini）的修士描述了奥斯曼土耳其统治下的巴尔干地区摩尔达维亚（Moldavia）

18 Paulus Diaconus, *Historia Langobardorum*, Book 3, c. 34.

19 Gerald of Wales, *Itinerary Through Wales*, c. 16.

20 Lawrence Normand and Gareth Roberts (eds.), *Witchcraft in Early Modern Scotland*, Exeter, 2000, p. 226.

21 Matt Goldish, "Vision and Possession: Nathan of Gaza's Earliest Prophecies in Historical Context", in Goldish (ed.), *Spirit Possession in Judaism*, Detroit, 2003, pp. 217–236.

省的一个特殊的魔法师阶层。他们声称也能像欧洲的同行那样，治愈疾病、预测未来、寻找被偷的物品，但做法是突然昏厥，倒在地上一动不动，一躺就是四个小时。恢复意识之后，他们又会再次进入那种状态，然后再次恢复意识，向委托人展示他们所见到的，也是委托人想知道的景象。我们无法知道他们做这些事情的时候有没有旁人在场见证。[22]

　　进入与灵体接触的反常的意识状态、释放自己的灵体或接收到幻象，所有具有以上特征的人都符合比较常见的几种对萨满教的定义。因此，跨文化、多时段的比较研究具有明显的价值，揭示了人类体验和行为的一般模式。反过来，对这些模式的认识和理解有助于分析具体现象，诸如特定地区和时间段内人们对巫术和魔法的态度。因此，广义的、包容性的萨满教定义，对历史学家来说可能的确具有切实的功用。然而，这种定义也会带来很多困扰。比如，反常的意识状态包含了很多明显不同的体验，比如恍惚、做梦、幻觉、错觉、痴呆和幻想等（每种体验本身也都是松散的类别），而且根据前现代的原始资料很难准确区分它们，还不仅仅是因为这样的记录很少。把以上所有都归为萨满教或"萨满教式"的行为对减轻这种困扰毫无帮助。讨论传统人类社会的共同体验当然重要，萨满教这个术语为称呼"能够在非正常的意识状态下与灵体世界进行直接接触的专家"这一类人提供了方便的统称。但危险在于，这种统称很容易沦为垃圾箱。直到18世纪以前，所有人类社会都相信，人们必须与灵体打交道。而且重要的是，他们都以各自不同的方式对这种观念做出了回应。被抹平了的和

22　Ginzburg, *Ecstasies*, p. 188.

普遍化的词语可能使我们失去了解释历史记录中各种模式，以及寻找为什么在特定的时间发生了特定变化（这也是历史学家最重要的目标）的最佳机会。另一个问题是，分散的个案研究，比如上面提到的那些，并不明显代表古老萨满教广泛流传的"底层"的残余，从而区别于大多数社会在大多数时候都有可能出现的体验和技巧，后者正是埃娃·波奇所说的"不具备文化特定性的"幻想活动。如果萨满的定义是代表他人与灵体世界沟通的专家，那么毫无疑问，这些人在古代欧洲一定存在，因为每个传统社会都有这样的专家。因此，它无法说明古代欧洲的特殊性。如果将定义收窄为"在反常的意识状态下进行交流的专家"，也并不会有所帮助，因为似乎大多数声称（或被指认）能与灵体（包括神灵）直接接触的人都处在这种状态，欧洲历史上的预言家、先知、神谕者、见异象者、圣徒和神秘主义者都是这样的。因此，萨满接触灵体的方式应该与所有这些形象的都不同。寻找史前欧洲"底层"的根本困难在于，这种现象只能从历史证据中推断出来。换言之，只有确认历史上幸存的习俗是来自更古老和普遍传统的遗存，"底层"论断才能成立，因为仅凭史前时期留下的全部物证不能证明信仰和仪式行为的性质。由于证明"这类历史上的修习者是史前传统的遗存"这一论断的唯一确定的证据有关史前的信仰和行为的直接知识，但我们无法获得，于是历史调查就陷入了死循环。

从史前欧洲人的遗存中，我们当然可以发现与人类学家所说的非欧洲世界传统民族的萨满教有关的活动或信仰的痕迹。其中包括不寻常的埋葬姿势、陪葬品或个人装饰物，艺术或建筑中的特定图案，乐器，表现人类舞蹈或与动物相伴的形象的绘画，可能导致精神状态改变的药物残留物，以及其他各种现象。[23] 然而，证据的清单可能会被拉得很长，而且证据本身又模棱两可，以至于探索最终都是徒劳。而每一种资料都能用与萨满教无关的方式来解释，虽然在欧洲史前的任何时代都可以发现大量模糊的资料，但这些资料的积累对解决这一无所不在的难题毫无帮助。至少到目前为止，只有在研究那些能够将物质证据和文本证据结合起来的社会时，考古学才能提供关于仪式行为之性质的可靠证言。[24] 解决这个复杂困难的办法是回到最基本的问题上来：是什么原因，让欧洲人首先接受了"萨满"这个词，然后又发明了"萨满教"，接着被它们所吸引。18 至 19 世纪的欧洲人对某种传统灵性的世界非常熟悉，当时大多数人居住在很小的农村社区，敬畏自然力量，对掌管这些力量的实体心存恐惧并与之交涉，而且将交涉的工作交由当地的专业人士负责。他们也熟悉恍惚和入迷的情景。但对他们来说，在西伯利亚遇到的一切仍然如此新鲜和不同，以至于他们不得不对这些人冠以一种当地的词汇，将他们与牧师、巫师、术士、神谕者、德鲁伊特、先知、预言家、见异象者或者其他欧洲文化中熟悉的灵修者（spiritual practitioners）区分开来。通过确定萨满教的这一异质性，就可以比较精确地确定萨满教的本质对最初发现它的人来说意味着什么，然后再确定这个本质是否确实存在于欧洲历史上的某处。

23　相关经典著作参见 Miranda and Stephen Aldhouse-Green, *The Quest for the Shaman*, London, 2005。

24　有关此问题的其他思考，参见 Neil Price (ed.), *The Archaeology of Shamanism*, London, 2001；Michael Winkelman, "Archaeology and Shamanism", *Cambridge Archaeological Journal*, 12 (2002), pp. 268–270；Christine S. Van Pool, "The Signs of the Sacred", *Journal of Anthropological Archaeology*, 28 (2009), pp. 177–190；以及 Homayun Sidky, "On the Antiquity of Shamanism and its Role in Human Religiosity", *Method and Theory in the Study of Religion*, 22 (2010), pp. 68–92。

传统萨满教

从 16 世纪至 20 世纪初，当地土著民族中的专家为保护社会福祉而接触灵界的方式给来到西伯利亚的欧洲人造成了冲击（通常也带来了震惊和恐惧）：戏剧化的公开表演，通常包括音乐、歌唱、赞美诗和舞蹈，或是这些元素的杂糅。这种表演如同一场令人印象深刻的戏剧，吸引着观众的注意，刺激了他们的感官，激发了他们的想象。因此，从本质上说，萨满教最早被定义为一种特殊的"仪式技巧"（rite technique）。它对欧洲人来说特别陌生，在欧洲历史和现实中找不到与它相似的东西。[25] 这种技巧和修习者的性质可以归纳如下。

西伯利亚的萨满很少处于社会或宗教生活的中心，他们通常不是团体的政治领袖或举行例行的敬神仪式的人。萨满教也不是独立的社会机构，修习者可能只为他们自己的家庭、邻居、亲戚、部族或部落服务，或是接受一些私人委托。他们最广为人知也最常见的职能，是驱逐和安抚那些引起疾病的灵体以使人们恢复健康，而全世界服务型魔法都具有这种疗愈疾病的主要职能。西伯利亚萨满次重要的工作是占卜，这也是全世界魔法都具备的另一项主要功能。在西伯利亚，萨满使用"神视"（clairvoyance）追踪丢失或被盗的财物，或向人们提供如何更好地准备狩猎、捕鱼和迁徙方面的预言。除了履行以上两项职能外，某些地区的萨满还要扮演其他重要角色，比如引导刚刚去世的人的灵魂进入亡者之地；修复社区的精神防御系统，向敌人发动魔

---

25 "仪式技巧"这个词出自 Anna-Leena Siikala, *The Rite Technique of the Siberian Shaman*, Helsinki, 1987。以下对西伯利亚萨满教的总结来自我的《萨满》（*Shamans*）一书，该书是本书的基础，对 20 世纪初以来记录了西伯利亚萨满的所有语言的文本做了调查。

法反击；与控制当地猎物多少的灵体或神祇谈判；举行特殊的祭祀仪式等。

为了完成这些任务，萨满通常与灵体一起工作。他们的世界观把神秘的宇宙划分为两种，一种是对人类怀有天然敌意的实体，另一种是善良的、能被驱使而服务于人的实体。当地的宇宙论包含以下三种共同的信念：万物有灵，没有生命的物体亦然；宇宙被划分为不同层次或不同世界，（以精神而不是物质的形式）在其间穿行是可能的；生物不止拥有一种灵魂或生命力量。萨满的工作就是在这些背景下进行的。整个西伯利亚的萨满都被认为依靠灵仆的超人类力量来工作，这些灵仆通常以动物的形式出现。这可能出于一个实际的原因：灵体一旦具有了变化的外形，就可以通过切换形态，以最快的速度穿越不同的环境，应对不同的挑战。相关动物的属性选择是非常个性化和私人化的，每个萨满可能都不相同，而且大多数萨满会从非常广的范围中挑选，进行不同物种的组合。一些民族认为，每个萨满都受到一个或两个特定灵体的协助，这相当于他们的精神分身（spiritual doubles）。西伯利亚萨满拥有随意调用这些灵体的能力，因此无须亲自化身动物，或把自己的灵魂变成动物；然而这可能会让人将它与上面提到过的那种西伯利亚中部对动物精神分身的信仰相混淆，这种信仰认为萨满自己的精神可能会融合进动物精神分身之中。但整个西伯利亚似乎没有任何迹象表明萨满会像罗马巫师被想象的那样把自己的身体变成物质世界中的动物，所以似乎不应该将"人类能把自己变成动物"当作萨满教的标志。西伯利亚萨满和灵体助手之间的关系很多样，从恐惧到亲近，从自愿到强迫的情况都存在。一些萨满绝对控制着他们看不见的助手，有些则通过满足它们愿望来让其为自己效劳。

西伯利亚萨满的学徒制分为三个阶段。首先是萨满教圣召（vocation）

的发现阶段。萨满通常是在家族中传递的，但这种传承原则在很大程度上被一个事实所限制：理论上，将灵体转让给新主人必须获得灵体本身的同意，而且它们通常选择那些没有出过萨满的那一支的后人，特别是当出过萨满的家族的后继者看起来不够有禀赋时。在一些地区，灵体们在老萨满死后自行选择了新萨满，被选择的人会罹患身体或精神上的疾病。与灵体接触之后，萨满学徒就要开始接受老萨满和灵体的训练，而这一训练是在一系列可怕的幻想和梦境中进行的。最后一个阶段是新萨满作为合格的修习者被萨满和委托人接受。以上这三个阶段在西伯利亚不同区域有很大的差异，没有统一的规范模式。萨满与他服务的人类社区之间的关系，以及与不同萨满之间的关系，也都无法归纳出一个普遍化的结论。

　　一般说来，在举行仪式的时候，西伯利亚萨满都会穿戴特殊的服饰和配备特殊的道具，这使他们看起来与社区里的其他人大有区别。大部分地区的服装形制特别，中部地区的尤其绚丽，由装饰华丽的长袍和精心制作的头饰组成。然而，在大多数边缘地区，尽管萨满教也非常受重视，服饰却没有那么讲究，甚至根本没有特殊服饰。在萨满教的仪式中，一般都会使用表演道具，其中最普遍的是鼓。在表演中，鼓点发挥着重要的作用。不过在一些地方，弦乐取代了鼓的地位，而南部地区的萨满们主要使用手杖，偶尔辅以响鼓（rattle）。对于欧洲的观察家来说，作为萨满主要特征的仪式技巧是多种多样的，虽然它们通常都极具戏剧性，并且都需要很多的表演技巧。这些表演的目的是将灵体召唤出来，命令或劝说它们执行某项具体的任务。在此过程中，萨满可能要唱歌、跳舞、吟诵、演奏音乐（通常是击鼓），以及诵读经文。萨满们服务的对象可能是整个社群，可能是某个特定的委托人。仪式通常需要助手的帮助，同时希望观众能以吟诵或跟唱副歌的方式加入进来。因此，萨满的仪式技巧往往是由萨满领导的群体共同完成的。西伯利亚的萨满多为男性，但女性萨满在大部分地区也都存在，甚至在阿穆尔河谷（Amur Valley）下游地区占据着主导地位。作为萨满的女性遍布整个西伯利亚——这个角色的确使得她们获得了独特的机会，在当地社会中执掌公共权力和发挥影响力。但即便在同一个社群或家族中，每个萨满进行表演的方式都大不相同。有的萨满让人感到亲切、悲伤，发人深省；有的则看起来凶恶、癫狂，让旁观者感到恐惧。有的萨满指派自己的灵体出窍，完成所需要的任务；有的则让灵体进入身体，用传统灵媒的方式被附身，变成灵体的传声筒；还有的则与他们所求助的对象进行对话，从中获得信息。在表演中，一些萨满全程保持清醒和活跃；而另一些则倒下继而在大部分时间内躺着一动不动，似乎陷入昏迷。

由此看来，米尔恰·伊利亚德错在将个人的精神之旅当成了萨满的标志性技艺（definitive feat），他将萨满教与被动的灵媒区分开的做法也毫无必要。充当被动灵媒的萨满教在整个西伯利亚广大地区以及与之相邻的中亚地区和南亚部分地区都有发现。在阿拉斯加和加拿大的北极、亚北极地区，格陵兰岛周围，亚洲与北美洲之间的白令海峡也都有这种情况存在，两边的民族不存在这方面的交流障碍。专家们长期以来一直争论：萨满教这个词的适用范围到底有多大？是否包括东亚、中东、美洲的其他地区、非洲和澳大利亚？这些争论总是因为缺乏对萨满教的公认定义而告终。幸好我们的重点在欧洲，所以这并不是我们关注的问题。应该强调的是，全球范围内广泛存在着对巫师形象的信仰，但在大多数地区，极度恐惧巫师的民族往往与并不在意，甚至根本不相信巫师存在的民族混杂在一起。萨满教则不同，北亚和南美的萨满区域很紧凑，覆盖了西伯利亚、加拿大的北极和亚寒带地区。无论其核心区域以南的边界有多模糊，由于定义上的困难，这个区域内的几乎所有土著民族都有上述的传统萨满教存在。

白令海峡两岸的民族，对萨满和巫师两种信仰体系之间关系的处理，有着明显不同的形式。正如前面所说，西伯利亚大部分地区不存在巫师的形象，因为那里的人们将离奇的不幸遭遇归咎于自然界中的敌对灵体，被人类冒犯了的仁慈的或无害的灵体，或是敌对氏族的萨满搞破坏，发动看不见的战争而派出的灵体。不过，这片区域东北部的一些民族对这条定律进行了些微的限定。科里亚克人（Koryak）相信某些人能从他们的邻居那儿吸收生命力和好运，但这种能力被认为是天生的和非自愿的，而不是被恶灵附体。因此，人们往往会避开他们，而不是去施加迫害。[26] 从西南方迁徙到西伯利亚的突厥民族萨哈人（Sakha）则认为某些萨满会变坏，秘密地对邻居的人身和财产进行攻击。这种情况下，罪犯可能会受到惩罚，但他们似乎被当作行为不端的人，而不是恶魔的化身，惩罚的措施往往只是处以罚金。[27] 相比之下，许多生活在亚北极和北美北极圈的部落，他们信仰萨满，但依然恐惧巫师，并进行猎巫行动。那里的萨满用他们的力量来发现和揭露所谓的巫术修习者，所采用的方式与世界各地（包括欧洲）的服务型魔法师相同。从阿拉斯加的特林吉特人到格陵兰岛的爱斯基摩人，

26　Alexander D. King, "Soul-Suckers", *Anthropology of Consciousness*, 10(1999), pp. 59–68. 这项研究关注的是相关民族近期的信仰，但作者认为他们是传统的民族。

27　在对萨哈人传统文化的两个经典研究 Waclaw Sieroszewski, *Yakuti*, St. Petersburg, 1896, 以及 Waldemar Jochelson, *The Yakut*, New York, 1933 中似乎没有提到这个信念，但它被记录在从 17 世纪开始的俄罗斯法庭记录中，参见 S. Tokarev, "Shamanstvo u Iakutov v 17 veke", translated in Andrei A. Znamenski (ed.), *Shamanism in Siberia*, Dordrecht, 2003, pp. 260–263。非常感谢兹纳缅斯基教授的赠书。

整个新大陆的北部都是如此。[28]

　　还需要进一步说明的是，这类西伯利亚"经典"萨满教的描述，是学者选取了通常来说相当复杂的当地魔法－宗教（magico-religious）专家群体成员的某些特征，再组合而成的。举个例子，一项关于萨哈人的研究将这些专家分为傲云（oyun）和雅达干（udaghan），傲云是在恍惚状态下与灵体一起举行公开仪式的男性，而雅达干则是女性；又分成"körbüöchhü"（占卜者）、"otohut"（疗愈师）、"iicheen"（智者）、"tüülleekh kihi"（释梦者）。[29] 他们的职能是重叠的，不可能完全区分开。对于那些对萨满教感兴趣的学者来说，傲云和雅达干能被纳入"萨满教"这一分类，但对萨哈人精神世界感兴趣的人类学家而言，所有类型都是重要的。而且，在西伯利亚，那些被认作萨满的人也经常从事其他的魔法活动，比如使用有象征意义的自然物质，还有诵念祷词。对比欧洲和西伯利亚可以发现，这种错综复杂的状态也是欧洲社会本身的重要特点。欧洲早期匈牙利巫师审判中的服务型魔法师里，不仅有之前提过的精神武士塔尔托斯，还包括"女疗愈师"、"女医生"、"女草药师"、"博学女子"、"接生婆"、"预言家"、"理床仆役"、"抹药膏者"和"女智者"。里面的许多词似乎不能相互替代："博学女子"和"女医生"的地位高于大多数其他人，大部分的类型可以根据其使用的方法进行区分。[30] 17 至 19 世纪芬兰的记载中也有相似的

28　Frederica de Laguna, "The Tlingit", in William W. Fitzhugh and Aron Crowell(eds.), *Crossroads of Continents*, Washington DC, 1988, pp. 58–63; Merete D. Jakobsen, *Shamanism*, New York, 1999, pp. 94–100; George Thornton Emmons, *The Tlingit Indians*, ed. Frederica de Laguna, Seattle, 1991, pp. 398–410; Daniel Merkur, "Contrary to Nature", in Tore Ahlbäck (ed.), *Saami Religion*, Åbo, 1987, pp. 279–293.

29　Piers Vitebsky, *The Shaman*, London, 1995, p. 25.

30　Ágnes Várkonyi, "Connections between the Cessation of Witch Trials and the Transformation of the Social Structure Related to Hygiene", *Acta Ethnographica Hungarica*, 37 (1991–2), pp. 427–431.

情况：其中，"蒂耶塔亚"（tietäjä）是最高级别的领导者，通常是男性，而"诺伊塔"（noita）则不那么受尊重，也不可靠，通常是女性，此外还有五种地位较低的魔法师，各有名称。[31]

我们很容易发现，那些关心魔法和巫术的概念如何在特定的人类群体中运作的学者，可能会对跨文化比较感到无所适从。他们把重点放在特定的形象和特征上，很少考虑它们置身的当地环境。不过，如果不这么做，这些比较将很难进行，而且，前者的做法似乎具有一定的合理性。现在我们已经可以很清楚地看出，在本章开篇提及的历史辩论中，某些学者为何本应当注意到在近代早期和现代东南欧地区一些特定的民间魔法师和西伯利亚萨满之间的某些相似之处。不过，我们还可以清楚地看到，为何古斯塔夫·亨宁森更强调他们之间的差异，他的观点可以通过一些正向比较所使用的方法得到进一步证实。举一个例子，通常认为，匈牙利的塔尔托斯具有与西伯利亚萨满相同的特征：天生具有独特的体征（如牙齿和额外的骨头）；童年时期有过启蒙体验（抽搐、神秘的失踪经历，或梦里出现幻觉）；获得了非凡的能力（如隐身、化身为动物、与敌人进行灵体战斗）；使用特殊的道具（头饰、鼓或筛子）。然而，第一个特征在西伯利亚萨满中很少见，第三个特征中的隐身和化身为动物的能力，也不常见于西伯利亚。而萨满教那种独特的表演，以及萨满本人经常与灵体一起工作的特征都是匈牙利的塔尔托斯所没有的。此外，这些特征并不同时出现在同一个塔尔托斯身上。塔尔托斯其实是用不同的民间传说（通常是现代的）构造出来的某种"理想型"（ideal type）。西伯利亚萨满的特征，

31　Laura Stark-Arola, *Magic, Body and Social Order*, Helsinki, 2006, pp. 44–49.

比如使用特殊的道具，似乎在早期的塔尔托斯记载中比较少见或缺失
了。[32] 因此，来自东南欧的塔尔托斯、本南丹蒂和类似的角色在这里
不能被纳入历史上亚欧萨满的范围，对关于他们是不是古代萨满教的
遗存的问题也没有准确的答案。我们更容易解决的问题是：有史以来
欧洲能否找到任何确定的、与西伯利亚萨满相似的形象？要搜寻这些，
最合理的区域就是俄罗斯、北极及亚北极北部——也就是欧洲最接近
西伯利亚的区域。

欧洲萨满区域

属乌拉尔语系和族群的北方民族是破解这一问题的关键，它们
分布于将西伯利亚和俄罗斯分开的乌拉尔山脉，其中包括已经分离出
来的马扎尔人。生活在西伯利亚西部的这一群体的成员都信奉西伯
利亚式的传统萨满教，那么，在山那一边俄罗斯境内的摩尔达维亚人
（Mordvins）、马里人（Cheremises）、楚瓦什人（Chuvashes）、沃佳
克人（Votyaks）又如何呢？这方面的现有资料主要来自 19 世纪的民间
传说。摩尔达维亚人里有专门和亡者交谈的人，以及在节日里为食物
赐福的白袍老人。马里人有把豆子洒在水里以观察水纹的占卜师；楚

32　Vilmos Dioszegi, *Tracing Shamans in Siberia*, Oosteehout, 1968, pp. 61–65; Jeno Fazekas,
"Hungarian Shamanism", in Henry N. Michael (ed.), *Studies in Siberian Shamanism*, Toronto, 1963,
pp. 97–119; Mihály Hoppál, *Shamans and Traditions*, Budapest, 2007, pp, 60–96; Tekla Dömötör,
"The Cunning Folk in English and Hungarian Witch Trials", in Venetia Newall (ed.), *Folklore
Studies in the Twentieth Century, Woodbridge*, 1980, pp. 183–187. 维尔莫什·迪奥塞吉
（Vilmos Dioszegi）发现匈牙利民间神话和西伯利亚民间神话之间有相似之处，这或
许可以说明问题，但它与 "táltos" 没有直接联系。

瓦什人则有草药师、算命者和吟咏符咒祛病的法师。这些人看起来都不太像西伯利亚的萨满，而且大多数与欧洲其他地区的民间魔法师没有什么不同。然而沃佳克人（也被称作乌德穆尔特人 [Udmurts] 或楚德人 [Chuds] ）中有一种叫作"tuno"的形象，他们通过祈祷或进入恍惚状态来算命、治愈疾病，还能找到被偷或丢失的财物。有时候，这种恍惚的状态以持剑执鞭随弦乐跳舞为始，并以在神智失常中喊出问题的答案为终。这种职业大部分是世袭的，但非世袭却有天赋的学徒也可以不受家世约束地继任，他们会在夜里得到灵体的指导。这看起来非常接近西伯利亚的萨满教，也许是它的一个分支。[33] 在 1377 年写就的《往年纪事》（ Russian Primary Chronicle ）中提到了一个中世纪的孤证，其中描述了 1071 年沃佳克人的类似行为。这本著作引用了很多 12 世纪早期的原著，这些原著又以更久远的材料作为基础。书中提到了一个来自俄罗斯大城市诺夫哥罗德的人在沃佳克人中的遭遇。他付钱让一个部落的魔法师给他算命，魔法师躺在自己的房间里，在恍惚中召唤灵体来得到答案。[34]

然而，与西伯利亚萨满教民族最相似的欧洲民族恰好也在北极和亚北极附近生活，它们共同组成横贯西伯利亚、北美、格陵兰岛的萨满极地圈。这样的假设是合乎逻辑的。在萨米人（Sámi）——或称为拉普人（Lapps）——中发现了与萨满教相似的形象。这个以狩猎、捕鱼和畜牧为生的乌拉尔民族，占据了芬兰的北部区域、斯堪的纳维亚和俄罗斯，曾经一直扩展到斯堪的纳维亚半岛的中部，最远达到俄罗

33　V. M. Mikhailowskii, "Shamanism in Siberia and European Russia", *Journal of the Anthropological Institute of Great Britain and Ireland*, 24 (1895), pp. 151–157.

34　这则材料的文本和译文引自 Clive Tolley, *Shamanism in Norse Myth and Magic*, Helsinki, 2009, vol. 1, p. 81。

斯的北端。他们与萨满教有关的记录首现于12世纪的《挪威史》(*Historia Norwegiae*)，里面描述称萨米一族中有人能在灵体的帮助下预言未来、远距离取物、疗愈疾病、寻找宝藏。书中包括一份诺尔斯 (Norse) 商人的报告：一名妇女去世了，萨米人认为她是被敌人派来的灵体偷走了灵魂。一位魔法师用布搭成棚子，在棚里摇动一面画着野兽、鞋和船的鼓或铃鼓，它代表着魔法师灵仆的行动。他开始击鼓、唱歌、跳舞，继而突然躺下死了，据说，这表明他的精神分身在战斗中被敌人杀死了。另一位魔法师被征召来举行同样的仪式，并取得了成功，不仅魔法师活了下来，并且复活了那个妇女。[35] 根据这些细节，我们完全可以将这个记录看作对一个工作中的西伯利亚式萨满的描述。如果萨米魔法师使用的是经典的、戏剧性的、萨满教式的仪式技巧，那么他们在中世纪诺尔斯人中以超凡的技艺而闻名就一点也不奇怪。早在1000 年左右，其他斯堪的纳维亚民族纷纷皈依基督教，而萨米人则在五千多年的时间里保持着异教徒的身份。这更令萨米人的神秘能力名声在外。在古代诺尔斯魔法文学中，一些特别的例子也可以证明入迷恍惚状态对萨米人魔法师的重要性。13 世纪的《瓦特恩峡谷人萨迦》(*Vatnsdalers' Saga*) 中，三个萨米人魔法师被诺尔斯酋长雇来寻找一个失踪的护身符，他们把自己关在屋子里三天三夜，但他们的灵体却在外游荡，最终找到了护身符。[36] 虽然其他萨迦都没有描述与萨米人魔法相关的西伯利亚萨满表演仪式，但这些文学资料都把萨米魔法描述成一种独特的、外来的和具有强力的现象。[37] 让其他欧洲人着迷的是，他们认为魔法师有能力将灵体从身体中随意释放出来，在世界上自在

---

35 *Historia Norwegiae*, pp. 4, 13, 23.

36 *Vatnsdaela saga*, c. 12.

37 *Ynglinga saga*, c. 13; *Ólafs saga helga*, in *Heimskringla*, ed. Erling Monson, Cambridge, 1932, p. 222; *Haralds saga ins hárfagra*, c. 25; *Thorsteins thattr boejarmagns*, c. 14.

漫游。德意志的科尼利厄斯·阿格里帕（Cornelius Agrippa）在其 16 世纪早期研究仪式性魔法的主要著作中，在涉及希腊预言者的部分谈论了这种能力。他说，在他身处的时代，这种能力依然可以在"挪威和拉普兰"的很多人身上找到。[38] "拉普兰巫师"作为强大的魔法师，是近代早期的英国文学中很常见的形象，在莎士比亚、弥尔顿、笛福和斯威夫特，还有其他一些作家的作品中都出现过。[39]

17 世纪和 18 世纪初，北斯堪的纳维亚和芬兰之间的丹麦和瑞典两国将土著人口纳入了直接管辖，与此同时，在萨米人内部出现了一些关于魔法习俗的新信息。在这一过程中，萨米魔法师有时遭到巫术罪的指控，并被卷入强迫萨米族皈依基督教的历史进程。即便他们的魔法实践本身已经被禁止，关于这些魔法实践的进一步描述还是产生了。他们主要的魔法修习者被称为"诺阿伊迪"（noaidis 或 noaidies），用魔法进行预言、改变天气和治愈疾病。诺阿伊迪大部分是男性，通常会进入深度的恍惚状态，躺在那里一动不动，而他们的灵体则离开身体与通常化身动物的灵仆一起工作。有时他们的灵体为了争夺主导权而决斗，失败者会生病或死去。魔法师的主要道具是一面鼓，上面常绘有符号，他们的仪式也经常采用戏剧化的公开表演的形式。在有些表演中，魔法师的助手也会穿上特别的服装。[40]

38　Henry Cornelius Agrippa, *Three Books of Occult Philosophy*, ed. Donald Tyson, St. Paul MN, 2000, p. 629.

39　Rune Hagen, "Lapland", in Richard M.Golden (ed.), *Encyclopedia of Witchcraft*, Santa Barbara, 2006, p. 125.

40　原始文本的引用与分析参见 Ahlbäck (ed.), *Saami Religion*；Carl-Martin Edsman, "A Manuscript Concerning Inquiries into Witchcraft in Swedish Lapland", *Arv*, 39 (1983), pp. 121–139；Juha Pentinkäinen, "The Saami Shaman", in Hoppál (ed.), *Shamanism in Eurasia*, pp. 125–148；Tore Ahlbäck and Jan Bergman (eds.), *The Saami Shaman Drum*, Åbo, 1987；Ake Hultkranz, "Aspects of Saami (Lapp) Shamanism", in Mihály Hoppál and Juha Pentikäinen (eds.), *Northern Religions and Shamanism*, Budapest, 1992, pp. 138–145。

以上这些描述看起来都与传统的西伯利亚萨满教非常像。的确，这些材料可能并不像有些人希望的那样完整。这些近代早期的资料似乎都是二手资料，没有留下任何目击者关于诺阿伊迪表演现场的叙述。倒是有很多鼓留存至今，但即便他们的魔法真的是在击鼓吟咏或歌唱中生效的，也不能就此证明这些鼓与西伯利亚的鼓一样都是用来帮使用者进入恍惚状态的。然而，从 19 世纪至今，这些描述中的细节已经足以让研究这个课题的大多数学者将诺阿伊迪视作萨满。[41] 然而，一位研究挪威北部地区巫师审判的专家鲁内·布里克斯·哈根（Rune Blix Hagen）最近对这个学术传统提出了质疑。他指出，没有任何一位诺阿伊迪在自己的证词中提到将灵魂从身体里释放出来的行为，而他（根据伊利亚德的学术传统）认为这才是萨满标志性的能力。[42] 因此，他建议将萨满教的标签从萨米人身上摘除，不然萨满教的范畴就应该扩大到"精神飞行"之外。本书认为，后一种建议更为恰当。因为，强调将"精神飞行"作为萨满教的标志，很大程度上是伊利亚德著作的遗产，但如前文所述，这一标志与西伯利亚萨满的实际并不相符。哈根在著作中所引用的审判记录将诺阿伊迪的行为描述成"为了帮助别人，在戏剧性的公开表演中击鼓，与灵体接触"，这种描述就非常符合西伯利亚的模式。[43] 除此之外，外界关于 12 至 18 世纪萨米魔法师

---

41 20 世纪 90 年代以来突出的例子包括阿克·霍尔克兰兹（Ake Hultkranz）、尤哈·彭提凯宁（Juha Pentikäinen）、克莱夫·托利（Clive Tolley）、尼尔·普赖斯（Neil Price）、约翰·林道（John Lindow）、安娜 - 莉娜·西卡拉（Anna-Leena Siikala）和丽芙 - 海伦·威卢森（Liv Helene Willumsen）等人的著作。

42 Rune Blix Hagen, "Sami Shamanism", *Magic, Ritual and Witchcraft*, 1 (2006), pp. 227–233; 以及 "Witchcraft and Ethnicity", in Marko Nenonen and Raisa Maria Toivo (eds.), *Writing Witch-hunt Histories*, Leiden, 2014, pp. 141–166。

43 此外，哈根所引用的审判记录中指出，据目击者陈述，诺阿伊迪在庭前击鼓时"泪流满面，似乎处于极度虔诚的状态"，这看起来确实很像反常的意识状态："Sami Shamanism", p. 229。

表演的一系列详细报道与西伯利亚萨满的表演十分相似，以至于若有人认为报道并不属实，这本身就是需要解释的极不寻常的现象。[44]

在萨米人活动区域的东南部，另一个乌拉尔民族——芬人（Finns）中也发现了西伯利亚式萨满教的形式，也就是上面提到过的一种形象：蒂耶塔亚，它在近代早期的审判记录和现代民间传说中都有记载。他们需要应对的是与诺阿伊迪一样的人类需求，这也是整个欧洲的服务型魔法师所关注的。他们通过进入反常的意识状态并派出人或动物形态的精神助手与恶灵作战来达到目的。在委托人面前，或在更多旁观者面前，他们伴随着吟咏或歌唱进入睡梦或沉醉，但大多是兴奋或狂怒状态。他们念的祷词，与许多西伯利亚萨满唱的歌类似，描绘了灵界的地图。[45]一位研究这些形象的新晋重要专家——安娜-丽娜·西卡拉说他们是萨满教的后裔，这一点已经得到了"普遍认同"。确实，上述特征的拥有者完全可以被看成萨满教的修习者，他们与西伯利亚的样本相比，只是缺少了特殊的仪式道具。[46]中世纪诺尔斯语用"Finnar"来指称萨米人和芬人，如果他们都具有萨满的仪式技巧，那么很容易就能知道为什么他们在北欧人中保持着强力魔力的名声。现代英美海员依然相信"芬人"是拥有可怕力量的巫师（wizards），尤其是在掌控天气方面。[47]

44　我所完整阅读的近代早期记录来自 Knud Leem and translated in John Pinkerton, *A General Collection of the Best and Most Interesting Voyages and Travels in All Parts of the World*, London, 1808, vol. 1, pp. 477–478，可能是关于西伯利亚萨满公开表演所有细节的报告。

45　Laura Stark-Arola, *Magic, Body and Social Order*, Helsinki, 2006，散见全书各处；Anna-Leena Siikala, *Mythic Images and Shamanism*, Helsinki, 2002，散见全书各处。

46　Siikala, *Mythic Images*, p. 17.

47　Sophia Kingsmill and Jennifer Westwood, *The Fabled Coast*, London, 2012, pp. 330–331.

欧洲亚萨满区域

如上，我们现在可以认为"传统的"西伯利亚萨满区域已经扩展到了欧洲，从俄罗斯北部的部分地区到芬兰、斯堪的纳维亚半岛北部。接下来要解决的问题是，带有萨满特征的魔法实践是否与欧洲大陆上某些更为熟悉的魔法相混合，形成了某个分界地带？自19世纪以来，常有人提出：在与萨米人和芬人相邻的中世纪诺尔斯人，特别是在诺尔斯人的特定实践"塞兹尔"（seidr）中也发现了萨满教的元素。然而，关于这个观点的争议一直持续到现在。2002年，内尔·普里塞（Neil Price）将文献和考古学的证据结合起来，出版了一本关于维京人精神世界的著作。该作品视野广阔，备受推崇。他论证了维京仪式的许多方面"从本质上看都是萨满教式的"。他还得出结论，中世纪诺尔斯文学中的女预言家和北极附近地区的萨满完全相似，塞兹尔就是一个"萨满教的"信仰体系。[48]七年之后，克莱夫·托利在另一本重要研究著作中回应道，普里塞的见解所依赖的资料来源几乎都是异教维京时代结束很久以后产生的虚构作品，因此不能将它们作为该时代信仰和实践的证据。他还担心，塞兹尔和其他诺尔斯魔法的作品所呈现出来的那些看似是萨满教的元素可能源于其他信仰体系和文化语境。不过他也承认，这些文学描述必然反映了可能已经存在的概念，而这些概念部分来源于传统。他的结论是："不过，这些证据的确支持了'某

48　Neil Price, *The Viking Way*, Uppsala, 2002; 引文参见第315、328、390页。在第76—78页、第233—235页中他概述了以往对该问题的讨论，并在第233—275页对萨米萨满教做了很好的说明。此后，彼得·布克霍尔茨（Peter Buchholtz）简要地复述了古斯堪的纳维亚文献中所具有的明显的萨满教特征："Shamanism in Medieval Scandinavian Literature", in Gábor Klaniczay and Éva Pócs (eds.), *Communicating with the Spirits*, Budapest, 2005, pp. 234–245。

种'广泛的萨满性质的仪式和信仰的可能性。"[49]

本研究的优势在于，可以避开整个议题的资料来源和维京时代斯堪的纳维亚人真实实践的可靠性问题，毕竟我们关注的是与魔法和巫术相关的诸种表现和信仰。换句话说，即便中世纪的诺尔斯人以某种方式构想了魔法实践，那它们是否被真正实践过的问题对于本书来说也并不重要。这些描述采取了某种形式，而不是其他形式，这已经足够重要了。很明确的是，中世纪诺尔斯萨迦和罗曼司的作者经常将"塞兹尔"这个词用来指代魔法，他们没有详细描述其性质，会用特定手法描述它：塞兹尔是一种占卜术，施展占卜术的，是坐在高台或高位上进入恍惚状态的女性。这些人经常在各个地区游荡，土地的所有者接待她们，向她们寻求帮助，寻找问题的答案，获知自己或家庭成员的未来。在《红胡子埃里克萨迦》（*Saga of Erik the Red*）中，最详尽也最著名的描述之一，是关于格陵兰的女预言家托尔比约格（Thorbjorg）的，她出场的时候穿着精心设计和装饰的服装，包括披风、头巾、腰带、鞋子、手杖和装着符咒的手提袋。她置身于仪式台上，身边围坐着一群妇女。其中一位唱起了祷词，唤出了她的灵体，这样她就能够回答问题。在九位具有同样天赋的姐妹中，托尔比约格是最有名，也最长寿的一位。[50] 这个萨迦中的情形，世袭的职业、家中探访、服装、助手、庄重的修习者和对灵体的召唤，这些都与西伯利亚萨满教相似——这

49　Clive Tolley, *Shamanism in Norse Myth and Magic*. 2 vols., Helsinki, 2009: vol.1, p. 581 中的他所强调的引文。在该卷的第3—4页，他总结了关于这个问题的历史争论（与普里塞相比，他更加侧重否定的意见），并在第二卷中转载了大多数相关的中世纪文本，并附有译文。

50　*Eiriks saga rauda*, c. 4. 在 *The Viking Way*, pp. 119–122, 162–171 中，内尔·普里塞对该文本进行了讨论，他对我将索尔别格称为中世纪诺尔斯文学中独特形象的看法（参见 *Shamans*, p. 140）提出了批评，但对该书总体上持赞扬态度。他正确地指出，诺尔斯文学中还有其他的预言家。而我的意思是，其他人都不具有她的那些特质，包括她的服饰。当误解消除后，我和他基本达成了一致。

是一场传统萨满教式的表演。对西伯利亚萨满的描述里所缺的仅仅是那个平台，但有时会有特别的座位或其他形式的架子。《奥德之箭萨迦》（*Arrow Odd's Saga*）中，农民邀请类似的女性到家中算命和预测天气，她与三十多名年轻男女一同出行，在她表演的时候，他们共同唱起了祷词。[51]《弗里肖夫萨迦》（*Frithiof's Saga*）讲述了两个"塞兹尔科诺尔"（seidrkonur，会塞兹尔的女性）受雇主指派淹死海上的敌人的故事。她们"在平台上念诵和咏唱灵言和咒语"，指派灵体骑着巨鲸，掀起了一场风暴。然而，被攻击的受害者却在鲸鱼身上发现了她们的身形，他把船驶向鲸鱼，撞击她们。鲸鱼潜入水中消失了，塞兹尔科诺尔也从平台上坠落，摔断脊背而亡。[52] 这个故事将塞兹尔和另一种萨满的把戏，即派遣精神与动物的精神结合达到某种效果的做法联系了起来。《根居 – 赫罗尔夫萨迦》（*Gongu-Hrolf's Saga*）中，十二个人受雇使用塞兹尔杀死两个目标，他们在树林的房间中支起高台，高声念着咒语。[53]《赫罗尔夫·克拉基萨迦》（*Hrolf Kraki's Saga*）中，国王聘请一位女先知寻找他的两个隐藏的敌人。女先知登上一座高台，深深地打了一个哈欠（也许是为了接纳灵体），作出一首诗来透露必要的信息。这个故事的后续是，一位王后坐在塞兹尔的平台上，可能在一个灵仆协助下派出一只巨大的野猪加入她与敌人的战斗，她似乎还能将她死去的追随者复活以重新投入战斗。[54]

有时，在与塞兹尔没有什么明确联系的故事中也会发现这类萨满的特征。《赫罗尔夫·克拉基萨迦》中有一个著名的例子，一个武士

---

51 *Örvar-Odds saga*, c. 3.

52 *Fridthjofs saga fraekna*, c. 5.

53 *Gongu-Hólfs saga*, c. 3.

54 *Hrófs saga Kraka*, cc. 3, 48.

一动不动地坐在战场边，而一只（灌注了他的精神，或是被他召唤来的）大熊正在攻击敌人；当武士受到干扰的时候，熊就消失了。[55] 人们相信奥丁神在沉睡或死亡时，会将他的精神以各种各样的动物形态散布到世界各处。[56]《踌躇的霍华德萨迦》（*Saga of Howard the Halt*）中的魔法师将精神变作狐狸，去侦察大厅里的敌人。他证明了化身动物形态可以抵抗刀剑，但后来有人咬住了狐狸的喉咙，他就死了。[57]《瓦特恩峡谷萨迦》（*Vatnsdalers' Saga*）中有个人，如果他在战斗中能一动不动地躺在附近，那么他的战友在战斗中就会无懈可击（大概是他派出的灵体在帮助他们）。[58] 另一种被学者们广泛引用的斯堪的纳维亚魔法，"坐在外面"（ùtiseta），似乎指在深夜坐在一个特殊的地方等待，可能在恍惚状态下，以期预测未来和获得其他智慧。中世纪的诺尔斯法律中明令禁止这种实践，因此学者推测确实有人修习它。[59] 托尔比约格形象的重要配件——手杖，通常是萨迦传统中特别重要的魔法工具。《鲑鱼峡谷萨迦》（*Laxdaela Saga*）中，在教堂的地下发现了一具女人的尸骨，尸骨旁放着一根很大的"塞兹尔之杖"，人们就此认为那是一个邪恶的异教徒魔法师的坟墓。[60]《结拜兄弟萨迦》（*Saga of the Sworn Brothers*）中有两个妇女，她们在晚上睡着的时候，派自己的灵体

55　*Hrófs saga Kraka*, c. 48.

56　*Ynglinga saga*, c. 7. 关于斯堪的纳维亚诸神转换形态的总体探讨，参见 Katherine Morris, *Sorceress or Witch? The Image of Gender in Medieval Iceland and Northern Europe*, Lanham, MD, 1991, pp. 97–117；又参见 H. R. Ellis Davidson, "Shape-changing in the Old Norse Sagas", in J. R. Porter and W. M. S. Russell (eds.), *Animals in Folklore*, Cambridge, 1978, pp.126–142。

57　The Saga of Howard the Halt, ed. *William Morris and Eikíkr Magnússon*, London, 1891, pp. 58–91.

58　*Vatnsdaela saga*, c. 29.

59　资料收集在 Tolley, *Shamanism in Norse Myth and Magic*, vol. 2, pp. 133–136. *Laxdaela saga*, c. 76.

60　*Laxdaela saga*, c. 76。

骑着魔杖窥探大地。[61]

　　内尔·普里塞对文学作品中的手杖的地位做了详细的讨论,他指出西伯利亚楚科齐人(Chukchi)也将手杖用于占卜;但它们之间的相似性不止于此,因为除了鼓之外,手杖是西伯利亚最常见的萨满道具。[62]尽管如此,除了早先用来说明塞兹尔的四个例子外,上述的其他例子都不能算作完整的西伯利亚(以及萨米和芬人)式的仪式技巧。它们只反映了这种技巧的某些方面,缺乏整体性,就像塞兹尔的元素有时会出现在某些缺乏这种传统的故事中一样,例如流浪的算命妇女或者宴席间坐在椅子上算命的妇女等等。[63]魔法师和魔法师团体有时也会使用仪式平台,但只是单纯用来念咒或下诅咒。[64]某则故事中的王后"运用她的精神"驱使猛兽为她而战。[65]

　　这种在萨满表演中人能从身体中释放灵体以实现在灵界漫游的观念,逐步混进了上面提到的这些萨迦中,他们的精神以动物形态存在于人类世界,而身体却留在了本地。这一直接变形的过程非常迅速:身体变成了动物,同时保持了人的心智。这并不属于西伯利亚萨满教的特征。《科尔毛克萨迦》(*Kormák's Saga*)中,一位女魔法师将自己

61　*Fóstbraeðra saga*, c. 23.

62　Price, *The Viking Way*, pp. 175–180, 325–327.

63　*Norna-Gests Tháttr*, c. 11; *Orms tháttr Stórólfssonar*, cc. 5–6.

64　*Laxdaela saga*, cc. 35–37; *Gísla saga Súrssonar*, c. 18. John McKinnell, *Meeting the Other in Norse Myth and Legend*, Cambridge, 2005, p. 97 中认为赛德平台是古老的主题,因为在 8 世纪斯蒂芬(Eddius Stephanus)所著的盎格鲁 – 撒克逊圣人威尔弗里德的传记(Life of Wilfrid)中,一位异教魔法师曾在一座小山上诅咒基督徒。但是文中并没有指明爬上山这是魔法行为,还是为了获得操作上的便利。因此,这一概念的是否源于古代,还是一个悬而未决的问题。

65　*Thiðreks saga*, c. 352.

变成海象攻击船只，但她的对手用长矛刺中了海象的眼睛，杀死了她。[66]
《沃尔松萨迦》（*Saga of the Volsungs*）认为，塞兹尔科诺尔能把自己变成母狼或其他人类的样子，其中有两个角色穿上被施了魔法的狼皮而暂时变成了狼。[67]《埃尔比贾萨迦》（*Eyrbyggja Saga*）中一位母亲把儿子次第变成卷线杆、山羊、野猪以躲避前来杀害他的敌人；她的力量来自双眼，所以当她的头被袋子罩住后，魔法就失效了。[68]此外，在传说中有很多与萨满无关的魔法，在欧洲大部分地区都能找到相似的例子。比如，手递手咏唱、口诵咒语、断字分词地念诵、逆时针行走时念念有词或深呼吸、祈祷时向灵体献上祭品等。[69]中世纪诺尔斯语中充满了大量不同种类的魔法词汇。[70]

因此，似乎这种文学（几乎都是 13 至 15 世纪在冰岛创作的）代表了一种混合文化，将真正的萨满教和欧洲其他地方更为常见的魔法特征融合在一起。因此，内尔·普里塞和克莱夫·托利似乎都是对的：普里塞认为萨满元素既是主要的，也是重要的。而托利认为它们可能不是中世纪诺尔斯魔法概念的基础。这种文化很有可能是史前时代的遗存，来自诺尔斯本土，但也可能是诺尔斯人与萨米人和芬人接触的结果，毕竟他们比邻而居，对同一类文学作品产生了影响。[71]这就解

66　*Kormáks saga*, c. 22.

67　*Völsunga saga*, cc. 5, 7, 8.

68　*Eyrbyggja saga*, c. 20. 更多冰岛文学作品中变形的例子可参见 Morris, *Sorceress or Witch?*, pp. 93–128.

69　*Bosi and Herraud*, in Seven Viking Romances, ed. *Hermann Palsson and Paul Edwards*, London, 1985, pp. 204–208; *Grettis saga*, c. 79; *Gísla saga Súrssonar*, c. 18; *Kormáks saga*, c. 22; *Fóstbraedra saga*, c. 9; *Vatnsdaela saga*, c. 19; *Faereyinga saga*, cc. 34, 37.

70　参见 Gísli Pálsson, "The Name of the Witch", in Ross Samson (ed.), *Social Approaches to Viking Studies*, Glasgow, 1991, pp. 157–168。

71　自 20 世纪 30 年代以来，已经有人提出了这样的建议，但遭到了反对。相关摘要可参见 Price, *The Viking Way*, pp. 315–317。

释了为何中世纪欧洲大陆、波罗的海以南地区的文学作品中，没有出现托尔比约格这种带有强烈萨满特征的形象。如果真有如此影响发生，那么诺尔斯人以自己的方式重新改造了萨满教，比如用手杖替换了鼓。这种混合也有助于我们认清，中世纪诺尔斯魔法中的成分并非来自萨满教，而似乎源自另一个不同的传统。比如，它突出了女性作为先知或占卜者的地位：如前所述，女性只占西伯利亚萨满的少数，在萨米的诺阿伊迪里更只有很小一部分。遵循19世纪雅各布·格林的传统，克莱夫·托利将诺尔斯模式和我们在前一章已经讨论过的古代日耳曼人将女性尊为拥有先知智慧的人的传统联系在一起。[72] 他这么做当然是对的。他还将两者做了区分：塞兹尔科诺尔是社会边缘人物，而古代日耳曼女先知则位于社会的中心。这个论断则站不住脚。在传说中，塞兹尔科诺尔经常被邀请进入社区的中心，虽然她们流动性的生活方式让她们不从属于任何社区。而就我们唯一掌握细节的古代日耳曼人女先知——1世纪的韦莱达（Veleda）来看，她也是一个人住在塔楼里，通过信使与当地部落进行交流。[73] 两者似乎都处在与社区半脱离的状态。但对诺尔斯与日耳曼文化的比较也揭示了二者之间的区别。冰岛的萨迦、罗曼司和诺尔斯人的法律典籍里都没有表现出对在夜间捕杀人类的食人女巫的恐惧，而在中世纪早期日耳曼的资料中则有体现。事实上，在中世纪早期的斯堪的纳维亚文本中似乎没有巫师形象：当地社会并不存在一种对于纯粹因为罪恶而给他人带来不幸的恶毒的魔法修习者的恐惧。男性和女性都有可能是破坏性的魔法师，但他们

---

72 Tolley, *Shamanism in Norse Myth and Magic*, pp. 152–166. 中世纪斯堪的纳维亚和日耳曼资料中女性先知的大量材料参见 Morris, *Sorceress or Witch?*, pp. 26–92。

73 Tacitus, *Histories*, 4.65.

经常作为"争斗"这一中世纪早期斯堪的纳维亚社会的关键活动和故事的主题的一部分出现。魔法是另一件发动派系暴力和个人暴力的武器，虽然是懦弱和不体面的武器（除非被用来防御其他魔法或超自然攻击）。

不过，诺尔斯文学中有一类形象在某些方面可以等同于巫师：夜晚骑在被施以魔法的物体或动物上的女性。在《贡恩劳格萨迦》（*The Saga of Gunnlaug*）中，一匹狼被称为"斯瓦吕斯凯尔"（svaru skaer），英译版翻译为"巫师的骏马"。[74] 有时，就像《结拜兄弟萨迦》里一样，她们的身体在睡觉，灵体却在骑行。手杖并不是唯一的"交通工具"，比如作品中提到的"通里聚尔"（tunridur）就骑在栅栏、篱笆和房顶上。在著名的《哈瓦玛尔》（*Hávamál*）一诗中，奥丁神吹嘘他有能力看到这些"在空中疯狂玩闹"的人，并通过设法使他们找不到"原型"（home shapes）、"本家"（true homes）和"真皮"（own skin）来挫败她们。这里又一次暗示了这些人必须在早晨回到日常生活中。[75] 13世纪初，西哥特兰岛的一项法律禁止各种对女性进行诽谤的词汇，其中一条就是"我看见你于昼夜之交骑在栅栏上，头发蓬乱，像地魔（troll）一样"[76]。在斯堪的纳维亚神话中，地魔可能是一种形貌像人而常带着恶意出没于野外的生物，通常认为它们生活在地下。《弗里肖夫萨迦》中释放灵体去驾驭鲸鱼的妇女，基本上也可以看作是在表演一种动物骑行。而"在空中玩闹"的夜间骑士的说法，则意味着她们被认为是出于狂欢的目的而聚在一起的。这一点得到了其他

74　*The Saga of Gunnlaug Serpent-Tongue*, ed. R. Quirk, London, 1957, p. 18.

75　*Hávamál*, line 155.

76　Tolley, *Shamanism in Norse Myth and Magic*, pp. 129–130.

材料的证实。但这种聚会的参加者并不都是人类。《克蒂尔萨迦》（*Ketil's Saga*）中，主角遇到一个女地魔，当时她正匆忙赶赴一场同类的聚会，而聚会在一个岛上举办，当晚"不乏骑甘德尔（gandr）的"。"甘德尔"这个词指的是一种灵体，或可能是被施了魔法的物体，比如手杖或者栅栏。[77] 在《索尔斯坦恩的故事》（*Tale of Thorstein*）中，主角跟着一名萨米男孩"甘德尔骑士"，骑在手杖上潜入地下世界，参加他们的庆典。[78] 地魔和其他地下生物被认为拥有魔法力量，而且可以传授给别人，12 至 13 世纪诺尔斯法典禁止"抬起"（raising up）地魔以获得它们的力量。所有斯堪的纳维亚语言后来都将"trolldromr"和"witches trollfolk"作为巫术的标准用语。[79] 夜间骑士既可以向人们提供帮助，也会带来危险：在《埃尔比贾萨迦》中，一个男孩在天黑后独自回家，他的头和肩膀受伤了。有人指控一名当地妇女是"栅栏骑士"，把这个男孩当作坐骑，有十二个邻居发誓她是无罪的，她才被释放。[80] 然而，文学作品并没有表明人们对他们有任何极大的恐惧，也没有表明人们相信如果晚上不回家就会受到袭击。因此，似乎在某些关于塞兹尔的记载中，诺尔斯当地（通常是超人类体或非人类体）的一种夜间狂欢似乎与西伯利亚和萨米萨满释放灵体的方式结合在一起，形成了人类搭乘物体、动物或其他人进行精神骑行或飞行的描述。因此，可以得出这样的结论：有证据显示，在北半球存在着一个广泛而紧凑的"传统"萨满教区域，不仅覆盖了西伯利亚和与之相邻的中亚地区，而且包括北美的北极和

---

77 *Ketils saga haengs*, c. 3.

78 *Thorsteins thattr boejarmagns*, c. 2.

79 托利收集了中世纪的法律参考资料，参见 *Shamanism in Norse Myth and Magic*, pp. 133–134。

80 *Eyrbyggja saga*, c. 16.

亚北极地区，还延伸到了俄罗斯和斯堪的纳维亚地区。另外，在北诺尔斯世界的其他"亚萨满"区域，比如挪威和冰岛，也可以发现这种萨满教的影响。如果只是因为缺乏一个公认的萨满教定义的话，提出"欧洲其他地方的魔法实践也存在着萨满元素"的论断是完全合理的。但这个论断可能并不确定，而且这些证据也完全可以用其他方式来解读。

第二部分　大陆视角

IV 仪式性魔法——古埃及的遗产?

让我们回忆一下,第一章提到了爱德华·埃文思 – 普里查德爵士那项著名而极具影响力的关于中非阿赞德人魔法信仰的研究,其中把"巫术"和"妖术"都定义为可以给人造成魔法伤害的方式。他认为,前者是一种先天的能力,后者则是普通人都可以通过后天学习掌握的一种技能,且需要借助特定的材料和咒语来实现。我们发现,许多其他的传统社会也有类似的区分,但这种区分并不是所有社会,甚至不是大多数社会都具有的。这也就是人类学家们往往不认为这种区分具有普遍性的原因。如今值得强调的是,爱德华爵士之所以能够如此轻易地使用它们,是因为在他的语言传统中,这些术语本来就是用来描述各种魔法的形式特征的,即便它们并不能精确地对应阿赞德人的魔法信仰。"妖术"(这个术语的起源我们将放在后面讨论),与"巫术"在含义上有很大的重叠,但它的使用范围比巫术更广,几乎可以指代绝大部分的魔法形式。与巫术不同的是,妖术的含义经常被延伸,将大部分最精细、最复杂的魔法活动囊括其中。我(就像历史学家通常做的那样)将它称为"仪式性魔法",指的是通常从书面文本上习得,为了某种魔法目的而使用复杂仪式和特殊材料的活动。近代早期欧洲也曾讨论过这种魔法和(前面所定义的)巫术之间的区别。17 世纪英格兰的罗伯特·特纳(Robert Turner)是仪式性魔法的主要辩护者之一,他宣称:"魔法和巫术是截然不同的技术(sciences)。"他解释说,巫术是魔王创造的，巫师通过与魔王达成的契约而获得力量；而仪式性魔法师或术士（magus），则是致力于唯一真神崇拜的神职人员或哲学家，是"神圣之物的勤奋观察者和阐释者"。[1]比罗伯特·特纳早两代的另一位英国人，教士乔治·吉福德（George Gifford）是该国最早的魔鬼学家之一，他也对巫师和魔法师做了类似的划分。他引用"巫师是为撒旦服务的人"这一论断来定义巫师，而将仪式性魔法师称为"以上帝之名及基督受难复活的美德约束撒旦的人"。[2]16 世纪初，近代早期魔法理论家中最著名的是德意志的科尼利厄斯·阿格里帕，他曾用更长的篇幅阐述过类似的观点。[3]同样，16 世纪的作家，以反对巫术起诉的主张而著称的约翰·韦耶（Johann Weyer）认为，巫师（拉米亚或邪术师）是为了满足个人恶意的愿望而和魔鬼签订契约的人，而魔法师（术士）则能够召唤和约束魔鬼并让它为自己办事。[4]广大历史学家们也接受了这种划分。因此，20 世纪的一位中世纪魔法和巫术信仰的研究专家诺曼·科恩说，在 20 世纪 70 年代以前，学者"普遍认为"仪式性魔法和巫术毫无关系，因为前者的修习者大多为男性，他们会试图控制魔鬼，而后者的修习者多为女性，她们是魔鬼的仆从和盟友。[5]在中世纪和近代早期，魔法师总是借用教士、僧侣和学者型专家这些既定的理想形象来构建自我形象，将自己表现为虔诚和博学的精

1　Robert Turner (ed.), *Henry Cornelius Agrippa His Fourth Book of Occult Philosophy*, London, 1655, Sig. A2.

2　George Gifford, *A Dialogue Concerning Witches and Witchcraft*, London, 1593, p. 54.

3　Henry Cornelius Agrippa of Nettesheim, *Three Books of Occult Philosophy*, ed. Donald Tyson, St. Paul, MN, 2000, li.

4　Johann Weyer, *De Lamiis*, c. 1.

5　Norman Cohn, *Europe's Inner Demons*, 2nd edition, London, 1993, p. 102.

英阶层。[6]

　　但在那个时候，从事仪式性魔法的人会这种魔法的声誉面临着两方面的麻烦。一方面，仪式性魔法在实践中与巫术有很多重合之处，它的文本中记载着从他人那里吸取力量并伤害或杀死对方的仪式。它还与在官方话语中不受待见的普通魔法师紧密结合，后者通常为民众提供占卜、疗愈、反制魔法、巫师侦测等服务并收取报酬。另一个更大的麻烦是，主流基督教神学完全不认为仪式性魔法和巫术之间有区别，认定所有魔法都是魔鬼所为（或显然受到魔鬼影响），无论魔法师本人是否意识到这一点，都相当于和魔鬼达成了某种契约关系。这也是吉福德自己为了反驳他之前对魔法师和巫师的对比而提出的论点，他坚持的是过去一千年来教会领袖早已阐明的观点。[7]尽管如此，在近代早期巫师审判中，用魔法做好事的人受到的惩罚比被指控为巫师的人要轻，而拥有学者风范的仪式性魔法师们很少被视为巫师遭受审判。中世纪晚期对这些仪式性魔法师来说更危险，这主要是因为，作为政权内部派系斗争的一部分，向他们咨询经常受到政治性的指控。不过与后来的巫师审判相比，他们也极少被处死。[8]即使是积极倡导巫师审判的让·博丹（Jean Bodin）也不认为仪式性魔法师有罪，他们只试图唤醒善意的灵体，或者调用行星或元素的力量，他们可能是偶

6　这种自我想象很好地体现在：Frank Klaassen, "Learning and Masculinity in Manuscripts of Ritual Magic in the Later Middle Ages and Renaissance", *Sixteenth-century Journal*, 38 (2007), pp. 49–76; Richard Kieckhefer, "The Holy and the Unholy: Sainthood, Witchcraft and Magic in Late Medieval Europe", *Journal of Medieval and Renaissance Studies*, 24 (1994), pp. 355–385。

7　关于这一传统的一般性调查，参见 Richard Kieckhefer, *Magic in the Middle Ages*, Cambridge, 1989; 以及 Valerie I. J. Flint, *The Rise of Magic in Early Medieval Europe*, Princeton, 1993。

8　第一句陈述的来源将在第七章的引注中呈现，而第二句陈述的论据也很充分，尤其可参见 Cohn, *Europe's Inner Demons*, pp. 102–143; J. R. Veenstra, *Magic and Divination at the Courts of Burgundy and France*, Leiden, 1998; 以及 P. G. Maxwell-Stuart, *The British Witch*, Stroud, 2014, pp. 1–114。

像崇拜者，但不是巫师。[9] 由于在很大程度上依赖于文本的传承，所以尽管一直被官方禁止和迫害，仪式性魔法依然为历史学家留下了一条可以追溯的记录路径。从古代、中世纪一直到近代早期，有足够的文稿流传下来，使我们能够通过弄清主要作品和体裁，追踪它们在不同文化和语言中的路径，首先从希腊语到阿拉伯语、拉丁语，从阿拉伯语、拉丁语到希腊语，从希伯来语到拉丁语或者反向传播，还有从这些语言到不同民族的方言。[10] 如果我们能够综合各种研究成果（目前这些研究资料的数量已经非常可观），我们就能对过去几千年时间里魔法文本的发展有一个全面的了解。然而，这项工作仍然有待来者。1997 年，当时最杰出的中世纪魔法研究者理查德·基克希弗（Richard Kieckhefer）认为："现在最让人信服的是，有魔法之用的历史，也有魔法的社会反响的历史，但没有魔法本身的历史；事实上，所有的魔法技巧都是不受时间影响的，是永恒的。"因此，他拒绝在"魔法历史的丛林——从希腊记载魔法的古典时代莎草纸手稿，到阿拉伯和拜

9　Jean Bodin, *De la demonomanie des sorciers*, Paris, 1580, Book 1, c. 1.

10　有关此类的研究，参见 T. Fahd, "Retour à IbnWahshiyya", *Arabica*, 16 (1963), pp. 83–88；Jack Lindsay, *The Origins of Alchemy in Graeco-Roman Egypt*, London, 1970；David Pingree, "Some of the Sources of the Ghāyat al-Hakim", *Journal of the Warburg and Courtauld Institutes*, 43 (1980), pp. 1–15；"Between the 'Ghaya' and 'Picatrix'", *Journal of the Warburg and Courtauld Institutes*, 44 (1981), pp. 27–56；"The Diffusion of Arabic Magical Texts in Western Europe", in *La Diffusione delle Scienze Islamiche nel Medio Evo Europeo*, Rome, 1987, pp. 57–102；"Indian Planetary Images and the Tradition of Astral Magic", *Journal of the Warburg and Courtauld Institutes*, 52 (1989), pp. 1–13；以及 "Learned Magic in the Time of Frederick II", *Micrologus*, 2 (1994), pp. 39–56；Peter Kingsley, "From Pythagoras to the 'Turba Philosophorum", *Journal of the Warburg and Courtauld Institutes*, 57 (1994), pp. 1–13；Charles Burnett, *The Introduction of Arabic Learning into England*, London, 1997；以及 "Late Antique and Medieval Latin Translations of Greek Texts on Astrology and Magic", in Paul Magdalino and Maria Mauroudi (eds.), *The Occult Sciences in Byzantium*, Geneva, 2006, pp. 325–359；W. F. Ryan, *The Bathhouse at Midnight*, Stroud, 1999；以及 Charles Burnett and W. F. Ryan (eds.), *Magic and the Classical Tradition*, London, 2006。

占庭时期的资料，再到近代早期的魔法书——中无边无际地漫游"。[11]
基克希弗的美国同乡，迈克尔·贝利（Michael Bailey）则主张，欧洲
确有一段仪式性魔法的历史，从4世纪延伸到18世纪，也就是在基督
教合法化与启蒙运动这两件大事之间。但他也认为，从12世纪起，仪
式性魔法才开始形成统一的传统。不过，按照基克希弗的定义，贝利
所做的历史调查虽然非常好，但主要涉及的也还是魔法的使用和人们
对魔法的反应，而不是各种魔法本身的构成。[12] 本书要做的，就是沿
着基克希弗绘制的路线，从他所说的"丛林"中开一条小径，看看能
否从这些魔法中辨认出任何连续的传统，以及是否可以将这种传统追
溯到古代世界不同的区域性文化对于超自然力量的不同态度上。[13]

魔法莎草纸及相关问题

之前我们提出，对于古埃及人来说，宗教和魔法几乎没有区别，
不存在巫师形象，对魔法也没有敌意。而古罗马人则对宗教和魔法做

11　Richard Kieckhefer, *Forbidden Rites*, Stroud, 1997, p. 11.

12　Michael D. Bailey, "The Meanings of Magic", *Magic, Ritual and Witchcraft*, 1(2006), pp. 1–23.
"The Age of the Magicians", *Magic, Ritual and Witchcraft*, 3 (2008), pp. 3–28; 以及 *Magic and
Superstition in Europe: A Concise History from Antiquity to the Present*, Lanham, MD, 2007。最近还有
一些阐述西方魔法历史的好书，比如 Bernd-Christian Otto, *Magie*, Berlin, 2011（非常感谢
作者将该书赠送给我）；Brian P. Copenhaver, *Magic in Western Culture*, Cambridge, 2015；以及
Steven P. Marrone, *A History of Science, Magic and Belief from Medieval to Early Modern Europe*, New
York, 2015。第一本书概述了欧洲从古典时代到现代的主要运动、作品和人物。第二
本书对文艺复兴时期的魔法展开了深入研究，尤其是对马尔西利奥·费奇诺（Marsilio
Ficino）用力颇多，还涉及了现代学者对它的看法。第三本书考察的是12世纪至17世
纪对宗教、科学和魔法的态度之间的关系，它的重点放在了中世纪的盛期和晚期。

13　在我落笔之后，简·布雷默提醒我注意贝恩德-克里斯蒂安·奥托（Bernd-Christian
Otto）所写的 "Historicising 'Western Learned Magic'", *Aries*, 16 (2016), pp. 161–240，其中他
描绘了一幅仪式性魔法的历史蓝图，我认为本书也是出于同样的目的。

了区分，他们对巫师形象有着非常成熟的概念，颁布越来越严苛的法律来禁止魔法实践。那么，当古埃及被并入罗马帝国，这两个截然不同的文化态度相互碰撞之后，发生了什么呢？埃及似乎做出了非常有创造性的回应：罗马统治者削减了对古埃及神庙制度和祭司特权的经济支持。[14] 这迫使原本由官方供养的读经者们自谋生路，转而为社会大众提供魔法服务。而这一过程似乎又与记载着魔法的希腊莎草纸手稿的发展产生了密切联系。[15] 正如"希腊莎草纸"这个名称所示，[16] 它

---

14 关于这一历史过程的评论，参见 Jonathan Z. Smith, "The Temple and the Magician"，见 Jacob Jervell and Wayne A. Meeks (eds.), *God's Christ and his People*, Oslo, 1977, pp. 233–248；Robert K. Ritner, "Egyptian Magical Practice under the Roman Empire", *Aufstieg und Niedergang der Römischen Welt*, II.18.5 (1995), pp. 3333–3379；Richard Gordon, "Reporting the Marvellous: Private Divination in the Greek Magical Papyri", in Peter Schäfer and Hans G. Kippenberg (eds.), *Envisioning Magic*, Leiden, 1997, pp. 65–92；David Frankfurter, "Ritual Expertise in Roman Egypt and the Problem of the Category 'Magician'", in ibid., pp. 115–135；以及 *Religion in Roman Egypt*, Princeton, 1998, pp. 198–233。

15 目前的标准翻译版本参见 Hans Dieter Betz, *The Greek Magical Papyri in Translation including the Demotic Spells*, Chicago, 1986. 希腊文莎草纸通常缩写为 PGM (Papyri Graecae Magicae)，世俗体莎草纸则缩写为 PDM (Papyri Demoticae Magicae)。关于解说，参见 Arthur Darby Nock, *Essays on Religion and the Ancient World*, Oxford, 1972, pp. 176–194；Hans Dieter Betz, "The Formation of Authoritative Tradition in the Greek Magical Papryi", in Ben F. Meyer and E. P. Sanders (eds.), *Jewish and Christian Self-Definition*, London, 1982, pp. 161–170；以及 "Magic and Mystery in the Greek Magical Papyri", in Christopher D. Faraone and Dirk Obbink (eds.), *Magika Hiera: Ancient Greek Magic and Religion*, Oxford, 1991, pp. 244–259；William M. Brashear, "The Greek Magical Papyri", Aufstieg und Niedergang der Römischen Welt, II.18.5 (1995), pp. 3380–3384；Jonathan Z. Smith, "Trading Places" in Marvin Meyer and Paul Mirecki (eds.), *Ancient Magic and Ritual Power*, Leiden, 1995, pp. 23–27；Leda Jean Ciriao, "Supernatural Assistants in the Greek Magical Papyri", in ibid., pp. 279–295；Fritz Graf, *Magic in the Ancient World*, Cambridge, MA, 1997, pp. 97–116；Sarah Iles Johnston, "Sacrifice in the Greek Magical Papyri", in Paul Mirecki and Marvin Meyer (eds.), *Magic and Ritual in the Ancient World*, Leiden, 2002, pp. 344–358；Anna Scibilia, "Supernatural Assistance in the Greek Magical Papyri", in Jan N. Bremmer and Jan R. Veenstra (eds.), *The Metamorphosis of Magic from Late Antiquity to the Early Modern Period,* Leuven, 2002, pp. 71–86。

16 译注：莎草纸的英语"papyrus"源自希腊语"πάπυρος"。

大部分是用亚历山大大帝征服后当地的主导语言——希腊文写成的，虽然有些手稿用的还是体现埃及本土语言的世俗体文字（Demotic）。很难判断这些文本写就的时代，通常只能大略地说是公元1到4世纪间，尽管有些手稿的年份可以被判定为时间跨度较窄的3世纪晚期至4世纪。在这段时期，虽然关于魔法的公众态度、技巧和内容表明以往埃及的传统被延续了下来，但魔法的使用范围变得更为广泛。

一方面，魔法变得更复杂也更具有野心。这些魔法仪式的基本性质是召唤神祇到一个特定的神圣场所，然后对他提出某些请求。有时，魔法师会施以一套程序，强迫相关的神祇现身和消失。[17]在一些文本中，魔法师希望让神祇附到某个活人（通常是小男孩）身上，借他的口说出问题的答案，给出指示。[18]早期的那种自然界中各种物质存在某种神秘对应关系的概念，已经发展成非常复杂的魔法仪式组合，其中的要素包括语音、动作、时间、颜色、道具、植物成分、熏香、液体、动物器官和动物祭品。其中一个典型的魔法仪式所需的材料包括：未烧过的砖、"麦穗的阿努比斯神之首"[19]（Anubian head of wheat）、一种猎鹰木的植株、雄椰枣树的纤维、乳香、某种奠酒（葡萄酒、啤酒、蜂蜜或黑色奶牛的奶）、葡萄藤、木炭、艾草、芝麻和黑色小茴香。[20]某些坚硬的物体，特别是戒指，常常在仪式上被神祇赋予永恒的神力（古埃及的赫卡）。人们也相信，如果掌握了神祇等超人类体的秘密或"真名"，他们就不得不回应或服从要求。所以，一个咒语表明阿弗洛狄忒隐秘的名字是"Nepherieri"，这个词在埃及语中是"美丽眼睛"

17　例如，PGM III.494–501；IV.930–1114；以及 XIa.1–40。
18　例如，PGM IV.850–929；V.1–53；VII.540–78；以及 XIV.1–92, 150–231。
19　译注：学者尚不清楚该词的真实意思。
20　PGM IV.850–929.

的意思，据说如果反复念这个咒语，就能赢得一个女人的爱。[21] 另一个咒语则要求太阳神赫利俄斯（Helios）必须满足念咒语者的愿望，"因为我知道你的标志和形象，你在每个时辰会变成谁，以及你的名字"。[22] 于是，就形成了一种背诵某些（通常很长的）表面上毫无意义的"惯用语"的传统，人们相信这些咒语被赋予了力量。有些时候，魔法师本人能够（或假装）以神祇的身份出现。[23]

另一个方面，这些文本变得越来越世界性，这源于长期以来不断将外来文化中的神祇和灵体加入现有本土诸神体系的做法。为了与自亚历山大时代以来统治整个近东的希腊文化保持一致，希腊 – 罗马诸神、英雄和圣贤被纳入了咒语中。它们要么与至高无上的力量和智慧联系在一起，如赫利俄斯、宙斯和密特拉神（Mithras），要么与魔法本身相关，诸如赫尔墨斯、赫卡忒，要么与爱情符咒有关，比如阿弗洛狄蒂和厄洛斯。它们还从犹太文化中搬来了耶和华（通常被埃及人称为伊奥［Iao］）、摩西、所罗门和诸天使。于是，就形成了一种内容丰富的折中主义——有一个向希腊神阿波罗祈祷的仪式，将他与赫利俄斯、希伯来天使长拉斐尔（Raphael）、希伯来魔鬼阿布拉萨克斯（Abrasax）和希伯来神的头衔"主"（Adonai）和"万军"（Sabaoth）等同起来，并称呼他为"宙斯的燃烧使者，神圣的伊奥"。另一个仪式把赫利俄斯当作天使长，还有一个把另一位男性神祇作为四个主要的异教神宙斯、赫利俄斯、密特拉和塞拉皮斯（Serapis）的结合体。[24] 第三个的新特征是，这些魔法仪式开始热衷于帮助魔法的修习者或委

21　PGM IV.1265–1274.

22　PGM III.494–501.

23　例如，PGM V.146–150。

24　PGM III.211–229; V.5; 以及 XIII.335–339。

托人获得能力、知识，或满足他们世俗的愿望。过去的读经者祭司更关心的是帮助那些来到神庙寻求保护的人，帮他们免受厄运和敌人的伤害。而这些莎草纸手稿的作者向客户许诺能够提供任何想要的东西。有些作者表示他们可以把自己掌握的魔法技能通过训练学生或者著书立说传承下去。[25]

在这些莎草纸手稿上发现的最后一个新特征是，它们为了魔法的各种实用目的，挪用了罗马帝国晚期神秘教派的语言和氛围。这些神秘主义教派是封闭的准入制社团（initiatory societies），专门信奉某位特定的神祇。通过仪式，教派的成员会感受到自己和那位神祇产生了某种强烈的个人化的联系。一份莎草纸手稿认为，魔法的最高目标在于"劝服所有的神祇"。它还将修习者命名为"受祝福的神圣魔法的准入者"，认为他们注定要"与神同尊，因为你以神为友"。[26]"赫卡忒·埃列什基伽勒（Hecate Ereschigal，一个希腊–安纳托利亚神和一个美索不达米亚神的合体）保佑不怕惩罚的符咒"是这么说的："我被接纳了……我步入地下房间……我看见了地底的其他事物，贞女，荡妇和其他的一切。""与赫利俄斯建立关系的咒语"要求"保持对你（神）的了解"，进而实现所有世俗的愿望。[27]对"众神之神"堤丰（Typhon）的祭仪，承诺通过"这次神圣的相遇，获得神的特质"的方式，赋予仪式的实施者"实现宇宙的主宰和所有命令"的力量。[28]这些文本中最著名的被称作"密特拉的礼拜"（Mithras Liturgy），里面规定了一种飞升到诸层天域的方法，能够看到最伟大的景象，触摸到"不朽"

25　例如，PGM IV.475–477；以及 XII.92–94。

26　PGM 1.53, 127 and 191.

27　PGM LXX.5–16；以及 III.559–610。

28　PGM IV.164–221。

的边缘。它将其修习者称为"入门者"。而这一伟大事业的目的，是获得所有与尘世和天界问题有关的神圣答案。[29] 因此，魔法莎草纸手稿是古典时代晚期的希腊语世界尝试将宗教形式应用于魔法目的的明证。

同时，当时也出现了一种类似的，或相关的尝试。它试图将魔法技巧应用于宗教目的，表现为通神术（theurgy）的概念。对于该词的字面意思和它所代表的实践，现代学术界没有任何一致的意见。但显然大家都认为，它的意思包括利用魔法形式来帮助将人类灵魂提升到神性境界，实现人神之间的接触或结合。[30] 它与魔法莎草纸手稿中所描述的过程非常相似，但两者有一个本质上的区别：在通神术的仪式中，人与神的接触被看作最终目的，而不是修习者增加实际知识和力量的手段。最早可以说明这一点的文本是《迦勒底人的神谕》（*Chaldean Oracles*），它的原始文本已经遗失，但片段散见于后世作家的引用中。迦勒底人是罗马世界对美索不达米亚魔法师的称呼，当时的希腊－罗马人对他们非常尊敬（同时也很惧怕），不过里面的文本内容似乎来自2世纪的叙利亚。[31] 其中简要地提到了旨在与至大神结合或者被它接纳的仪式，该仪式涉及用"野蛮的"语言写就的神名和某种特殊石头的使用。[32] 还有一些疑似《迦勒底人的神谕》的段落，涉及强迫神灵现身，

---

29 PGM IV.75–750.

30 截至2003年，相关争论的内容和主要资料，可参见本人的作品：*Witches, Druids and King Arthur*, London, 2003, pp. 117–118。

31 Sarah Iles Johnston, *Hekate Soteira*, Atlanta, 1990, p. 2; Rowland Smith, *Julian's Gods*, London, 1995, p. 93; Polymnia Athanassiadi, "The Chaldean Oracles", in Polymnia Athanassiadi and Michael Frere (eds.), *Pagan Monotheism in Late Antiquity*, Oxford, 1999, pp. 153–155. 目前的标准版本是 Edouard des Places, *Oracles Chaldaiques*, Paris, 1971，其英译本是 Ruth Majercik, *The Chaldean Oracles*, Leiden, 1989。本书所引用的片段编号依据的是 des Places 版。

32 片段编号 2、109、132–133、135、149–150。

将人作为发声的媒介，以及使用特定的动植物材料为某位女神制作魔法塑像。这些都与魔法莎草纸手稿上的内容相似。[33]

　　《迦勒底人的神谕》中"通神术"的概念很可能与当时一种主要的异教哲学新柏拉图主义的观点相符，后者同样强调人类与原初神重新合一的必要性。然而，第一个谈论此话题的新柏拉图主义学者波菲利（Porphyry）对希腊哲学传统和魔法莎草纸手稿做了明确区分，他谴责认为神会受人类意志所驱使的观点，嘲笑在祈求神助时使用神祇的"隐秘的名字"的做法，并且警告说这样做可能会召来恶灵。他的观点清楚地表明了希腊 – 罗马人对于宗教和魔法的区分，以及对于后者的不信任。此外，波菲利也明确反对埃及人的魔法观，视之为对欧洲相关信仰的污染。他的这些论述写于大约 300 年时给阿内博（Anebo）的《信札》中，这个人物可能是波菲利虚构出来当靶子的埃及祭司。[34]另一个波菲利学派的著名哲学家扬布里柯（Iamblichus）回应了这个问题。他推崇埃及和美索不达米亚的魔法实践，特别是埃及魔法，认为这是复兴希腊 – 罗马异教的一种手段。他辩护道，魔法是神祇们主动揭示给人类的，是人类和神灵沟通的渠道，众神愿意通过它与人类合作。因此，只要是善良虔诚的人就无须畏惧恶灵。他认为通神术代表了操纵符号的力量，人类可以通过这些符号与众神直接联系，符号包括特殊的石头、植物、特定的动物器官和熏香。根据他的说法，通神术之所以有这种力量，是因为自然界归根结底是某位至高无上的神的产物，所有的事物都源自于此，因此自然界本质上是相互联系的。施术者了解各种物质、数字和词语的确切特性，可以将它们组合在一起，

33　片段编号 219、221、223–225。

34　目前容易找到的版本似乎是 2012 年 *Henri Dominique Saffrey* 的巴黎版。

促使神祇回应。另一方面，扬布里柯建议大多数读者不要搅扰真神，去找低级的灵体就够了。另外，他认为大多数略有经验的魔法修习者与上天的力量结合的尝试很危险。他还谴责很多普通的魔法师是不虔诚又鲁莽的傻瓜，为了私利而试图控制这种神秘的沟通渠道，多半最终会沦为邪恶力量的牺牲品。[35]

后来的新柏拉图主义者似乎也在这一传统中发挥了作用。4 世纪中期曾在小亚细亚生活过的马克西穆斯（Maximus）据传曾以埃及和美索不达米亚的传统方式为一座（赫卡式的）雕像注入灵气（animate）。[36] 5 世纪的雅典主流哲学家普罗克洛（Proclus）似乎已经认识到，祭司们会用不同的石头、植物、熏香的组合来召唤特定的神祇，或者驱赶不受欢迎的灵体。[37] 他可能也提到过用魔法莎草纸手稿上记载的为雕像注入灵气的仪式，或者其他把神灵召唤到神媒身上（魔法师和神媒都要先经过净化仪式）并通过神媒发声的仪式。[38] 他似乎相信特殊的祷词可以召唤神。[39] 普罗克洛之后，另一个雅典的哲学家达马斯基俄斯（Damascius）则相信，通过转动陀螺或者球体，就

35 Iamblichus, *On the Mysteries of the Egyptians*, Chaldeans and Assyrians, 5.22–23; 96.13–97.8; 161.10–15; 197.12–199.5; 218.5–10; 227.1–230.16; 233.7–16; 264.14–265.6. 我使用的是 1966 年在巴黎出版的 *Edouard des Places* 的标准版。

36 Eunapius, *Lives of the Philosophers*, sections 474–480.

37 Proclus, *Of the Priestly Art According to the Greeks*, trans. Brian Copenhaver in "Hermes Trismegistus, Proclus and the Question of a Philosophy of Magic in the Renaissance", in Ingrid Merkel and Allen G. Debus (eds.), *Hermeticism and the Renaissance*, Washington, DC, 1988, pp. 103–105.

38 相关讨论参见 E. R. Dodds, *The Greeks and the Irrational*, Berkeley, 1951, p. 296；以及 Matthew Dickie, *Magic and Magicians in the Ancient World*, London, 2001, pp. 317–318。

39 Proclus, *In Platonis Timaeum Commentaria*, line 3.41.3, ed. E. Diehl, Leipzig, 1906.

可以召唤或者驱赶某个超自然体。[40]

　　古典时代晚期，魔法莎纸草和通神术出现的同时，犹太魔法也成为一种文本传统，有专门的工具，包括手册、护身符和祷词碗。有两本可以追溯到古代的手册体现了这个传统。其中较早的《奥密之书》（Sepher ha-Razim），是 1966 年根据不同时间不同语言的残篇重建起来的。这本书的写作时间大概在 4 世纪晚期至 9 世纪之间，写作地点可能是埃及或巴勒斯坦。书里描述了七种不同的天使，以及各种能够调用它们神力的魔法仪式，这些魔法大多出于各种建设性和破坏性的目的。具体的操作方法包括使用动物献祭、复杂的咒语，还要配合星宿吉相。书的作者是一个受过教育的犹太人，他熟悉记录在莎草纸手稿上的希腊 – 埃及的魔法，也能够熟练使用希腊语和魔法的专业词汇。另外，在这本魔法书中，赫利俄斯、赫尔墨斯和阿弗洛狄忒都客串出场。[41] 另一本是 11 世纪存世的《摩西之剑》（Harbe de-Moshe），但流传至今的只有中世纪晚期和近代早期的三个不同的版本。它的核心是为了达到特定的目的而向诸天使提出一系列的请求。比较常见的

40　Johnston, *Hekate Soteira*, p. 90; Stephen Ronan, "Hekate's Iynx", *Alexandria*, 1 (1991), p. 326. 关于通神术的更详细的讨论，参见我的 *Witches, Druids and King Arthur*, pp. 117–128，其中还提供了更广泛的参考书目。之后著名的相关出版物还包括 Emma C. Clarke, *Iamblichus's "De Mysteriis"*, Aldershot, 2001；以及 Ilinca Tanaseanu-Döbler, *Theurgy in Late Antiquity*, Göttingen, 2013。

41　M. A. Morgan (ed.), *Sepher ha-Razim*, Chico, CA, 1983. 关于它的写作时间 , 可参见这一版本的导言部分，和 P. S. Alexander, "Incantations and Books of Magic", in Emil Schürer, *The History of the Jewish People in the Age of Jesus Christ*, ed. Geza Vermes, Edinburgh, 1986, vol. 3, pp. 347–348；以及 "Sepher ha-Razim and the Problem of Black Magic in Early Judaism", in Todd E. Klutz (ed.), *Magic in the Biblical World*, London, 2003, pp. 184–190；Pablo A. Torijano, *Solomon the Esoteric King*, Leiden, 2002, pp. 192–244；以及 Gideon Bohak, *Ancient Jewish Magic*, Cambridge, 2008, pp. 169–183。该文本的重建应归功于莫迪凯·马加利乌斯（Mordecai Margaliouth），他出版了最终的希伯来文版本。

目的是疗愈疾病，但也包括其他的愿望，比如赢得爱情、消灭敌人、控制魔鬼等等。书里主要将一些表面上看起来毫无意义的词语，即魔法词（voces magicae），与陶片、蔬菜、动物和矿物、油和水等物质结合使用。[42]

吉德翁·博哈克（Gideon Bohak）对古代犹太魔法的文化影响进行了研究，也包括这种犹太魔法表现形式——护身符，它们存世的数量很大。他的结论是，这一时期兴起的抄写传统（scribal tradition）是希腊-埃及魔法发展的直接结果。这些文本中出现了大量的希腊词汇，还特别借用了希腊-埃及魔法师专门用来祈祷和祝咒的单词或长词组。特别的是，犹太作者在很大程度上继承了这些"魔法词"，同时也学会了将文字拼成几何形状，用以结合文字和数学的力量。直到中世纪，犹太人一直保留着希腊-埃及的惯用语，它们频繁地出现在从开罗的犹太会堂储藏室（Genizah）中发现的数百种护身符和咒语中，一直可以追溯到9世纪。这些护身符和咒语承诺可以帮助控制魔鬼、发现宝藏、增加人望、赢得爱情、消灭敌人和治愈疾病。然而，博哈克也强调，虽然犹太人引入了异教的魔法技巧，但仪式和文本还是他们自己的。他们很少求助于异教的神祇，尽管会将其中的少数变成天使，或转换为某种形象或符号，更加强调圣经的词句和圣经中的主人公。他们同样避免超人类体对教义的威胁，以及对魔法本身的正面提及。[43] 与犹

---

42 我使用的是 1896 年 Moses Gaster 的伦敦版，相关评注参见此版本的导言部分；Alexander, "Incantations and Books of Magic", pp. 350–352; Bohak, *Ancient Jewish Magic*, pp. 169–183。

43 Bohak, *Ancient Jewish Magic*, pp. 143–350，或参见 Rebecca Lesses, "Speaking Angels: Jewish and Greco-Egyptian Revelatory Adjurations", *Harvard Theological Review*, 89 (1996), pp. 41–60，以上研究得出了相似的结论。他们所使用的基础文本可参见 Lawrence H. Schiffman and Michael D. Swartz (eds.), *Hebrew and Aramaic Incantation Texts from the Cairo Genizah*, Sheffield, 1992。

太人的仪式性魔法一道，基督教的仪式性魔法也发展了起来，其第一个幸存的扩展文本是大约 6 至 7 世纪出现的《所罗门圣约》（*Testament of Solomon*）。该书创作于希腊，也很有可能是在埃及或巴勒斯坦，里面记载了各种植物、石头和动物器官的名字、语词、惯用语和用途，用以控制和驱逐各种魔鬼，尤其是引起疾病的魔鬼。这本书旨在凭借守护天使的力量来保护人类的利益，是一本混合了犹太观念、魔法莎草纸手稿和希腊 – 埃及占星术的书。[44]4 至 6 世纪，埃及人普遍皈依了基督教，终于全面采纳希腊 – 罗马对魔法的怀疑态度，古代世界对魔法的宽容被根除殆尽。尽管如此，基督教的魔法文本继续以科普特语（Coptic，同一时期从方言中演变而成的语言）写就。于是，它成为一种媒介，异教徒的魔法莎草纸手稿中的魔法特点，特别是那些保护和诅咒仪式，得以进入中世纪阿拉伯人的著作中。科普特文本大多（虽然并不总是）用天使和圣经人物来取代异教的神祇，但保留了"知道真名就可以对召唤来的神行使权力"的传统，以及对魔法词的使用。[45]

　　因此可以证明，正当罗马帝国官方对魔法的态度愈发强硬，反对

44　我比较了以下几个版本：F. C. Conybeare, in London in 1898 and D. C. Duling, in James H. Charlesworth (ed.), *The Old Testament Pseudepigrapha*, London,1983, vol. 1, pp. 935–987。相关评注参见这些版本的导言部分，以及 Charles Chariton McCown (Leipzig, 1922) 的作品；亦见 Sarah Iles Johnston, "The 'Testament of Solomon' from Late Antiquity to the Renaissance", in Bremmer and Veenstra (eds.), *The Metamorphosis of Magic*, pp. 35–49；Torijano, *Solomon the Esoteric King*, pp. 41–87；Alexander, "Incantations and Books of Magic", pp. 372–374；Todd E. Klutz, *Rewriting the "Testament of Solomon"*, New York, 2005；以及 James Harding and Loveday Alexander, "Dating the Testament of Solomon", www.st-andrews.ac.uk/divinity/rt/otp/guestlectures/harding，访问日期为 2014 年 5 月 9 日。

45　关键文本参见 Marvin Meyer and Richard Smith(eds.), *Ancient Christian Magic*, Princeton, 1994。 亦 见 Nicole B. Hansen, "Ancient Execration Magic in Coptic and Islamic Egypt", in Mirecki and Meyer (eds.), *Magic and Ritual in the Ancient World*, pp. 427–445；Frankfurter, *Religion in Roman Egypt*, pp. 257–264；以及 Brashear, "The Greek Magical Papyri", pp. 3470–3473。

用魔法操纵神力以实现私利的同时，一种史无前例的复杂的魔法形式出现了，它正致力于实现对神力的操纵。关于它的最显著的记载出现在希腊－埃及异教徒中，但它的某些方面也渗入到希腊哲学、犹太和基督教文化中。一个显而易见的问题是：这种新的魔法是埃及制造并输出到东地中海以外的地区的吗？还是说埃及的魔法仅是地中海地区乃至整个罗马世界正在历经的一次进化的缩影？我们知道，在当时希腊罗马世界的其他地方，从罗马到叙利亚，都提到了魔法书，但大多被当局没收并烧毁了。[46] 这些魔法书都没能流传下来，因此无法表明它们是否包含了复杂的仪式性魔法，以及如果真是这样，它们是否受到了埃及魔法的影响。如果我们能确定《奥密之书》和《所罗门圣约》是在埃及境内还是在境外创作的，也许就能更接近答案。但这个问题的答案我们也无法确定。此外，埃及的史料之所以幸存，可能是该国干燥的气候造成的偶然，在这种气候条件下，莎草纸可以得到很好的保存，于是对古代晚期仪式性魔法的记录就在当地而不是其他地方幸存了下来。除了气候，保存这些魔法莎草纸手稿的地点也很关键，它们大多可能被保存在类似墓穴的同一个地方。

这个案例的两面性可以概述如下。有人认为，希腊－埃及文本中的复杂魔法是在埃及本土产生，并从那里传播到整个罗马帝国的，因此可以认为这个国家拥有一种特别有利于使用魔法的意识形态，埃及文化中也早就存在着魔法莎草纸手稿的所有基本特征。其中包括：魔法师在举行仪式以前必须在身体和心灵两方面净化自己（这是对埃及祭司的古老要求）；有意支配神祇，有时还将神祇人格化；兼收并蓄，允许将外来神和较低级的灵体引入召唤或抵御的名单；在仪式中使用

46　参考文献参见 Owen Davies, *Grimoires: A History of Magic Books*, Oxford, 2009, pp. 19–21。

矿物、动植物和熏香；运用肖像，特别是被注入了灵气的雕像和小塑像；相信大声念出字词的做法拥有某种神秘力量；强调对神真名的了解；使用魔法词；在恰当的日期时间进行仪式和净化仪式空间的重要性；强调在仪式中使用恰当的物品和颜色；把书写和书写的动作都视作魔法；神祇通过人之口传达信息；整理各种魔法仪式并汇集成书。[47] 最重要的是，埃及人早已习惯了复杂仪式的概念，这些仪式旨在操纵人类和超人类体，让他们希望的事情发生。他们认为，无论究其道德意义还是宗教意义，这种做法都是可以接受的。此外，魔法莎草纸手稿中包含的非埃及神祇和灵体绝大多数都来自那些到埃及定居的外来民族，也就是希腊人和犹太人，他们大多居住在希腊化的埃及首都亚历山大。手稿中只有三个来自美索不达米亚和叙利亚的神，波斯的元素很少很分散，也没有特别的关于罗马神祇的内容。[48] 如前所述，罗列低级灵体的做法似乎最初是美索不达米亚人的习惯，不过到了魔法莎草纸手稿时期，这种做法已经被埃及人接纳了。占星术是一种著名的神秘学传统，对于埃及来说毫无疑问是外来文化，它在传入埃及之后，却变成了西方文明中经久不衰的典范。占星术在美索不达米亚得到了发展，公元前第二个千年间，美索不达米亚人早期对天体

47　相关资料可参见 Robert Kriech Ritner, *The Mechanics of Ancient Egyptian Magical Practice*, Chicago, 1993, pp. 36–38, 72, 111–190；以及 "Egyptian Magical Practice under the Roman Empire", pp. 3345–3358。Geraldine Pinch, *Magic in Ancient Egypt*, London, 1994, pp. 62–164；Frankfurter, "Ritual Expertise in Roman Egypt"; Brashear, "The Greek Magical Papyri", p. 3429；Ian Meyer, "The Initiation of the Magician", in David B. Dodd and Christopher A. Faraone (eds.), *Initiation in Ancient Greek Rituals and Narratives*, London, 2003, pp. 223–224；John Gee, "The Structure of Lamp Divination", in Kim Ryholt (ed.), *Acts of the Seventh International Conference of Demotic Studies*, Copenhagen, 1999, pp. 207–218；以及 Joachim Friedrich Quack, "From Ritual to Magic", in Gideon Bohak et al. (eds.), *Continuity and Innovation in the Magical Tradition*, Leiden, 2011, pp. 43–84。

48　Brashear, "The Greek Magical Papyri", pp. 3422–3440.

运行的特殊兴趣发展成为基于天体运动和变化情况而形成的预兆文学（omen-literature），到了第一个千年的时候，它对天体观测提出了越来越精确的要求。在亚历山大大帝征服美索不达米亚之后，希腊人接受了这一传统，并将它扩展成星象的概念。于是，埃及的希腊语社群中生产了黄道十二宫，和第一个真正意义上的占星术文本。就这样，预言性的占星术，携着一些小的"伴生物"，一直流传到了今天。[49]

一些人持反对意见，他们当然提出强有力的论点，即声称在埃及早期对魔法的态度和实践中找到其根源的魔法莎草纸手稿的特点，大部分（即便不是全部）都可以在其他古代文化（尤其是美索不达米亚文化）中找到。这些埃及的证据也可以被用来证明埃及仅是古典时代晚期整个新月沃地和地中海盆地发生的某种现象的一隅，只是由于保存条件异常有利，才变得如此突出。不过，值得一提的是，埃及依然非常可能对复杂仪式性魔法的发展产生过至关重要的影响。只有埃及在适当的时间点上具备仪式性魔法发展的所有文化、政治和社会语境，并为它留下了最佳的存世证据。此外，还有一个因素：就在复杂的莎草纸魔法出现的时期，埃及魔法师正在罗马世界获得更大的声誉。如前所述，他们长期以来就享有这些声誉，但是罗马帝国的文学作品使得技艺高超的埃及魔法修习者（他们所施展的通常是书中提到的那些广博深奥的魔法）成为关键人物。鉴于希腊–罗马世界对于魔法的一贯态度，这些修习者通常是不体面的，介于亦正亦邪和完全邪恶之间。[50]

但是，任何尝试将埃及魔法师在文学上的声誉和历史现实联系起

49　S. J. Tester, *A History of Western Astrology*, Woodbridge, 1987, pp. 11–29.

50　Dickie, *Magic and Magicians*, pp. 212–214，其中收集了大多数参考文献，其中一些以及他未引用的其他文献参见：Daniel Ogden (ed.), *Magic, Witchcraft and Ghosts in the Greek and Roman Worlds*, Oxford, 2009, pp. 49–58。

来的结论，都站不住脚。希腊人和罗马人习惯性地把魔法实践看作是与外来者相关的连贯学术传统，与对待埃及人的态度一样，他们也把波斯人和美索不达米亚人与魔法师联系起来。美索不达米亚人，甚至偶尔出现的"许珀耳玻瑞亚"（Hyperborean，字面意思是"从北风之外"，在这个语境下应该指的是"来自梦幻之地"［Never-Never Land］）依然作为魔法师出现在文学作品中，尽管不如埃及人出现得那么频繁。因此，它们都可以被视作人类社会创造出来关于与己相悖的"他者"的刻板描述，以定义自己价值观的表现。[51] 然而，正如我们所见，问题在于，学者们公认美索不达米亚人和埃及人也确实发展出了复杂的魔法系统，给欧洲人留下了深刻的印象。在古典时代晚期，埃及魔法师也确实正从事着希腊罗马作家所描述的工作，他们为私人所雇佣，把这些系统发展成空前复杂和精细的形式。此外，古希腊–罗马资料对的此类强大的埃及魔法师描述（虽多是赞赏），可以追溯到公元前 2000 年早期中王国时期的埃及文献中。[52] 事实上，这里有一则材料具体地表明了埃及魔法可能对罗马世界产生的实际影响，而不仅仅是简单的讽刺和概括。这则材料来自一位名叫塞尔苏斯（Celsus）的异教徒对基督教的攻击，它之所以能保存下来是因为他的基督教对手的引用。材料中描绘了一群自称为魔法师（goētes）的流浪汉为了几枚硬币——

就在市场中心宣扬神秘的学问，为人们驱赶恶灵、祛除疾病、唤醒英雄的魂魄、制造摆满了食物酒水的盛宴和物体自主移动的幻象，

51　近年来，克里斯托弗·法劳恩（Christopher Faraone）可能是这种观点的最著名的支持者，可以参见他发表的各种（杰出的）出版物。

52　Emily Teeter, *Religion and Ritual in Ancient Egypt*, Cambridge, 2009, pp. 165–167.

但是，这一切实际上并未发生，只是出现在想象中。[53]

    塞尔苏斯补充说，他们的把戏是从埃及人那里学到的。同样，这种说法可能只是为了迎合一种刻板印象。但它的确证明了，在当时确实有一些人声称，或被人认为，从这些文本的作者那里学会了莎草纸手稿中记载的那种魔法。最后，罗马帝国时代的欧洲还保存着一些魔法实践的原始资料，其中包括写着希腊语保护咒的金属护身符。这些材料支持了这种魔法形式从近东，也许特别是从埃及传播而来的观点。帝国另一端不列颠行省的两个例子可以说明这一点。一份从卡那封（Caernarvon）的罗马堡垒中发现的莎草纸手稿，记载了一些魔法形象和魔法词，它是用希伯来文字写成的，提到了埃及神托特（Thoth）。[54]另一份莎草纸手稿则来自牛津郡伍迪顿（Woodeaton）的庙宇建筑群，在里面发现的符咒中使用了希伯来语的神名。[55] 在帝国各地被发现的这些护身符很少使用希腊或罗马的主流神祇，或是其他欧洲行省的神。相反，它们使用的是魔法莎草纸手稿中的神祇和某些精神形式、魔法词和形象。[56] 这些都不能证明复杂的仪式性魔法传统一定是从埃及发展起来并向外扩散的，不过至少能证明如此的可能性很大。

欧洲的魔法传统

    现在让我们把研究的起点定在古典时代晚期，来看看是否真能从

---

53 Origen, *Contra Celsum*, I.6.8.

54 该材料目前保存在威尔士国家博物馆。

55 该材料目前保存在阿什莫林博物馆。

56 这些文本参见 Roy Kotansky (ed.), *Greek Magical Amulets*, Opladen, 1994。

理查德·基克希弗的"丛林"中开辟出一条道路。有时，一部完整的作品可以流传千年。在魔法方面最好的例子可能是《魔法医疗汇编》（Kyranides），里面阐述了各种动物、植物和矿物材料的医学特性，以及将它们注入护身符的方式。这本书出现在 4 世纪的埃及，是亚历山大学者哈尔波克拉提翁（Harpokration）创作的（尽管他似乎借鉴了某个早期的文本）。之后，这本书的古希腊语原本被翻译成阿拉伯文，而后又流传到拜占庭，在 12 世纪出现了拜占庭希腊语版本，后被翻译成拉丁文，开始被中世纪西欧人使用。[57] 有时候，仪式性魔法著作中的内容可以像活化石一样出现在后世文学作品里面，标示着从古代地中海世界，特别是从埃及开始的传播途径。其中最引人注目的大概是"看到幻象并引发梦境"的符咒，它召唤的是埃及喜神贝斯（Bes）和女神伊西斯（Isis）的神力。这种符咒是在一份希腊魔法莎草纸手稿中找到的，也出现在 16 世纪的一本英文手稿中。[58] 一份对 13 至 15 世纪两份拉丁文手稿中的神名的研究发现，其中出现了很多希腊魔法莎草纸中的希伯来系统的名字，甚至还有很多希腊 – 埃及异教神祇，包括赫利俄斯，密特拉神，塞勒涅（Selene）、荷鲁斯（Horus）、阿波罗、伊

---

57 它的英文版是 *The Magick of Kiranus*, 1685，现代版为 Demetrios Kaimakis, *Die Kyraniden*, Frankfurt, 1980。评注参见 Lynn Thorndike, *A History of Magic and Experimental Science*, London, 1923, vol. 2, pp. 229–231；Henry and Renée Kahane and Angelina Pietrangli, "Picatrix and the Talismans", *Romance Philology*, 19 (1966), pp. 574–593；以及 Klaus Alpers, "Untersuchungen zum griechischen Physiologus und den Kyraniden", *Vestigia Bibliae*, 6 (1984), pp. 13–87。

58 起初我并没有找到这份手稿，但这个咒语收录于 C. J. S. Thompson, *The Mysteries and Secrets of Magic*, London, 1927, p. 58，从他的其他作品中我发现他是一位可靠的学者。我在自己的著作（*Witches, Druids and King Arthur*, p. 186）里对它进行了直接的引用，虽然近代早期的学者要获得希腊 - 罗马时代的文本机会很小，但它依然代表着从古代到都铎时代的直接传承。后来，我发现它出现在 PGM VIII.65–85 中，这证明了它的古老起源。在近代早期时期能获得埃及魔法莎草纸的原件，这令人难以置信，尽管并非完全不可能。

西斯、奥西里斯（Osiris）和托特，这与基督教传统相去甚远。[59] 15 世纪至 19 世纪间流传着一本名为《所罗门魔法论》（*The Magical Treatise of Solomon*）的手册，里面将埃及神祇奥西里斯、塞拉皮斯、阿匹斯（Apis）和凯布利（Kephra）的名字打乱，与一同罗列的灵体之名混在一起在宣誓时使用。书中还介绍了用来书写咒语的芦苇笔的制作方法，而芦苇笔并不适用于中世纪欧洲常用的羊皮纸和牛皮纸，在这些纸张上写字最好使用鹅毛笔。[60] 芦苇笔适用于莎草纸的书写，而莎草纸手稿是与埃及联系最紧密的古代文学资料。

在北方文本中古代地中海的其他文物上也可以进行类似的探索。比如 1622 年英格兰的一句咒语副本中出现了对橄榄油灯的使用。[61] 另外，戴胜鸟在魔法领域中的名气也体现了这种影响。戴胜鸟是地中海地区最引人注目的鸟类之一，有独特的冠和五彩缤纷的羽毛。古时候人们认为它的身体部位，特别是心脏用在魔法仪式上会很灵验，希腊文和世俗体文字写就的魔法莎草纸手稿都体现了戴胜鸟的这一特征。[62] 对戴胜鸟的推崇被科普特魔法所继承，7 世纪时，阿拉伯人征服了埃及，随后他们也开始把戴胜鸟当作施展咒语时最重要的鸟类。[63] 后来，欧洲的魔法中也开始使用戴胜鸟作为材料，15 世纪用德语抄写的魔法

---

59 David Porreca, "Divine Names: A Cross-Cultural Comparison", *Magic, Ritual and Witchcraft*, 5 (2010), pp. 17–29.

60 Ioannis Marathakis (ed.), *The Magical Treatise of Solomon*, Singapore, 2011, pp. 56, 60, 64, 85, 159, 231. 出版该书的金库出版社（The Golden Hoard Press）近期在出版欧洲魔法手册方面做了大量有益的工作。芦苇笔的制作也体现在另一部著名的中世纪晚期的魔法书《天使杰拉尔之书》的一份 16 世纪抄本的卷一中，该资料保存于 British Library, Sloane MS 3846，目前可在 www.esotericarchives.com/raziel/raziel.htm 查询，访问日期为 2014 年 5 月 9 日。

61 Bodleian Library, MS eMuseo 243, fo. 26.

62 PGMII.18; III.425; VII.412; PDMXIV.116.

63 Warren R. Dawson, "The Lore of the Hoopoe", 121 (1925), pp. 32–35.

手册上推荐戴胜鸟并说它"对招魂者（necromancers）和魔鬼的召唤者有极大的功效"。[64] 德意志的确是戴胜鸟的繁殖地，但它即使在夏天也极少会出现在英格兰，尤其是中世纪晚期和近代早期的气候比现在更冷，戴胜鸟可能更罕见。我们却在 14 至 16 世纪英格兰的魔法师手抄本中看到推荐在施咒语时使用戴胜鸟心脏的内容，因此，我们现在看到的是另一个古老的黎凡特[65]（Levantine）传统的活化石。[66] 另有学者指出，魔法莎草纸手稿上的爱情（或性欲）咒语中使用的一句"惯用语"——"让女人不吃不喝"（直到她屈服），在罗马帝国晚期的石板、中世纪晚期荷兰和日耳曼的魔法书，17 世纪西班牙和意大利的魔法食谱，还有 17 至 19 世纪的斯拉夫语文本中都曾经出现过。[67]

这些细节建构了知识从古代东地中海（有时特别是从古埃及）到近代早期欧洲的连续传播过程。同样重要的是，仪式性魔法的基本技巧也沿着这条路，从最早出现的魔法莎草纸手稿一直流传到现代：统一的动作、材料和言辞组成的复杂仪式；对特殊名字和魔法词所具有的神力的重视；对净化魔法师和仪式举行之前的空间的强调；对特殊道具的使用，通常需要专门制作；对仪式举行时间的注意；神力被唤起时，对魔法师的保护措施；寻找灵仆来贯彻魔法师的意志以及魔法材料的兼收并蓄和多元性。应该说明的是，并非 4 世纪到 19 世纪编写的所有仪式性魔法著作都体现了以上这些特征，它们只是对魔法操作和物品的列举，魔法师可以根据意愿和传统在其中进行选择，形成自

---

64 Richard Kieckhefer, *Forbidden Rites: A Necromancer's Manual of the Fifteenth Century*, Stroud, 1997.

65 译注：原意指意大利以东的地中海土地，后泛指东方。

66 Bodleian Library, MS e Museo 219, fo. 186v; British Library, Sloane MS 3132, fo. 56v.

67 Andrei Torporkou, "Russian Love Charms in a Comparative Light", in Jonathan Roper (ed.), *Charms, Charmers and Charming*, Basingstoke, 2009, pp. 126–149.

己的组合。在那个时期，与魔法相关的材料也没有得到持续传承，因为直到中世纪晚期更为大量的文本才开始保存下来。随着时间的推移，它们的精细化程度也没有多少进步。相反，举个例子，科普特语魔法莎草纸手稿上记录的修习方式一般都不如它们的异教前辈复杂精细和具世界性，文艺复兴时期欧洲的魔法师手册在丰富程度和野心上也不过和晚期古埃及魔法书水平相当。但至少，这些文艺复兴时期的手册整合汇编了上述技巧。这些技巧起源于古代世界，如今只出现在埃及的文本中。

同样令人惊讶的是，古典时代晚期莎草纸上记载的复杂魔法是在与罗马帝国统治者的价值观（和法律）明显相悖的情况下发展起来的，因此，一种强烈的自我意识和明显的反正统文化倾向也被延续了下来。《霍诺里乌斯誓言书》（*Sworn Book of Honorius*）是一本中世纪晚期最有名（或最具恶名）的魔法手册。它直接回应了教宗（可能是约翰二十二世在 14 世纪 10 至 20 年代发起的）将仪式性魔法与魔鬼联系在一起的运动，并在介绍中大胆地宣称，教宗和他的红衣主教们都为魔鬼所控制，魔法师们则在基督教上帝的启示下从事着探寻真理的工作，魔法师是虔诚的典范，为救赎提供了可靠的手段。[68] 近代早期还出现了

68　这本书的几个版本参见：British Library Royal MS17A.XLII, fos. 15r–23，以及 Sloane MSS 313, fos. 27–45; 3826, fos. 58–83; 3854, fos. 112–139; 3853, fos. 1–25; 3885, fos. 1–25, 58–125。Joseph Peterson 已将其编纂于：www.esotericarchives.com/juratus/juratus.htm，访问日期为 2014 年 5 月 28 日。此外，Gösta Hedegård 于 2002 年在斯德哥尔摩编纂了另一版本，请注意各版本间的区别。关于各版本的评注，参见 Robert Mathiesen, "A Thirteenth-century Ritual to Attain the Beatific Vision from the 'Sworn Book' of Honorius of Thebes"；以及 Richard Kieckhefer, "The Devil's Contemplatives", in Claire Fanger (ed.), *Conjuring Spirits*, Stroud, 1998, pp. 143–162 and 250–265；Katelyn Mesler, "The 'Liber Iuratus Honorii' and the Christian Reception of Angel Magic"；以及 Jan R. Veenstra, "Honorius and the Sigil of God", in Claire Fanger (ed.), *Invoking Angels*, University Park, PA, 2012, pp. 113–191。

另一本同样著名的魔法书，《所罗门之钥》（*The Key of Solomon*），作者在导言中声称书的内容是真神为了教化人类，派天使来告诉他的。[69] 一本名为《论草药、石头和动物的功用》（*On the Virtues of Herbs, Stones and Animals*）的专著在 14 世纪初就被人们所知，并一直流行到 17 世纪。书中认为，尽管魔法可以被用在邪恶的目的上，但它本质上并不坏，"因为了解了魔法，邪恶就可以避免，还可以获得善的回报"。[70] 早在 13 世纪，最伟大的基督教神学家托马斯·阿奎那（Thomas Aquinas）不乏嫌恶地引述过仪式性魔法修习者的论点：通过使用（被降服的）魔鬼来达到善意目的的做法是没有罪（sin）的，因为真神让科学真理服从于人类知识，而魔鬼对它们的了解比人类更多。[71]

如前所述，中世纪晚期和近代早期的欧洲魔法师通常借鉴了牧师、僧侣和学者的理想化形象，并把自己塑造成博学而虔诚的男性典范。[72] 同样，信奉罗马天主教的魔法师也迅速地利用宗教形式为魔法目的服务。某种程度上看，他们与一些魔法莎草纸手稿的作者没有什么区别。13 世纪初，当时仪式性魔法刚在罗马基督教世界出现不久，他们中的一些人就开发出了"诺托里阿技艺"（ars notoria, notary art），这个名称来源于其中的一系列图像和图表——它是一种魔法辅助，其前身也曾出现在古埃及莎草纸手稿中。它的目的是通过向基督教上帝和天上的同伴祈祷来获得智力上的才能和全面的知识，修习的要求包括事先净化、含有魔法词的仪式以及吉时的选择等。里面包含的希伯来语、希腊语和古代美索不达米亚阿拉米语的段落，说明它起源于古代

69　该书标准版是塞缪尔·利德尔·麦格雷戈·马瑟斯（Samuel Liddell MacGregor Mathers）在 1888 年的伦敦综合而成的，导言参见第 2—4 页，出自 16 世纪中期的作品，British Library, Additional MS 10862。

70　"Albertus Magnus", *De virtutibus herbarum, lapidum et animalium*, Amsterdam, 1648, p. 128.

71　Thomas Aquinas, *Summa Theologiae*, 2a–2ae, Quaestion 96.

72　参见上文注释 6 中的材料。

黎凡特魔法传统。[73] 它的文本一直流传到 17 世纪，而在 14 世纪时，产生了两个分支。其中之一是由法兰西修士约翰·德·莫里尼（John de Morigny）创造的，删去了图像和魔法词，也就去除了其中最容易与魔法产生联系的部分，强调了向天神祈祷的内容。[74]《霍诺里乌斯誓言书》采用了它的某些技巧来实现虔诚的基督徒一项最大的愿望：领受"荣福直观"[75]（beatific vision）。和新柏拉图主义者的目的一样，它希望用魔法仪式来达到宗教目的。其中规定的仪式不仅要求狂热的基督教信仰和修道院的苦修，还纳入了罗马教会一些既定的礼仪。不过，除了以上这个虔诚的目标，这本书的某些版本承诺，成功的修习者也能学到如何指挥天使和魔鬼，获得超人的能力，实现所有的世俗愿望。[76]

到目前为止，我们已经强调了关于欧洲仪式性魔法的持久和普遍的特点，它们的根源体现在埃及莎草纸手稿中。现在应该要问一问，某些特定的种族和文化群体在古典时代晚期是否为仪式性魔法增添了某些独有的特征？答案似乎是肯定的。本书中提到的三大宗教为它做出了三大贡献。虽然在出现的时间上有重叠，但这些新特征的发展在

73　Julien Véronèse, *L'Ars notoria au Moyen Age età l'époque moderne*, Florence, 2007，其中包括了该文本的批注版。另一个 17 世纪版本的翻译版可参见 Joseph H. Peterson, *The Lesser Key of Solomon*, York Beach, MN, 2001, pp. 155–220。关于评注，可参见 Michael Camille, "Visual Art in Two Manuscripts of the Ars Notoria", in Claire Fanger (ed.), *Conjuring Spirits: Texts and Traditions of Medieval Ritual Magic*, Stroud, 1998, pp. 110–139；以及 Julien Véronèse, "Magic, Theurgy and Spirituality in the Medieval Ritual of the 'Ars Notoria'", in Fanger (ed.), *Invoking Angels*, pp. 37–78。

74　Nicholas Watson, "John the Monk's 'Book of Visions of the Blessed and Undefiled Virgin Mary'"；以及 Claire Fanger, "Plundering the Egyptian Treasure: John the Monk's 'Book of Visions' and its Relation to the Ars Notoria of Solomon", in Fanger (ed.), *Conjuring Spirits*, 163–29 (providing the text between them); Claire Fanger and Nicholas Watson, "The Prologue to John of Morigny's 'Liber Visionum'", *Esoterica*, 3 (2001), pp. 108–117 .

75　译注：指在天国与荣耀的上帝直接面对面，代表着基督教神学中人对神最终的直接的自我沟通。

76　这些特征特别体现在 British Library, Sloane MS 3854 中。

整体上是连贯的。20 世纪 30 年代，乔舒亚·特拉赫滕伯格（Joshua Trachtenburg）在作品中列举了被添加进仪式性魔法中的犹太元素：原本辅助上帝的天使转变为魔法中的精神助手或盟友，以及强调唯一真神的隐秘名字或"真名"所具有的神力。[77] 它们都植根于古代魔法，魔法莎草纸手稿已经充分体现了动员灵体助手和盟友以及了解他们真名的重要性；也都与犹太教的主要特征——对天使的兴趣、对语言的神圣性（而不是视觉意象）的专注以及强烈的一神论倾向相联系。而且，它们都不太符合基督教正统。基督教早期教父教会谴责召唤天使的行为，只承认《圣经》中提到的天使长拥有圣名，还认为说出特殊的名字就能刺激或控制上天神力的观念与神的荣耀（The Davine Majesty）的概念相违背。[78] 尽管如此，基督教的魔法最终还是吸收了它们，并且特别将"与天使交流"作为主要的主题。[79] 学者大卫·平格里（David

---

77   Joshua Trachtenburg, *Jewish Magic and Superstition*, New York, 1939. 相同的观点也可参见 John M. Hull, *Hellenistic Magic and the Synoptic Tradition*, London, 1974, pp. 31–35; Kieckhefer, "The Devil's Contemplatives"；以及 Mesler, "The 'Liber Iuratus Honori'"。

78   Giancarlo Lacerenza, "Jewish Magicians and their Clients in Late Antiquity", in Leonard V. Rutgers (ed.), *What Athens has to do with Jerusalem*, Leuven, 2003, pp. 401–419. 关于早期中世纪原始文本中教会人士谴责召唤天使及为它们命名的行为，参见 P. G. Maxwell-Stuart (ed.), *The Occult in Medieval Europe*, Basingstoke, 2003, p. 142, 145。

79   资料参见上文注释 73, 参见 Jan R. Veenstra, "The Holy Almandel", in Bremmer and Veenstra (eds.), *The Metamorphosis of Magic*, pp. 189–229; Peter Schäfer, "Jewish Magical Literature in Late Antiquity and Early Middle Ages", *Journal of Jewish Studies*, 41 (1990), pp. 75–91；Alexander, "Incantations and Books of Magic", pp. 361–363；Michael Swartz, *Scholastic Magic*, Princeton, 1996; Rebecca Lesses, "Speaking Angels", *Harvard Theological Review*, 89 (1996), pp. 41–60；以及 Julien Véronèse, "God's Names and their Uses in the Books of Magic Attributed to King Solomon", *Magic, Ritual and Witchcraft*, 5 (2010), pp. 30–50。犹太天使魔法的早期例子参见 *Book of Tobit*, 8.1–3；*Sepher ha-Razim and Harba de-Moshe*；以及 Schiffman and Swartz (eds.), *Hebrew and Aramaic Incantation Texts*. 大量使用天使名称和圣名的基督教魔法文本参见 *Testament of Solomon, Magical Treatise of Solomon*, Sworn Book, and *Sepher Raziel*；Turner, *Henry Cornelius Agrippa His Fourth Book of Occult Philosophy*, sigs. F–K ("Of Occult Philosophy or of Magical Ceremonies", L–P2 ("The Heptameron"), and Z–Dd2 ("The Arbatel"); Bodleian Library, Rawlinson MS D252, fos. 85–87v; Peterson (ed.), *The Lesser Key of Solomon*, pp. 109–145 ("The Art Pauline"), 和 pp. 147–154 ("The Almadel")；以及 Stepher Skinner and David Rankine (eds.), *Practical Angel Magic of Dr John Dee's Enochian Tables*, Singapore, 2004。

Pingree）可能是最为强调伊斯兰教对欧洲魔法传统的独特贡献的学者，他认为，伊斯兰教的贡献是星象魔法（astral magic），也就是利用天体的力量来影响人间事务，最重要的是要将这种力量吸纳到某种物体中，制作出护身符。[80] 这个传统可能是从美索不达米亚发展起来的，9世纪时传入阿拉伯帝国的中心（首都巴格达），尽管这样的结论都是从后世可能误传的文本中推导出来的。这种魔法在伊斯兰世界众所周知，其中包括 11 世纪时帝国在西班牙的主要飞地。[81] 如果它确实是从美索不达米亚发展起来，那么就很容易推论出它是这个地区远古时期对天体力量和天球运动密切关注的必然结果。这种假设为实的可能性很大。不过，我们很难找到星象魔法直接从巴比伦人和亚述人的文本中发展到伊斯兰时期的证据。几个世纪以来，阿拉伯帝国一直是从比利牛斯山延伸到印度的"信息高速公路"，其核心领土覆盖了包括埃及在内的大部分旧的希腊文化区，美索不达米亚人的观念可能是在这些地方发展成星象魔法的，这与占星术的发展情况很类似。如果有人坚称最早的星象魔法文本产生于巴格达，可能只能证明当时的巴格达是帝国的首都和文化的中心而已。

星象魔法在很大程度上有赖于宇宙间不同部分存在着隐秘联系的观念，意味着词语、动物、植物和矿物以及时间的恰当组合能够产生魔法般的效果。这种联系体现在门德斯的波洛斯所写的手册里，也是

---

80 平格里的主要相关出版物列于上文注释 10 中。

81 关于细节的讨论参见 *Witches, Druids and King Arthur*, pp. 144–158。核心文本包括 Al-Kindi, *De Radiis*, ed. M. T. D'Alverny and F. Hudry, *Archives d'Histoire Doctrinale et Litteraire du Moyen Age*, 41 (1974), pp. 139–260；Frank Carmody (ed.), *The Astronomical Works of Thabit b. Qurra*, Berkeley, 1960；Abu Bakr ibn Washiyya al-Nabati, *Kitab al-Filaha al-nabatiyya*, ed. Toufic Fahd as *L'agriculture Nabateene*, Damascus, 1993；以 及 David Pingree (ed.), *Picatrix*, London, 1986。关于阿拉伯星象魔法对西方宇宙观的影响，也可参见 Liana Saif, *The Arabic Influences on Early Modern Occult Philosophy*, London, 2015。

修习大部分魔法莎草纸手稿的基础以及《魔法医疗汇编》还有新柏拉图主义通神术的内容。魔法莎草纸手稿中有一些配方，是专门用来给坚硬物体（尤其是戒指）注入魔法能量的。里面还包含向金星祈愿的爱情祷词，其中提到了一种特殊的熏香和佩戴在身上的饰物；在其他手稿中，也包括针对某位天使而设定的演说，旨在使用刻有黄道星座的月桂树叶来激发太阳的活力，以获得预言之梦。[82] 同时期，出现在埃及的炼金术文本把星体作为重要的角色，将它们视为全能造物神的直接代表。[83] 因此，无论是否产生直接影响，古典时代晚期的埃及已经拥有了后来伊斯兰世界魔法系统中的所有原料。12 世纪时，阿拉伯文本被大量翻译成拉丁文，使得这些原料被引入基督教欧洲，这是不可否认的传播途径。在那里，它们激发了知识分子的想象力，并成为中世纪基督教仪式性魔法传统的一部分。[84]

　　基督教欧洲自身为仪式性魔法传统做出的独特贡献似乎是几何学方面的：将神圣的圆形作为魔法的操作场所，给四个基本方位（东南西北）赋予特殊的意义，将五芒星作为最强力的魔法符号。所有这些图形无疑都有古老的渊源。一项古代美索不达米亚驱魔仪式中，一位阿希普围绕着想要召唤的神的肖像，用石灰洒出一个圆圈（usurtu）。[85] 另一项仪式则是，邀请两个保护神进入他熏制出的"伟大神性的圈"。[86]

82　PGM IV.2891–2942 以及 VII.795–845。

83　Corpus Hermeticum II and XVI, and Asclepius I.3. 我使用的版本是 *Walter Scott as Hermetica*, Oxford, 1924.

84　关于其过程和结果的讨论，参见 *Witches, Druids and King Arthur*, pp. 159–163。此后出版的著作包括 Burnett and Ryan (eds.), *Magic and the Classical Tradition*; Frank Klaassen, *The Transformations of Magic*, University Park, PA, 2013；以及 Sophie Page, *Magic in the Cloister*, University Park, PA, 2013, pp. 73–92。

85　Thompson, *The Mysteries and Secrets of Magic*, pp. 157–158.

86　Samuel Daiches, *Babylonian Oil Magic in the Talmud and Later Jewish Literature*, London, 1913, pp. 32–33.

希腊讽刺作家琉善描绘了一个真正的（虽然是偶尔用到的）魔法实践：美索不达米亚术士帮助委托人为冥界的旅程做准备，在这个过程中魔法师会"绕圈行走"，以此来保护客户不在旅途中死亡。[87]自古以来，埃及本土宗教中就已经将绕圈行走的仪式作为使用神圣空间之前要做的一项步骤。但魔法莎草纸手稿上的圆形并不具有同样的重要性。[88]相反，需要在仪式中绘制圆形，再在其中画符号的莎草纸手稿非常少，只出现过一次魔法师站在圈中的仪式。[89]它出现在古罗马时代一个传奇的古犹太魔法师故事中，这个被称为"圆圈制造者奥尼阿斯"（Onias the circle-maker）的魔法师站在他画的圈里向耶和华祈雨，结束了巴勒斯坦的干旱。[90]盎格鲁 – 撒克逊魔法有时会在受伤和患病的身体部位上画圆圈以控制感染，或在采集植物之前，在植物周围挖土一圈，以聚集它们的能量。[91]

　　自古代美索不达米亚以来，四大方位的重要性已经为人所知。早在公元前 3000 年，苏美尔城邦的国王就已经自称为"四方的"主宰。[92]一位穆斯林作者声称，生活在中世纪早期的叙利亚北部的哈兰人（Harran）可能信仰一种源自希腊的异教，他们向着主要方位祈祷（因为使用的是二手资料，其准确性无法确定）。[93]魔法莎草纸手稿所记载的一些操作也显示了注重方位的特征，但它像圆形一样，并不

87　Lucian, *Menippus*, c. 7.

88　Ritner, *The Mechanics of Ancient Egyptian Magical Practice*, pp. 57–67.

89　PGM IV.2006–25 和 VII. 846–861。

90　C. K. Barrett (ed.), *The New Testament Background: Selected Documents*, 2nd edition, London, 1987, pp. 191–192.

91　G. Storms, *Anglo-Saxon Magic*, The Hague, 1948, pp. 86–87.

92　Nicholas Campion, *The Great Year*, London, 1994, pp. 87–94.

93　Al-Nadim,*The Fihrist*, ed. Bayard Dodge, New York, 1970, pp. 746–747.

经常出现。[94]有些盎格鲁－撒克逊的符咒被悬挂在牛栏或猪圈的四面，以保护里面动物的安全，或者在伤口的四周都割上一刀，或在切口上插入小棍给它灌注魔力。[95]五芒星曾经出现在古埃及、美索不达米亚、希腊和罗马的艺术品和钱币上，甚至在中世纪早期的基督教艺术品上也有，但它的意义和用途没有任何单一的传统，在很多情况下，它们可能只是作为装饰。[96]讽刺作家琉善说，哲学家毕达哥拉斯的追随者把这个符号作为守护健康的密码。尽管讽刺作品可能不是探寻关于私人信仰体系的最佳信源，但如果五芒星（如后文所述）象征着人体，这个说法就颇为合理。[97]并没有确凿的证据表明五芒星与古代世界的魔法有什么特别关联。五芒星曾出现在一个希腊杯子的杯壁上所画的士兵的盾牌上，这可能反映了人们对它的保护特性的崇信，也可能只是装饰作用。迄今为止，对五芒星古代意义最仔细的研究（极不情愿地）得出的结论是，它在古代的广泛分布可能只是"一个简单的主题借用的问题，或者说和其他主题一样，不管它是否真的具有某些特别的含义，都只是起到装饰性的作用"，还有"（中世纪晚期以前出现的）五芒星的魔法意义……并不明显"。[98]

12 世纪，可能是得益于他们对希腊文、希伯来文和阿拉伯文文本的翻译，西欧人掌握了复杂的仪式性魔法，并自此产生了对四分之一圆和五芒星等图形的偏爱。13 世纪初，巴黎大主教奥弗涅的威廉（William of Auvergne）在谴责仪式性魔法时描述了一场名为"大圈"

94　PGM IV.3172–3186, VII.478–483，以及 XIII.821–888。

95　Storms, *Anglo-Saxon Magic*, pp. 87–88.

96　J. E. Circlot, *A Dictionary of Symbols*, London, 1962, pp. 196–197.

97　Lucian, *A Slip of the Tongue in Salutation*, c. 5.

98　C. J. de Vogel, *Pythagoras and Early Pythagoreanism*, Assen, 1966, p. 28–49, 292–297; 引文参见第 36—44 页，关于杯壁上的盾牌，参见第 47—48 页。

的魔法仪式，仪式内容为召唤来自四方的灵体。他还谴责将五芒星视为正向魔法力量的信念，特别是将它与所罗门王联系在一起。所罗门王是《圣经》中最有智慧的国王，古典时代晚期的人把他想象成一个伟大的魔法师。[99]14世纪出现的《霍诺里乌斯誓言书》现存最早的手抄本中，将五芒星放在"上帝印记"的中心，将它作为领受"荣福直观"的最重要的环节，书中也出现了神圣的圆形。[100]同样在14世纪，中世纪最著名的英国骑士文学之一，诗篇《高文爵士与绿衣骑士》（Sir Gawain and the Green Knight）的作者也是五芒星的虔诚信奉者，他将五芒星置于英雄的盾牌之上。[101]同时代的意大利学者安东尼奥·德·蒙托尔莫（Antonio de Montolmo）认为圆形是魔法运作中最完美的图形，他还介绍了将圆形神圣化的方法。[102]与高文诗人和安东尼奥同时代的宗教审判官尼古拉斯·艾默里克（Nicholas Eymeric）在为异端猎人（heresy-hunters）编写的著名手册中描述了一种魔法实践，与一系列将灵体招至男孩的体内并让他回答问题的文本有关。这跟魔法莎草纸手稿上记载的很相似，不过中世纪的版本中，这个男孩是站在地上的一个圆圈里。[103]到了15至16世纪，流传下来的仪式性魔法书籍相对丰富，其中圆形（通常标有方位）和五芒星是当时魔法实践中的标准图形。[104]五芒星还渗透到了大众文化中，在中世纪晚期的西欧，它作

99　William of Auvergne, *De legibus*, c. 27.

100　资料参见上文注释76。

101　在第27节中。

102　Antonio da Montolmo, *De ocultis et manifestis*, c. 6.

103　Nicholas Eymeric, *Directorium inquisitorium, Roman edition of 1587*, p. 338. 14世纪其他与魔法圆圈有关的资料参见 Kieckhefer, *Forbidden Rites*, p. 120。

104　例如，它们可以在《霍诺里乌斯誓言书》《所罗门魔法论》和《所罗门之钥》的各种版本中找到，参见上文所引的 "The Heptameron"，以及 "Munich Handbook", ed. Kieckhefer in Forbidden Rites。亦见 Veenstra, "The Holy Almandel", "Sepher Raziel" 和 "The Dannel" in British Library, Sloane MS 3853, fos. 46–81 and 176–260；加之 Bodleian Library, MS e Museo 173 and Rawlinson MS D252, fos. 160–165.

为一种保护的象征出现在房屋、摇篮、床架和教堂门廊上。[105] 这些图形突然变得重要的原因很简单：12 世纪西欧出现了相当大的思想骚动，即所谓的"12 世纪的文艺复兴"，其中主要的变化是古代学术与创意文学、基督教信仰以及自然世界的知识融合，将人类与上帝关于宇宙的神圣计划协调了起来。因此，当时奥坦的霍诺里乌斯（Honorius of Autun）和宾根的希尔德加德（Hildegard of Bingen）都断言，人体是由数字"五"为基础构成的，人有五感、五肢（包括头），手和脚都有五指。人类样貌代表了一种被上帝所塑造的神圣形像，而五芒星则是它的明显象征。[106] 14 世纪，《高文爵士和绿衣骑士》的作者再次阐述了五芒星与所罗门王及他的神圣形态之间的联系，并在书中加入了当时在西方基督教中越发重要的象征——五圣伤（five wounds of Christ）[107]。他补充说，正因为如此，它在驱除邪恶这方面特别有效。至于圆形，同一时期意大利学者安东尼奥·德·蒙托尔莫认为，它象征着真神的本质，是宇宙的原动力（大概是指日月升落、四季交替以及整个球形的宇宙）。[108] 中世纪晚期的宇宙学对这些领域产生了特殊兴趣，这种状况本身可能解释了圆形为何被赋予了新的神秘的重要性。中世纪和文艺复兴时期谴责仪式性魔法的道德家，以及这些著作的作者，都无法就圆形在魔法操作中的作用达成一致意见。他们或认为它是魔法师建造的堡垒，保护他们免受召唤出来的魔鬼（或是易怒的天使）的伤害；或认为圆形本身就是一种力量的中心，魔法力量是从中

---

105 J. Schouten, *The Pentagram as a Medical Symbol*, Nieuwkoop, 1968, pp. 29–45。

106 Circlot, *A Dictionary of Symbols*, pp. 196–197.

107 译注：原指耶稣基督的五个伤口，后来的基督徒认为拥有圣伤是虔诚圣徒的标记。

108 "Sir Gawain and the Green Knight", Fit 2, verses 27–28; Antonio da Montolmo, *De occultis et manifestis*. c. 6.

扩散出去的。[109] 这些几何形状的重要性在多大程度上可以代表中世纪晚期基督教魔法的普遍特点，又在多大程度上可以代表西方基督教的普遍特点，这两个问题存在很大的争议。它们大量地出现在不同版本的《所罗门魔法论》（由于该书是用希腊文写的，一般被认为是拜占庭时代作品）中，人们据此也就将这些形状作为中世纪欧洲基督教的两大分支（东正教和天主教）都具有的魔法特性。然而，在拜占庭魔法的实际记录中似乎既找不到这些特征，也找不到关于《所罗门魔法论》的记载，任何副本都无法证明这本书来自拜占庭帝国，那里找到的中世纪最早的版本使用的是意大利语。[110] 可能它是在类似西西里这样的拉丁基督教世界中的希腊语地区创作的，而圆形、四边形和五芒星仅仅在这个地区具有独特的重要意义。

从这一系列的迹象中就可以看出，尽管从 12 世纪以来一些欧洲人满怀热情地接受了西方仪式性魔法的传统，但欧洲并没有对它做出多大的贡献。无论埃及的魔法有多么突出，仪式性魔法本质上仍是近东地区的产物。学者认为近东魔法传统不断对欧洲的超自然观念施加影响，做出了三次贡献：第一次影响了欧洲的异教信仰，鼓励信众把众神视为一个争吵不休的大家庭，既有每个神自己的故事，也有整个集体的故事；第二次则给欧洲带来了基督教；第三次为欧洲提供了仪式性魔法，它是一种可以和大多数宗教相结合的理念及实践。同时，这种魔法代表了某种看待超人类体的方式，与基督教，甚至与前基督教

---

109 关于此内容的讨论，参见 Kieckhefer, *Forbidden Rites*, p. 175。

110 关于手稿的评注，参见 Ioannis Marathakis 的版本。关于拜占庭文本的概述，参见 Richard P. H. Greenfield, *Traditions of Belief in Late Byzantine Demonology*, Amsterdam, 1988; Henry Maguire (ed.), *Byzantine Magic*, Washington DC, 1995；以及 Paul Magdalino and Maria Maroudi (eds.), *The Occult Sciences in Byzantium*, Geneva, 2006。

的欧洲传统都格格不入。仪式性魔法的每一次发展，都以欧洲和近东地区宗教狂热导致的某个极具创造性的时期为背景。首先，它的出现与异教神秘主义、新柏拉图主义、诺斯替主义（Gnosticism）、赫尔墨斯主义（Hermetism）的兴起，以及拉比犹太教（rabbinical Judaism）的发展、基督教的成长和获得巨大成功是同时发生的。第二个发展阶段是在伊斯兰教发展成熟并成为主要宗教的时期，此时伴随着12世纪西方基督教的复兴。后来在文艺复兴时期和宗教改革时期，19世纪晚期以及（也许）20世纪晚期的欧洲精神骚动之际，它又多次得到繁荣。它的发展历程与欧洲和近东地区的宗教整体密不可分。

V 夜间军团

　　在大众的想象中，中世纪和近代早期欧洲的夜晚充满了幽灵军团和行伍，一些顶尖学者用这些幻想来解释近代早期"巫师安息日"的心理构念。它们之所以被联系起来，主要是因为历史编纂学取得了新的进展，瓦解了之前那种近代早期巫师审判的解释体系。在19世纪初到20世纪中期，一连串作家都相信，那些因巫术而受审的人们曾是某种古老异教的信奉者，这种宗教是古代遗存，如今被猎巫行动所扼杀了。这种说法最早由德国学者提出，随后传播到了法国，到了19世纪末，很多英语国家的作者也接受了这个观点。但这个观点从来就不是巫师审判研究专家内部的正统，尽管直到20世纪晚期，研究巫师审判的专家还是寥寥无几。不过，其他领域和学科的专业学者和非学术背景的作者都采纳了这个观点，它也确实能够为之所用。保守主义者和极端保守主义者利用这个观点为巫术审判辩护。他们主张，尽管巫术本身已经不再被严肃对待，但被指控为巫师的人依然是嗜血和纵欲的旧式邪教信徒，应该受到惩罚和镇压。但自由主义者、激进主义者和女权主义者则完全反对，他们把异教巫师宗教视作一个欢乐的、肯定生命的和解放的宗教，认为巫术崇拜自然世界，提高了妇女的地位，在普通民众中最为壮大，并且与现有的教会、贵族和父权制代表的一切誓不两立。这就是（巫师传统声称）后者要残酷摧毁它的原因。而憎恶一切宗教的人也可以用这后一种理论来驳斥所谓"中世纪和近代早期是普遍充满热情的基督教信仰时代"的说法,因为按照这个观点,当时的欧洲明显存在着对与基督教对立的宗教信仰的拥戴,而且它在普通人中具有最大的吸引力。这倒不一定意味着人们想象中的异教徒巫师会受到多高的赞誉,因为这些巫师在某些人眼里只是另一种无知和迷信的追随者,只是不同于社会精英的那种罢了。在农村日益萎缩的英国,为了抵抗城市化和工业化的创伤性进程,兴起了越来越强烈的将农村理想化的思潮,渴望在那里找到一种永恒的、有机的持续性。英国人在巫师所代表的古代异教中找到了一种安慰,因为其中蕴含着崇敬自然、绿色和丰饶的思想。[1]在 20 世纪早期和中期,一位英国作家,著名的埃及学者玛格丽特·穆雷(Margaret Murray)与该假说的发展有着密切的关系,她把巫术(及其他相关学科)研究作为她的主要副业。在所有持"巫术是异教的遗存"观点的学者中,她的地位非常突出。这源于多个因素,其中之一是她的学术生命非常长,连续四十年都在发表关于这个课题的文章,另外,她对这个课题非常热情和执着。还有一个重要原因在于,她的著作比大多数前辈学者的作品更为详尽,而且与前辈不同的是,她主要利用第一手的历史资料(虽然这些史料均已出版成册,且大部分是英国著作)来支持自己的观点。她从不在前辈学者的观点之上阐发自己的理论,还在一些公众平台上发表了自己的见解(比如她曾受邀撰写《不列颠百科全书》关于巫术的词条),并让自己的观点看起来已经是既成的历史事实。这又进一步为她在"巫术是一种异教的丰产崇拜"的观点持有者中巩固了自己的权威地位。到了 20 世纪中期,这一理论以"穆雷命题"为人所知。当时这个观点

1　我已经充分地讨论了这方面的发展,参见 *Triumph of the Moon: A History of Modern Pagan Witchcraft*, Oxford, 1999, pp. 111–150;亦见 "Witchcraft and Modernity", in Marko Nennonen and Raisa Maria Toivo (eds.), *Writing Witch-hunt Histories*, Leiden, 2014, pp. 191–212。

不仅对一般英语读者来说印象深刻，还被许多其他领域的历史学家接受，他们中甚至有很多人非常杰出。然而，这种命名容易让人误以为这个命题真是从穆雷处伊始，而忽略了它有着悠久的历史，早在穆雷之前就已被众多学者采纳。20世纪60年代，人们开始对它产生怀疑。直到1970年，中世纪和近代早期研究领域的学者，在对各地档案记录进行全面研究（这正是穆雷所忽视的）的基础上，陆续发表了关于各地区巫师审判细节研究的著作，对这种观点的普遍信奉才终于瓦解。[2]自那时起，巫术毫无疑问不再被认为是某个幸存的异教，或者任何其他独立而连贯的宗教。研究巫师审判的历史学家从来没有接受"巫术是宗教"的观点，要推翻它，只需要让这些学者变得更多、更知名。尽管如此，它仍然曾是一个值得被检验的假说。

"穆雷命题"消亡之后，从某种意义上说，历史的钟摆回到了19世纪初。当时的学者普遍接受的观点是：有一种观念，将巫术看成某种向撒旦献身的宗教，以及对邪恶魔法的系统化任用；正是这种观念激发了巫师审判的产生，而它本身是巨大的错觉。那么，也就产生了一个更尖锐的问题：这种错觉是如何产生的呢？1975年，诺曼·科恩第一次给出了合乎逻辑的答案。他的书对"巫术是一种宗教"的观念做出回应，认为撒旦巫师的刻板印象有两个来源。一个是被纳入中世纪基督教体系的异教罗马传统，这种传统指责不信奉主流规范宗教的社会群体，指控他们进行一系列包括性狂欢、人牲和同类相食的反社会活动。另一个来源是对夜间飞行体和夜间潜行体的普遍信仰，其中

---

2 我也已经讨论过玛格丽特·穆雷的职业生涯、观点和影响，参见 *Triumph of the Moon*, pp. 194–201, 272–276, 362。而其他考察则来自民俗学会（the Folklore Society），参见 Jacqueline Simpson, "Margaret Murray", *Folklore*, 105 (1994), pp. 89–96; 以及 Caroline Oates and Juliette Wood, *A Coven of Scholars*, London, 1998。

一部分同样来自异教时代。科恩在书中指出，斯忒里克斯和日耳曼的食人巫的形象值得注意。他还指出，很多提到中世纪夜巡队伍和团体的报告也很重要，有些队伍由亡者组成，另一些由一个超人类女性的追随者组成。科恩认为，这两种不同的幻想结合起来，创造了中世纪晚期和近代早期的神话——巫师的邪恶阴谋论，以及"巫师安息日"，即他们碰头并举行魔王崇拜仪式的聚会。[3] 基本上，科恩的模式经受住了时间的考验，仍然是理解近代早期巫术迫害的基本模式。

这就给卡洛·金兹伯格的研究带来了问题。与别人不同，金兹伯格对民间信仰在巫师审判中的重要性有不同寻常的认识，这得益于他对意大利本南丹蒂的研究，后者代表了巫师审判中的一种极端案例。他著作的第一版是意大利语，出版于1966年，当时"穆雷命题"正受到质疑，但仍然被学者广泛接受。因此，金兹伯格在谈到巫师宗教真实情况的时候采取了妥协的态度，毕竟玛格丽特·穆雷使用的是西欧的资料，而金兹伯格着手的是东南欧的研究，两人的叙述并没有什么联系。他明确表示，本南丹蒂在恍惚状态下或梦境中的确能表现出他们自我认定的魔法能力，同时提出他们可能代表着一个宗派社团，拥有共同的信仰，现实中他们可能真的会举行聚会。（这个论点既不能被证实，也不能被证伪。）1983年，这本著作的英文版面世，当时"穆雷命题"已经被专业的历史学家所摒弃。因此，金兹伯格明确表示，自己的著作并未证实巫师在近代早期曾举行过集体仪式，但他仍然觉得，支持近代早期巫术信仰概念的形象和观念真的大量借鉴了民间传统，而这些传统本身又源于古老的异教丰产崇拜（教派）。然而，他并不认为这个教派本身在中世纪以来仍然存在，也不认为那些被指控

3　Norman Cohn, *Europe's Inner Demons*, London, 1975.

为巫师的人仍然在践行这种崇拜。[4]20世纪80年代末，金兹伯格对"巫师安息日"的起源进行了全面研究，在研究中他在更加宏观的层面上重申了这个观念。他充分肯定了"穆雷命题"的没落，并宣称"几乎所有研究巫术史的历史学家"都认为它是"业余的、荒谬的，没有任何科学价值"。他认为关于"穆雷命题"的论战是"正当的"，但他担心这会转移同行们的注意力，使他们不去关心组成"巫师安息日"这种刻板印象的符号的起源，尽管它们"记录的是神话而不是仪式"。这种担心是正确的，因为新一批的地方性研究往往忽视了巫术信仰和指控中的大众元素是如何产生的问题。由此，金兹伯格用了两种方式与诺曼·科恩这位少数直接面对这一问题的学者划清了界限。他首先主张，与科恩所重构的欧洲社会异类的刻板印象的长期发展相比，14世纪对宗教和社会异类的想象的短期发展因素更重要。其次，他贬低科恩模式中的古代和民间传说因素的重要性，声称科恩对它们的起源不感兴趣，只把它们当作人类心理学和人类学的样本。[5]

　　事实上，这两位天才历史学家有很多本质上的共同点，因为他们都强调"巫师安息日"是由两方面的传统融合在一起共同造就的：一个是对宗教和道德异类的刻板印象的传统（只不过金兹伯格强调的是14世纪的发展），一个是对幻想出来的夜间漫游者的刻板印象的传统，这也植根于古老的信仰（只不过金兹伯格以本南丹蒂为研究对象，忽视了食人女魔，将注意力集中在团队和队伍上）。金兹伯格与科恩的不同还在于他致力于将"巫师安息日"这种古老信仰的历史表现回溯

4　与之相关的书籍被翻译为英文版 *The Night Battles*, London, 1983。我曾深入地分析它与"穆雷命题"之间的关系，参见 *Triumph of the Moon*, pp. 276–278。

5　Carlo Ginzburg, *Ecstasies: Deciphering the Witches' Sabbath*, trans. Raymond Rosenthal, London, 1992, pp. 7–15. 引文见第 8—9 页。

至一个史前的精神世界。在这个过程中通过将其与不同文化中的相似物，特别是萨满教进行类比，他推论出"巫师安息日"是一种在欧亚大陆存在着的单一的丰产宗教或萨满教仪式技巧，或者至少是两者混合后的结晶。他的做法实际上是一种更古老的学术传统的传承，就像近代早期巫师被视为异教徒一样，这个传统也是从 19 世纪发展起来的。他的理论基于两个假设：其一，在人类历史越是早期，人类的信仰就越统一、越紧密；因此，多元化的古代欧洲宗教以及中世纪和现代欧洲民间传说母题，实际上都是同一个史前传统的碎片。这个假设即便不是直接源自《圣经》，也是受它启发而产生的。其二，现代民俗和故事时常（即便不是大多数时候）是前基督教时代残存下来的碎片，因此可以被视为历史化石。假使这种观点成立，那么如果将这些化石全部搜集并组合起来，再加上非欧洲世界"原始"民族的习俗和故事，就能重建一幅令人信服的史前宗教图景，可能还可以重建人类心理进化的图景。以上这两种假设最初发展于德国，但后来被维多利亚和爱德华时代的英国学者热情采纳，其中最著名的是詹姆斯·弗雷泽爵士（Sir James Frazer）。而到了 20 世纪，大多数历史学家和人类学家都不接受这两种假设的结论，既因为它们缺乏客观证据的支持，也因为把这么多不同的资料组合在一起却丝毫不考虑语境（且往往不考虑其实际的历史事实）的做法烦到太多人了。[6] 但两者都支持米尔恰·伊利亚德对萨满教的陈述，认为它是一种古老的和一度普遍的灵体战斗传统。而伊利亚德其实是受到了弗雷泽的启发。[7] 不仅伊利亚德对萨满教的阐述与金兹伯格的相似，弗雷泽的思想也在金兹伯格对本南丹蒂的

6　我概述了这种复杂观念的发展过程，并提供了充分的参考资料。参见 *Triumph of the Moon*, pp. 112–131。

7　Jeroen W. Boekhoven, *Genealogies of Shamanism*, Groningen, 2011, p. 134.

阐释中起到了一定的作用。[8]

还有其他一些作者像科恩和金兹伯格一样，既摒弃了玛格丽特·穆雷的理论，又保持了对巫术信仰的民俗根源的兴趣。其中一位是埃娃·波奇，她主要采用东南欧的材料，一方面强调这些信仰中大众传说的元素及其从古代思想体系中产生的派生物，另一方面强调她的工作与穆雷及前辈们的区别——根据波奇的说法，区别在于后者相信巫师集会是真实发生的，而波奇认为这只是保存在巫术叙述中的一种记忆，将真实的民间魔法师（她从未在任何地方隐射他们是异教徒）社团与对妖精、魔鬼和某种特殊人类灵体之间的战斗场景的历史信仰结合在一起而已。在这个过程中，她非常善意而正确地提醒大家重视诺曼·科恩率先指出的大众传说的重要性。[9]而另一位作者古斯塔夫·亨宁森的一本长篇著作，明确指出玛格丽特·穆雷用来证明"巫师宗教"存在的那些材料为何实际上是无效的，论述了对夜间飞行灵体的民间信仰如何与巫术的概念相混淆，是最引人入胜的地方性研究之一。[10]本研究自然要沿袭这两方面的传统，接下来要关注的是中世纪夜行灵体军团的传统，它在诺曼·科恩及其后继者中很受重视。现在是时候仔细审视一下孕育了它的古代信仰，以及这个传统的本身的确切性质了。

8　我曾详细论述了金兹伯格《夜间的战斗》中的弗雷泽元素，参见 *Triumph of the Moon*, pp. 277–278。

9　所有的相关论述都可参见 Éva Pócs, "The Popular Foundations of the Witches' Sabbath and the Devil's Pact in Central and Southern Europe", in Gábor Klaniczay and Pócs (eds.), *Witch Beliefs and Witch Hunting in Central and Southern Europe*, Budapest, 1992, pp. 305. 335。

10　Gustav Henningsen, *The Witches' Advocate*, Reno, 1980; 以及 "The Ladies from Outside", in Bengt Ankarloo and Henningsen (eds.), *Early Modern Witchcraft*, Oxford, 1990, pp. 191–218。

"狂猎"的概念

在现代社会，中世纪想象中的漫游的夜行精神团体经常在"狂猎"（Wild Hunt）的标签下被混合在一起。这是一个覆盖面很广的统称，是一个不分死人活人、精神肉体，还包括了非人类的灵体和魔鬼的集合。有时它又被称作"愤怒军团"，或者"赫拉王军团"（Herlathing, Herlewin's Army, Hellequin's Army）。他们的领队通常有很高的辨识度，具有神或半神（semi-divine）的属性，其中有女性，比如狄安娜（Diana）、希罗底（Herodias）、霍尔达（Holda）、佩希塔（Perchta）等，或这些名字的变体，也有男性，比如奥丁或沃坦（Wotan）、赫拉王或猎人赫恩（Herne the Hunter）、有时又被称作希律王或本丢·彼拉多（Pontius Pilate）。男女领队有时相互合作。[11] 在他第一本关于本南丹蒂的作品中，卡洛·金兹伯格提醒大家注意，一场田间狩猎为创建巫师审判关键形象起到了重要作用。金兹伯格把这场狩猎称作是丰产女神带领着一群死于非命的夜行骑士所举行的。在他看来，它"表达了一种古老的、前基督教的对亡者的恐惧，它将亡者视为某种纯粹恐怖的对象，也当成某种无情的、邪恶的、不可能得到救赎的实体"。到了 12 世纪，这种恐惧被基督教化了。[12] 在审视夜游灵体中的民间传统后，埃娃·波奇宣称：

> 从凯尔特人到波罗的海民族，一个共同的印欧传统的轮廓似

11　关于这个概念简明扼要的概述，来自大西洋彼岸，参见 Jonathan Durrant and Michael Bailey, *Historical Dictionary of Witchcraft*, Lanham, 2003, p. 204；以及 Doris Boden et al. (eds.), *Enzyklopädie des Marchens*, Berlin, 2011, vol. 14, part 2, cols. 795–804。

12　Ginzburg, *The Night Battles*, pp. 40–48. 引文见 第 47–48 页。

平出现了。这与亡者崇拜（认为亡者能够带来丰产）有关，也与同各种死神相关的妖术和萨满教有关（与萨满教相关的死神也能以死亡确保丰产）。[13]

这个观念直至 2011 年依然充分发挥着作用，当时法国历史学家克洛德·勒库特（Claude Lecouteux）对中世纪夜行精神团体做了全面的调查，他断言：

> "狂猎"是由亡者组成的团队，他们在一年中的某个固定时间外出巡游，其间伴随着各种各样的现象。除此之外，其他的元素都各具特色。军队的组成，成员的外貌，是否有动物参与，是喧哗还是沉默，领队是男是女等等，视国家和地区的不同，领队的称呼也不一样。

又补充说：

> 亡者掌握着土地和牲畜的丰产，如果他作恶，就需要人们劝解和驱逐他。在某种程度上说，狂猎是祖先崇拜——也就是对亡者的崇拜——这种巨大复合体的一部分，而亡者是人与神的媒介。[14]

13　Éva Pócs, *Between the Living and the Dead*, Budapest, 1999, p. 25.

14　Claude Lecouteux, *Phantom Armies of the Night*, trans. Jon E. Graham, Rochester, VT, 2011, pp. 2, 199. 关于完整的格林结构的最新短篇出版物，参见 Alan E. Bernstein, "The Ghostly Troop and the Battle over Death", in Mu-Chou Poo (ed.), *Rethinking Ghosts in World Religions*, Leiden, 2009, pp. 115–116。关于继承了金兹伯格和勒库特"狂猎"看法的近期优秀著作，可参见 Steven P. Marrone, *A History of Science, Magic and Belief from Medieval to Early Modern Europe*, London, 2015, pp. 62–63。

值得强调的是，当谈到丰产这个话题时，熟悉现代历史编纂学和民间传说研究的人应该要警惕 19 世纪学术研究所带来的影响。这种学术研究在弗雷泽时代达到顶峰，主要聚焦于把古老的异教当作一系列丰产仪式的观念。在这种状况下，首次出版于 1835 年的雅各布·格林的《日耳曼神话》（或称《条顿神话》）提出了"狂猎"的概念。正是这本书塑造了一群由异教神和他的女性配偶带领着夜间骑行的亡故的英雄们的形象，并使"狂猎"（德语为"Wilde Jagd"）一词广为流传。在编写该书的过程中，他非常依赖上面提到的，在格林那个时代，以及之后的很长一段时间里都非常有影响力的两个假设：（一）历史时期所记录的某种信仰的不同变体都应该是同一个原始、统一、古老的神话的碎片；（二）现代民间传说可以被看作是史前仪式和信仰的残余，所以它们可以被用来重建史前传统。现在我们要强调的是，一些现代民间习俗和信仰的确可以追溯到远古时期，但它们的数量相对较少，而且必须有证据来证明这种跨越了几千年的传承关系。[15] 和大多数 19 世纪的民俗学家一样，格林认为，当时普通民众的信仰和仪式，特别是在农村地区，是多个世纪以来对古代的形式和观念不假思索和一成不变的再现或重复，而这些形式和观念已经无法被现在实践它们的社群理解了（因此必须要让受过专业训练的知识分子来研究和适当解释）。这种居高临下的态度大大低估了大众文化的能动性和创造性。[16] 因此，他的"狂猎"概念源自不同地区的现代民间传说和中世纪及近代早期文学的碎片式的大杂烩，这些混在一起的东西创造了一个被想象出来的原型，消弭了他所使用的材料之间的区别和差异。他想以这

---

15 关于这一论点的详细说明，就英国日历上的习俗而言，请参看拙著：*The Stations of the Sun: A History of the Ritual Year in Britain*, Oxford, 1996。

16 我在拙著 *Stations, and in Triumph of the Moon*, pp. 112–131 中又一次对这方面进行了详细考察，关于格林方法论的批判，参见 Beate Kellner, *Grimms Mythen*, Frankfurt, 1994。

样一种做法，通过为政治上四分五裂的日耳曼民族提供一种联合了日耳曼和斯堪的纳维亚世界诸地区的古老神话，来培养现代德国的民族主义。他的"狂猎"概念在两个不同的背景下产生了影响。一方面当然是20世纪的德语学术界，这场主要的学术争论始于1934年的奥托·霍夫勒（Otto Höfler），他主张，"狂猎"概念是对古代日耳曼战神沃坦（别号"奥丁"）崇拜的记忆。但这场论争因霍夫勒的观点无法被证实或证伪，后来就逐渐无人问津了。[17]另一方面则是最近的一次学术尝试，目的是要将"狂猎"当作上文所提到过的"巫师安息日"概念的来源之一。德国和奥地利的作家最常提出的观点——认为"狂猎"信仰的基础是古代对于亡者的崇拜，往往与丰产相关——明显影响了对巫术感兴趣的作者。20世纪30年代以来，一位德国的研究者将关于这一主题的中世纪和近代早期文本汇集起来，成为这两类研究群体的后来者主要依赖的材料。[18]然而，这两种语境大多没有什么联系，通常对日耳曼神话感兴趣的作者大多注重对"狂猎"是"亡者军团"的强调，而对巫术感兴趣的学者，则强调"狂猎"是"由一个超自然女性带领下的旅程"。自20世纪中期以来，人们更愿意承认，"狂猎"的概念不过是不同时期不同种类的材料组成的综合体。[19]尽管如此，人们依

17　关于德语研究方面的总结和参考资料参见：Lecouteux, *Phantom Armies*, pp. 202–208；上述讨论中具有里程碑意义的作品是：Otto Höfler, *Kultische Geheimbünde der Germanen*, vol. 1, Frankfurt, 1934；以及 Friedrich Ranke, *Kleinere Schriften*, Munich, 1971, pp. 380–408。还可参看 Jan de Vries, "Wodan und die wilde Jagd", *Die Nachbarn*, 3 (1962), pp. 31–59；以及 Edmund Mudrak, "Die Herkunft der Sagen vom wütenden Heere und vom wilden Jäger", *Laographia*, 22 (1965), pp. 304–323。

18　Karl Meisen, *Die Sagen vom Wütenden Heer und wilden Jäger*, Müster, 1935. 与本书密切相关的一些学者，比如卡洛·金兹伯格、沃尔夫冈·贝林格和克洛德·勒库特以这本汇编为基础。

19　Meisen 无疑是这方面的先行者。关于对它的反思，参见 Mudrak, "Die Herkunft"；Lecouteux, *Phantom Armies*，散见全书各处；以及 Wolfgang Behringer, *Shaman of Oberstdorf*, Charlottesville, VA, 1998，散见全书各处。

然普遍接受了格林方法论中的两个要点："狂猎"的概念来自古代异教，特别是对于亡者的崇拜；以及现代民间传说可以用来填补中世纪和近代早期记录中的空缺。

本书旨在检视中世纪及现代对夜行灵体队伍的描述，而不预先假设它们以统一的古代信仰体系为基础；并且只专注于 1600 年以前编撰的资料，当时"巫师安息日"的概念已经完全形成。利用第二种策略来解构现代的"狂猎"概念，最近已经取得了一些进展。克洛德·勒库特指出，中世纪和 16 世纪的资料中提到了三种不同的幽灵猎手：追杀罪人的魔鬼；罪恶的人类猎手，被判以无法止歇的猎杀是对他的惩罚；以及追逐冥界猎物或人类牲畜的野人。[20] 从他的作品中可以推断，由于这些形象没有随行者，且都与夜间军队和游行无关，所以用"狂猎"这个术语来概括后者并不合适。杰里米·哈特（Jeremy Harte）把猎人赫恩的形象从"狂猎"的名单中删掉，因为发现他首次出现在莎士比亚的一部戏剧中，是孤魂野鬼，可能是莎士比亚自己创造出来的形象。而格林完全是因为它的名字里有"赫恩"，就把它列为他的"狂猎"集合体的区域性领导者之一。[21] 最后，文学作品中英雄人物的幽灵，尤其是亚瑟王，有时会被中世纪的目击者在狩猎中看见，但这似乎被视作一种对贵族的天然向往，而不具有任何宇宙观的象征性。[22]

当这些增生物被剥离掉以后，可以在格林的"狂猎"概念的核心中发现两种中世纪夜间游行的类型：一种是亡者，一种是超自然女性的追随者。接下来我们就来逐一审视一下它们。

20　Lecouteux, *Phantom Armies*, pp. 56–84.

21　Jeremy Harte, "Herne the Hunter", At the Edge, 3 (1996), pp. 27–33.

22　相关资料参见 Jean-Claude Schmitt, *Ghosts in the Middle Ages*, Chicago, 1994, pp. 118–119。

徘徊的亡者 [23]

古希腊和罗马的文学作品充分证明，古地中海沿岸的各民族往往认为黑夜是非常危险和可怕的，常有巫师、鬼魂、恶灵出没。其中就包括了幽灵军队（phantom armies），这些幽灵有时会出现在他们战死的地方，有时会对活着的人发出警告，提醒即将要有大事发生。没有任何资料明确指出，这些游荡的亡灵身边有随行者。而金兹伯格本人从一些材料中得出结论，认为夜行骑士的想象基本与希腊罗马神话格格不入，古代北欧原始资料中也几乎没有提到相关形象的记录，除此之外，就只剩下罗马史学家塔西佗曾经说过的一句模棱两可的话。所以想要找到古代欧洲北部的灵体行进的证据，就得完全依靠后世资料的回溯。直到中世纪早期，都不时有人声称曾在某时某刻看见幽灵军队，后来基督徒们又将"魔鬼军团"加进了暗夜中的恐怖人物形象里。然而，直到 11 世纪，出于基督教作家对个人灵魂归宿的关切，亡者在夜晚相伴漫游的传统才开始得到了发展。于是，对鬼魂的描述变得更加普遍和详细，其中，这些亡者也越来越多地被描绘成成群活动。特别是，有些故事讲述了亡灵注定成群结队地在世上游荡，因为这是对他们罪恶的惩罚。

12 世纪 20 至 30 年代，以这个新的概念为背景，德意志和法兰西出现了一系列值得注意的文本，其中最出名的是由盎格鲁–诺曼修士奥尔德里克·维塔利斯（Orderic Vitalis）创作的，塑造了死去的罪人组成的漫游队伍的形象。这些罪人通常是骑士，只有获得生者的代祷，

23　本节概述的论点和参考资料参见我的论文 "The Wild Hunt and the Witches' Sabbath"，*Folklore*, 125 (2014), pp. 161–178。

才能从无休止的游荡中得到解脱。奥尔德里克的作品之所以出名，在于其中的细节描述，以及它给漫游队伍所起的名字——"赫勒钦的随从"（但没有给出解释）。至12世纪晚期，文学作品中出现了不断接受拷打和忏悔的幽灵形象，他们通常都是死去的士兵，被称为"赫勒钦、赫勒奎因和赫拉王的军队或随从"，这已经成为众所周知的文学比喻。根据英格兰、法兰西和莱茵兰地区的记载，它显然是从法兰西西北部扩散开的。根据叙述者阶级和职业的不同，漫游队伍的成员也被不同的叙述者塑造成了不同的形象，但大多数都是军人。大概没有人知道这个观念是如何产生和在何处产生的，一些学者给出了自己的（虚构的）解释。虽然这些队伍似乎都以领队命名，但其中只有一种英国幻想故事的描述是例外，这个故事里的所有队伍都只有一个公认的领队。领队"赫勒钦"（这个词可能有多种来源）最初最有可能只是队伍的名称，而后来被误认作领队的名称。但并没有证据可以说明这一切是从古代模型中衍生出来的，相反，所有迹象都显示它是一个由教会人士创造的典范故事。

到了13世纪，它已经渗透进大众文化中，一些神职人员开始相信它起源于民间，并以怀疑的态度声称那些幽灵可能是魔鬼假扮的。因此，一些报告愈发将其妖魔化，尽管这只是程度上的变化，因为它一直是某种不安和禁忌，有时还让人感到危险。而这种愈发负面的看法反过来又影响了大众的观念。幽灵漫游的故事也蔓延到了更远的西班牙和德意志。在德意志地区，幽灵漫游者得到了新的特殊称谓"das wütende Heer"，即"愤怒军团"。在一些地方，来自其他文化传统的英雄也被拉进了幽灵群体中，特别是亚瑟王和他的骑士。在中世纪剩下的时间里，这个故事鲜有发展。在这个幽灵大军中的人物大多是些横死的人，通常死在战场上或断头台上，或者在没有接受洗礼就死去，还有一些是罪行深重的罪犯，或是那些假扮人的样子来引诱人类的魔鬼。中世纪晚期，从英格兰到奥地利阿尔卑斯山地区，都存在着关于这些夜游者的记载。到了 13 世纪，以上地区的人们把这些漫游者看成是被神圣地合法化的忏悔的亡者的队伍，是各种恶魔和魔鬼的军团。到了 16 世纪，文献则略有增加，我们可以对地方的信仰体系有更多的了解。一个前所未闻的关于季节性的主题出现了：传说在某些地方，幽灵们会在仲冬时节，或在被称为"四季斋"（Ember Days）的一年四次的宴会期间出没。然而，在这个时期，这个传统的地理区域正在缩小，已经完全从英格兰消失了，在法国也很少出现。它越来越具有德语地区的文化特征。

"夫人"的追随者

超人类女性的游荡追随者与漫游的亡者有着不同的历史、起源和地域范围。关于它的首次记载，可能是在《主教教规》（*Canon Episcopi*）这部 9 世纪最著名的中世纪教会文献中。书里谴责了许多妇女的信仰，即她们在某个特定的夜晚与异教女神狄安娜一起骑着动物穿行世界。她们是一大群妇女，都把狄安娜当成她们的主人，而狄安娜则可能会使唤她们为自己服务。《教规》命令教士抵制这种说法，认为这是魔鬼般的幻觉，并将算命和拥有魔法技艺（sortilegam et magicam artem）的人从各自的教区中驱逐出去。[24] 这有力地证明了，这些妇女是为当地提供魔法服务的人。这段文字的出处不详，但它被载

---

24 *Regionis abbati Prumiensis libris duo*, ed. F. W. H. Wasserschleben, Leipzig, 1840, p. 355. 译本参见 Cohn, *Europe's Inner Demons*, p. 167；Lecouteux, *Phantom Armies*, p. 9；以及 Ginzburg, *Ecstasies*, pp. 89–90。

入大约 900 年时莱茵兰中部普吕姆（Prüm）修道院长制定的教会法规中，而且几乎可以肯定它来自法兰克人统治的某一个地区。大约一个世纪以后，沃尔姆斯的主教布尔夏德把这段文字纳入了自己的教堂法令集，并补充说这些骑行者的领队还有个名字叫希罗底。布尔夏德还列举了另外五个谴责非难这种传统及与之相似的夜巡灵体和魔法师的信仰的理由。第一个是妇女们在某个特定的夜晚与另一类被叫作霍尔达的女性一起骑着动物游荡，在另一个版本中，她们追随的是名叫霍尔达的斯忒里克斯或斯忒里加。[25] 第二个则谈到了妇女的另一种信仰，她们认为自己能在夜里飞行，穿过紧锁的门，在云中与敌人作战。第三个则是本书在第二章中引述过，谴责妇女在夜间以加入漫游的精神团体是为了杀害并吃掉其他人类，然后使他们暂时复活。第四个是，那些宣称在夜间骑行的妇女还夸耀自己魔法高明，可以诱发爱情或仇恨——这是另一条说明这些妇女与提供魔法服务有关的线索。第五个则提到了妇女们笃信的一种观念：在一年之中的某些时候，妇女们应该"在餐桌上摆满食物、饮料和三把刀，如果三姐妹来了就可以尽情享用。祖先们以及那些古代的蠢人都将这三姐妹称作'帕耳开'（罗马命运三女神）"。之后的一段文字中说明，这些妇女期待"三姐妹"

25　这里的问题在于布尔夏德的文本有很多不同的版本传世，通常使用的是 Jacques-Paul Migne, in *Patrologiae Latina*, vol. 140，它以 1549 年巴黎版为依据，我使用的也是这个版本。关于其他版本，以及讨论参见 F. W. Hermann Wasserschleben, *Die Bussordnungen der abendländischen Kirche nebst einer rechtsgeschichtlichen Einleitung*, Halle, 1851, pp. 624–682；Hermann Joseph Schmitz, *Due Bussbücher und das Kanonische Bussverfahnen*, Düsseldorf, 1898, pp. 403–467；Paul Fournier, "Études critiques sur le Décret de Burchard of Worms", *Nouvelle revue historique de droit français et etranger*, 34 (1910)，pp. 41–112, 289–331, 564–584；ohn T. McNeill and Helena M. Gamer (eds.), *Medieval Handbooks of Penance*, New York, 1938, pp. 321–323；以及 Greta Austin, *Shaping Church Law around the Year 1000*, Farnham, 2004。科恩、金兹伯格和勒库特在讨论霍尔达的时候都没有考虑这个问题，贝林格则进行了探讨，参见 *Shaman of Oberstdorf*, pp. 50–51，但也没有什么解答；本书也没有任何答案。

能够为她们的家庭带来好处，作为招待的回报。[26]

沃尔姆斯也位于莱茵兰，但布尔夏德的文字是从西欧地区（从意大利到爱尔兰）的各种早期文献中搜集整理出来的，其中很多文献可以追溯到之前几百年，所以无法确定与这些文本相关的传统来自何地。12 至 13 世纪，经由持反对意见的教会人士的一再复述，对这种传统的抵制变成了正统教会的共同遗产。索尔兹伯里的约翰（John of Salisbury）说，骑行者的领队之一名叫希罗底，她召集追随者在聚会中狂欢作乐。他还将这个故事与吃人的暗夜巫师结合，说这些夜游者吃婴儿，然后再让他们复活。他把这一切称为魔鬼般的幻觉，评论说只有"可怜的老妇女和头脑简单的男人"才会相信。13 世纪法国比利牛斯教区的一位主教，孔瑟朗斯的安格里乌斯（Angerius of Conserans），将漫游者的领队称为"狄安娜"、"希罗底"或"本索齐亚"（Bensozia），而奥弗涅的威廉则把她称作"萨蒂亚"（Satia）或"阿本迪亚"（Abundia），并说她和她的追随者"夫人们"会在深夜造访人类的房子。如果房子里为她们预留了食物和饮料，在享用一番过后，她们会神奇地把一切恢复原样，然后给这个家庭带来好运；如果房子里没吃没喝，她们就会给这一家人留下厄运。威廉评论说，这些故事的讲述者大多是老年妇女。

这样看来，追随超人类女性而加入夜间骑行的妇女们，以及能给户主带来好运的超人类女性，这两种完全不同的早期传统在这一时期混合到了一起。还有一则源自法国的材料也同样来自这个传统：13 世纪著名的宫廷诗《玫瑰传奇》（*Roman de la Rose*）描述了一群追随"阿邦德夫人"（Lady Habonde）的女性，将这些女性称为"善意夫人"

---

26 Burchard, *Decretum*, Book 10, c. 29; Book 19, cc. 70, 90, 170–171.

（good ladies），并说每周有三个晚上，她们会在人类灵体的陪伴下进行漫游——人类睡着的时候灵体会离开身体，而且据说每家第三个出生的孩子都有这样的天赋。这位阿邦德夫人和她的女伴本身就是灵体，她们可以从任何缝隙进出房屋，从来不会被锁和栅栏阻碍。[27] 大约同一时期，意大利人瓦拉泽的雅各布斯（Jacobus of Voragine）向我们讲述了一个圣人是如何将一群为了吃喝而"在夜晚进入别人家的善意夫人"当作魔鬼揭发出来的故事。[28] 同样，在法国东南部，一位名叫波旁的斯蒂芬的教士讲了一个故事，一本地男子告诉自己教区的牧师自己晚上曾与一群被称作"善意的东西"的女性共同享用盛宴。这位教士认定那些女性都是魔鬼。[29]

13 世纪末前，夜行骑士的传统到达了冰岛，它毫无意外地出现在那些受到了欧洲大陆影响的萨迦故事中。尽管如此，这些萨迦的作者们将布尔夏德的篇章变成了当地的传说，跟着狄安娜和希罗底的人的坐骑是鲸鱼、海豹、鸟类或者其他北方的野生动物。[30] 在这些中世纪盛期的文本中，我们最后要提到的是 13 世纪中期德意志地区雷根斯堡的贝托尔德（Bertold of Regensburg）的布道文，文中警告人们不要相信这些夜行灵体，比如"骑着'或这或那'的"、"夜间流浪者"（night-wanderers）、"众仁主"（Benevolent Ones）、"众恶主"（Malevolent Ones）、"夜行女"（night women），还有农妇们上床

---

27 这些文本以拉丁语和中世纪法语出版，参见 Jacob Grimm, *Teutonic Mythology*, trans. James Steven Stallybrass, London, 1882, vol. 1, pp. 282, 286–288。格林只摘录了 John of Salisbury, *Polycraticus*, 2.17 的部分内容，还应该参看 British Library, Cotton MS Faust. A. 8, fo. 32 (the late twelfth-century penitential of Bishop Iscanus of Exeter)。

28 Jacobus de Voragine, *Legenda Aurea*, c. 102.

29 Stephen of Bourbon, *Septem doni spiritus sancti*, no. 97.

30 *Jons saga baptista*, c. 35.

前留下饮食犒劳的对象"福夫人"（blessed ladies）、"夜夫人"（ladies of the night）。[31] 他肯定不知道这些词的来历，否则就不会想要去区分它们。除了"福夫人"是拉丁语外，其他名称都是用日耳曼语写的，其中诸如"仁"（hulden）、"恶"（unhulden）的称谓，都让人联想起布尔夏德笔下的"霍尔达"。

因此，无论这个传统从哪里起源（目前的证据显示是在广大的法德之间的地区），在中世纪盛期，由超人类女性带领的夜间漫游的观念在广大西欧地区，包括英格兰、法兰西、意大利和德意志扩散开来。在此范围内的某些地方，例如英格兰，教会人士可能只是重复着从其他地方听来或读来的报告，但13世纪的法兰西和德意志的材料似乎反映了真实的民间信仰。到了中世纪晚期，对这些材料的引用仍在延续，并在早期模型的基础上加入了一些本地习语。比如，14世纪早期一篇法国讽刺故事里说，一群强盗穿上女人的衣服造访有钱又单纯的农民的家，假装自己是传说中的"善意的东西"来给这些农民赐福。同一个故事集中的另一则故事说，一个老女人声称自己曾带着"夜夫人"到教区神父家里去，还找神父索要报酬。[32] 到了14世纪中期，德意志的一些地区的人们将夜间上门吃饭的女性称为"佩希特"（Perchte）或"贝里希滕"（Berichten），她的形象似乎令人生畏或不招人喜欢，因为她的绰号是"铁鼻子"或"长鼻子"。[33] 虽然最早提到这个名字的作者之一来自巴伐利亚[34]，但要精准定位这些地区并不容易。大约同一时期，意大利多明我会的修士报告说，人们（特别是妇女）都相

31　引文见 Lecouteux, *Phantom Armies*, p. 15。

32　Cited in Cohn, *Europe's Inner Demons*, pp. 170–171.

33　中世纪盛期的德意志参考资料参见 Grimm, *Teutonic Mythology*, vol. 1, pp. 277–278。

34　安贝格的马丁（Martin of Amberg）。

信在夜里游荡着一群男男女女组成的队伍，队伍的名称是"特雷根达"
（tregenda）[35]，领头的是狄安娜或希罗底。[36] 至 15 世纪，这样的描述
越来越多，维也纳大学的教授托马斯·冯·哈泽尔巴赫（Thomas von
Haselbach）将不同种类的夜行访客分别命名为"哈本迪亚"（Habundia）、
"芬赞"（Phinzen）、"扎克·森佩尔"（Sack Semper）和"萨卡里
亚"（Sacria）。他还说"佩希特"是"哈本迪亚"的化名，在圣诞季
后的主显节期出来活动。在纽伦堡的一本补赎手册（penitential）中，
将狄安娜与"恶主"（Unholde）、"贝尔特夫人"（Frau Berthe）或"黑
尔特夫人"（Frau Helt）等同起来。同个世纪的一篇忏悔文将佩希特
等同于古罗马的命运三女神。一本 1468 年的词典提出，夜里要把茶点
留给阿本迪亚或萨蒂亚夫人，一般人则称呼她为"佩希特夫人"（Frau
Percht）或"佩希图姆"（Perchtum），她来的时候还带着随从。通常
认为她会在圣诞节期间造访，她们享用过饮食之后又会把杯盘重新填
满，并祝福那些留食物给她的慷慨家庭。[37] 这些资料再一次指出了这
一传统分布于德意志南部，后来讲述她的民俗故事也都来源于那里。[38]
同样，在德意志中部的民俗故事中，霍尔达、胡尔达（Hulda）、霍勒
（Holle）或胡勒（Hulle）跟佩希特这个名字的意义相同，指的都是同

35　译注：古拉丁语，意为顺利通过。

36　Jacopo Passvanti, *Lo specchio della vera penitenza*，转引自 Cohn, *Europe's Inner Demons*,
pp. 171–172. 卡洛·金兹伯格为该世纪早期维罗纳狄安娜或希罗底带领的夜间社团提供
了其他参考资料，参见：*Ecstasies*, p. 94。

37　参考资料参见 Lecouteux, *Phantom Armies*, pp. 15–17；金兹伯格在 *Ecstasies* p. 101 中
提供了更多关于纽伦堡传道的细节；以及 Claude Lecouteux, *Mondes Parallèles: l'Universe des
Croyances du Moyen Age*, Paris, 1994, pp. 51–52 中的 *Thesaurus pauperum* 文本；以及 von Hasel-
bach's in Anton E. Schonbach, "Zeugnisse zur deutschen Volkskunde des Mittelalters", *Zeitschrift
des vereins für Volkskunde*, 12 (1902), pp. 5–6。

38　Grimm, *Teutonic Mythology*, vol. 1, pp. 272–282.

一位冬夜造访的灵体。[39] 而在欧洲的另一端，这位夫人有时可能走得更远。从 14 世纪开始，英语训诫书《富人与乞丐》（ *Dives and Pauper* ）里就谴责了人们在新年的时候为霍尔达留餐的行为。[40] 然而，该书的作者可能一直在引用外国的资料，因为他随后一直在重复旧时《主教教规》中关于夜晚灵体骑行的内容。15 世纪 20 年代，意大利北部著名的传道者锡耶纳的贝尔纳迪诺（ Bernadino of Siena ）在布道中谴责 "狄安娜的追随者" 和那些自称曾在主显节夜里与希罗底同行的老年妇女。他还提到这些女人为顾客提供占卜、疗愈和解除魔咒的服务。[41]

目前我们还不知道这些早期的故事和警告究竟是有人声称自己跟着夫人一起在夜晚骑行，还是别人对她们的指控。然而，到了 14 世纪，虽然很多内容都被宗教裁判官、地方法官和书记官给过滤掉了，但审判记录档案中还是出现了人们声称自己参与了灵体骑行的供词。如今十分著名的分别在 1384 年和 1390 年米兰举行的两次审判中，两名妇女声称自己参加了 "奥里恩特夫人"（ Lady Oriente ）的 "社团" 和 "游戏"，宗教裁判官尽责地称她为狄安娜和希罗底，并向她致敬。她的动物随从包括所有动物，除了驴和狐狸。随从们以野兽为宴后又使之复活，造访一些整洁的住户家里为他们赐福。奥里恩特夫人还向她的人类追随者传授草药知识和占卜技艺。这些魔法的目的通常是善意的，包括治愈疾病、解除魔咒和找到被窃之物。其中一个人说奥里恩特夫人管理着她的追随者，就像如同基督统治着世界。[42]1457 年，著名的

---

39 Ibid.,vol. 1, pp. 267–272.

40 *Dives and Pauper*, ed. Priscilla Heath Barnum, *Early English Text Society*, vol. 275, 1976, p. 157.《主教教规》在该书的下一页。

41 Ginzburg, *Ecstasies*, pp. 297–299.

42 这些记录首次出版于 1899 年，关于它们的讨论参见 Cohn, *Europe's Inner Demons*, pp. 173–174；Ginzburg, *Ecstasies*, pp. 91–93；原始文本和翻译参见 Behringer, *Shaman of Oberstdorf*, pp. 54–55, 173–174。

教会人士库萨的尼古拉斯（Nicholas of Cusa）主持了一场对两位老年妇女的审判，当时他是位于南蒂罗尔阿尔卑斯地区布里克森的主教。在这次审判中，两位妇女承认自己从属于一个被她们称作"里切拉"（Richella）的"善意女性"领导的社团（博学的尼古拉斯认为里切拉就是狄安娜、福耳图娜和霍尔达）。夜里，里切拉穿着华服乘着车来到她们面前，一旦她们放弃基督信仰，她就会带她们参加狂欢宴会，在宴会中，多毛的男人们会吃掉那些没有接受正式洗礼的参加者（某种程度上，这与基督教的批判相反）。她们已经参加这种在四季斋期举行的聚会多年了。在中世纪晚期，四季斋期间被广泛认为是灵体特别活跃的时期。[43] 从前文提供的材料我们可以看出，中世纪晚期关于夜间漫游和大部分善意女性灵体的民间传统的主要流行区域是德国南部、阿尔卑斯山附近以及意大利伦巴第等地区。然而，即便在这片区域内，这种传统也呈现出三种不同的形式。第一种在意大利北部，这里的夜间漫游者明显有一个领队，她有时有名字，但大多数时候没有名字，人们经常说自己加入了这种游行。第二种在靠近阿尔卑斯山脉的德意志这边，当地关于夜间漫游者所组成的善意社团的观念非常盛行，甚至特权阶层也可以加入其中，但很少有材料明显地提到其中有领队。沃尔夫冈·贝林格所说的奥斯特多夫的萨满，一个巴伐利亚阿尔卑斯地区的疗愈师和巫师猎人（在 1586 年被宣判为巫师），他曾经声称自己和名为"纳赫特夏尔"（Nachtschar，意为夜间旅伴）的男男女女一起长途旅行。[44] 在阿尔卑斯德语区西部的瑞士卢塞恩（Luzern）城，

43　*Nicolai Cusae Cardinalis Opera*, Paris, 1514, vol. 2, fos. 170v–172r.

44　Ibid., pp. 17–46. 与格林一样，贝林格也提供了现代民间故事中缺失的细节，我们从不同角度都同意有关的灵体缺乏明显的领队，而且他对不同区域夜游灵体传统的性质区分的大体处理，在我看来也是正确的。

一位市民编撰了一份 17 世纪初的大事记，里面的内容大多源于他的回忆，可以一直上溯到 16 世纪。其中，他记录了一种对"善意的军队"或"被赐福的人"的信仰，这些人会造访一些他们青睐有加并认为值得被赞赏的人。记录中的漫游团体的成员包括尚在世的活人，还有些人自称得到了可以加入其中的特权，他们在当地很受景仰。这个材料中也没有提到漫游团体的领队形象。[45] 第三种出现在阿尔卑斯山以北，包括德意志的中部和南部，以及奥地利的低地。在这一地区，能够赐福的夜间军团肯定有一个领队，名叫"霍尔达"或"佩希特"。但这里的情况不同在于，似乎没有人声称自己曾加入其中。在这一地区的巫术和魔法审判中，也未曾有人自称是漫游团体的成员。

到中世纪晚期（如果不算更早一点的情况的话），以夜间的善意幽灵妇女为特色的意大利传统一直延伸到了半岛南部甚至更远的地方。古斯塔夫·亨宁森在 1579 至 1651 年在西西里岛编撰的调查记录中发现了她们的存在，这里人称她们为"外面来的夫人"（donas de fuera）。她们被描述成一群美丽的精灵般的女性，通常长着动物的手和脚，簇拥着一位被称作"精灵女王"、"女主人"、"导师"、"希腊夫人"（对于西西里岛人来说，希腊人很有异国情调）、"优雅夫人"、"因关塔夫人"（Lady Inguanta）、"扎贝拉夫人"（Lady Zabella）或"聪明的西贝利亚"（Wise Sibilia）的女性。她没有一个固定的名字，这个现象本身就很有趣。有些时候，这位女性拥有一位男性伴侣，有时这个群体拥有一位男仆。对她们的认知来自民间的疗愈师和占卜者（通常是女性），这些人称自己在夜间会以灵体的形式加入她们的行列，并从她们那里学习技能。有时候，某个向外散布这些信息的妇女会自

---

45 Renward Cysat's *Chronicle*, in Meisen, *Die Sagen*, pp. 111–120.

称被选为了夜间的女王。这些"夫人"们偶尔会来到家中为她们赐福，或跳舞、宴会，或者两者兼而有之。告发这些人的证人数量表明，被告非常热衷于讨论自己这些所谓的体验。被告都是普通百姓，往往是穷人和老年人，她们在这样的梦境、幻象或幻想中体验到在日常生活中从未享受过的乐趣。那些她们所声称的技能能够帮她们从委托人那里赚来金钱和食物。虽然关于她们的审判记录始于 16 世纪晚期，但在 15 世纪晚期西西里岛人的补赎手册中就已经发现了有人提到与"夫人们"一起旅行的罪名。[46] 意大利北部的女性灵体夜间漫游传统，到了西西里岛则形成了一个有领队的版本，被选中的人类也可以加入其中。而在意大利中部和南部之间，这一传统似乎没有留下太多相关记录。[47]不过，在一部 16 世纪的神学著作中提到了意大利南部的一些女性崇拜一种叫"fatae"（意为"命运"或"精灵"）的灵体。她们为"fatae"准备宴席，打扫屋子，期待后者能造访并赐福她们的子女。[48] 这很可能是同一种观念因地制宜后的产物，而地中海盆地北侧的其他地方，例如加泰罗尼亚地区，也存在着相似的观念。[49]

因此，有充分证据表明，中世纪时的确广泛存在一种对超人类女性所组成的善意夜间漫游团体的信仰，其中通常有一名领队，某些具

46　Gustav Henningsen, "The Ladies from Outside".

47　比如，在戴维·让蒂伊科尔（David Genticore）对意大利"后脚跟"地区的魔法审判的研究中就没有记录，参见 *From Bishop to Witch: The System of the Sacred in Early Modern Terra D'Otranto*, Manchester, 1992。

48　这是约翰·洛伦佐·阿纳尼亚（Giovanni Lorenzo Anania）的著作，引自 Giuseppe Bonomo, *Cacciaal le Streghe*, Palumbo, 1971, p. 30。

49　参见 Pau Castell Granados 谈及晚期中世纪访问住户、以及妇女们有时会跟随的"善意夫人"的信仰："'Wine Vat Witches Suffocate Children': The Mythical Components of the Iberian Witch", *eHumanista*, 26 (2014), pp. 70–95。然而，他并没有对此进行详细的研究，确定它到底是当地传统，还是加泰罗尼亚教徒从欧洲其他地方引入的外地传统。

有特定资格的人类也可以加入，特别是那些修习民间魔法的女性，她们能以脱离身体的灵体形式加入这支队伍。而从肉体中释放出灵体，正是西伯利亚和斯堪的纳维亚萨满的特征，显示了与之相关的超人类体所赋予的特殊能力。但这也是两者之间仅有的共同点。如果纯粹从表面证据上看，9世纪的某一个时间段，对夜间漫游女性的信仰首先出现在如今的法国或德国的某个地区。到12世纪的时候，法兰西和德意志的大部分地区都发现了这种信仰，英格兰或许也已被辐射，在中世纪晚期和近代早期（并从此以后）各地区的文献记录略有不同，又从德意志中部穿越阿尔卑斯山脉传播到了意大利和西西里岛。在该地区的不同区域，这一信仰也存在着三种至四种不同的形式。由于这种信仰比夜游的亡灵团体更早出现，且与异教神祇具有相似的形象特征（领队有一个可以确定的名字是狄安娜），我们能把它看成是古代前基督宗教的遗存吗？这样的假设是否可以被证实呢？

她是谁？

如前所述，夜间骑行队伍的超人类女性领队所使用的第一个名号是女神狄安娜。乍看起来，这个身份非常合适。狄安娜是与黑夜、野生生物（主要是野生动物）、女性和巫术有特别联系的罗马神祇。贺拉斯笔下的古代罗马巫师们都向她祈祷。而且，在结合中世纪和现代的不同文学和民间故事传统，以创造出他自己的古代异教传统的过程中，雅各布·格林注意到当时在法兰西和德意志依然存在着对狄安娜的崇拜。而正是这一地区最早记录了中世纪夜骑漫游的故事。[50]一部

---

50 Grimm, *Teutonic Mythology*, vol. 1, pp. 285–286.

关于 6 世纪法国南部主教阿尔勒的凯撒留斯（Caesarius of Arles）的传记中曾提到"一个魔鬼，普通人称之为狄安娜"。同个世纪里，另一位主教撰写过一部历史，讲述了德意志西北部特里尔附近的一位基督教隐修士是如何毁坏一尊当地人崇拜的狄安娜雕像的。还有一则材料是关于一名基督教传教士在德意志中部弗兰肯（Franconia）晚年生活的记录，他试图让当地居民放弃对狄安娜女神的崇拜，并因此殉教。[51]然而，这种乍看之下的契合，在仔细考察后就会土崩瓦解。就算这个故事有事实根据，无论弗兰肯地区说德语的人怎么称呼这位女神，它肯定不会被人称呼为罗马名字"狄安娜"。事实上，从罗马帝国的铭文证据判断，在阿尔卑斯山以北（尽管存有明确证据）直至不列颠，似乎都不曾广布或分布狄安娜的崇拜。而且，即便是阿尔卑斯南部地区，整个古典时代和早期中世纪的教会法令和法条都从未提到什么追随着女神的夜骑女性形象，要知道这里可是狄安娜女神的家乡。事实上，在古典神话中狄安娜也并没有大批人类崇拜者尾随。卡洛·金兹伯格意识到了这个问题，他的结论是这个问题"让我们怀疑有一种'罗马转译'（interpretatio romana）存在"，换句话说，有人将古典罗马模式强加到事实上并不相同的地方传统身上。[52]他举了一个例子，在米兰审讯中，被告自己实际上是用"奥里恩特"称呼那位超人类女主人，但审判官却执意在档案中用了狄安娜这个名字。[53]这样的影响也许可以一直追溯到《主教教规》。实际存在的崇奉古典狄安娜女神的社团不仅被受过教育的牧师们用来描述夜间漫游的女神，而且即便是那些

51 格林参考文献的重复引用，以及原始资料的全文参见 Cohn, *Europe's Inner Demons*, p. 168。

52 Ginzburg, *Ecstasies*, p. 91.

53 Ibid., pp. 91–93.

受教育程度较低的人，也会知道她是《新约》中唯一提到的异教女神，于是也就非常容易地将她的名字作为所有夜游女性团体领队的简称。

卡洛·金兹伯格想要从另一个夜间骑行信仰源起早期阶段就被认定的形象——希罗底的背后找出一位异教女神。从表面上看来，希罗底这个形象的起源是清楚的，她是《新约》中最邪恶的女性，害死了施洗者约翰。所以，她和狄安娜是中世纪正统基督教徒心目中名声最坏的两个女性形象。因此，似乎可以这么推测，将希罗底看成一位在夜间骑行的女神，就像晚期中世纪教会人士用狄安娜（在同一个例子中的希罗底）替代证词中原本不同的名字一样。尽管如此，金兹伯格依然认为，希罗底这个称呼是对赫拉·狄安娜（Hera Diana）的错读，而后者是罗马女神和希腊女神的结合体。

这是有可能的，但其中存在两个问题。首先，在古代和中世纪的记载中，都没有关于这位女神的记载。金兹伯格用瑞士和意大利北部一块希腊赫拉——更准确地说，是女神海瑞库拉（Haerecura）或埃瑞库拉（Aere-cura）——的铭文来证明自己的观点，但这并不足以证明那里存在着对这位女神的广泛崇拜。另外还在罗马帝国晚期多菲内（Dauphiné，今法国东南部）的墓顶砖上发现了一个骑着动物或船只的人形形象，以及一个词："Fera Comhera"，意思是"与野蛮的赫拉同在"。从整体来看，这像是一块诅咒板，赫拉似乎与之很适合，毕竟她是著名的复仇女神，特别是在涉及婚姻不忠的情况下，这里的赫拉骑着她的圣兽孔雀。金兹伯格还引用了格林在 15 世纪所发现的德意志莱茵河普法尔茨（Rhine Palatinate）农民的一种信仰：在圣诞节期间，赫拉会四处漫游，给人带来富足。[54] 她与后来德国中部传说中的霍尔达，

54　Ibid., p. 104. 在 116 页中，金兹伯格认为，法国学者伯努瓦（Benoît）此前将孔雀当作坐骑是不可信的，但没有说明原因。

以及更远一些的东部和南部传说中的佩希特显然是相同的。问题是，在中世纪，这个罗马帝国的拉丁语区，后来的日耳曼语区，怎么会一直流传着某位女神的希腊语名字？我们不得不怀疑，这种情况是否就像金兹伯格所指出的米兰审判的情况那样，都是因为某个受过良好教育的神职人员将一位古典女神的名字强加在当地民间传说之上。不过，我们所持的保留意见并不能驳斥金兹伯格的假设，只是表明，他的证据是零散而矛盾的。

其次，中世纪的人在论及夜间骑行的希罗底时，指的肯定是《圣经》中的角色。12 世纪的时候，人们创造了一个虚构的传奇故事，将这两个希罗底联系了起来：王室女性希罗底爱上了施洗者约翰，因而在无意中导致了他的死亡——希律王愤怒地将其斩首。当希罗底想要轻吻那被砍掉的头颅的时候，它飞到天空中旋转起来。从那以后希罗底就一直在漫游着寻找这颗头颅，只在晚上才降落于地面。[55] 这个故事还说，仍然有三分之一的人类忠于希罗底。两个世纪以前，伦巴第平原的维罗纳主教拉特里乌斯（Ratherius）也曾抱怨说，许多人都称希罗底是他们的灵体女主人，并说世界的三分之一属于她。[56] 这个描述和《玫瑰传奇》中对阿邦德夫人的描述一致，称有三分之一的人类天生就具有某种加入她队伍的天赋。拉特里乌斯的说法值得认真对待，因为它证明了 10 世纪确实流行着对希罗底的崇拜。尽管拉特里乌斯本人来自尼德兰南部，他也许是从那儿到维罗纳之间的任何一个地方接收到这些信息的，但他并没有提到夜间漫游这个要素，这一点非常遗憾，否则这则材料就能让这一传统在中世纪早期跨越阿尔卑斯山脉，一直延

---

55 *Reinardus Vulpes*, Book 1, lines 1143–1164，法文版是 *Le Roman de Renart*；现存许多现代版本。

56 Ratherius, *Praeloquiorum libri*, 1. 10，最易读的版本参见 *Patrologiae Latina*, vol. 136, col. 157。

伸到意大利北部，后来此处将遍布它的踪迹。然而，他确实提出了一种巨大的可能性：无论希罗底的特征有否被怀着敌意的教会人士强加到夜间漫游的善意女性灵体上，它的确被当时的普通人当成自己的传统来对待。

于是，我们的问题依然没有得到解决。我们的目标是在古典时代的西欧到中欧的广大地区找到一位或一批受人尊敬的女神，她（们）在普通人中拥有忠实的拥趸，能够创造中世纪夜间夫人或夫人们的传统。其中一位候选人是希腊女神赫卡忒（Hekate, Hecate），她是罗马作家所熟知的形象，并与夜晚、巫术和鬼魂有联系。因此，直到如今，对于渴望一种既源自与亡者有关的古代丰产崇拜，又混合了流浪亡者和漫游女神的中世纪传统的人来说，赫卡忒是非常合适的。[57] 问题是，虽然人们将她看成通往亡者安息之地和婴儿降生的灵魂向导，但很难找到关于她带领着一群世俗灵体随从的记载，在她的肖像画中也从来没有出现过这样的画面(除她的狗群以外)。[58]《俄耳甫斯教祷歌》(*Orphic Hymn*) 中对她的描述是"神秘而疯狂，与亡者的灵魂一起"[59]，这一句也许是指她的作用是护送亡者的灵魂抵达冥界。一篇希腊悲剧的片段可能提到了她的固定随行者："如果夜间的景象吓到了你，或者你曾见过赫卡忒来自地府的军队。"[60] 这里可能暗示着赫卡忒是有随从的，不过也可能只是对鬼魂的一般调侃。

在古代女神崇拜广泛传播的中心区域，也就是阿尔卑斯山及以北

---

57 她最后一次出现似乎是在 Lecouteux, *Phantom Armies*, p. 25, 33。

58 J. R. Farnell, "Hekate in Art", in Stephen Ronan (ed.), *The Goddes Hecate*, Hastings, 1992, pp. 36–54.

59 Line 13.

60 *Tragicorum Graecorum Fragmenta*, ed. Bruno Snell, Göttingen, vol. 1, p. 115.

的地区，寻找中世纪夜间漫游夫人的起源，这应该更有意义。卡洛·金兹伯格认为这正是这一传统的诞生地。此外，他还建立了一些跨越历史的引人入胜的联系。比如，他指出 15 世纪被库萨的尼古拉斯审问的妇女们曾声称她们的那个超自然女主人的脸被某种装饰物所遮挡，这种装饰物听起来像是希腊和西班牙所发现的古代雕像上的头饰。这似乎是一种巧合，也可能不是。[61] 重点在于，古代莱茵兰、阿尔卑斯山和德意志南部地区是否存在某位神祇，可以被视作中世纪夫人的祖先？这里有两个乍看起来很合适的人选，伊波娜（Epona）和马特瑞斯（Matres）。

伊波娜崇拜的范围很广。从不列颠到匈牙利，再向南至罗马和非洲，她在大部分北罗马世界都很受欢迎。至今为止，已有幸存下来的确定是她的二百多幅画像和三十三块铭文被发现。然而，她的信仰团体的中心在高卢，特别是它的东部地区，现属于法国东部和莱茵兰，信徒主要是驻守在罗马帝国北部边境上的骑兵部队，因为伊波娜是与马有关的神祇，是骑兵利益和马群繁育的保护神。有时她会携带着谷穗或一盘谷物出现，因此可能与丰产或繁荣广泛联系，但它们也许只代表了画像中她所骑乘或她的身旁所出现的马匹的口粮。[62] 因为她骑着马，且在某个记录了中世纪夜间骑行漫游的地区知名度很高，金兹伯格将她作为乘着坐骑的女主人的一种起源就不足为奇了。[63] 不过，这个"等式"的两端都存在着与事实不符的地方。伊波娜从来没有追

61　Ginzburg, *Ecstasies*, pp. 132–133.

62　与她有关材料的经典目录参见 René Magnen and Émile Thenevot, *Épona*, Bordeaux, 1956，修订参见 Claude Sterckx, *Élements de cosmogonie celtique*, Brussels, 1986, pp. 9–54；以及 Katheryn M. Linduff, "Epona: A Celt among the Romans", *Latomus*, 38 (1979), pp. 817–837。

63　Ginzburg, *Ecstasies*, pp. 104–105.

随者，中世纪漫游队伍所骑的也不是真正的马，而是野兽。于是，骑行队伍的领队应该更像是不同的神话世界中的女神，比较宗教学领域的专家称她为"动物的女主人"。尽管罗马时代的确存在与特定的动物相关联的女神，但在当时的法兰西、德意志和阿尔卑斯山地区发现的材料里似乎找不到这样的形象。

而马特瑞斯或马特洛奈（Matronae），意思是"母亲们"或"夫人们"，她们比伊波娜更受欢迎，也更受崇敬。对她们的崇拜常见于西罗马帝国大部分地区，但信仰的中心似乎也是高卢东部。她们的形象是三位仪态端庄的女性，站着或（更为通常地）坐成一排，手中托着盘子、面包、水果或鲜花，象征着繁荣。有时，她们中的一位，会以同样的姿态单独出现。她们也很受士兵的爱戴，士兵在她的信徒中占了很大的比例。这三位一模一样的女神并不总是以图像和铭文的形式呈现出来的，在铭文中她们往往被特别作为某些行省和机构的创始者来纪念。[64] 她们显然可以给人带来富足和充裕，拥有成为中世纪向户主赐福的超人类夫人先祖的条件。但二者也并不完全一致。马特瑞斯或马特洛奈从来没有随从，她们或站或坐，绝不会骑行，更不会与动物发生联系；而中世纪的各种"夫人"通常没有三位一起出行的情况。然而，关于罗马帝国北部宗教信仰的大量证据中，再也没有其他与中世纪夜骑人物更合适的形象了。不过，善意的马特瑞斯符合布尔夏德所说的造访民宅的"三姐妹"，因此她可能是后来"夫人"和其随从为家宅赐福功能的根源。另外还有其他可能性：布尔夏德记录的也是一个独立的意大利传统，将这个传统的赐福功能赋予命运三女神，

64　对她们的基础研究依然参见 F. Haverfield, "The Mother Goddesses", *Archaeologia Aeliana*, 15 (1892), pp. 314–336。亦见 Miranda Green, *The Gods of the Celts*, London, 1986, ch. 3；以及 *Celtic Goddesses*, London, 1995, pp. 106–111。

而且他的确是如此为"三姐妹"命名的。或者，考虑到欧洲的超人类女性常三位结伴出现，这个在中世纪早期发展出来独立的信仰可能源于其他的"三姐妹"。

在莱茵河以东的古代日耳曼地区，没有类似的证据，即便有，也通常只是对中世纪材料的回溯。因此没有什么确定的结论。而在中世纪德意志的记录中，主要有两个像女神一样的形象。一位是霍尔达（霍勒或胡尔达），她可能是作为中世纪夜间漫游队伍本身的化身被创造的。如果布尔夏德的拉丁文没错，那么在他几乎所有的现存的文献中（仅有一篇除外）都使用了"霍尔达"这个词来描述骑行本身，而不是骑行的女性领队。如前所述，在布尔夏德的文本中，只有一篇的修订本将霍尔达看作领队，并称她为"斯忒里克斯"或"斯忒里加"，将她与罗马神话中的恶魔和巫师，以及日耳曼的食人巫师相等同。但是这种用法在文章中似乎并不像一般用法那样合乎语法，这个段落所在的手稿也不是最早的版本。霍尔达这个角色其实出现得更早，在神圣罗马帝国皇帝、虔诚者路易的妻子尤迪特（Judith）的赞美诗中就曾出现过。这首诗是 9 世纪早期曾住在康斯坦茨湖中岛上的修道院学者瓦拉弗里德·斯特拉波（Walahfrid Strabo）创作的。[65] 然而，诗中将霍尔达和最伟大的希腊女诗人萨福并论，又将她们一起拿来与尤迪特比较。

一位博学的教会人士将霍尔达与希腊古典时期的杰出女性放在一起，作为对基督教皇后的恭维，那么霍尔达应该是从《圣经》中的人物演变而来的。很明显，这个人物很可能是《旧约》中女先知户勒大

65　最易读的版本参见 *Patrologiae Latina*, vol. 114, col. 1094。

（Huldah），在拉丁文《圣经》武加大译本中写成"Olda"。[66] 户勒大不仅是耶和华的代言人，而且她与萨福一样，都善于以诗言志。她的名字与骑行者队伍的名字相似，所以很可能就与大众想象中的夜间骑行队伍混淆起来，但这只是猜测而已。和霍尔达在东部和南部的同类佩希特（以及其他变体）一样，雅各布·格林十分谨慎地承认，霍尔达在 14 世纪以前没有出现过。但他断定佩希特肯定是古代的女神，而这仅仅是因为他自己觉得像她这样的形象肯定得是古代女神而已。[67] 根据最近的语言学证据，有理由认为佩希特这个名字来自中世纪基督教主显节（Epiphany）的日耳曼语发音，中世纪晚期，她是这个节期的拟人化形象。这非常符合中世纪将节日人格化为某种形象（通常是女性）的一般模式。[68] 大体上，从格林到克洛德·勒库特，这些作者在重建古日耳曼神话的时候还经常向中世纪诺尔斯文学寻求帮助，以填补空白。[69] 正如在前一章所看到的，这些文学作品的确提到了夜间狂欢，但参加者大多是地魔和其他非人类体，人类魔法师的灵体也可以参加。然而，这些人主要不是女性，而且更重要的是其中没有明确的领导者。

66　2 Kings 22:14–20; 以及 Chronicles 34:22–38。格林意识到，1522 年马丁·路德曾提出，户勒大可能是夜游的起源，但他拒绝了这种观点。因为霍尔达在现代德国民间传说中有重要地位，而格林将它视为一种信仰，一种古代世界未曾改变的遗存。因此，他忽略了圣经中的人物与瓦拉弗里德诗歌之间的联系: *Teutonic Mythology*, vol. 1, p. 271, and vol. 3, p. 1367。

67　Grimm, *Teutonic Mythology*, vol.1, p. 281.

68　John B. Smith, "Perchta the Belly-Slitter and her Kin", *Folklore*, 115 (2004), pp. 167–186. 与之相比，洛特·莫兹（Lotte Motz）的解释提出佩希塔和霍尔达是北方异教女神。她是格林传统的坚定支持者，但她所使用的大部分材料都源自一本 1914 年出版的著作。我想强调的是，她的假设虽然带有很大程度的推测，但依然具有可能性，她将现代民间故事通道与想象中的古代联系起来，这是史密斯避免使用的方法，参见 Lotte Motz, "The Winter Goddess", *Folklore*, 96 (1984), pp. 167–186。

69　Lecouteux, *Phantom Armies*, pp. 19–20.

但在诺尔斯文学中的确存在着另一种能够穿越大地和海洋的超人类女性骑者的形象。她们是女武神（Valkyries），在一些描述中，她们站在奥丁这一方，将战场上被杀死的武士召集成军队。在古诺尔斯诗歌中，一些女武神是有翅膀的，一些则骑着能腾空越海的战马。她们融合了迪西尔（Disir）这个形象。迪西尔是一群骑着马的超人类女武士，穿着白衣或黑衣，她们有时会寻求人类战士的帮助，有时则是敌人。[70] 然而，这些诺尔斯形象都不会由某个领队带领着在夜晚集体骑行，也不会遴选出人类加入她们的行列。尽管现代民间传说将奥丁和夜间骑行联系在一起，甚至格林也这么做，但在诺尔斯文学中，奥丁自己肯定不会成为这种骑行的领导者。奥丁是孤独的行者，如本书前面所引用的那样，他恰恰是这种夜间灵体和人类伙伴狂欢的破坏者。是追随这些超人类女性的中世纪老百姓给她们取了名字，而教会人士对这种信仰的描述又无法清楚地在古典神话及《圣经》中找到起源，考虑到这些，我们应该再次倾听这些老百姓的声音。老百姓所起的名字能很好地说明问题，比如："本索齐亚"，意思是好搭档或好伙伴；"阿本迪亚"或"阿邦德"，意思是充裕；"萨蒂亚"，意思是食欲的满足；"奥里恩特"，意思是富足的东方；"西比拉"（Sibilla），它指"全知的罗马女先知"，或仅仅称她为"游戏中的女主人"。"里切拉"和"佩希特"似乎仅是某个人的名字，但"霍尔达"则是从意思为"仁慈"和"怀有好意"的两个词中衍生出来的。[71] 这些词代表着一位慷慨大方、

70　*Volundark vida*, verse 1; Helgakviða Hundingsbana II, in the *Poetic Edda*, verse 4, prose opening fit 2, and prose opening fit 4. 勒库特特从《弗拉泰岛书》（*Flateyarbók*）中摘取了与迪西尔有关的篇章，参见 *Phantom Armies*, pp. 20–21。

71　Claude Lecouteux, "Hagazussa-Striga-Hexe", *Hessische Blätter für Volks-und-Kulturforschung*, 18 (1985), pp. 59–60.

善于助人的女保护者的形象，她为穷人，特别是贫穷的女性带来欢乐和盛宴。这些妇女不仅从她那里获得了日间生活中所缺失的狂欢和富足，而且更多的是，当她们与她颇负盛名的扶助行为产生关联时，作为这种神秘的力量和知识的行使者，她们能在社区中获得更多的尊重。

这一定是问题的关键所在。在中世纪构建由一位超人类女性领导的夜间游行图景的过程中，这些关于狄安娜、赫拉、赫卡忒、伊波娜、马特瑞斯，还有其他不那么出名的古代女神的民间记忆，完全有可能发挥作用。然而，这个论断却不容易获得实际证据的支撑，虽然它看起来无论如何都不是一种由古代崇拜直接发展成的中世纪神话，相反，后者采取了一种独特的形式，和古代宗教没有什么确切或相近的对应关系。甚至这些女神与中世纪的信仰可能根本就不相干，这些信仰是几个世纪以来，从这些地区正式皈依基督教到《主教教规》写就的过程中诞生的新系统。在此必须强调的是，在 5 至 9 世纪间对民间信仰的大肆谴责中，教会人士根本没有提及夜间骑行的活动。[72] 无论真实情况如何，到了 900 年，这种信仰体系已经变得非常普遍而且顽强，一直流传到了现代。它满足了一些中世纪老百姓，特别是女性的巨大需求，代表着一种真正的反文化传统，是有缺憾的"隐藏文本"（hidden transcript）的一部分，让人们能够应对既定的使他们处于弱势地位的社会和宗教结构。

现在，我们或许可以抛弃 19 世纪以亡者为中心的普遍的史前丰产宗教的概念。这一概念没有足够证据，无法回答中世纪善意的夜游灵

---

72 大部分有用的描述参见 Valerie I. J. Flint, *The Rise of Magic in Early Medieval Europe*, Princeton, 1993, pp. 36–58。

体信仰到底有多少源自古代异教的问题。我们应当以这些灵体为中心，把视线聚焦在中世纪梦与幻的世界，其形成和发展的过程之上。

小结

有人提出，在中世纪的盛期和晚期，存在着两种不同的夜行灵体队伍的概念：一种是邪恶或忏悔的亡者；一种是善意的女性灵体，通常有一个明显的领队。前者可能是在中世纪盛期伴随着基督教盛行而发展起来的，而后者出现的时间则更早，其发展可能基于早先的异教元素；前者几乎是所有活着的人都想要避开的，没有人愿意加入其中，而后者则有很多人声称自己参与过，因为这会让他们在本社区中获得名望；前者主要是男性的社团，尤其与军人有关，而后者尤其和妇女联系在一起。到了格林的时代，这两者往往被混在一起，格林将这种混合物打造成他的"狂猎"概念。然而，根据中世纪和近代早期的一些资料可以看出，这种混合在很久以前就开始了，这些资料都不约而同地提到了一种或两种游行的形式。文学方面的资料总是将这两者区分开来，但在民间文化的层面上，在中世纪晚期的一些地方则区分得并没有那么清楚。[73]

早在 1319 年的法国比利牛斯山区，当地的某个魔法师在审讯中供称自己曾和"一位善意夫人及一群亡灵"共同旅行及拜访干净整洁的住户，因此学会了魔法。另一位接受讯问的女性则说，这些夜行的"善

73　这里和接下来的部分是对讨论的总结，参考资料参见 Hutton, "The Wild Hunt and the Witches' Sabbath", pp. 171–175；更多的材料见 *Le register d'Inquisition de Jacques Fournier*, ed. Jean Duvernoy, Paris, vol. 1, p. 544。

意夫人"以前都是有钱有势的女人，因自己犯下的罪而被魔鬼强迫，四处游荡。1384 年和 1390 年的米兰审讯中，一些女性声称，奥里恩特夫人的队伍中混着一些死去的人，其中包括一些面有愧色的死刑犯。前面提到那位卢塞恩市居民回忆的 16 世纪中晚期的市民信仰，在拜访有德之家的"善意军团"、"被赐福的人"中，也包括早夭与横死的好人的灵魂。然而，他同时记录了一种相似但邪恶的"愤怒军"信仰，以及在夜间出现的能发出可怕噪音的幻影，这两类都与"善意军团"具有明显的不同。而这些例子的稀缺性正是它们的意义所在。在巫术和魔法审判中，这两种幽灵队伍同时出现的情况本身就很少见，即便同时出现也通常会被清楚地区分开。正如上面所说，在阿尔卑斯山地区和意大利北部的法庭上经常出现"夫人（们）"的追随者，但这些被指控为巫师和魔法师的人却很少供认自己参加过亡者游行。有些人说自己能看见亡者，甚至有时还能和他们交谈，但这与和他们一起漫游是两码事。只有卡洛·金兹伯格所描述的一些本南丹蒂，以及其他地方的少数人，比如 1499 至 1500 年在卢塞恩市受审的当地魔法师，曾声称他们与已经死去的人一起旅行或游行，或者与有这种经历的人结婚。所以，如果灵体旅行的主体大多限于超人类女性的追随者，我们就很有必要追问这些言论的真实含义是什么，但要找到答案往往很困难。不过，有证词提供了一些答案，这些答案涉及了不同的类型。一种说法是，这不过是一种非常简单的欺骗行为：自称曾加入过这种团体，就可以给她带来尊重和顾客，但这种行为本身不具有什么实际的意义。比如，其中有两位妇女，因为与"外面来的夫人"的交往而在西西里受审讯，后来她们承认这个故事完全是编造出来的。在委托人面前展示灵体现身的戏剧性场面的人，看起来似乎处于恍惚状态，但更有可能是一种符合他人期待的角色扮演。[74] 库萨的尼古拉斯所做的判断可能代表了另一种类型：他在南蒂罗尔审问的那些老妇人只不过是有些精神错乱，她们做了栩栩如生的噩梦，就把睡眠中发生的事情当成了现实。[75] 而某些记载则可能是当事人体验到了幻觉、错觉，或者只是谎言，例如某个十一岁的西西里女孩坚称自己看见七位穿着漂亮红白连衣裙的女性在铃鼓前跳舞并与她交谈，而另一个和她在一起的女孩却什么也没看见。[76]

这种类似灵魂出窍的体验在本书萨满教那章已经提到过。沃尔夫冈·贝林格提过的那位福拉尔贝格（Vorarlberg）的牧马人和魔法师说，他会在"仿佛失去了知觉"或"在昏睡和无意识"的状态下与"夜间同伴"和基督教的天使一起旅行，他的精神在漫游，而身体则一动不动地躺在那里。他说，这种经历每年都会发生四次、不分昼夜、不由自主，每次都要经历两至三小时，有时会感到很痛苦。[77] 不同寻常的深度睡眠，以及栩栩如生的梦，或许可以解释这些体验产生的原因，但这也有可能是另一种完全不同的紧张性神经症（catatonic）所带来的影响。他说，那位天使向导向他透露了折磨当地民众的巫师的名字，然后他（自称）以基督教的热情强迫这些巫师解除了咒语。15 世纪 30 年代，鬼神学家约翰内斯·尼德（Johannes Nider）写过一个故事，说的是一位多明我会修士试图说服一位农村妇女，告诉她她自以为的那种与狄安娜一起在夜间飞行的体验是在自欺欺人。于是，该妇女允许

74　Henningsen, "'The Ladies from Outside'".

75　Ginzburg, *Ecstasies*, pp. 94–95. 梦境对安息日一般概念的作用见 Walter Stephens, *Demon Lovers*, Chicago, 2002, pp. 125–144；关于近代早期时期的人们是如何区分梦境与现实的主题，见 Stuart Clark, *Vanities of the Eye*, Oxford, 2007。

76　Henningsen, "'The Ladies from Outside'".

77　Behringer, *Shaman of Oberstdorf*, pp. 17–21.

这位修士和另一个证人一起旁观她的体验。一晚，她坐进一个篮子里面，再用一块香膏涂抹了身体，在念过咒语之后，她就昏了过去。醒来之后，她确信自己见到了狄安娜。同时期的一位西班牙作者说，他曾听说一些妇女失去意识的程度之深，以至于被殴打或烫伤都毫无知觉，事后她们声称自己处在漫游的状态中。[78] 在布雷斯劳（Breslau）发现的 15 世纪手稿里记述了一段轶事，一位老妇人在半昏睡中梦见自己被"希罗狄安娜"（Herodiana）带着飞行。她满心欢喜地展开双臂，结果打翻了一盆水，醒来之后发现自己躺在地上。[79]

正如诺曼·科恩指出的那样，这些故事都不是第一手的资料，因此可能反映的只是受过教育的人希望相信的，而不是真实发生的情况。[80] 卡洛·金兹伯格将这些报告看作"某种狂热的邪教"的证据，他也许是对的，但我们并不真正了解它到底是某些体验累积的结果，还是仅停留在由文化所决定的一系列梦境和幻想的层次上。[81] 他将库萨的尼古拉斯询问妇女所得的"里切拉"头饰的描述称为"富有想象力的精准话语"，尽管他也承认，它们都经过了尼古拉斯记录的过滤。[82] 尽管都是幻想体验，但很难将它与某位妇女在做了一场栩栩如生的梦之后的记忆图像区分开来。这也是教会人士自己的结论。坦言之，9 世纪到 14 世纪初，这些记录了追随超人类女性夜间漫游传统的神职人员或其他中世纪精英阶层并不认为自己所着手的工作和某个真实存在的邪教有关。夜间旅行的叙述从未被视为宗教异端，而只是被看作愚

78　Nider and Alfonso Tostato，同引自 Josef Hansen, *Quellen und Unterschungen zur Geschichte des Hexenwahns und der Hexenverfolgung im Mittelalter*, Bonn, 1901, pp. 89–90, 109 n. 1。

79　原文是拉丁语，见 Ginzburg, *Ecstasies*, p. 145。

80　Cohn, *Europe's Inner Demons*, p. 176.

81　Ginzburg, *Ecstasies*, p. 103; 后一种观点来自 Cohn, *Europe's Inner Demons*, pp. 176–179。

82　Ginzburg, *Ecstasies*, p. 132.

昧民众的荒谬妄想，这些民众的目的不是要反对基督教，而是要为它作补充，所以他们所受到的惩罚相对宽容。诚然，人们会把这种妄想归因于魔鬼的恶作剧。到了 13 世纪，一些评论家认为魔鬼并不是简单地把这种想法植入人们的头脑中，而是制造了夜间漫游的真实景象。但当时把那些自认加入他们的人依然没有被当作异端教派来迫害。

14 世纪末，出现了一种新的恐惧，认为仪式性魔法受到了魔鬼激发和帮助，直到这时，真正的异端邪教的污名才开始影响到那些信仰"夫人（们）"的人，而且被仅仅视为个人行为：在被正式警告放弃信仰之后的六年间，米兰的两位信仰奥里恩特夫人的女性依然坚持她们的主张，最后在 1390 年被处以火刑。[83] 其中一名女性承认（或被迫承认）自己有一个魔鬼情人。她们被判累犯异端罪而处死。正如卡洛·金兹伯格和沃尔夫冈·贝林格所巧妙展示的那样，15 至 16 世纪期间，在阿尔卑斯山和伦巴第平原的某些地方，善意的夜游灵体传统逐渐被同化，形成了"魔鬼巫师"和"巫师安息日"的新的刻板印象，而它们正是近代早期欧洲审判的基础。[84] 这一刻板印象的构建过程是本书马上要关注的内容。

83　因此，可以同样有理由认为她们是为捍卫自己的信仰而牺牲的真正的殉道者，或者是鲁莽和高傲的傻瓜，或者是悲剧性的笨蛋，如果是库萨的尼古拉斯，会认为她们精神错乱而不予理睬。

84　Ginzburg, *Ecstasies*, pp. 296–307; Behringer, *Shaman of Oberstdorf*, pp. 54–67, 82–133.

VI　中世纪巫师的形成

　　到目前为止，通过对中世纪文化中特定主题和其古代渊源之间的关系进行考察，我们发现了一些看起来比较意外的对比。对仪式性魔法来说，它依仗着文化精英们反复誊写抄录的文本进行传播，因此，和传统认知相比，它与古代世界之间的连续性似乎更大，而文本中沿用的名称和观念也更多。另一方面，长期以来，学者们一直认为关于夜间漫游的信仰直接源于"前基督教"传统，然而要追溯它的传播途径似乎比学者们推测的要难得多。接下来，无法回避的问题是：中世纪社会是如何看待本书的中心主题——巫师形象的。本章将讨论这个问题，并就以下三个问题给出答案：基督教在欧洲占主导地位后对魔法和巫术的态度有什么不同？在中世纪，巫术是如何被严肃对待的？以及，作为近代早期巫术审判的基础，那种将巫师作为一种罪恶宗教修习者的刻板印象是如何发展起来的？

基督教的直接影响

　　早些时候有人指出，作为近代早期巫师审判学说基础的基督教是美索不达米亚魔鬼学、波斯宇宙二元论、希腊－罗马人对魔法的恐惧（将之视为本质上不虔诚的表现）、罗马邪恶巫师的形象、日耳曼人关于夜游食人女的概念等所有古代传统的结合，而这些传统单个拎出来看，它们又各自组成了猎巫背景的一部分。事实上，不乏受人尊敬的学者认为基督教信仰有一种鼓励迫害魔法师的固有倾向。瓦莱丽·弗林特（Valerie Flint）认为，基督教制度化和垄断性的特征使它自动成为一种国教，要求更严格地控制人类与灵体交往，因为这些灵体大多被定义为是邪恶的。[1]理查德·基克希弗指出，基督教以一种全新的方式将魔法定义为对假神（即魔鬼）的崇拜。[2]迈克尔·贝利同意这个观点，他认为相比起异教徒和犹太人，基督徒认为宗教和魔法具有更本质的区别。[3]这些判断都是正确的，但魔法的历史具有的两个明显特征，值得引起人们的反思。第一，早期欧洲巫师审判开始于基督教获得统治地位的一千年后，如果它的意识形态与猎巫那么契合，为何要等那么久才做这样的事？第二，正如本书前面所讨论的，仅根据传统的态度，异教罗马帝国已证明自己完全有能力在残酷迫害基督徒的同时，颁布一部针对魔法师的严酷法律。事实上，罗马帝国对魔法的根深蒂固的内在敌视所植根的法律和文化语境，正好为基督教的相关观点提供了理由。早期基督徒要面对这样一个尖锐的问题：那些他们归于弥赛亚和众使徒的神迹看起来与仪式性魔法师的成果有何不同？当时，一些最有影响力的异教徒批评家发动了对基督教的指控，其中，2世纪的塞尔苏斯主导了对这种新宗教的全面攻击。而基督教神学领袖奥利金（Origen）的答复则成为后世的标准：魔法师使用的是仪式和祷词，但真正的基督徒只使用耶稣的名字和《圣经》中的言语，依靠的是它

1　Valerie Flint, "The Demonization of Magic in Late Antiquity", in Bengt Ankarloo and Stuart Clark (eds.), *Witchcraft and Magic in Europe. Volume Two: Ancient Greece and Rome*, London, 1999, p. 279.

2　Richard Kieckhefer, *Magic in the Middle Ages*, Cambridge, 1989, p. 35–41.

3　Michael D. Bailey, *Magic and Superstitionin Europe*, Lanham, MD, 2007, p. 43.

们的神性力量。这也正是长久以来希腊－罗马人区分魔法和宗教的方式。[4] 大约两百年后，希波的奥古斯丁（Augustine of Hippo）把这种标准逐步发展成其经久不衰的形式，一直延续到了中世纪：魔法师的行为是在魔鬼的帮助下完成的，而基督教圣徒的神迹则完全得益于唯一真神的介入。[5]

因此，基督教在魔法话题上的辩论中采取的是"守势"，目的是应对这个话题对自身信誉和公众形象带来的严峻挑战，牢固地建立在当时希腊－罗马人对魔法态度的语境下。然而，其中也有基督教本身的特质在起作用，其中之一是美索不达米亚式的（因此也包括希伯来式的）对魔鬼极端恐惧的心理。即便按照"新月沃地"的传统标准，早期基督教的魔鬼学也十分与众不同，它接受了宇宙中存在着一种纯粹邪恶的、无所不在的力量的概念。任何熟读《新约》《次经》以及早期圣徒传的人都会发现，驱除附体和折磨人的魔鬼，是基督和他的使徒以及早期圣徒的主要任务，这些恶灵是他们的主要敌人。然而，总体来说，这些文本都更多关注基督教的拥趸与魔鬼的直接对抗，而不是他们与魔鬼的人类仆从的对抗。早期基督徒与（异教或犹太的）魔法师是驱魔和疗愈方面的对手，同时他们都是官方怀疑和谴责的对象，正如塞尔苏斯将他们混为一谈一样，当时的信众也很可能容易把他们混淆起来。行邪术的西门（Simon Magus）和以吕马（Elymas）这两位"魔法师"，以及经典的古美索不达米亚式的流浪犹太驱魔师，这些形象在《使徒行传》中被当作傻瓜和江湖骗子来看待，而《启示录》中的巴比伦妓女有一个特征是她会"pharmakeia"（魔药术），这是一

4　Origen, *Contra Celsum*, 1.6.8–15.

5　Augustine, *De civitate Dei*, 7.34–5; 8.18–26; 9.1; 10.9–10; 13.18; 21.6；以及 *De consensu Evangelistarum*, 1.9–11。

个标准的希腊词，指以药水为基础的魔法。[6] 这些主题在后来的早期基督教文学中增值和发展，但它们始终没有叠加起来使这种文学本身成为记录猎巫的文献。魔法师的形象被塑造得非常软弱无力，非常容易被基督教的圣徒击败，根本不是什么厉害的对手。在古罗马和犹太人的资料中，也没有发现女性与恶意魔法之间有什么特别联系。[7] 耶稣本人对魔法不感兴趣，使徒保罗虽然谴责魔法，但只是把它视为与愤怒和淫荡同等级的罪名，不是死罪。[8] 以上的这些，构成了 312 年后发生的那些事情的背景，从那一年开始，基督教成为罗马帝国的主流宗教，大多数帝国皇帝都信奉基督教（363 年以后更是被所有皇帝所信奉）。4 世纪召开的一系列教会会议通过的法令，都禁止基督徒，特别是神职人员与包括占卜在内的仪式性魔法发生任何牵连。[9] 同一时期及下一个世纪的帝国法律也做了相应的改变，古代异教主义中已经规范化了的魔法实践被重新定义，比如原来官方神庙人员的占卜和原先被视作宗教行为的祭祀，都被当成迷信或魔法而禁止。但在处理仪式性魔法和由魔法造成的伤害时，法律只是强化了原先异教徒皇帝已经确立的部分。[10] 现行的法律很可能对仪式性魔法和其他形式的有害魔法进行了更为严厉的制裁，但这些重大的变化被法律的延续性掩盖了。

---

6 Acts 8:9–24; 13:6–12; 19:13–17; Revelation 17:3–6.

7 最近关于早期基督徒对魔法的态度的分析，参见 Kimberly B. Stratton, *Naming the Witch*, New York, 2007, pp. 107–141。

8 Galatians, 22:18.

9 相关措施参见 Bailey, *Magic and Superstition in Europe*, pp. 52–53；以及 Spyros N. Trojanus, "Magic and the Devil: From the Old to the New Rome", in J. C. B. Petropoulos (ed.), *Greek Magic*, London, 2008, pp. 44–52。

10 《狄奥多西法典》（*Theodosian Code*）和《查士丁尼法学汇纂》（*Digest of Justinian*）的相关章节，参见 Daniel Ogden, *Magic, Witchcraft and Ghosts in the Greek and Roman Worlds*, Oxford, 2009, pp. 280, 333–336。亦可参见 Theodosian Code 3. 9. 16。

4世纪的史学家阿米阿努斯·马尔切利努斯（Ammianus Marcellinus）在他一系列著名的文章中向我们证实了情况确实如此。他写道，君士坦提乌斯二世（Constantius II）在 358 年颁布法令，宣布帝国中的魔法师是人类的敌人，根据这项法令，任何通过佩戴护身符来治病的人，或在夜间经过坟墓的人，都有被告发和处死的危险。被发现出现在坟墓周围之所以会犯死罪，是因为被告会被人怀疑盗取人体器官用以施咒。在这次大规模的审判之后，364 至 371 年，也就是瓦伦提尼安和瓦伦斯兄弟相继当皇帝期间，又发生了三次审判。这些审判一开始主要针对罗马元老阶层，但随着时间的推移，平民阶层也受到了波及。人们害怕被认为藏有所谓魔法文本而放火焚毁了自家的整个图书馆。以抓捕魔法师为名的迫害行为从罗马蔓延至帝国的东部各行省，审判官为了获得所谓的证据而滥用酷刑。阿米阿努斯表示，这些针对魔法师的诉讼大部分都受到了最高层的授意，是刚登基的皇帝出于对安全的担忧和对阴谋的恐惧所导致的：距上一次大规模巫术迫害三百年后，对魔法师的指控再次成为政治中枢斗争的武器。[11] 费尔米库斯·马特尔努斯（Firmicus Maternus）在 4 世纪 30 年代所写的一本占星术手册也反映了当时那场严酷的迫害。这本手册中包含了至少七个用占星术来判断别人是否会受到魔法指控的案例。[12] 4 世纪的社会观念多多少少受到了两种恐惧的困扰，一种是对魔法本身的恐惧，一种是对被指控使用魔法的恐惧。4 世纪中晚期的异教学者利巴纽斯（Libanius）的著作进一步证实了这种情况。他平生游历帝国的东部行省，最后定居在帝国四个最重要城市之一的安条克（Antioch），是当

11　Ammianus Marcellinus, *History*, 19.12.1–18; 26.3; 28.1.8–21; 29.1–2.

12　首先注意到马特尔努斯文本在这方面重要性的是 Matthew Dickie, *Magic and Magicians in the Greco-Roman World*, London, 2001, p. 150。

时一流的哲学家和雄辩家。他的著作中包含了许多对自己职业生涯的反思，表明了在当时的职业竞争中，使用魔法指控来攻击竞争对手是标准的做法。利巴纽斯本人曾四度遭遇与魔法相关的诉讼，其中一次他在正式审讯后被无罪释放，还有一次则被逐出帝国法庭，进而被赶出了他所居住的城市。到了晚年，他还发现自己似乎成为某个咒语的目标，一度莫名地头痛，直到在演讲厅里找到了一具变色龙的干尸——它的头被夹在两腿之间，一只前脚被塞在嘴里——之后头痛才停止。他把干尸丢弃后就恢复了健康，所以确信自己被人施了魔法，但宽宏大量的他没有去寻找罪犯。[13] 利巴纽斯还创作了一篇堪称典范的演讲，借由一位想象出来的东罗马城市公民的口，描述了魔法师如何利用魔鬼和亡灵给活着的人带来争端、贫困、伤害和疾病。在他那里，鬼魂没什么作用，但魔鬼却非常喜欢给人类带来各种伤害。[14] 这虽然是一篇使用虚构修辞的范例，有一个想象出来的角色，但利巴纽斯的其他作品也都表达了同样的态度，而且说话的人都和他一样是异教徒，这显示了这种信念是如何跨越不同宗教的。利巴纽斯的一位学生，后来成为基督教会的领袖，人称"金口约翰"（John Chrysostom）。他回忆了童年时代自己在安条克差点在一场针对仪式性魔法师的抓捕行动中被士兵抓住的经历。当时，他和一位朋友在好奇心的作用下从河里捞起一本书，惊讶地发现这竟然是本为了逃避抓捕而被其所有者丢掉的魔法手册。偶然得到这本书的约翰和朋友，也面临着被指控为魔法

13　Libanius, *Orations*, 1.43, pp. 62–63, 98, 194, 243–250. 有关利巴纽斯与魔法的关系，参见 Campbell Bonner, "Witchcraft in the Lecture Room of Libanius", *Transactions and Proceedings of the American Philological Association*, 63 (1932), pp. 34–44。

14　Libanius, *Declamations*, 41.7, p. 29, 51.

师而因此丧命的危险，后来他们想到一个安全的办法才转危为安。[15]

由此见得，4 世纪的某个时段和某些地区，禁止魔法的法律曾被非常严格地执行，在这一时期，人们一方面对魔法本身充满畏惧，一方面也非常惧怕因魔法而获罪。不过很难判断基督教是否在其中起到了决定性的作用。虽然随着异教和与之相联系的魔法不断被妖魔化，基督教肯定试图从中得益，但 4 世纪这场针对魔法师的运动，似乎是从早先对异教的态度中直接发展起来的，包括基督教在内的各种宗教团体都借此意愿联合起来。这是对 3 世纪法典中对魔法日益残酷的敌意的自然投射，可能是在回应这一时期从埃及传来的新而复杂的、以文本为基础的仪式性魔法。阿米阿努斯和利巴纽斯都没有将发生在 4 世纪的迫害归因于基督徒的策划，相反，阿米阿努斯把责任归于当时缺乏安全感的新王朝，冷酷的新皇帝启用新贵，通过这种方式来根除行政区域内的叛国行为和犯罪。很多历史学家研究了这一时期的审判，虽然在这些审判多大程度上反映了不同社会群体之间的敌对态度的问题上有分歧，但他们都选择淡化宗教因素，认为基督教并没有直接引起迫害，只是起到了煽动的作用。[16] 到了 5 世纪，在基督教的势力已经得到强化，反魔法的法律也得到补充和加强的情况下，迫害行动反而有所减弱。对于这个问题没有什么能令人信服的解释，也许只因在帝国西部已经崩溃的当时，帝国统治者在侵略、内战和消除异端等方面过于专注，无暇顾及魔法师的问题。[17]

15　John Chrysostom, *Homily XXXVIII on Acts xvii.16, 17.* 非常感谢布里斯托尔的同事贝拉·桑德威尔（Bella Sandwell），我将最初的注解放错了位置，是她向我提供了参考资料。

16　Peter Brown, *Religion and Society in the Age of St. Augustine*, London, 1972, pp. 119–146; John O. Ward, "*Witchcraft and Sorcery* in the Later Roman Empire", *Prudentia*, 12 (1980), pp. 93–108; Natasha Sheldon, *Roman Magic and Witchcraft in Late Antiquity*, Coalville, UT, 2002.

17　彼得·布朗（Peter Brown）和约翰·O. 沃德（John O. Ward）争论的可能性没有最终的结论，我在这里给出自己的判断。

近期的研究对基督教适应和利用当时人们对魔法态度的不同尝试做了考察。有人追溯了罗马帝国的基督教领袖,比如奥古斯丁、金口约翰和该撒利亚的巴西流(Basil of Caesarea,利巴纽斯的另一名学生)使用古罗马文学作品中女性用咒语欺骗或诱惑男人的故事以将魔法一概贬为异教之用的做法,认为这是这种新宗教将前基督教的观念和想象化为己用的又一例证。[18] 另有人研究的是 4 至 7 世纪僧侣们所记录的故事如何反映和散播了对魔法师的敌意,这些僧侣笔下的魔法师受雇主委托,去伤害雇主的对手或敌人。在善良的基督徒加以阻挠后,一些魔法师被烧死,一些则被斩首。[19] 还有历史学家研究了基督徒使用魔法的方式,他们所依凭的证据都来自埃及,发现有些基督徒会使用简化后的异教魔法莎草纸上记载的仪式,将基督教的表述和深奥的形象和名称结合起来。[20] 还有些基督徒试图依照奥利金制定的基本规则。他们用咒语帮助委托人实现愿望,但所使用的方法是依靠《圣经》的语句、向真神和天使求助、基督教的礼拜仪式和供奉油、水等。这些文献的作者似乎大多是修士,他们履行着与古埃及祭司类似的职责。[21]

---

18   Dayna S. Kalleres, "Drunken Hags with Amulets and Prostitutes with Erotic Spells", in Kimberly B. Stratton with Dayna S. Kalleres (eds.), *Daughters of Hecate: Women and Magic in the Ancient World*, Oxford, 2014, pp. 219–251.

19   John Wortley, "Some Light on Magic and Magicians in Late Antiquity", *Greek, Roman and Byzantine Studies*, 42 (2001), pp. 289–307.

20   Walter M.Shandruk, "Christian Use of Magic in Late Antique Egypt", *Journal of Early Christian Studies*, 20 (2012), pp. 31–57.

21   David Frankfurter, "The Perils of Love: Magic and Countermagic in Coptic Egypt", *Journal of the History of Sexuality*, 10 (2001), pp. 480–500.

中世纪早期和盛期的巫术和魔法

　　长期以来，学者们一直相信基督教统治欧洲的第一个千年里很少发生猎巫事件。早在 20 世纪 20 年代，一位研究欧洲魔法的历史学先驱，美国人林恩·桑代克（Lynn Thorndike）评论直到 1300 年的这段时期，认为对于"这以后发生的巫术妄想……我们很少在这段时期发现有什么预兆"[22]。20 世纪 60 年代晚期爆发了对近代早期巫术审判的研究热，英国著名学者休·特雷弗 – 罗珀（Hugh Trevor-Roper）坚定地指出，"黑暗时代至少没有猎巫热潮（witch-craze）"，近代早期对巫术的信仰是"新的、爆炸式的力量"。[23] 到了 20 世纪 70 年代中期，科恩和基克希弗也都同意罗珀的观点，这两位学者的著作为之后探索近代早期审判的意义设定了很多议题。前者写道，"1300 年以前没有什么关于邪术（maleficium，也就是巫术）审判的实证"，后者也认为 1300 年以前巫术事件本身就鲜少发生，从中根本不可能找到指控的模式。当然，即便到了 14 世纪早期，"起诉率确实很低"，而在中期的几十年里，起诉率又进一步降低。[24] 然而，2004 年，沃尔夫冈·贝林格对这种正统观念提出了挑战。他认为中世纪早期的法律就已经将巫术定为死罪，而且当时法律记录的缺乏可能掩盖了大量的审判。他指出，这一时期的编年史中提到了欧洲各地处决巫术嫌疑人的事件，在某些地区发生

22　Lynn Thorndike, *A History of Magic and Experimental Science during the First Thirteen Centuries of Our Era*, New York, 1923, p. 973.

23　H. R. Trevor-Roper, *The European Witch-craze of the Sixteenth and Seventeenth Centuries*, London, 1969, p. 12.

24　Norman Cohn, *Europe's Inner Demons*, 2nd edition, London, 1993, p. 213; Richard Kieckhefer, *European Witch Trials: Their Foundations in Popular and Learned Culture, 1300–1550*, London, 1976, pp. 8–16.

得比近代早期更为频繁。[25] 他的观点和前人的观点并不完全相悖，因为科恩认为虽然这类审判很少见，但仍能找到一些暴徒用私刑处死嫌疑人的耸人听闻的案件，而贝林格把这些案件都算进了他的迫害记录里。此外，贝林格本人也承认，1100 至 1300 年期间，西欧反巫术的行动似乎的确有所减少，他认为这是由于气候条件改善给人们带来的安全感逐步增强。尽管如此，他对 20 世纪所描述的那种中世纪的相对宽容的质疑，为学界重新提出了一个问题：在中世纪早期和盛期的欧洲，到底发生了多少猎巫行动？我们现在必须对此进行一番考察。

首先要说明的是，按照正统教会人士的定义，中世纪早期基督教徒对魔法通常采取了毫不妥协的敌视态度。遵循从奥古斯丁时代所发展而来的论点，这种敌视态度认为，除那些获得认可的祈祷、《圣经》篇目和礼拜形式之外，其他一切使用灵体力量实现物质目的的企图都与魔鬼有关。另外，它还大大扩展了"魔鬼"这个概念的范畴，将异教的所有神祇都纳入了进去，更扩充了它对魔法的定义。因此，越来越多的仪式被禁止使用，其中就包括大部分（即便不是全部）的占卜仪式和以疗愈、保护为目的的传统符咒和咒语。这里要再次指出的是，从很多方面来看，这种敌视是对异教看法的发展。罗马皇帝一直努力控制或驱逐与传统宗教无关的占卜形式，而且（如前所述）对魔法师颁布了越来越严厉的法律。尽管如此，它仍然呈现出一种发展和扩大的态势，因为所有形式的魔法都被官方看作"邪术"，这个词在之前仅仅是指造成实际伤害的魔法行为。[26] 从语源学的角度看，罗马词语"sortiligium"或"sortilegium"，原意是用抓阄的方式来占卜。在中世

25　Wolfgang Behringer, *Witches and Witch-hunts*, Cambridge, 2004, pp. 52–56.
26　首次见于 *Theodosian Code*, 9.16.4。

纪早期，这个词经常被用于指代各种形式的魔法，特别是那些最不体面的魔法，包括召唤灵体（因此对于正统基督教来说，这种魔法所召唤的是魔鬼）。同时，与中世纪拉丁词"sortiligium"类似，中世纪同样被广泛使用的罗马词"sortiarius"，意思是用抓阄的方式给人算命的人，后来变成了古法语的"sorcerie"，再转变为英语的"sorcery"（妖术）。

而在实际操作层面的情况可能有所不同，因为中世纪教会人士的抱怨和谩骂证明了即使是在王室宫廷中，魔法师也依然很盛行，平民百姓也依然经常请低级的魔法师帮助消除病痛、解决烦恼和满足欲望。在9至12世纪之间，至少在某些作家的笔下，基督教思想适应了形势，将某种形式的占卜术和疗愈符咒重新合法化。尽管如此，基督教对魔法的谴责总体来说还是比前人更加强烈和坚决，这种情况贯穿了整个中世纪时期。[27] 此外，沃尔夫冈·贝林格正确地指出，从取代西罗马帝国的日耳曼王国开始，中世纪的法典依然会对蓄意使用伤害性魔法的行为进行惩罚。如果魔法造成的伤害很严重，比如谋杀，那么对它的惩罚的严厉程度等同于对造成相同结果的物理伤害的惩罚。这种观念在诸如中世纪欧洲这种相信咒语和诅咒确有效力的社会是非常符

---

27 这方面的所有材料可查阅：Valerie Flint, *The Rise of Magic in Early Medieval Europe*, Princeton, 1993；也可参见 Edward Peters, *The Magician, the Witch and the Law*, Hassocks, Sussex, 1978, pp. 1–62；Gary K. Waite, *Heresy, Magic and Witchcraft in Early Modern Europe*, Basingstoke, 2003, pp. 11–51；Euan Cameron, *Enchanted Europe*, Oxford, 2010, pp. 29–75；Karen Jolly, "Medieval Magic", in Karen Jolly et al. (eds.), *The Athlone History of Witchcraft and Magic in Europe, Volume Three*, London, 2002, pp. 1–65；Kieckhefer, *Magic in the Middle Ages*, pp. 35–51；以及 Bailey, *Magic and Superstition in Europe*, pp. 60–91。一系列早期中世纪对魔法的谴责，参见 Henry Charles Lea, *Materials towards a History of Witchcraft*, ed. Arthur C. Howland, Philadelphia, PA, 1939, vol. 1, pp. 137–143。

合逻辑的。[28]

这些法律的成果可以被分为两类。第一类是对将魔法当作政治伤害或约束的武器的指控，就像赫梯人和罗马帝国所做的那样。因此，魔法是家族之间世仇的催化剂，为统治者突然死亡和神秘疾病寻找替罪羊，也被用来维护统治者的权威，或罢免大臣。这依然是中世纪分布广泛和持久的特征（或许不常见），在6世纪的法兰克王国和9世纪的法兰克帝国发生过三次，10世纪的法兰西王室和缅因伯爵的王室，11世纪的阿基坦和阿拉贡，12世纪的弗兰德斯和拜占庭等都曾出现过。[29]然而，在八百多年的时间里，这类分布在欧洲主要地区的案件仅有十几起，在中世纪的政治生活和国家建设中并不是很重要的因素，但这些魔法指控仍因为足够惊人而被编年史家记录了下来。

第二类针对的是可疑的邪恶魔法师，其中包括地区审判和暴徒行为，其中也有一系列事件，其中有些是长久为人们所周知的。[30]在1075年的科隆，1175年的根特，1190年和1282年的法兰西，1296年的奥地利，都有女性因为修习魔法而被处死。其中大多数案件中的受害者均为一至两名，但有一部编年史提到，1115年在奥地利东南部的施蒂利亚省（Styria），一天就有三十名女性被烧死，她们的罪名没有被记录在案，但根据惩罚结果可以推断出也许是行巫术。大约在1200年，一名神父

28　参见 *Monumenta Germaniae historica. Leges. Section 1. Volume 1*, Hanover and Leipzig, 1902, 95. 257 (for the Visigoths)；Theodore John Rivers (ed.), *Laws of the Salian and Ripuarian Franks*, New York, 1986, 210–211；P. G. Maxwell-Stuart (ed.), *The Occult in Medieval Europe*, Basingstoke, 2005, p. 140 (for Charlemagne)。对于之后整个西欧的中世纪法律，参见 Joseph Hansen, *Zauberwahn, Inquisition und Hexenprozess im Mittelalter und die Entstehung der grossen Hexenverfolgung*, Munich, 1900, pp. 55–60, 387。

29　大部分一手文本出版于 Hansen, *Zauberwahn*, pp. 113–121；另一些出版于 Maxwell-Stuart, *The Occult in Medieval Europe*, p. 90。另两起事件载于 Heinrich Fichtenau, *Living in the Tenth Century*, trans. Patrick, J. Geary, Chicago, 1984, p. 322。

30　参见 Behringer, *Witches and Witch-hunts*, pp. 53–56，但下文的波希米亚资料除外。

在威斯特伐利亚镇（Westphalian）被当作魔法师烧死。这些似乎都是合法处决，但除此之外还有很多私刑，其中有一起特别臭名昭著的案件发生在1090年巴伐利亚的弗赖辛（Freising），有三名女性被农民邻居烧死，原因是认定她们下毒害人，以及用神秘的手段毁坏庄稼。里昂主教阿戈巴德（Agobard of Lyons）发表了一篇如今为人熟知的布道词，涉及9世纪10年代暴徒们对那些涉嫌用魔法来制造摧毁庄稼的风暴和制造人类传染病的人所施行的谋杀。1080年，丹麦也有妇女因为恶劣的天气和疾病遭受指责。中世纪的俄罗斯似乎特别容易发生这样的事情，从1000年到1300年的一系列材料中发现了许多群众在法律许可或未许可的情况下杀害老人的事件，他们指责这些老人造成了农作物的歉收，引发了饥荒。而当近代早期巫师审判在欧洲其他地方达到顶峰的时候，这里反而没有发生这类事件。大约在1080年，据说波西米亚国王弗拉季斯拉夫二世（Wratislaw II）支持他的兄弟——布拉格主教对用魔法制造癫狂和风暴、盗取其他农民牛奶和谷物的人进行惩罚。根据这则材料，他一共处死了超过百人，其中男性被砍头或烧死，女性则被淹死。[31]

以上这些证据似乎都证明了沃尔夫冈的观点：某些国家在以往认为相对宽容的中世纪早期和盛期发生的因破坏性魔法而进行谋杀和处决的行为，比后来巫师审判集中发生的时期更为普遍。尽管如此，遗留下来的记录显示，西欧只是偶尔发生处决和谋杀个人或极小团体的事件，而更为少见的大规模迫害事件，特别是东欧的那些，主要是由罕见的饥荒和疾病灾害所引起的。这些被记载下来的案件无疑只是历史上的冰山一角，但它们被记录在案恰恰表明，这些事件在当时非常

31　虽然这条史料仅存于一则近代早期资料中，参见 Dubravius's history of Bohemia，引自 Lea, *Materials towards a Hstory of Witchcraft*, ed. Howland, vol. iii, p. 1280。

引人注目，非常罕见。在这些记录中，特别值得注意的是教会人士所扮演的角色。如前所述，他们经常对全部或大多数魔法持强烈谴责的态度，认为它们是在魔鬼的启发和帮助下完成的，但似乎没有人反对巫术崇信。事实上，中世纪中期最有影响力的神学家托马斯·阿奎那坚定地认为，基督信仰对有害魔法的存在和功效的质疑，本身就是对魔鬼真实性的否定。[32] 虽然没有生产鼓励猎巫的神学，但实际上，在1300年以前，他们比起阻挠似乎更常鼓励猎巫。的确，在1190年法兰西北部博韦（Beauvais）发生过当地主教领导市民审判并处决使用魔法的妇女的事件。[33] 但我们应当知道，同样记录在案的也有相反的例子。1080年丹麦发生了指责妇女制造风暴和流行病的事件，教宗格列高利七世（Gregory VII）亲自写信给国王要求制止这种行为，他认为这是一种野蛮的习俗，让人们无法意识到这种灾难是天谴。[34] 主教阿戈巴德在布道中也反对杀害那些被怀疑制造风暴和传播疾病的人，他的这种强烈谴责的态度也是基于同样的理由。阿戈巴德说自己已经加以干预，挽救了其中一些人的生命，他同时指出，这场迫害在某种程度上是由那些想要骗取农民保护费的人引起的，他们要求农民出钱，换取庄稼免受魔法攻击。[35] 13世纪70年代，在俄罗斯弗拉基米尔教区，也出现了一场针对被控制造饥荒之人的迫害，在文献中，主教用与教宗

32　Thomas Aquinas, *Quodlibet*, 11.9.10; *Commentary on the Four Books of Sentences*, Distinctio 34, Article 3, ad. 3; 以及 *Summa contra Gentiles*, Book 3, Part 2, cc. 104–116。

33　资料载于 Hansen, *Zauberwahn*, pp. 118–119。

34　*Monumenta Germaniae historica. Epistolae Selectae. Volume 2, Part 2*, 2nd edition, Berlin, 1955, p. 498.

35　Agobard of Lyons, *Contra insulam vulgi opinionem de brandine*, most accessibly edited in *Patrologiae Latina*, vol. 104, cols. 147–158. 这些骗保护费者的存在让我们很容易理解这样一个事实，教会人士既可以谴责那些声称能引发风暴的魔术师，也可以宣称他们是错的。对文本的讨论参见：Jacob Grimm, *Teutonic Mythology*, trans. James Stephen Stallybrass, London, 1882, vol. 3, p. 1086；以及 Flint, *The Rise of Magic in Early Medieval Europe*, pp. 110–114。

格列高利一样的神学论点驳斥了这种做法。[36]1090 年在弗赖辛被谋杀的三名妇女之所以受害，是因为当地的主教去世，加上继任者空缺，造成了权力的真空状态。后来，附近修道院僧侣把她们的遗体埋进了自家墓地，就像对待殉道者一样。[37]

在这一时期，自然灾害似乎最有可能引发地方性的猎巫行动，但这种来自教会人士的态度也许会在很大程度上阻止公众将自然灾害归咎于魔法。13 世纪天主教发展出一种令人生畏的审讯机制来发现并消灭异端（即教会认定的那些错误的宗教观点），教宗亚历山大四世（Alexander IV）似乎延续了相似的看法，命令审查官不应关注魔法本身。[38]多明我会的修士在新的宗教法庭中最为活跃，但在 1279 年，他们中的一些人也曾阻止一群阿尔萨斯农民将一位妇女当作巫师烧死。[39]500 至 1300 年之间，教会人士普遍将一些被广泛接受的大众信仰视作幻想和迷信，如果按照字面意思来理解这些信仰，很可能导致猎巫行动的发生：一种是从《主教教规》开始就被宣布为虚假的狄安娜和希罗底（或其他名字的超人类夫人）的追随者在夜间骑行的信仰；另一种是关于在夜间游荡的食人女会攻击熟睡中的人并吃掉他们器官的迷信。这在本书的第二章中已经提到过了，它体现在现存最早的日耳曼法典中，后来因为受到基督教的影响（也许是有教养的罗马人的意见，他们曾质疑异教时代斯忒里克斯魔鬼的真实性）而被视作非法。在中世纪早期，布道文和补赎手册也纷纷谴责信仰这些虚构形象的行

36　Russell Zguta, "The Ordeal by Water (Swimming of Witches) in the East Slavic World", *Slavic Review*, 36 (1977), p. 224.

37　*Monumenta Germaniae historica. Scriptores XIII*, Hanover, 1881, p. 57.

38　资料载于 Joseph Hansen, *Quellen und Untersuchungen zur Geschichte des Hexenwahns und der Hexenverfolgung im Mittelalter*, Bonn, 1901, p. 1。

39　资料载于 Hansen, *Zauberwahn*, p. 381。

为。[40] 因此可以说，中世纪早期和盛期的教会人士都相信魔法师的存在（这是毫无疑问的，因为当时有很多人在提供魔法服务，也可能的确有一些人是想要用魔法来害人），并认为有必要去阻止他们。但他们用了很多种方式去降低频繁和大规模猎巫的可能性。

接下来所引用的材料，初看之下违背了上述规律，但仔细审视会发现它是另一个例证。860 年，兰斯主教因克玛（Hincmar of Rheims）在洛泰尔二世（Lothar II，中法兰克国王）与王后特伯加（Theutberga）的离婚案中为王后辩护，他指控支持解除婚约的人，特别是国王的情妇瓦尔布加（Waldburga），在其中使用了魔法。因克玛表示，他们的魔法力量是真实的，并与魔鬼联盟。他依照当时的习俗，把占卜术与设计陷害人的那些魔法都归为邪恶的并应该被禁止的技艺，必须用教会仪式与之进行战斗。此外，他还认为魔法的修习者多为女性，她们的动机是出于对凌驾于男性之上的权力的渴望。不过因克玛未要求审判和处决她们，他坚信无须采取任何进一步的措施，只要凭着基督教的仪式，特别是神圣的盐和油就足以使她们前功尽弃。[41] 此外，诺曼·科恩提醒大家注意中世纪法律制度本身在减少巫术指控方面的重要性，因为那些指控别人使用魔法的人，一旦败诉的话要受到重罚。使用魔法这种行为在性质上很难被证明，这构成了魔法指控的巨大障碍。[42] 科恩的观点很可能是正确的，只要他所说的限定于私人之间的魔法指控（尽管我们之后将会看到，即便是在这种情况下，私人指控也不可

40　参考资料搜集在 Bernadette Filotas, *Pagan Survivals, Superstitions and Popular Cultures in Early Medieval Pastoral Literature*, Toronto, 2005, pp. 310–312。

41　Hincmar of Rheims, *De Divortio Lotharii*，最易读的版本收录于 *Patrologiae Latina*, vol. 125, cols. 718–725。

42　Cohn, *Europe's Inner Demons*, pp. 214–217.

能提供足以说服法庭的证据）。然而，如果一个社区里的一群人对某个人提出魔法指控，或统治者完全支持这样的指控，那么科恩说的这种障碍可能就失效了。罗马人就是这样，他们发展了相关的法律体系，将其保持了那么长的时间，但还是发生了那么严重的迫害事件。因此可以说，由于缺乏经常性和强烈的猎巫意愿，不利于巫术指控的司法程序才得以持续了下来。沃尔夫冈·贝林格认为，中世纪某个时间段气候的好转让社会更繁荣，人们的安全感也提升了，因而减少了对巫术的恐惧。在当时，这个状况也许使得巫师审判和谋杀相对减少。但是，减少的程度甚微，因为这类事件的数量就一直不多，而且他的观点很难被证明。温暖的气候并不一定会减少风暴，使环境更健康，比如俄罗斯的猎巫就不是由洪水引起的，而是干旱导致的饥荒所引发的，而且在气候适宜期也一直存在着。由此看来，在造成巫师迫害程度之低以及不连续的原因中，意识形态因素比物质环境因素更为关键。毕竟，正是在 12 至 13 世纪的同一时期，欧洲出现了所谓的"迫害社会的形成"，当时各地的人们都在以一种新的敌意对待犹太人和同性恋者，在对待广泛和大规模的基督教异端时，也采取了更加严格的措施和组织。[43] 然而，在这一时期，巫师的形象并没有被卷入上述加剧的迫害中。从整个欧洲大陆的资料来看似乎可以得出这样的结论，但我们要对单个国家进行更周密和详细的调查，才能更多地了解这个问题。本书列举的英格兰是一个比较好的样本，不仅因为它对当今学者之便利，也因为它保存的资料范围之广，数量之多。与其他地方一样，中世纪早期的英格兰教会人士也公开谴责各种形式的魔法，并制定了与魔法修

43　关于这个概念非常清晰的阐述，参见 R. I. Moore, *The Formation of a Persecuting Society*, Oxford, 1987。

习行为相关的刑罚，但由于使用的词语不够准确，所以现在很难分辨这些破坏性魔法的形式。如前所述，拉丁词语"maleficium"可以被指称中性甚至有益的魔法，而且其盎格鲁 – 撒克逊式的表达（下文将会讨论）明显在宗教文本中被广泛使用。[44] 只有在用当地语言编写的世俗法典中，情况才会稍微清晰一些：其中与巫术及其修习者相关的词汇有三十多个，有一些的使用频率特别高，经常被用来定罪。这些词的意思只能通过分析文本中与其相关的盎格鲁 – 撒克逊词汇才能够隐约猜测出来。比如，"gaeldorcraeft"似乎有吟唱和祷辞的意思；"libcraeft"意思是药水；"scincraeft"意思是妄想和错觉。"wiccecraeft"大概就是"witchcraft"（巫术）这个词的前身，男巫称之"wicce"，女巫称之"wicca"，正如我们所看到的，"cc"的发音是现在的"ch"，它们的词源比原本的拼写更易让人联想猜测。还有一些词很难和其他表述相联系，我们得依靠上下文来重构它们的意思。[45] 这样的含义似乎的确是从刑法中诞生的。最早的刑法是由阿尔弗雷德大帝（Alfred the Great）在 9 世纪晚期颁布的，但其中可用的资料很少，因为这个自觉

44　与之相关的法令和训诫列于 George Lyman Kittredge, *Witchcraft in Old and New England*, New York, 1929, pp. 28–31, 378–380；Ronald Holmes, *Witchcraft in British History*, London, 1974, p. 37；Karen Jolly, *Popular Religion in Late Saxon England*, Chapel Hill, NC, 1996, pp. 71–95；以及 Stephen Pollington, *Leechcraft*, Hockwold-cum-Wilton, Norfolk, 2000, pp. 33, 52–53，其他相关材料参见 Dorothy Whitelock et al. (eds.), *Councils and Synods*, Oxford, 1981, vol. 1, pp. 320, 366, 371 。艾恩斯汉姆的埃尔夫里克（Aelfric of Eynsham）是个典型的例子，他是当地的教会领袖，使用一系列本土词语来描述和谴责通常的魔法和魔法师，参见 *De Auguriis*, ed. Walter W. Skeat in *Aelfric's Lives of Saints*, Early English Text Society, 76 (1881), pp. 364–383；他的讲道集参见 *The Sermones Catholici*, ed. Benjamin Thorpe, Aelfric Society, 1844, vol. 1, pp. 476–477。关于盎格鲁 – 撒克逊词语是如何被用来搭配一系列拉丁语词汇，代表各种不同的魔法师，包括疗愈师和占卜者的，参见 Joseph Bosworth, *An Anglo-Saxon Dictionary*, ed. T. Northcote Toller, Oxford, 1898, p. 1213。

45　本讨论基于 Borden, Bosworth 和 Wright 这三种标准的盎格鲁 – 撒克逊词典。

虔诚的基督教国王，把《出埃及记》的禁令改编进了刑法中。其中，"gealdorcraeftigan"、"scinlaecan"、"wiccan"，以及向他们求助的人都被处以死刑，但阿尔弗雷德大帝没有解释这些词语（我们之前也介绍过，《圣经》中对这些词的定义本身就是模糊的）。这部法律后来被他的孙子埃塞尔斯坦（Athelstan）在 10 世纪 20 年代加以补充，其中规定用"wiccecraeftum"、"lyblacum"和"morðdaedum"杀人者可以被判处死刑。换句话说，这三种不公平决斗，而使用魔法、毒药和暗杀的手段是不光彩的。这些法律在 1000 至 1022 年间被后来的政权所颁布的一系列法典所充实，它们似乎都是由一位改革派教会人士，约克大主教乌尔夫斯坦二世（Wulfstan II of York）所起草的，其中对"wiccan"和"wigleras"（这是对魔法师的另一种称呼）处以流放的惩罚，如果犯人拒绝流放则会被处以死刑。这项条款之所以重要，在于其中并置的其他罪行，比如作伪证、暗杀以及卖淫或臭名昭著的通奸惯犯，都具有侵犯人身的性质，因此从上下文看，"wiccan"和"wigleras"应该指的是使用破坏性魔法。在乌尔夫斯坦起草的其他法典里面也都有这一条款，但在其中做了一些修正，比如加入了"scincraeft"或"libcraeft"等罪名。[46]

在盎格鲁 – 撒克逊时期的英格兰似乎不存在巫师的刻板印象：人们似乎只会被认为是为了满足欲望而在特定的时间和出于特定的原因对别人使用魔法。这些和魔法师相关的词语还表明，某些人在一些特

46　相关条例分别参见 *Laws of Alfred*, Introduction, section 30; *Laws of Athelstan*, c. 6; (so-called) *Laws of Edward and Guthrum*, c. 11; *Laws of Ethelred*, 6, c. 6; 以及 *Laws of Canute*, c. 5.1。整理和翻译可参见 Benjamin Thorpe (ed.), *Ancient Laws and Institutes of England*, London, 1840; F. L. Attenborough (ed.), *The Laws of the Earliest English Kings*, New York, 1963; 以及 Whitelock et al. (eds.), *Councils and Synods*。

殊的魔法技巧方面声望很高，他们中有男有女，使用魔法的目的有善
有恶。当然，对于教会人士来说，所有的魔法修习者，不管他们是有
意还是无意的，都有可能与魔鬼勾结在一起，还坚持使用异教徒时代
公开崇拜魔鬼的那套方式。但神职人员对破坏性魔法的关注比较少，
而将主要精力放在谴责疗愈和占卜行为上，因为它们广受民众信任和
支持。[47] 其中也能看出一些超自然女性形象信仰的痕迹，她们会保护
或伤害人类，但主要是后者。同样，这方面也有很多不同的术语，其
中大多数出现得很少，现在很难理解，但其中有一个词"haegtis"或
"haegtesse"比较常见，后来它变成了"hag"（巫婆），意思是邪恶
的老年妇女。[48] 在早期英语中，这个词等同于拉丁语"striga"，意即
这在夜间游荡的凶残女魔。[49] 有一句现在非常有名的疗愈符咒——"抵
抗突然一针"（against a sudden stitch）中凸显了这个形象，她像"强
悍的妇人"（mighty wives）一样横冲直撞、大喊大叫地骑行，朝别人
投掷尖锐物体，造成刺痛感。她们被看作与小精灵和异教神祇等同，
所以很明显没有被当作凡人。该符咒的内容是将一根魔法矛对准她们，
以抵御伤害。[50]

那些最早在日耳曼法律中被发现的夜间捕食人类的食人女形象，
并未出现在早期的英格兰文本中。可能因为在这些提到巫婆的材料出
现之前，基督教就已经消除了对她的信仰。但是包括巫婆在内的其他

47　所有这些观点均来自 Jane Crawford, "Evidences for Witchcraft in Anglo-Saxon England",
Medium Aevum, 32 (1963), pp. 99–116；以及 Audrey L. Meaney, "Women, Witchcraft and Magic
in Anglo-Saxon England", and Anthony Davies, "Witches in Anglo-Saxon England", in D. G.
Scragg (ed.), *Superstition and Popular Medicine in Anglo-Saxon England*, Manchester, 1989, pp. 9–56。
48　关于这个词，参见 Meaney, "Women, Witchcraft and Magic"。
49　Henry Sweet (ed.), *The Oldest English Texts*, Early English Text Society, 83(1885), pp. 94, 99,
116.
50　*Lacnunga*, c. 76.

异教元素则被吸纳了进去。符咒中的形象看起来更像中世纪斯堪的纳维亚文学中的骑行女性——虽然符咒中没有点明这些给人制造痛苦的女性是在夜晚出没的——这些北方文学作品的创作者是与最早的盎格鲁－撒克逊人相邻的民族，他们同样也不存在对巫师的刻板印象。因此，夜晚出没的食人巫师的形象可能是某些日耳曼部落专有的。此外，在盎格鲁－撒克逊文本中，还有一种对与魔鬼交往密切的人的信仰，这种人会对别人造成伤害。在这些文本中提出了一种药膏专门用来防范"小精灵"（elfkin）"夜间漫步者"和"与恶魔欢好者"。[51] 这可能表明，盎格鲁－撒克逊时期的英格兰已经具备了大部分近代早期巫术观念的元素，但还远未形成后来的那种结构。在反巫术法律的执法案例中，只有一例是比较明显的。这个案子说的是一个 10 世纪的北安普敦郡寡妇，她和儿子讨厌某个人，就用铁针戳穿了他的画像。后来她的房间遭到搜查，画像被人发现，这证据导致她被淹死，但她的儿子逃掉了，他们家的土地则被没收。[52]

但是，该案之所以会被留存下来，是因为这些被没收的土地成为另一项交易中的一部分，因此需要对土地的新所有权做出解释。在没有其他证据的情况下，我们不能简单地判断这类案例是否像书面材料所暗示的那样罕见，又或是某种常见的例行公事，由于没有留存下法庭记录，我们只能在极偶然的情况下看到这类案例在历史中出现。不过，或许得换个角度想问题。盎格鲁－撒克逊王室经常因为内部的激

51　*Leechbook III*, fos. 123a–125v。另有一些翻译版本，可参见 Jane Crawford, "Evidences for Witchcraft in Anglo-Saxon England", *Medium Aevum*, 32 (1963), p. 110；以 及 Alaric Hall, *Elves in Anglo-Saxon England*, Woodbridge, 2007, p. 104。

52　该案例整理翻译于 Maxwell-Stuart (ed.), *The Occult in Medieval Europe*, p. 89，相关讨论可参见上文注释 47。

烈斗争而分裂，然而当代或近当代的材料中却没有提到关于它们的像欧洲大陆的王朝斗争中偶尔发生的那种使用魔法审判的事例。盎格鲁-撒克逊时期流传下来的大量用来疗愈和提供保护的符咒和草药也是很有启发性的。其中，我们只看到了四种类似的，用于补救恶意人类魔法所造成的伤害的符咒，哪怕只是部分，似乎当时的人更关注像小精灵、魔鬼和巫婆这些非人类形象，以及会带来疾病的"飞毒"（flying venom）这种非人格化的威胁。[53] 似乎可以这样认为，早期的英格兰人大多将离奇的不幸归于其他原因而非人类同胞，这可能就抑制了他们猎巫的冲动。尽管诺曼征服[54] 给英格兰的政治、社会和文化等方面带来了巨大的变化，但英国人对魔法的态度却没有什么改变。12 世纪的作家偶尔也会创作出某些邪恶的英格兰女魔法师的形象：使用魔药将自己变成马的王后；为继母谋害合法继承人而配制毒药的妇女；住在格洛斯特郡的伯克利，能通咒语从鸟鸣中就能预知未来的妇女；还有受雇帮助诺曼人平定撒克逊人的叛乱，坐在平台上诵念诅咒（但无效）的妇女等。然而，这些都是文学想象，目的是进行道德规诫，这些作品把故事设置在久远的年代，其中的情节也都是程式化的。比如，平台上的妇女这个形象可能借用了诺尔斯人对塞兹尔的描述。[55] 当时的法律和之前相比并没有什么大的改变，征服者威廉依然禁止使用咒语杀害人畜，而一篇文章提到，他的儿子亨利在位的时候，使用咒语成

53　对抗邪恶魔法师的咒语和符咒，可参见 *Herbarium of Apuleius Platonicus*, c. 86.4; *Leechbook*, 1.45.6 and 1.54，以及 Godfrid Storms, *Anglo-Saxon Magic*, Halle, 1948, pp. 172–187 中提到的 "Aecerbot" 仪式。这些著作与 *Lacnunga* 一起，收集了大部分魔法的补救措施。

54　译注：诺曼征服，指 1066 年诺曼底公爵威廉对英格兰的入侵及征服。它改变了英格兰文化的走向，欧洲大陆的影响加深，而斯堪的纳维亚的影响逐渐衰退。

55　关于它们的详细研究，参见 Davies, "Witches in Anglo-Saxon England"，从中他得出了相同的结论。

功杀害人类和牲畜应当被处以死刑，但只要是未遂犯就要支付赔偿。[56]12世纪末以降的法庭记录中有一些魔法审判的材料：1168 年，一名妇女在埃塞克斯或赫福德郡因魔法罪被捕，1199 年或 1209 年，一名妇女经审判后被无罪释放；1280 年，约克郡塞尔比的一位修道院长被控雇佣一位男性魔法师来寻找他溺水兄弟的尸体。在前两个案例中，没有任何迹象显示其中存在破坏性魔法的争议，第三个更是与破坏性魔法无关。但在 13 世纪一则金斯林（King's Lynn）的案例中，一位男性因为错误怀疑一名妇女并从她身上取血而被罚款。在后来的几个世纪里，从被怀疑的巫师身上取血是避免巫术伤害的标准手段。1279 年在诺森伯兰（Northumberland），一名男子因殴打并杀害了一名妇女而被没收了财产。被害人的尸体被焚烧，这可能说明她被认为是巫师。[57]12世纪晚期，亨利二世把所有魔法师都赶出了宫廷，13 世纪，指控他人以魔法谋取私利的罪名终于成了政治角逐的工具：在上半叶，受指控的主要是王室大臣，而到了下半叶，被针对的主要是掌管财政的高官，也就是掌管国库的宫廷大臣。[58]当时对巫术的恐惧依然存在，法律也反对巫术，但似乎都并不强烈，也没有经常在行动中体现。英格兰的情况似乎可以代表中世纪早期和盛期整个欧洲的规律。

综上所述，历史学家普遍认为，1300 年前后的几十年间，西欧官方对于魔法的态度发生了重大变化，这些变化来源于最早出现在古代

---

56 Thorpe (ed.), *Ancient Laws and Institutes*, p. 251; Holmes, *Witchcraft in British History*, pp. 38–39.

57 该案例的详细探讨和整理，可参见 C. L'Estrange Ewen, *Witchcraft and Demonianism*, London, 1933, pp. 27–28。

58 Holmes, *Witchcraft in British History*, p. 39; Matthew Paris, *Chronica Majora*, 3.45.6; Bartholomaeus de Cotton, *Historia Anglicana*, ed. Henry Richards Luard, London, 1859, pp. 171–173.

埃及晚期的那些更精致的、仪式方面变化的影响。[59] 在 12 和 13 世纪期间，通过希腊文和阿拉伯文文本的翻译，这些魔法仪式被引入了西欧，对基督教正统提出了严重的挑战。首先，对于中世纪的西欧人来说，这代表了一种新的魔法形式，其精巧和复杂程度都是前所未见的。这些魔法的出现让基督教以往的期待落空：原来认为只要不断谴责那些传统和简单的魔法，就能逐渐消除它们的影响，或者至少能将之局限在社会最贫穷和影响最小的那个阶层。没想到这些更为复杂的新魔法文本竟高度依赖书面形象和惯用语的传播，而后又要求修习者充分了解基督教礼拜仪式和神职人员的行为准则。所以，那些教育程度较高，较富裕和社会地位较高的群体，特别是教会人士都受到了它的吸引，而他们本应是正统教会的卫道者。当然，那些公然召唤魔鬼的内容肯定永远不会出现在官方可接受的行为范围内，但那些声称能够操纵宇宙自然力量，尤其是影响天体的文本，就不那么容易马上招致声讨。而且，即便是那些鼓励利用魔鬼进行施术的魔法文本，有时也对正统的教义进行了直接而合理的反驳，声称熟练的魔法师可以强迫和控制恶灵，使他们为善意的目的工作。这对基督教是个沉重的打击。两百年来，关于这种复杂的新魔法在多大程度上可以被纳入基督教正统并为人类创造福祉的问题，西欧最有学问的作者们展开了辩论。但到了 14 世纪初，大多数人都反对和解，他们回到了奥古斯丁立下的正统观念，即，从根本上看，所有的魔法都来自魔鬼，不论修习者是否意识到这一点。

59　以下内容的参考文献，可参见 Jeffrey Burton Russell, *Witchcraft In the Middle Ages*, Ithaca, NY, 1972, pp. 132–194；Cohn, *Europe's Inner Demons*, pp. 102–143；Peters, *The Magician, the Witch and the Law*, pp. 33–176；Kieckhefer, *Magic in the Middle Ages*, pp. 116–117；Jolly, "Medieval Magic", pp. 20–62；以及 Bailey, *Magic and Superstition in Europe*, pp. 79–130.

与魔法的发展同时发生的，是 11 至 13 世纪期间西欧出现大量异端，天主教正在以十字军和宗教法庭为主要武器对这些异端进行越来越野蛮，也越来越成功的扑杀。直到 1224 至 1240 年期间，火刑这种长久以来被用在魔法师身上的刑罚才成为对待异端分子的标准方式。异端分子被形容成崇拜恶魔的人，这一策略促使了 1300 至 1320 年间政治审判的爆发，大量知名人士和组织被控秘密崇拜撒旦，遭到毁灭性的打击。法王美男子腓力（Philip the Fair）是最热心的实践者，他通过污名化的方式处死了一名原先充当王室顾问的主教、一位教宗，接着又拿它对付十字军圣殿骑士团。而到了他的继承者路易十世的时候，对异端分子的迫害仍在继续。在英格兰，1303 年，里奇菲尔德的主教受到指控，当地对魔法的疑虑也有所加剧——就在一年前，一名埃克塞特市的妇女被驱逐，因为她招待了来自南德文郡的著名魔法师。1311 年，伦敦的主教下令遏制算命师数量的增长。[60] 对巫术的声讨和对魔鬼崇拜的政治审判，这两个事态的不断升级发展都伴随着对撒旦力量日益增长的恐惧。这种恐惧可能早就存在，但肯定在这一时期因为大规模的异端和仪式性魔法的出现而得到了进一步的加深。[61]

　　正因为如此，1318 至 1326 年间，教宗约翰二十二世对仪式性魔法发起了一场直接而全面的攻击，认为仪式性魔法本质邪恶。他将私敌指控为恶意魔法的操控者，1317 年以此罪名为由烧死了一名主教，并从此变本加厉。1318 年，他任命了一个委员会来将仪式性魔法从他

60　相关英文材料可参见 Hansen, *Quellen*, p. 2；以及 Ewen, *Witchcraft and Demonianism*, p. 29。

61　对撒旦恐惧的加深，参见 Jeffrey Burton Russell, *Lucifer*, Ithaca, NY, 1984, pp. 295–296；Robert Muchembled, *A History of the Devil from the Middle Ages to the Present*, trans. Jean Birrell, Cambridge, 2003, pp. 20–21；以及 Alain Bougereau, *Satan the Heretic*, trans. Teresa Lavender Fagan, Chicago, 2006，散见全书各处。

自己的阿维尼翁教廷中清除出去。整个 14 世纪 20 年代，法兰西各地还举行了四次对魔法师的审判，其中一些审判是教宗本人直接授意的：这四次审判中都有教会人士受到指控，尽管有时他们得到了世俗修习者的协助。1326 年，教宗颁布法令，声称仪式性魔法已经发展到瘟疫的程度，并将所有相关人员都逐出了教会。[62] 于是，魔法在此时终于被直接视作异端。他的行为似乎产生了连锁反应，将魔法作为政治指控的做法在邻近国家的王室中死灰复燃，1327 至 1331 年间，英格兰宫廷发生了一起这样的指控，法兰西宫廷发生了两起。1322 年，一名妇女在德国西南部的士瓦本被烧死，原因是她在魔法仪式中使用了圣餐中的圣饼。[63] 约翰教宗的影响力甚至到达了爱尔兰，他的一个门生（protégé）成了奥索里（Ossory）的主教，在 1324 至 1325 年期间的基尔肯尼（Kilkenny）发动了在当时轰动一时，并在后世臭名昭著的审判。有十二人受到指控，其中最著名的是爱丽丝·凯特勒夫人（Alice, Lady Kyteler）。这些指控都是由一个当地著名家族内部的纷争发展出来的，变成了教会内部不同派别和居住在爱尔兰的英格兰殖民者之间斗争的主题。在短期内，主教赢得了胜利，被告被判为"异端妖术士"[64]，被认为弃绝基督教信仰而崇拜魔鬼，妄图从魔鬼那里获得能力，以实现自己伤害和谋杀特定的人的愿望。有些被告逃跑了，比如爱丽丝夫人，还有一些在忏悔后获得了赦免，但有一位夫人，米斯的彼得罗妮拉（Petronilla of Meath），被严刑逼供后处以火刑，她是爱尔兰第一

62　这些文档刊印在 Hansen, *Quellen*, pp. 2–6；以及 Henry Charles Lea, *History of the Inquisition of the Middle Ages*, London, 1888, vol. 3, p. 455, 657. 相关背景和资料，参见 Cohn, *Europe's Inner Demons*, pp. 130–133; Peters, *The Magician, the Witch and the Law*, pp. 129–135；以及 Bougereau, *Satan the Heretic*。

63　Russell, *Witchcraft In the Middle Ages*, pp. 186–187, 193–194.

64　*haeretici sortilagae.*

位因信奉异端而被烧死的人。[65]

1331 年，英格兰国王法庭下令在伦敦搜捕魔法师，三名金匠在萨瑟克（Southwark）教区举行魔法仪式的时候被抓获。其中一个是受雇而来的半吊子魔法师，在还押候审期间，法庭专门就他们的行为是否属于异端的问题征询了主教的意见。[66] 这位温切斯特主教的辖区范围还涵盖了索斯沃克，这个案件也引发了该教区对魔法更为广泛的镇压。在接下来的六年间，该教区还对寻求和提供魔法帮助的村民进行了两次审判，惩罚仅限于鞭笞，而之前索斯沃克的魔法师遭到了流放。[67] 继任教宗本尼迪克特十二世（Benedict XII）原来就是一位著名的审判官，他狂热地追捕异端人士和魔法师。1336 至 1337 年，他对意大利和法兰西各地涉及魔法的案件抱持着非常大的私人兴趣。[68] 大约同一时期，一位意大利神学教授，萨索费拉托的巴托鲁斯（Bartolus of Sassoferrato）将古代术语斯忒里加和拉米亚，也就是"杀害儿童的夜行女魔"，重新定义为"弃绝基督教并应该被处以死刑的女性"。[69]

不过，这一系列迫害并没有持续下去。本尼迪克特十二世亲自过问案件，他不仅关心被告的罪行是否被查实，也非常关注确保判决的公正性。有一次，他指示对一起有人被控试图用图像魔法（image-magic）

65　原始资料的整理和注释，参见 L. S. Davidson and J. O. Ward, *The Sorcery Trial of Alice Kyteler, Asheville*, NC, 2004. 相关分析，参见 Anne Neary, "The Origins and Character of the Kilkenny Witchcraft Case of 1324", *Proceedings of the Royal Irish Academy*, 83C (1983), pp. 333–350; Bernadette Williams, "The Sorcery Trial of Alice Kyteler", *History Ireland*, 2 (1993), pp. 20–24; 以及 Maeve Brigid Callan, *The Templars, the Witch and the Wild Irish*, Dublin, 2015。

66　G. O. Sayles (ed.), *Select Cases in the Court of King's Bench under Edward III. Volume Five*, Selden Society, 1958, pp. 53–57.

67　Ralph A.Houlbrooke, "Magic and Witchcraft in the Diocese of Winchester", in David J. B. Trim and Peter J. Balderstone (eds.), *Cross, Crown and Community*, Oxford, 2004, pp. 113–120.

68　文档刊印于 Hansen, *Quellen*, pp. 8–11。

69　Ibid., pp. 64–66.

杀害约翰二十二世的案件重新展开调查，约翰教宗认为确有其事，而本尼迪克特则认为其中存在着不实的指控。[70]1342 年，教宗克莱门特六世（Clement VI）对异端审判并不关心，当时的法兰西和英格兰王室也处于内部团结稳定的时期。在此期间，地方民间没有出现忌惮魔法修习者的传统，也没有出现审判官或世俗官员发起的对魔法师的讨伐，因此，在当时的社会各阶层中，针对魔法的起诉似乎都消失了。这使得魔法审判在 14 世纪 70 年代中期的回潮变得如此引人注目。而这一次，发起者却不是天主教廷。1378 年，天主教大分裂（Great Schism），在接下来的四十年中，敌对的教宗在不同天主教国家的支持下展开竞争。1374 年，在大分裂前的最后一位教宗格列高利十一世（Gregory XI）收到法兰西首席审判官的请求，后者要求教宗重新授予他镇压仪式性魔法的权力，并称魔法在法国十分盛行，吸引了很多神父——他觉得这权力从前一个时期开始便不再属于他。格列高利同意了，但只给了他两年。[71]

学者们更倾向于认为，重新出现的政治不安全感使魔法指控重新成为高层政治斗争的肮脏手段，并使魔法指控重新回到了聚光灯下。1377 年，英格兰人发现年老的国王被他的情妇和年幼的继承人所蛊惑。[72]这名情妇很快就被人指控用咒语魅惑国王。继承人理查二世登上王位之后，他的大臣被投入狱并处死后又被控使用了邪恶的魔法。理查二世后来被废黜，引发了王朝政治的长期动荡，最终导致玫瑰战争的爆发。1411 至 1509 年之间，英格兰的六任国王中，有五位国王治下

70　Ibid., pp. 11–12.

71　Ibid., pp. 15–16.

72　译注：此处指的是英王爱德华三世，他的情妇佩雷斯夫人，以及英王的孙子、黑太子爱德华的次子理查二世。

都至少发生过一次魔法指控，被告往往是王室成员，他们被控试图以魔法手段谋杀在位国王。[73] 在 14 世纪 90 年代，法兰西国王发了疯[74]，这也被归咎于巫术。不仅如此，因国王不能理政所产生的权力真空更引起了家族成员之间长期激烈的恶斗，在这些斗争中，魔法指控也起到了非常突出的作用。内斗引发了长达几十年的法兰西内战，其间这些指控都还在持续着。到了 1398 年，巴黎大学重申了"仪式性魔法得到了恶魔的协助，因此属于异端"的理论，之后立场不同的知识分子展开了进一步的论争和谴责。[75] 而 1417 年，比邻的萨沃伊公爵宣称揭发了一起针对自己的魔法谋杀。[76]

然而，这些王室、贵族和学者重燃起的兴趣，似乎都产生自当地尤其城市的、一种对魔法的新敌意，并与之紧密结合。1376 年，多明我会的修士尼古拉斯·艾默里克担任西班牙阿拉贡的审判官，他发行了一本关于异端定义和侦查方法的手册，在当时非常有影响力。[77] 手册中首次明确提出，仪式性魔法师会被等同于异端，要受到追捕和惩罚。虽然艾默里克规定，服务型魔法师的那些不用召唤灵体的简单做法，比如看手相和抽签占卜之类的，不是审判官要关注的问题，但他的手册在实际操作中却成了打击魔法师的新动力。他的手册似乎既是

73　这些案例列于 Peters, *The Magician, the Witch and the Law*, pp. 120–125；Ewen, *Witchcraft and Demonianism*, pp. 34–35；以及 P. G. Maxwell-Stuart, *The British Witch*, Stroud, 2014, pp. 68–83。

74　译注：指疯王查理六世。

75　相关内容，参见 Gary K. Waite, Heresy, *Magic and Witchcraft in Early Modern Europe*, Basingstoke, 2003, pp. 34–38；Maxwell-Stuart (ed.), *The Occult in Medieval Europe*, pp. 104–112；J. R. Veenstra, *Magic and Divination at the Courts of Burgundy and France*, Leiden, 1998；以及 Tracy Adams, "Valentina Visconti, Charles VI, and the Politics of Witchcraft", *Parergon*, 30 (2013), pp. 11–32。

76　Hansen, *Quellen*, p. 528.

77　《宗教裁判手册》（*Directorium inquisitorum*），第 335—338 页。最方便使用的版本是 1595 的威尼斯版。

VI　中世纪巫师的形成　　257

征兆，也是起因，但有时看起来二者皆非。1390 年，巴黎议会将妖术犯罪纳入管辖范围，随后审讯了四名妇女，其中两名试图施展爱情咒术，一名向委托人提供魔法帮助，一名试图用魔法惩治虐待她的丈夫，她们全部因恶魔崇拜的罪名被烧死。[78] 同年，在米兰也发生了类似的事情。两名妇女向客户兜售魔法服务，她们称自己从一位超人类"夫人"那里学到了魔法，还在夜晚跟着她出行。[79] 1401 年，一位日内瓦的妇女供称自己信奉恶魔，她声称曾咨询过一个灵体，讨教帮助客户找到被偷的物品和保护牲畜的办法。[80] 1343 至 1375 年间，在佛罗伦萨的世俗法庭中没有出现魔法指控，但 1375 至 1412 年，有三起魔法指控案的被告被定罪，还有两起被处以死刑。被告人似乎都是为了实现自己的目的或以此谋利而使用了魔法。[81] 1346 至 1388 年间，卢卡（Lucca）的世俗法庭从未以魔法罪宣判过任何人，但在 1388 至 1415 年间却宣判了三个人，其中有两个是提供有偿魔法服务的外国人。[82] 这两个城市的案子中，魔鬼的因素只是偶尔闪现。在伦敦，14 世纪 90 年代至 15 世纪的最初十年间，提供有偿魔法服务的人要受到惩罚，林肯的主教在 1406 年也接到了王室的命令，要求在教区内贯彻这种惩罚。[83]

　　仅凭目前所掌握的情况，我们可能无法判断当时在整个西欧社会不同阶层中指控和诉讼案件增长的原因。迈克尔·贝利注意到，法兰西和德意志的学者在 1405 至 1425 年间发表了大量的论文，将魔鬼学

78　相关记录出版于 Hansen, *Quellen*, pp. 518–523.

79　前一章节讨论了这个案例。

80　Hansen, *Quellen*, pp. 524–526.

81　Gene A. Brucker, "Sorcery in Renaissance Florence", *Studies in the Renaissance*, 10 (1963), pp. 7–24.

82　Christine Meek, "Man, Woman and Magic: Some Cases from Late Medieval Lucca", in Christine Meek (ed.), *Women in Renaissance and Early Modern Europe*, Dublin, 2000, pp. 43–66.

83　这些案例汇集在 Ewen, *Witchcraft and Demonianism*, p. 35。

理论应用于简单的、为世俗目的服务的咒语和符咒上。他认为，这些论文表明了当时的教会人士大量转向实用的牧灵神学，而不是宽泛的宇宙论神学。[84] 教会人士神学观念的转变风潮可能为卷土重来的魔法师迫害提供了条件，而上述的论文则是在迫害开始后发表的，不可能是促成迫害发生的原因。当时的许多仪式和咒语都留存至今，与法庭记录中提到的那些非常类似，既可以保护魔法修习者，也能起到阻碍和伤害敌人的作用，因此我们似乎可以相信，当时大多数修习仪式性魔法的指控确有其事。同样，我们也可以确信，一些修习者在实践中的确会召唤魔鬼，因为有些保存下来的仪式性魔法文本包含了这方面的指令，当然，前提是魔法师能够按照自己的意愿约束魔鬼。[85]1388 年，一位希腊妇女在卢卡接受审判，法庭记录称她以上帝和圣母玛利亚的名义召唤地狱灵体，协助她举行仪式并以此谋利。这份供词并不矛盾，她的确可能用这些圣名来获得控制魔鬼的力量。[86]

在记录中，这个时期被审判的人不约而同地崇拜撒旦或低一级的恶魔，他们的供词将异端和魔法师紧密联系起来，而这一点非常可疑。就此，诺曼·科恩提出了一个令人信服的论点，他认为撒旦魔法师教派并不广泛存在。[87] 要确定一个人，或像爱丽丝·凯特勒夫人周围形成的小团体是否放弃基督教转而投效魔王撒旦或魔鬼是非常困难的。它有悖于已知文本所体现出来的仪式性魔法传统。但由于现有的证据不足，无法得出任何确定的答案。但这些证据的确强烈暗示着，某些被指控为魔法修习者的人自称与灵体助手或灵仆有联系，而那些审判

84 Bailey, *Magic and Superstition in Europe*, pp. 126–130.

85 相关资料参见在第四章中引用的中世纪文献及其注释。

86 Meek, "Man, Woman and Magic".

87 Cohn, *Europe's Inner Demons*, pp. 118–143.

的人却认为他们在与魔鬼交往。但这在多大程度上能够解释对恶魔崇拜的普遍指控，仍然难以确定。

14 世纪末官方对魔法的攻击没有像世纪初那样平息下来，相反，它一直持续下去，成为近代早期欧洲猎巫行动的开端。从表面上看，这是毫无缘故的。1409 年，教廷仍在持续分裂，其中一位敌对教宗，亚历山大五世（Alexander V），命令负责西阿尔卑斯山脉的审判官着手对付一些新的异常行为，比如行异端、放高利贷和修习魔法等。其中的魔法就包括精细的文字类魔法、占卜和农民的迷信——所以如果有人说这些修习魔法的团体是新兴的，实际却并没有证据能够表明他们的实践究竟有何新奇。[88] 教宗签署的这份文件可能是审判官自己讨来的，没有什么特别之处。它符合当时镇压魔法的普遍情况，教宗下达的指示也相似于前面提到的给林肯主教的命令。也就是说，这位教宗落后于时兴的风潮，而不是引领着事态的发展。值得一提的是，这位审判官名叫庞塞·富热隆（Ponce Feugeyron），他是圣方济各会的修士，再过不到三十年的时间，他将亲身参与到近代早期最早的一批巫师审判中去。

因此，必须要强调 14 世纪审判中的魔法师形象与近代早期新奇巫师的形象之间如何不同，这对我们的研究有很大的帮助。不应该将中世纪晚期的魔法师看成有组织的、广泛存在的小教派，并认为他们对基督教构成了严重的威胁。他们只是一些个人和小群体，只是在某些特定的时空下，为了实现自己的目的而屈服于获得通常是超人类力量的诱惑而已。虽然他们是自私的，但通常只是为了追求个人好处而不

88　此事件刊载于 P. G. Maxwell-Stuart, *Witch Beliefs and Witch Trials in the Middle Ages*, London, 2011, pp. 30–31。卡洛·金兹伯格注意到教宗对寻找新异端的重视，并将其视为特殊的标志，参见 *Ecstasies*, pp. 68–69，但我并不这么认为。

是故意作恶，而且他们大多数要么是通过向别人提供魔法服务而牟利的人，要么是在有困难的时候寻求这类魔法专家的帮助的人。他们的罪名往往取证于他们的随身物品——特殊物件、道具和口白——这些都是仪式性魔法中必备的工具和材料。在大部分案例中，叛教的因素并不是指控的核心，而且因为审判官并不认为这些被告从属于某个小教派，受审讯时遂不要求其供出同谋，也不会出现因此而引发一连串逮捕的累积效应。所以，迫害造成的死亡人数很少：1375 至 1420 年，整个西欧因与魔法相关的罪行而被处死的总人数可能只有几十人，不到百人。与中世纪一样，这个时期受审的人无关性别，但男性被告所受的指控往往与基于文本的和习得的魔法有关，女性则很少因这类魔法受到指控，这反映了当时整个社会的教育模式。在 15 世纪初，近代早期审判中的那种巫师的刻板印象还没有出现。

近代早期巫师的形成

对于中世纪晚期出现的撒旦巫师的概念来说，其最重要的特点在于它是一个崭新的概念。正如我们之后要看到的那样，当时的人们也充分承认这一点。1835 年，雅各布·格林在对德国民间文学史的开创性研究中提出了民间文学发展的双螺旋模式。他认为，一方面，中世纪的天主教会日益注重通过识别和消除异端来净化它所控制的社会，这为设想出一个有组织的崇拜魔鬼的巫师教派提供了基础。但格林也表示，这种设想要能成立，必须满足第二个方面的条件，即，从根本上说，继承了古代异教世界传统的民间信仰。[89]

---

89 Grimm, *Teutonic Mythology*, vol. 3, pp. 946–952, 1046–1047.

本书认为格林所提出的模式是正确的，但必须指出的是，历史学家们在格林之后的一个半世纪里，对格林模式的两个方面分别进行了研究和发展。正如前面所说，"植根于古代世界的民间信仰"这条路径，和"把巫师当作残存异教的修习者来起诉"所需要的社会动因是不同的，而且正如我们之前所说，前者的研究路径在 20 世纪 70 年代以后就走不下去了。而中世纪晚期和近代早期的专家学者都着重强调的是另一方面，也就是决心识别和根除异端，不仅将它斥为虚假，还要打成邪恶宗教的中世纪西方教会。在这些专家之中，最伟大的一位应该是来自科隆的档案管理员约瑟夫·汉森（Joseph Hansen）。他在 20 世纪初编辑并出版了许多有关中世纪和近代早期对魔法师和巫师迫害的主要文献，为之后的历史学家提供了宝贵的资料，包括对本章的贡献。也正是他确定了撒旦巫师这个刻板印象首次出现的时间和地点：15 世纪初的西阿尔卑斯山区。[90] 异教徒宗教遗存理论的崩溃，以及持续大范围的巫师审判研究的启动，为重新调查撒旦巫师这个刻板印象的起源扫清了障碍。上一章所考察的各种情况，其中之一是由诺曼·科恩在 1975 年提出的，他大体上重申了格林的解释模式，并提供了更广泛的证据。[91] 他再次强调了教会反对异端这个方面的重要性，但也认为它的根源可以追溯到古代罗马对异常宗教信仰群体反社会行为的刻板印象，特别是早期基督徒自身也处于这个群体中。他还请人们注意正统观念对仪式性魔法的反应，它为反对巫术的驱动力提供了特定的背景。但科恩也强调民俗因素的重要性，认为它们植根于古代，为新出现的巫师概念提供了重要的想象。他的解释模式有很强的说服力，获得了普遍的赞同。2004 年，史蒂文·马罗内（Steven Marrone）开始了

90 载于 Hansen, *Zauberwahn*。

91 Cohn, *Europe's Inner Demons*.

自己的研究，他宣称："没有必要检验科恩的论点，也不需要重新审查他的证据。目前这两者都很受欢迎，对当前理解猎巫热潮兴起问题必不可少。"[92]

在这种情况下，另两位研究同样问题的一流历史学家，理查德·基克希弗和卡洛·金兹伯格，不得不强调以与科恩的差异来彰显他们观点的独特价值。实际上，他们都赞同科恩的基本模式：猎巫是扑杀异端的副产品，但同时也受到民俗传统的影响。他们三人都同意汉森所确定的时间和地点，认为它的确是新巫术观念最重要的起始点。基克希弗只是在细节上和科恩的观点略有不同，他把自己观点标示在书的脚注部分，金兹伯格则更加强调他与科恩和基克希弗二人的分歧。[93]这些分歧采纳了科恩(还有格林)的模型中的一部分。在民俗因素方面，金兹伯格将此前相关的资料与在古代欧洲发现的那些更广泛和更深层次的文化底层联系在一起，称它们为"萨满教式"。本书的第三章已经详细讨论过这个问题。其二，在扑杀异端方面，他提出了一个新的重点，14世纪的法兰西，将麻风病人和犹太人当成社会隐秘敌人加以迫害的那些行为之所以重要，是因为它为后来源于巫术刻板印象的迫害行为做了铺垫。1996年，迈克尔·贝利称金兹伯格的这本书为"对巫术最具争议性的研究之一"，到目前为止依然还是如此。[94]但它给

92　Steven P. Marrone, "Magic, Bodies, University Masters, and the Invention of the Late Medieval Witch", in Rachel Fulton and Bruce W. Holsinger (eds.), *History in the Comic Mode*, New York, 2007, p. 266.

93　Kieckhefer, *European Witch Trials*; Ginzburg, *Ecstasies*.

94　贝利的评论参见 "The Medieval Concept of the Witches' Sabbath", Exemplaria, 8 (1996), pp. 419–439. 对金兹伯格该著作整体声誉的评价，见本书第三章注释中所提到 Yme Kuiper 的文章。对于它的直接批评，见 Robert Bartlett, *New York Review of Books*, 13 June 1991, pp. 37–38；Richard Kieckhefer, *American Historical Review*, 97 (1992), pp. 837–838；以及 John Martin, *Speculum*, 67 (1992), pp. 148–150。

了埃娃·波奇和沃尔夫冈·贝林格等学者以灵感，因为他们所关注的是民俗主题如何影响地方巫师审判，而不在于本书所关心的撒旦巫师的刻板印象之起源。关注起源问题的历史学家更倾向于详细阐述科恩模型中提到的关于扑杀异端的那部分内容。迈克尔·贝利发现，近代早期社会的巫师概念被神职人员与精英阶层仪式性魔法、实用咒语的共同传统，以及对恶意魔法的普遍恐惧一起融合进了同一个魔鬼般的结构中。这种混合体随后被移植到中世纪对异端教派标准的讽刺中。贝利批评金兹伯格在创造魔鬼巫术形象的过程中夸大了夜间飞行的因素，而这恰恰是金兹伯格所谓"萨满式传统对于巫师形象创造过程的重要性"中的关键因素。[95]贝利的美国同行史蒂文·马罗内强调仪式性魔法的影响，以及正统教会人士赋予了魔鬼更大的权力，让它们来代为对抗这种影响。[96]沃尔夫冈·贝林格和瑞士历史学家凯瑟琳·乌茨·特伦普（Kathrin Utz Tremp）重申了对待异端态度的重要性，展示了阿尔卑斯西部一些地区的异端审判是如何无缝转变为对撒旦巫师的审判的。[97]荷兰历史人类学家威廉·德·布雷克特（Willem de Blécourt）完全拒绝采用金兹伯格的模型，他认为萨满教式的类比毫无用处，金兹

---

95 Michael Bailey, "The Medieval Concept of the Witches' Sabbath"; "From Sorcery to Witch-craft", *Speculum*, 76 (2001), pp. 960–990; "The Feminization of Magic and the Emerging Idea of the Female Witch in the Late Middle Ages", *Essays in Medieval Studies*, 19 (2002), pp. 120–134; *Battling Demons: Witchcraft, Heresy and Reform in the Late Middle Ages*, University Park, PA, 2003, pp. 32–48; 以及 "A Late Medieval Crisis of Superstition?", *Speculum*, 3 (2009), pp. 633–661。

96 Marrone, "Magic, Bodies, University Masters"; 亦见氏著 *A History of Science, Magic and Belief from Medieval to Early Modern Europe*, London, 2015, pp. 163–196。

97 特伦普（Tremp）的观点概括于她的论文 "Heresy"，见 Richard M. Golden (ed.), *Encyclopedia of Witchcraft*, Santa Barbara, CA, 2006, vol. 2, pp. 485–487，另有一个总见 "The Heresy of Witchcraft in Western Switzerland and Dauphiné", *Magic, Ritual and Witchcraft*, 6 (2011), pp. 1–10；以及 Behringer's in "How the Waldensians Became Witches", in Gábor Klaniczay and Éva Pócs (eds.), *Communicating with the Spirits*, Budapest, 2005, pp. 155–192。

伯格把非典型的东南欧民间习俗投射到对西欧社会的研究中的做法是不妥的。[98] 将金兹伯格的观念最严密地应用于撒旦巫师形象起源问题上的理查德·基克希弗，也赞同民间神话的重要性，但他认为，15 世纪没有统一的巫术想象结构，相反，他主张不同地域的众多神话在不同的环境下发挥了不同的作用。[99]

可见，近年来这一问题已经引发了相当多的讨论，但也涌现了大量可以将讨论继续向前推进的新材料。从这些材料得出的一个结论是，西阿尔卑斯地区并不是构建撒旦巫师形象最早的地方，事实上最早明确提到的起源地是另一座山脉，比利牛斯山脉。1424 年，加泰罗尼亚高地阿内乌山谷（Aneu Valley）的头面人物们被当地的伯爵招来，他们同意对那些晚上与"Bruxas"一起向魔王宣誓效忠的当地人采取行动。在当地的传说中，这些人会从别人家里偷走并杀死熟睡的孩子，还会毒害成年人。一些被捕的人对罪行供认不讳，当时还决定这些人，以及以后任何被定罪的人都得被烧死。[100] "Bruxas"是中世纪的加泰罗尼亚语，指的就是从古代意大利到美索不达米亚都熟知的，杀死儿童的夜间魔鬼：罗马时代的斯忒里加。在 15 世纪，随着像对类似在阿内乌山谷发生的集会的信仰在西班牙北部蔓延，它开始被应用于参加聚会的女性，最后这个词变成了西班牙对巫师的标准称谓。[101] 一位对西班牙材料非常熟悉的专家认为，加泰罗尼亚地区魔鬼巫师刻板印象的形

98　Willem de Blécourt, "The Return of the Sabbat", in Jonathan Barry and Owen Davies (eds.), *Palgrave Advances in Witchcraft Historiography*, Basingstoke, 2007, pp. 125–145.

99　Richard Kieckhefer, "Avenging the Blood of Children", in Alberto Ferreiro (ed.), *The Devil, Heresy and Witchcraft in the Middle Ages*, Leiden, 1998, pp. 91–110; "Mythologies of Witchcraft in the Fifteenth Century", *Magic, Ritual and Witchcraft*, 1 (2006), pp. 79–107.

100　这些文档的译本可见于 Maxwell-Stuart (ed.), *The Occult in Medieval Europe*, pp. 158–160。

101　Pau Castell Granados, "'Wine Vat Witches Suffocate Children' : The Mythical Components of the Iberian Witch", *eHumanista*, 26 (2014), pp. 170–195.

成，与多明我会修士味增爵·斐勒略（Vincent Ferrer）及其门徒的活动密切相关。1408 至 1422 年间，他们在法国中部和西班牙东北部之间传教。作为西欧新一波镇压魔法师行动的一部分，他们一直在鼓吹严惩魔法师。这位专家还注意到，自 15 世纪 20 年代以来，法兰西和加泰罗尼亚接壤的朗格多克（Languedoc）地区的世俗法庭开始起诉个别妇女，认为她们向魔王效忠，以此获得潜入邻居家下毒害人的能力。[102]

在比利牛斯山脉地区出现撒旦巫师教派刻板印象的同一年，它在罗马也出现了。两名罗马妇女被处死，原因是她们在魔王的授意下杀害了大量儿童并吸食他们的血。据称，她们给自己抹上药膏，变成猫潜入受害者家中。[103]1428 年，罗马北部托迪市（Todi）进行了一次审判，其中提供了更多关于这个教派的细节。[104]当地有一名著名的服务型魔法师，她出售咒语和符咒给人带来稳固的爱情和健康，还会帮别人化解巫术伤害。她在这场持续的反巫术运动中被捕了，但这起案件中的新的元素，在于当时她被指控在夜间变成苍蝇飞到户外，像斯忒里克斯一样吸食儿童的血液和生命力，还被指控骑着化作山羊的魔鬼（她自己是人形）和同类一起狂欢、崇拜路西法，并在它的授意下杀害儿童。人们认为她为了能坐在魔鬼背上飞行，用了一种由婴儿和蝙蝠的血与秃鹰脂肪做成的药膏涂抹身体。最后她被烧死了。这场审判又一次与一场布道活动有关。1424 至 1426 年期间，锡耶纳的贝尔纳迪诺在意大利中部传教，他鼓励听众向当局检举魔法修习者。他在托迪市发表了

102　Ibid.

103　Bernadette Paton, "'To the Fire! To the Fire!'", in Charles Zika (ed.), *No Gods Except Me: Orthodoxy and Religious Practice in Europe 1200–1600*, Melbourne, 1991, pp. 7–10.

104　Dommenico Mammoli (ed.), *The Record of the Trial and Condemnation of a Witch, Matteuccia di Francesco, at Todi, 20 March 1428*, Rome, 1972.

演说，还与当时的教宗一起在罗马发起了猎巫行动。贝尔纳迪诺不相信巫师飞到一个地方举行敬拜撒旦的聚会是真实的，并否认巫师的咒语对正直的基督徒能发挥任何效力，也不认为巫师可以将自己变成动物。在否认这些的时候，他坚持的是中世纪早期教会人士的观点。然而，他确实认为魔鬼与巫师订立了契约，会化作动物吸干婴儿的血。以此，他把那种古老而普遍的恐惧给释放了出来，而这些正是中世纪早期的神职人员所极力压制的。[105]

从贝尔纳迪诺的意大利中部到味增爵·斐勒略及他的门徒活跃的西班牙东部和罗纳河这一整片西阿尔卑斯山脉的余脉，在汉森时代起就被认为是近代早期猎巫行动的发源地。这三个地区的修道士之间形成了一个传教网络。比如，贝尔纳迪诺提到一位方济各会的同修告诉他，意大利西北部的皮埃蒙特（Piedmont）地区有一群谋杀儿童的异端分子，他们用其尸体制作隐身药水。[106] 然而，对巫术新形象的传播来说，阿尔卑斯山发生案例是最有影响力的。这些年在一批以瑞士洛桑大学为中心的杰出学者的努力下，我们理解当地发生的猎巫行动起来容易了很多，该大学正位于早期巫师审判主要区域的中心。这个学术团体编辑并出版了早期巫师审判的幸存记录和与之相关的文本资料。[107] 他们的工作成果表明，阿尔卑斯巫术的新形象出现的时间至少

105　Franco Normando, *The Preacher's Demons: Bernadino of Siena and the Social Underworld of Early Renaissance Italy*, Chicago, 1999, pp. 52–87.

106　Ibid., p. 86.

107　Martine Ostorero, *Folâtrer avec les démons: sabbat et chasse aux sorciers à Vevey (1448)*, Lausanne, 1995；Martine Ostorero et al. (eds.), *L'imaginaire du sabbat*, Lausanne, 1999；Georg Modestin, *Le diable chez l'évêque*, Lausanne, 1999；Martine Ostorero et al. (eds.), *Inquisition et sorcellerie en Suisse Romande*, Lausanne, 2007；Kathrin Utz Tremp, *Von der Haresie zur Hexerei*, Hanover, 2008；Martine Ostorero, *Le diable au sabbat*, Florence, 2011. 关于这个学术团体及其工作，参见 Kathrin Utz Tremp, "Witches' Brooms and Magic Ointments", *Magic, Ritual and Witchcraft*, 5 (2010), pp. 173–187。

可以追溯到 1428 年，也就是托迪城案件发生的年份，也是阿内乌山谷和罗马猎巫行动的四年之后。当时，在瓦莱地区，也就是从莱芒湖（Lake Leman）以东至阿尔卑斯西部山区的中心地区，发生了一系列恶性的诉讼。这个地区位于瑞士法语、日耳曼语和罗曼什语混杂的区域，是语言、文化和政治边界的交汇处，当地（锡永或瓦莱）主教、萨沃伊公爵和其他小国的政治力量犬牙交错。审判最初始于两个说法语的山谷，安尼维尔（Anniviers）和艾宏（Hérens），其酷烈程度与比利牛斯山阿内乌山谷发生的相仿，但在前者发生的审判遍布当地大部分地区。大约十年后，来自北方卢塞恩市的编年史家汉斯·弗林德（Hans Fründ）将这些事件记录了下来，他对瓦莱事件的情况尤其了解。[108] 弗林德记录的是某个"妖术师"[109]的阴谋集团，魔王撒旦让他们乘着擦了飞行药膏的椅子参加夜间的集会，在那里他们敬拜撒旦，还听从它的命令杀死人类。撒旦以动物的形象出现，把一些巫师变成狼，让他们去咬死别人家的羊，给他们隐形草药，还能将他们变成普通人的样子。在魔王撒旦的帮助下，这些巫师让邻居死亡、瘫痪或失明，导致流产和性无能，毁坏庄稼，从牛体内偷牛奶，还弄坏别人家的马车和推车。他们还特别在夜里让孩子生病致死，这样就能把尸体刨出来吃掉。这个阴谋集团的规模迅速膨胀，成员们相信自己一年之后就能接管整个地区并摧毁基督教会。

在这个案例中，弗林德清楚地说明了在阿内乌山谷、罗马和托迪

108　该文本整理并收录在 Ostorero et al. (eds.), *L'imaginaire du sabbat*, pp. 30–45，根据当地记录所做的评注可见于 Chantal Amman-Doubliez at pp. 63–93。对于其中两个记录，参见 Hansen, *Quellen*, pp. 531–539。关于弗林德，也可参见 Tremp, "Witches' Brooms and Magic Ointments"。

109　原文作 "sortiligi" 或 "sortileia"。

所发生的案例中的可疑之处：嫌犯的供词来自刑讯逼供，而审判本身有时残忍到置人于死地。他估计，这场猎巫行动在一年半的时间里烧死了两百多人，其中有男有女；即使对比近代早期巫师审判高峰期的标准，这也是很庞大的数字。这可能是近一千年来因使用魔法而被处死人数最多的一次。当地的法庭记录表明，这场始于 1427 年，一直持续到 1436 年的审判，是由一群被当地民间突然兴起的巫术恐惧所驱使的小地主发起的。除了巫师的飞行聚会之外，法庭记录提到了弗林德记录中的所有细节，增强了弗林德所预估的处决人数的可信度。[110] 再一次地，一场呼吁人们重视魔法威胁的布道活动成为巫师审判活动的背景。虽然这些山谷地区并非当时的人口中心，但那里并不缺乏政治和宗教势力的关注：相反，那里还是基督教传播福音和国家建构的最前线。[111] 特别是当时萨沃伊公爵领地和伯尔尼市（Berne）都试图在西阿尔卑斯山地区扩展势力，而诸侯们，比如锡永主教领地的土地所有者们，都在想尽办法维护自己的独立地位。同时，当时自给自足的经济慢慢转变为面向市场的生产形态，社会的紧张程度也相应地提高了。此外，山区是被驱赶和清除出交通更便利地区的基督教异端教派成员的避难所，因此在中世纪晚期，修道士将山区作为特殊目标，在宗教和世俗当局的支持下，他们既是当地的传道者，也是宗教审判官。在比利牛斯山地区，宗教异端中势力最大的是清洁派（Cathars），而西阿尔卑斯山地区，则是另一个秉持严肃而理想主义的非正统基督教分

110　统计的依据见 Amman-Doubliez，上文注释 108。

111　以下内容的来源请见 Amman-Doubliez，上文注释 108，另 Edward Peters, "The Me-dieval Church and State on Superstition, Magic and Witchcraft", in Jolly et al. (eds.), *The Athlone History of Witchcraft and Magic in Europe. Volume Three*, pp. 233–236；以及 Arno Borst, *Medieval Worlds*, Cambridge, 1991, pp. 101–122。

支——韦尔多派（Waldensians）的势力范围。14世纪末至15世纪初，韦尔多派在西阿尔卑斯山地区遭受了特别严重的迫害，对他们的审讯与对一类新式巫师的审讯合并到了一起，两者都被指控通过相似的仪式崇拜魔王。事实上，在该地区的某些地方，"Vaudois"（韦尔多派的另一种表述）一词可以同时用以指代这两个团体。[112]1409年，教宗命令庞塞·富热隆负责铲除异端，其中特别包括任何与魔法师有关的异端，当时他担任总审判官，负责的区域正好与瓦莱接壤。1418年，教宗马丁五世（Martin V）延长了富热隆的任期，这位教宗的当选结束了教会大分裂的局面，后来他还与锡耶纳的贝尔纳迪诺合作，在罗马制造了一场猎巫行动。[113]

因此，记录显示，在15世纪20年代中晚期的西班牙东北部至意大利中部的广阔区域，人们普遍相信有一群崇拜恶魔的魔法师在密谋伤害人类，特别是杀害婴幼儿。这些地方之间的共同点只有一个，那就是当地都曾展开反对民间异端的宣教活动。自14世纪70年代以来，西方基督教世界针对魔法修习者的起诉活动重新抬头，作为其中的一部分，这些宣教活动中的修士们特别关注魔法所造成的危险。宣教活动似乎点燃了民众的负面情绪，有时甚至造成了恐慌。在政治和经济情况不稳定的时期，当生存条件优越的地区发生了诸如婴儿异常死亡或其他不幸的事件，如果当地的制裁权又掌握在易被公众情绪影响的世俗贵族和领导人手中，就特别容易引发猎巫。民众的反应与源自古代的民间信仰之间有着明显的联系，但这些信仰似乎与"萨满教式"灵体飞行主题没有明显联系，反而与谋杀儿童的女魔形象——比

---

112 Cohn, *Europe's Inner Demons*, pp. 51–60, 203–207; Tremp, *Von der Haresie zur Hexerei*; Andreas Blauert, *Frühe Hexenverfolgungen*, Hamburg, 1989, pp. 27–43.

113 Maxwell-Stuart, *Witch Beliefs and Witch Trials in the Middle Ages*, pp. 30–31.

如罗马的斯忒里克斯和日耳曼人的夜游食人女——关系更大。这种新的结构——在夜间秘密聚会、崇拜化成动物的魔王的巫师形象，是中世纪盛期和晚期正统基督教对异端分子的标准指控。[114] 理查德·基克希弗正确地指出，瑞士和意大利的案例在细节上的差异，反映的是各地独特的民俗传统。他还主张，15 世纪对撒旦教巫术的想象并不存在单一的模式，而只有多样的地方性神话。[115] 本书提出的可能性是，这种想象在产生之初，的确有某个单一的结构，而在传播的过程中，各地采用了当地不同的形式。托钵修会、多明我会和方济各会的传教士们明显是这个结构的创造者和传播者。另外，这些人的身份不仅是某个教团的普通成员，更是一场特殊的严守教规运动（the Observant）的领导者。1400 年前后"教会大分裂"造成了西方教会四分五裂的境况，在这之后，这些宗教人士坚信，作为改革时期的必要举措，必须清除基督教世界中的所有散漫和不虔诚。14 世纪晚期至 15 世纪早期锡耶纳及周围地区出现的田园文学作品是这场运动很重要的缩影。[116] 对这些田园文学作品的研究揭示了：当时的人们根据中世纪早期的传统，认为民间魔法是无知和盲从而非异端的产物；那些害人的魔法是反社会的，与魔鬼无关；还斥责了对斯忒里克斯的信仰。而贝尔纳迪诺否定以上观点，将斯忒里克斯认定为从魔王那里获得了飞行能力的人类女性。在这个过程中，他和他的改革派传教士们给斯忒里克斯赋予了新的能力和恐怖特质，也引发了一种新的猎巫行动。洛桑大学研

114　特别是这一点，参见 Cohn, *Europe's Inner Demons*, pp. 35–101。他还强调了斯忒里克斯的重要性，见第 162—180 页。

115　Kieckhefer, "Mythologies of Witchcraft in the Fifteenth Century". 然而，他确实强调了"杀害儿童"主题在这些早期猎巫中的重要性，见 "Avenging the Blood of Children"。

116　Paton, "'To the Fire! To the Fire!'", pp. 7–36.

究团体最近编辑出版了猎巫行动中的著作——由多明我会修道士约翰内斯·尼德在 15 世纪 30 年代所撰写的《蚁山》（*Formicarius*），其中的第二部分清楚地体现了创造新式巫师模型所需要的各种元素。[117] 尼德的知识是从其他地方获得的，他关于撒旦教巫术现象的模型结合了由三个不同人士提供给他的报告。这三个人，一位曾做过仪式性魔法师，一位是法国中部奥图地区的多明我会宗教裁判官，他认为大部分当地魔法师都在从事用魔法换取报酬的行当，并对他们提起了诉讼。他还向尼德报告了洛桑和萨沃伊公爵领地附近（可能是瓦莱）出现的一群崇拜恶魔的妖术师教派的情况。然而，历史学家对第三个人的说法最感兴趣，这个人就是伯尔尼市的"法官彼得"。伯尔尼南部山区有一条锡默河谷（Simmen Valley），正好将山区与瓦莱地区分隔开来。该市刚刚获得河谷的管理权不久，就指派"法官彼得"来管理这里。上任以后，他对魔法非常关注，因为该地区流传着一种"作恶者"[118]（evil-doers）用咒语以近似自然死亡的方式杀害襁褓中婴儿的谣言，引起了当地民众的恐慌。据传，这些杀人者会挖出坟墓中的婴儿尸体吃掉，尸体的一部分会被他们做成用于包括飞行术和变形术在内的魔法药膏。在"彼得"的酷刑逼供下，被抓获的嫌疑人承认除了杀害婴儿，他们还对人们造成了其他伤害，并向顾客提供魔法帮助。虽然供词显示这些人大多独来独往，但"彼得"坚信他们中的大多数人都是某个恶魔崇拜团体的信徒，他们会举行包括弃绝基督教信仰、饮用从死婴身上蒸馏出来的液体在内的各种仪式。审判之后，他将被迫认罪和拒不认罪的嫌疑人一并烧死，手下似乎出现了很多受害者。

117　整理与评注，见 Ostorero et al.(eds.), *L'imaginaire du sabbat*, pp. 122–248。

118　原文作 "malefici"。

长久以来，历史学家都认为，"彼得"的报告是关于撒旦教巫术教派新概念最早的资料，因为尼德说"彼得"早在六十年前就发动了他的运动。1900年，约瑟夫·汉森认定这位"彼得"就是14世纪90年代管理上锡默河谷的彼得·冯·格雷尔兹（Peter von Greyerz）。这个观点得到了普遍的认同。然而，最近"洛桑团队"在1407至1417年之间管理该区域的官员中找到了另外两位也叫"彼得"的法官，而在1418至1424年、1429至1434年期间任职的官员名字还都不为人所知，其中说不定也有叫彼得的人。此外，冯·格雷尔兹有一个同名的儿子，活跃于1421至1448年之间，尼德应该知道他。因此尼德可能将父子二人搞混了，同时，他在记忆中又把锡默河谷猎巫行动和瓦莱地区的猎巫报告混淆了。因为1389至1415年锡默河谷的法庭记录里没有关于巫师审判的内容。[119] 据此我们认为，瓦莱的猎巫行动是西阿尔卑斯地区目前看来最早的撒旦巫师教派新式刻板印象的猎巫行动。[120] 更重要的是，《蚁山》中的这种刻板印象，是尼德将复杂的仪式性魔法和简单的民间贩售的咒语不加质疑地杂糅在一起炮制出来的。

在这个地区，还有一篇早期文本，是匿名作者所撰写的《异端的谬误》（*Errores Gazariorum*）。它在1435至1439年间连续出版了两个版本。[121] 人们认为作者很可能是庞塞·富热隆，或者是瓦莱南部奥斯塔（Aosta）和洛桑的副主教——萨卢佐的乔治（George of Saluzzo），

119　Ostorero et al.(eds.), *L'imaginaire du sabbat*, pp. 223–248.

120　这个修订的年表特别有助于厘清兹伯格的 *Ecstasies* 中撒旦教巫术刻板印象的演变。

121　整理和评注，见 Ostorero et al. (eds.), *L'imaginaire du sabbat*, pp. 272–299。有关作者身份的进一步讨论，参见 Martine Ostorero, "Itinéraire d'un inquisiteur gâté", *Médiévales*, 43 (2002), pp. 115–116。关于萨卢佐的乔治，参见 Georg Modestin, "Church Reform and Witch-hunting in the Diocese of Lausanne", in Andrew P. Roach and James R. Simpson (eds.), *Heresy and the Making of European Culture*, Farnham, 2013, pp. 405–310。

因为该书引用的案例均来自这两个教区。这本书用"清洁派"（该名当时已经用以指称很多非法教派）代表某种巫师形象，而它原本代表的是一个中世纪著名的基督教异端派别。书中认为，巫师经常在"犹太会堂"（synagogues，这个词这反映了当时对作为非基督徒的犹太人的怀疑和迫害）里聚会，崇拜常以动物形象现身的魔王。它还特别强调，在聚会中巫师们会吃死婴（特别是三岁以下的婴儿），跳舞，举行不分性别、不忌血缘的性狂欢。修习者会得到一盒含有婴儿脂肪的药膏，还有一根用来涂油的棍子，他们也许可以轻松骑上这根棍子去参加聚会。有时他们还会收到用类似可怕材料制作的粉末，可以制造大规模致命的流行病，或者让人失去性能力和不育，造成农田荒芜。和瓦莱审判一样，嫌疑人也被指控在夜间杀害儿童，有人还声称看到孩子的尸体被挖出来之后带到了"犹太会堂"。巫师团体的成员在日常生活中假装是虔诚的天主教徒，还会安慰那些被他们杀死孩子的父母。

在这些早期文本中，最后还要提到一篇重要著作。它的作者是法国多菲内地区的一名非专业法官——克洛德·托洛桑（Claude Tholosan）。在1426至1448年期间，他在该省的阿尔卑斯山地区和莱芒湖南部及西南部的皮埃蒙特附近地区进行了二百五十八次审判。[122]与尼德相似，他在书中也将所有类型的魔法修习者都混在一起，将他们看成某个新式撒旦巫师教派。他把这些人称为"魔法师"或"作恶者"。他对该教派的描述基本与弗林德、尼德和《异端的谬误》一致，但他不相信这些巫师能在夜间飞行，而且，他还在其中加入了"善意夫人"这一民间传统的主题：魔鬼带领巫师进入富裕人家中举办盛宴

---

122 托洛桑的书叫：《魔法师和巫术的谬误》（*Ut magorum et maleficiorum errores*），整理与评注参见 Ostorero et al. (eds.), *L'imaginaire du sabbat*, pp. 363–438。评注中提到了多菲内的审判记录；其中一个例子见 Hansen, *Quellen*, pp. 459–466。

与狂欢，再用魔法将吃掉的食物和饮品恢复原状。托洛桑主导的审判记录得以存世，印证了该书的内容。目前尚存的还有一些审判记录，反映了 1438 至 1464 年间在莱芒湖以北地区发生过类似的巫师审判，向我们展示了宗教裁判官（大部分与萨卢佐的乔治一起）拼凑出来的巫师在"犹太会堂"聚会的景象。这些记录在《异端的谬误》第二版中也得到了体现。被人检举揭发之后，这些嫌疑人遭受了一系列的威胁、诱骗和严刑拷打，直到供出所谓的恶行和教派其他成员名单。最后大多数嫌疑人被烧死，其中只有少数是男性。[123]

　　因此，我们可以看出，这些文学作品和巫师审判之间存在着一种相互依存的关系，是自西阿尔卑斯山的一系列临近的区域里生发出来的，正如汉森在很久以前指出的那样，这种关系对近代早期巫师审判的产生发挥了决定性的作用，文学作品创造了一种图景，流传到下一个世纪变成了"巫师安息日"而广为人知。这些阿尔卑斯地区的资料是格林模型的有力证据，证明了巫师新形象的来源是正统基督教对异端的描述与民间传说的结合，但这两个方面的作用并不平衡。源自两种阿尔卑斯原始资料的撒旦教巫术的新想象，它的基本结构依然是从对异端的各种想象中提取出来的：崇拜撒旦或化成动物的次级魔鬼的夜间聚会；毫无禁忌的性狂欢；谋杀儿童和同类相食……这些加在一起就构成了某种反人类的化身，而它们来自古代，在反基督教时就已出现。原先那种对邪恶异端和邪恶魔法师的刻板印象，在教会的结合下，在 14 世纪 70 年代迫害魔法修习者的氛围里，最终形成了撒旦巫师的新式刻板印象。它的感染力在于塑造了一个在撒旦赋能和驱使下

123　参见 Ostorero et al. (eds.), *L'imaginaire du sabbat*, pp. 339–353；Modestin, *Le diable chez l'évêque*；Ostorero et al. (eds.), *Inquisition et sorcellerie en Suisse Romande*；Ostorero, *Folâtrer avec les démons*。

大规模伤害邻居的异端教派，罪加一等的是他们会杀害幼小的孩子。这为当地人恐惧的产生提供了背景，而这种恐惧立即就引发了大规模的审判和处决行动，中世纪魔法师审判完全不能与之相比，就像瓦莱所发生的那样。西阿尔卑斯山地区之所以重要，在于那些宣传异端新概念的文本正产生于此。但就像本书之前所述，这里只是 15 世纪 20 年代广大猎巫地区的一部分。

卡洛·金兹伯格反对科恩的模型，他主张，与 14 世纪中叶对麻风病人和犹太人的迫害相比，教会对异端的刻板印象在撒旦教巫术的形成中并不重要。[124] 确实，西阿尔卑斯地区民间发生了对犹太人最严重的指控——散播瘟疫，而不到一个世纪之后当地就产生了关于"巫师安息日"的第一批文本。他还正确地指出，在 14 世纪的迫害期间，虽然古代异端的很多形象都依然在起作用，但杀害儿童和吃人这部分的形象已经消失了。可是，在那个世纪里遭受攻击的麻风病患者和犹太人并没有被指控为新式巫师，反而是像韦尔多派这样的异端却被扣上了这个罪名。所以，在 15 世纪初发起的传道运动把杀害儿童的元素重新引入巫师的新形象，可能体现的是早期文学著作里的观念，也可能是当地特殊的焦虑所引发的。正如本书经常提到的，金兹伯格还强调了民间传说对于新式巫师模型的贡献，特别体现在"夜间飞行"和"化成动物"两个要素上。但是，"魔鬼"和"动物形态"之间的关系确立的时间很早，这将在本书后面的章节中讨论。迈克尔·贝利则质疑了对金兹伯格强调"夜间飞行"的做法，他指出并非所有的早期文本都提到过它。[125] 阿内乌山谷的记录中没有提到这个要素，但在托迪的

124　Ginzburg, *Ecstasies*, pp. 33–88.
125　资料参见上文注释 96。

审判中有，它还被瑞士西部的早期审判所充分引用，因此让这个要素看起来很重要。但这些引用的部分对"'善意夫人'带领游行队伍飞行和骑行"这个民俗并不强调。它们所重视的是某种药膏的作用，在托迪，它被用来涂抹身体，在阿尔卑斯山区，它被涂在椅子或者棍子上。这与"夫人"追随者民间传说叙述的主题并不一致。所以，它应该来自更古老的与斯忒里克斯形象有关的民俗，和罗马巫师的形象有关。斯忒里克斯和罗马巫师的影响一直持续到中世纪，一位 13 世纪中期蒂罗尔的诗人曾经嘲笑过那些害怕食人女巫的人，这里的女巫在夜间骑着小牛皮、扫帚或卷线杆飞行，攻击别人。[126] 认为巫师手杖和中世纪早期诺尔斯文学中魔法师所骑的手杖有关，这个观点看起来很有诱惑性，但两者的时间和空间跨度可能比较大，它似乎很难成立。因此，我们可以认为，诺曼·科恩关于近代早期巫师形象起源的模型（也就是雅各布·格林模型的升级版）基本上是正确的，但如今我们可以用更恰当的证据和更多的细节重新加以阐述。在新的巫师信仰体系的构建中，官方对异端的态度是最重要的因素：潜在古代神话方面，阿尔卑斯山地区最有可能将"地中海杀婴女魔"与"日耳曼食人巫师"两种形象融为一体；然而，如果不是阿尔卑斯山猎巫行动产生了那么大量的文献来复制和传播这种形象，这种信仰体系可能只会是一种短暂的现象。历史学家都认为，偶然造就了这场猎巫行动——1431 至 1449 年期间，天主教大公会议在临近西阿尔卑斯山的巴塞尔召开，会议汇集了当时基督教世界思想发展和交流的主要观点。尼德、富热隆、萨卢佐的乔治当时都到场了，而《蚁山》和《异端的谬误》也似乎都是

126　Ostorero, *Le diable au sabbat*, p. 584.

在那里写的。[127] 来自阿尔卑斯山以外地区的与会者后来也撰写了各自的作品，宣传新兴撒旦教巫术阴谋论。这些作品与当时在法兰西、意大利、西班牙和德意志发表的大量作品一起，对这一阴谋集团的现实可能性进行了辩论，而且越来越相信它的确存在。[128] 从这些作品中，我们也能看到逐步将当地魔法实践吸收到对巫师的新式刻板印象中的过程。普瓦捷大学的教授皮埃尔·马尔莫里斯（Pierre Marmoris）在15世纪60年代初所写的著作就是一个明显的例证。在他所在的法兰西西部地区，当时并没有新式撒旦巫师教派的例证，因此他就把自己遇到的当地魔法的例子拼凑在一起，作为巫师威胁的案例加以宣传。比如，他见到的用咒语来疗愈动物咬伤或吓跑乌鸦的人、在马恩省的沙隆听闻的会隐身的人、一个自称被情欲咒语束缚的妇女、一个想要教他远距离提纯葡萄酒的布尔日人；还有听来的几场诉讼，比如起诉他人使用魔法使自己性无能，起诉某人用死尸的手让人昏睡。[129] 根据这些琐碎的事件，他生造出了一幅撒旦教派的肖像。在15世纪的剩余时间里，法兰西、意大利、德意志和尼德兰各地都出现了对新式巫师的审判，这表明了这些地方也同样收集整理了当地的魔法实践和传说。因此，虽然对撒旦教巫术的基础的刻板印象（崇拜魔王的秘密聚会、破坏性魔法）没有变化，但各地的审判中都体现了当地特色，比如对撒旦顶礼膜拜，食人肉、杀害儿童和性狂欢等等。有些审判记录具备

127　有关该会议重要性的最新证据，参见 Michael D. Bailey and Edward Peters, "A Sabbat of Demonologists", *The Historian*, 65 (2003), pp. 1375–1396；以及 Hans Peter Broedel, "Fifteenth-century Witchcraft Beliefs", in Brian P. Levack (ed.), *The Oxford Handbook of Witchcraft in Early Modern Europe and Colonial America*, Oxford, 2013, p. 42。

128　以上内容的整理与讨论，参见 Hansen, *Quellen*, pp. 44–231；Lea, *Materials towards a History of Witchcraft*, vol. I, pp. 348–404；以及 Ostorero, *Le diable du sabbat*。

129　马尔莫里斯的作品名为《巫师之鞭》（*Flagellum Maleficorum*）。关于它的讨论，参见 Ostorero, *Le diable du sabbat*, pp. 503–558。

以上所有特征，有些只采纳了其中的一部分，而且组合并不相同。所以自 15 世纪 20 年代以来，巫师审判的实践创造了各地不同的一系列变体。[130] 然而，正如第一次出现时的情况一样，驱动各地迫害活动的，是同一个一直没什么变化的基本观念，而正是这个观念导致了 16 至 17 世纪更为广泛的巫师审判。

---

130 关于这些审判差异的说明，参见 Behringer, *Witches and Witch-hunts*, pp. 66–82; Franck Mercier, *La Vauderie d'Arras*, Rennes, 2006；Laura Stokes, "Early Witch-hunting in Germany and Switzerland", *Magic, Ritual and Witchcraft*, 4 (2009), pp. 54–61；Broedel, "Fifteenth-century Witchcraft Beliefs", pp. 43–45；以及 Richard Kieckhefer, "The First Wave of Trials for Diabolical Witchcraft", in Levack (ed.), *The Oxford Handbook of Witchcraft*, pp. 169–178；原始文档的整理，参见 Hansen, *Quellen*, pp. 34–35, 547–600，但仍然需要进一步考察。

VII 近代早期巫师形象大拼盘

　　撒旦巫师的新概念所引发的死刑从 1424 年的比利牛斯山和罗马开始，一直持续到 1782 年瑞士最后一次巫师审判后才告终。来自几乎所有欧洲国家的专家学者进行了长达四十年的研究，才对这些审判的大多数特征达成了一致的认识。[1]在这近三百六十年的时间里，因所谓的巫术罪被依法处死的人数，据称在四到六万人之间，而真实的数字可能不到一半。但这样一个数字不足以反映这场大规模审判的烈度，因为所涉审判在空间和时间两方面都很集中。它们大多发生在东至英格兰、冰岛，西至波兰、匈牙利的北欧地区，北至极北的斯堪的纳维亚，南至阿尔卑斯和比利牛斯山区。另外，在审判相对普遍的地区，巫师的新概念也被证明是一种渐渐逼近的危险。15 世纪，它主要出现在阿尔卑斯山西部、意大利北部和西班牙、莱茵兰、尼德兰和法兰西的部

1　各种各样的教科书都对这些认识做了总结，有的比较简略，有的篇幅巨大，以下罗列的这些是其中最好的：Malcolm Gaskill, *Witchcraft: A Very Short Introduction*, Oxford, 2010；Geoffrey Scarre and John Callow, *Witchcraft and Magic in Sixteenth- and Seventeenth-century Europe*, 2nd edition, Basingstoke, 2001；Brian P. Levack, *The Witch-hunt in Early Modern Europe*, 3rd edition, London, 2006；Wolfgang Behringer, *Witches and Witch-hunts*, Cambridge, 2004；　以 及 Julian Goodare, *The European Witch-hunt*, London, 2016。不同作者的论文合集，可以参考：Bengt Ankarloo et al., *The Athlone History of Witchcraft and Magic in Europe, Volume Four: The Period of the Witch Trials*, London, 2002；以 及 Brian P. Levack (ed.), *The Oxford Handbook of Witchcraft in Early Modern Europe and Colonial America*, Oxford, 2013。在已知文本中，关于审判基础的经典研究仍然是 *Stuart Clark, Thinking with Demons*, Oxford, 1997。本导论部分总结的所有信息可参见这些调查成果，而详细的研究参见这些成果，或在以下的参考文献中找到。

分地区，受害者最多只有几千名。在 1500 至 1560 年这六十年间，巫师审判的区域范围没有明显的扩大，而且在 16 世纪下半叶巫师审判爆发之前，审判的数量似乎已经有所下降。

近代早期猎巫行动的大多数受害者死于 1560 至 1640 年间。这实际上是由两个原因导致的：其一是宗教改革带来的欧洲宗教危机达到了顶峰，天主教徒和新教徒进行了一系列的全面竞争。这使得许多地区陷入了宗教狂热，人们更倾向于把人间看成天堂和地狱之间的战场。巫师审判的典型拥护者就是那些虔诚的宗教改革家们，他们等同于 15 世纪初严格遵守教规的修士们，后者试图清除社会上的邪恶和不虔诚。对他们来说，消灭巫师只是实现基督教政治理想中的一环。这一时期也是气候状况最不好的时候，天气变得更寒冷潮湿，农作物因此产量下降。虽然这一点很少被看作是引发巫师审判的直接原因，但它很可能为巫师审判的发生制造了某种脆弱和不安全的氛围。17 世纪 40 年代以后，审判在欧洲中心地带逐渐减少，但随后蔓延到了欧洲边缘地区，波兰、匈牙利、克罗地亚、奥地利、瑞典、挪威北部、芬兰和新英格兰地区最多：这些地区的日益激进的宗教改革和不宽容的社会氛围都起到了推波助澜的作用。

与最早的那批提出魔鬼巫师新式刻板印象的拥护者不同，在巫师审判最激烈的时期，人们已经不再把它看作一种新近出现的威胁，而是自古就已存在，只不过在当下突然大行其道而已：是当时的宗教分裂让撒旦看到了机会，以及基督教传播到美洲和亚洲广大地区也带来了挑战。他们认为，对于新近出现的这种巫师泛滥所带来的危机，必须要坚定地回击，及时发现并连根拔除。[2] 可是各地的回击情况却各不

2　例如：Jean Bodin, *De la démonomanie des sorciers*, Paris, 1580, preface；Pierre de Lancre, *Tableau de l'inconstance des mauvais anges et demons (sic)*, Paris, 1612, Book 1, Discourse 1.5；Henri Boguet, *Discours des Sorciers*, Lyon, 1610, dedication；Martín del Rio, *Disquisitiones Magicae*, Leuven, 1608, prologue。

相同。大多数欧洲村庄，即使是某些猎巫相对激烈的地区，都没有发生过因巫术而逮捕的事件，而且众所周知，巫师审判在大城市中比较罕见。在整个欧洲大陆，大约四分之三的受审判者为女性，当然，不同地区之间会有差别。大多数受害者既非来自较富裕的阶层，也非来自最贫穷的阶层，而与告发者一样是普通农民和工匠，但这也因各地的情况而异。如果说被审判的人都是某种特定类型的人，那么他们通常就是人们眼中的"坏邻居"：喜欢争吵，动不动就咒骂和欺辱他人；可是很多人通常都是平常人，只是不巧遇到了合不来的朋友或敌人。

总体来说，巫师审判最频繁、处决率最高的地方，当地具体负责刑事司法系统的人往往与引发指控的恐惧和仇恨最为关系密切。比如那些规模很小的邦国，像德意志当时的许多小邦，它们分为了两千多个司法辖区，或者像瑞士联邦那样的地方，或者像苏格兰、挪威那种司法机制相对分散的国家。[3] 在这些地区，地方精英或管理者决意净化宗教和道德，加上经济、宗教和社会关系比较紧张，这些都构成了巫师审判爆发的先决条件。宗教认同通常并不是必要因素，因为猎巫最激烈的地区是信奉加尔文教的苏格兰、信奉路德教派的挪威北部以及信奉天主教的德意志西部和中部以及法德边境的那些邦国。在大多数地区，发起指控的主要力量是社会底层的普通民众，但也有少数一些来自国家统治者自上而下的命令。[4] 死刑率和死刑犯总数最高的地方往

---

3 早在 19 世纪 40 年代，在解释当地巫师审判数量因何如此巨大时，德国当地的司法权威体系的重要性就被注意到了：Karl Friedrich Koppen, *Hexen und Hexenprozesse*, Leipzig, 1844, p. 60。

4 关于德意志不同邦国的巫师审判，最近有两项非常出色的研究，完美地描述了来自社会底层和上层的起诉压力：Johannes Dillinger, *Evil People: A Comparative Study of Witch Hunts in Swabian Austria and the Electorate of Trier*, trans. Laura Stokes, Charlottesville, VA, 2009, 以及 Jonathan B. Durrant, *Witchcraft, Gender and Society in Early Modern Germany*, Leiden, 2007。

往是由"连锁反应式的审判"（chain-reaction trials）造成的，许多被逮捕的人被迫揭发更多的人，于是涉案者就越来越多。但也不能一概而论，比如洛林地区，每次都只有一两个人被指控，却仍然累积了大量的死刑。还有某些特殊的地区，巫师审判的发生也可能与上述原因相关性不大，只能归因于偶然和个体的因素。比如 17 世纪 10 年代，瑞士沃州（Pays de Vaud）利勒领地的四个村都具备了以上所有的因素，却只有一个村出现了巫术指控（尽管该村的巫术指控最终升级为野蛮的猎巫行动）。[5] 在中欧和西欧的大部分地区，被邻居怀疑为巫师但从没有遭到起诉的人似乎不在少数。

可以确定，个人之间、宗派之间的敌对情绪和政治图谋常常成为巫术指控的语境。但后者似乎从来不是解决其他两种紧张局势的借口：相反，它们产生自对巫术的真实恐惧。在大多数地方，以法律指控来解决巫术恐惧是非常昂贵、困难和麻烦的，因此人们往往选择比较容易的方式，比如使用防御性魔法，或者与巫师进行和解，或者干脆使用恐吓的手段。服务型魔法师有时会被指控为巫师，但这样的情况并不常见。他们在审判的过程中往往扮演着魔法反制措施的提供者和巫师的鉴别者的角色。巫师审判在许多方面都可以被视作一场科学实验，符合那个地理和科学大发现时代的特征。但这场实验是失败的。它没有给社区带来什么明显的福祉，而且在审判中提供明确犯罪证据的情况，并没有随着时间的推移而好转，反而越发糟糕。历史进程在不断发展，欧洲的精英们感受到愈发繁荣和安全的社会氛围，司法机关也受到了中央更多的监督和指导，宗教冲突和不宽容的宣信国家（confessional states）的语境也逐渐消失了。上帝已远，力遥不及，中

5　Fabienne Taric Zumsteg, *Les Sorciers à l'Assaut du Village Gollion*, Lausanne, 2000.

央和地方管理者更加理性，也就更少将这个世界妖魔化，于是巫师、不同教派的基督徒和通奸者全都更加被容忍。到了 20 世纪末，专家们大多不会用单一原因来解释巫师审判，而是将其归纳为"由多种原因造成"[6]。学者们提出，他们的主要任务是寻找特定时间特定地点所发生巫师审判的特定原因，这个理论视角当然非常好，因为每一场审判的先决条件和导火索都大不相同。然而，如果要用它来解释作为整体的审判，这个视角有一个缺陷：这些审判明显具有一个共同的因素，都是 15 世纪出现、后来被欧洲广大地区纷纷采纳的撒旦巫师的刻板印象造成的。正如当时最著名的猎巫者之一，法兰西法官皮埃尔·德·朗克尔（Pierre de Lancre）所说，巫师集会"在不同的国家都有，看起来类型都不同……但总的来说，最重要的仪式都是一致的"[7]。各地的人有选择性地强调巫师刻板印象的某些方面，并将其融入当地的传统和成见中。他们是怎么选择的？又是怎么融合的？这些问题对巫师审判的区域性研究当然特别重要。但是，巫师刻板印象即便不是引发巫师审判的充分原因，也一直是其中的关键因素。本章所要做的，是对过去五十年间对欧洲大陆巫师审判区域研究的结果进行调查，特别将目光聚焦于古代和民间信仰对猎巫事件发生率，以及对各地的巫师形象和猎巫受害者的身份带来的影响。

如果要完成上述工作，我们必须面对两个证据上的问题。它们困

---

6 这个短语（"many reasons why"）是由罗宾·布里格斯在一篇 1991 年的会议论文中创造的，参见 "Many Reasons Why", in Jonathan Barry et al. (eds.), *Witchcraft in Early Modern Europe*, Cambridge, 1996, pp. 49–63. 相同的观点可参见 Wolfgang Behringer, "Witchcraft Studies in Austria, Germany and Switzerland", in the same volume, pp. 64–65; 以及 Bengt Ankarloo, "Witch Trials in Northern Europe 1400–1700", in Ankarloo et al., *The Athlone History of Witchcraft and Magic in Europe. Volume Four*, pp. 55–63.

7 De Lancre, *Tableau*, Book 1, Discourse1.1.

扰着大部分对巫术信仰和巫师诉讼感兴趣的学者。首先，在存留的证据中只有少数谈及了触发审判的观念。其次，所有的记录都出自社会和政治精英之手。他们几乎都将关注的重点放在如何证明他们听到的东西是虚妄或是邪恶的上面，却不去关注受审讯者的信仰和身份问题，而这个问题才是现在历史学家最感兴趣的。此外，法庭上的原告和被告都处在一种被约束的条件下，他们的陈述要符合某些预先确定的模式，这样审判才能够进行。不过，大多数学者都看到了这些问题，他们制定了一系列策略来应对它们。有些时候巫术案件的调查者仍会将一些出自普通人之口的、令人惊讶不安或让他们觉得无关紧要的陈述记录在案，而特定地区的起诉模式也与近代早期对巫术的想象有明显差异，这些差异可以从当地传统的角度加以解释。各地的传统、行为和书面记录之间的关系，是本章的核心内容。

梦中武士

我们可能要从卡洛·金兹伯格的"本南丹蒂"开始，它并未出现在近代早期巫师审判记录中，却是最引人注目的民间魔法传统样本。大体来说，他们是意大利东北部边境弗留利省的服务型魔法师，和其他服务型魔法师一样具有疗愈、占卜和抵抗巫术的能力。然而，如前所述，他们为了保护当地农田的肥力，会在夜间（在每年四季斋期间）派他们的灵体与巫师争斗。与巫师一样，他们的灵体也骑着马、猫、野兔或其他动物，组成骑士和队长的队伍，以植物的茎部为武器。如果他们获胜，当地就会取得好收成，在任何一场战斗之后，他们都会回到熟睡或昏迷的身体里。他们的力量不是某人传授的，而是作为出生时头上带有胎膜的人天生所具有的。这些人长大以后，就会被召唤去参加这样的战斗。其中一些人声称自己在灵体之旅中拜访了已故之人，了解到了自己的命运。他们以上帝和基督的名义与魔王的仆从——巫师作战。用金兹伯格的话来说，他们是"基督徒农民军队"。但到了 16 世纪晚期，当地宗教裁判官注意到了他们的魔法师身份。本南丹蒂开始向宗教裁判所告发巫师，同时他们自己也被如此揭发，他们夜间飞行的行为也被等同于魔鬼巫师的特征。到了 18 世纪中叶，本南丹蒂就从历史上消失了。[8]

在本南丹蒂之后，弗留利以东的斯洛文尼亚和伊斯特拉半岛的斯拉夫南部文化圈出现了类似的形象。在伊斯特拉，一位意大利的评论者在 17 世纪记录了一种对克雷斯尼奇（cresnichi）或武科德拉奇（vucodlachi）的信仰。他们生来就有胎膜，灵魂可以在夜晚离开身体（特别是在四季斋期间），为下一季的丰收而团体作战。与本南丹蒂不同的是，这些人在之后几个世纪的民间传说中被保留了下来，被称为克雷斯尼克斯（kresniks）或库德拉克斯（kudlaks）。克雷斯尼克斯与本南丹蒂几乎一样，不过他们的灵体是化为动物而不是骑着动物。库德拉克斯是邪恶的魔法师，在某些地方，他们代替了巫师的角色，与保护睡眠中的人和农田的克雷斯尼克斯对抗（双方都是动物的样貌）。[9]在广大的斯拉夫南部到塞尔维亚、波斯尼亚、黑塞哥维那和黑山组成

8　Carlo Ginzburg, *The Night Battles*, London, 1983（引文见第 25 页）。他的研究现在受到了佛朗哥·纳尔登（Franco Nardon）的挑战，但这并不是本文关注的问题：Franco Nardon,"Benandanti", in Richard M. Golden (ed.), *Encyclopedia of Witchcraft*, Santa Barbara, CA, 2006), vol. 1, pp. 108–109；Willem de Blecourt, "The Roots of the Sabbat", in Jonathan Barry and Owen Davies (eds.), *Palgrave Advances in Witchcraft Historiography*, Basingstoke, 2007, pp. 135–145；William Monter, "Gendering the Extended Family of Ginzburg's Benandanti", *Magic, Ritual and Witchcraft*, 1 (2006), pp. 88–92。

9　Friedrich Salomon Krauss, *Slavische Volksforschungen*, Leipzig, 1908, pp. 41–43; Maya Boškovič-Stulli, "Kresnik-Krsnik", *Fabula*, 3 (1960), pp. 275–298; Gàbor Klaniczay, *The Uses of Supernatural Power*, trans. Susan Singerman and ed. Karen Margolis, Cambridge, 1990, pp. 133–135.

的东南部地区，也有一个相同的形象：兹都哈奇（zduhač）。他们也是带着胎膜出生，也能够在云中进行灵体战斗，保护部族领土。不过，他们的对手是敌对部落的兹都哈奇。在相对现代一些的民间传说中，在以上地区的某些地方以及马其顿、保加利亚和克罗地亚也记录着类似的不同名的形象。他们有的以动物的样貌出现，有的与敌对社区的灵体斗士搏斗，有的则对抗巫师和恶灵。他们都带着胎膜出生或有其他异常特征，都是在特别节期的晚上为了保护村庄，尤其是为了保护庄稼而进行灵体战斗。近代早期，这个地区大部分处于奥斯曼土耳其穆斯林统治之下，所以并不像基督教地区那样保存了完整的记录。但是，在1661年，克罗地亚沿海的达尔马提亚（Dalmatia）的一名审判官报告说，当地的人们相信善意的灵体会赶走恶劣的天气。[10]

　　在这个广大区域的其他地方，还有东部和东南部的更远一些的地方，也存在年轻男女团体以身体形式表现灵体战斗的传说，他们在圣灵降临节期间巡游本社区——当地认为该时期中的精灵和恶魔对人类的威胁特别大。他们表演舞蹈、戏剧，或者进行保护家园和田地的祝福仪式。早在1230年，马其顿南部就有了这个习俗的记录，克罗地亚、斯拉沃尼亚、塞尔维亚和罗马尼亚的现代民俗中也有相关记载，且这一习俗一直延续到今天。在罗马尼亚地区，现代的舞者依然担任那些被精灵和魔鬼折磨的人的疗愈师，他们的守护者是精灵王后"伊罗代亚莎"（Irodeasa）——这个形象可能就是中世纪夜间骑行的希罗底。这种情况很大程度上说明，夜游灵体希罗底的这个传统已经从西欧传

10　Bošković-Stulli, "Kresnik-Krsnik"; Klaniczay, *The Uses of Supernatural Power*, pp. 136–137, 228; Éva Pócs, *Between the Living and the Dead*, trans. Szilvia Redley and Michael Webb, Budapest, 1999, pp. 127–130.

播到了这里。[11] 在南斯拉夫北边，匈牙利的塔尔托斯，我们之前已经讨论过了。有人主张，无论是塔尔托斯还是本南丹蒂，都不能算作标准的泛欧亚萨满教的分支。在这里，我们要考察的是，塔尔托斯是否符合巴尔干地区灵体战斗的范畴。答案也许是肯定的。像巴尔干传统中的其他形象一样，塔尔托斯在出生时就有明显的标记，也会在梦中或恍惚状态下释放灵体，以灵体形式和动物的形态或骑着动物为社区利益而战，同时他也履行着服务型魔法师惯常的全部职能。塔尔托斯们喜欢把自己说成是与魔鬼和巫师战斗的基督教圣徒。他们之间有时互相对抗，有时会针对外来的魔法师。[12] 这些内容在中世纪匈牙利的记录中都有记载，而大量关于他们的近代早期信仰和陈述也都在巫师审判中得到了证实，这些匈牙利巫师审判的其他元素似乎也都源于相同的民间传统。比如，近代早期匈牙利巫师审判中，巫师往往被认为能从嘴里释放出灵体，化作昆虫或鸟类作恶。据说他们骑在动物身上，

11 可参见 Gail Kligman 的著名研究 Călus, Bucharest, 1999。

12 Klaniczay, *The Uses of Supernatural Power*, pp. 137–143; "Hungary", in Bengt Ankarloo and Gustav Henningsen (eds.), *Early Modern European Witchcraft*, Oxford, 1990, pp. 244–253; 以及 "Learned Systems and Popular Narratives of Vision and Bewitchment", in Klaniczay and Éva Pócs (eds.), *Witchcraft Mythologies and Persecutions. Volume Three*, Budapest, 2008, pp. 50–58; Mihály Hoppál, "Traces of Shamanism in Hungarian Folk Beliefs", in Anna-Leena Siikala and Mihály Hoppál (eds.), *Studies on Shamanism*, Helsinki, 1992, pp. 156–168; Jeno Fazekas, "Hungarian Shamanism", in Carl-Martin Edsman (ed.), *Studies in Shamanism*, Stockholm, 1967, pp. 97–119; Tekla Dömötör, "The Problem of the Hungarian Female Táltos", in Mihály Hoppál (ed.), *Shamanism in Eurasia*, Göttingen, 1984, pp. 423–429; "The Cunning Folk in English and Hungarian Witch Trials", in Venetia Newall (ed.), *Folklore Studies in the Twentieth Century*, Woodbridge, 1980, pp. 183–187; 及 Hungarian Folk Beliefs, *Budapest*, 1982, pp. 63–70, 132–157; Ágnes Várkonyi, "Connections between the Cessation of Witch Trials and the Transformation of the Social Structure", *Acta Ethnographica Hungarica*, 37 (1991–1992), pp. 427–434; Pócs, *Between the Living and the Dead*, pp. 37–87, 134–149; 以及 "Tündéres and the Order of St. Ilona", *Acta Ethnographica Hungarica*, 54 (2009), pp. 379–396。

或者以动物的样貌出现。尽管他们大多数时候都是在做坏事，有时也（偶尔代表着自己的村庄）为丰产而战。[13] 某位匈牙利学者从审判记录中注意到，匈牙利的特征是"魔法师之间的决斗，疗愈师、塔尔托斯、助产士和巫师在互相争斗"[14]。在同一时期的克罗地亚，被审讯的巫师交代他们在聚会的时候曾商讨成立军事团体的事情。[15] 在现代的罗马尼亚，人们依然相信巫师带着胎膜出生，会变成动物，以灵体的形式组成团体互相争斗。[16] 现代的塞尔维亚人也认为巫师作恶的时候，其灵体会以昆虫或鸟类的形态离开自己的身体。[17]

　　似乎有充分的证据表明，在这些以斯拉夫南部文化为中心的狭小土地上，存在着一种信仰，人们相信在某个特别的夜晚，服务型魔法师和巫师会在做梦或恍惚的状态下派灵体与对手作战。很难搞清楚这种民间传统是前基督教时代就已经存在，还是从中世纪发展起来的。从这个角度上看，先不管本南丹蒂和塔尔托斯是否与可能带来这种观念的西伯利亚萨满之间有什么遥远而未经证实的联系，至少本南丹蒂就是从斯拉夫邻居那里接受了这个观念的意大利人，同样，塔尔托斯则是行为相同的马扎尔人。在整个欧洲，人们普遍相信带着胎膜出生的人天生具有与灵体沟通以及释放自己精神的能力，但认为这种人能在梦中或恍惚中战斗，是这片区域的独有特征。[18] 因此，近代早期对巫师和魔术师的审判的确揭开了一个独特的地区信仰体系，也提供了

13　Ibid.

14　Dömötör, "The Cunning Folk", p. 185.

15　T. P. Vukanović, "Witchcraft in the Central Balkans", *Folklore*, 100 (1989), pp. 9–24.

16　Mircea Eliade, "Some Observations on European Witchcraft", *History of Religions*, 14 (1975), pp. 158–159.

17　Vukanović, "Witchcraft in the Central Balkans".

18　Nicole Belmont, *Les signes de la naissance*, Paris, 1971.

关于它的历史记录，但这个信仰体系本身既没有引发审判，也没有改变审判的形态。巫师审判作为天主教反宗教改革运动的一部分被引入到这个地区，承担着精神净化和天主教复兴的使命，很大程度还是德意志（或奥地利）文化帝国主义的一部分。就像本南丹蒂不是弗留利宗教裁判所的关注重点，匈牙利发现的二千二百七十五起巫师审判记录中，也只有二十六起与塔尔托斯有关。[19] 另外，只有在这个信仰体系的最北端和最西端，巴尔干的"梦中武士"才对审判有轻微的影响。

欧洲北部萨满教区域

在本书之前的章节我们说过，有人指出，斯堪的纳维亚北部的萨米人代表着一个从异教时代发展起来的"经典"萨满教民族，而且萨米人在诺尔斯人中以及冰岛定居点创造了一个"亚萨满教"区域。在芬人中也存在着这样一个区域，可能是因为他们的祖先与西伯利亚西部地区民族有渊源，或者是因为受到了萨米人的影响。在整个近代早期，萨米人一直是令人敬畏的魔法师（这一点我们之前也讨论过）。那么当到了 17 世纪，他们所在的斯堪的纳维亚王国成为猎巫中心的时候，萨米人遭受了多大范围的巫术指控呢？答案是：在挪威和瑞典拉普兰省的巫师审判中，萨米人占了很大的比重，有一百一十三人被起诉，其中超过三十人被处以死刑。挪威审判的人数只有瑞典的一半，却处死了其中四分之三的人，而瑞典处死的人数很少。挪威和瑞典的案例提供的数据还具有两个重要的特点。首先，它颠覆了欧洲典型的

19　Pócs, *Between the Living and the Dead*, p. 134; Klaniczay, "Learned Systems and Popular Narratives", p. 65.

"男少女多"的性别模式：在瑞典魔法审判中受审的七十六个萨米人中，有七十三个为男性，挪威被处以火刑的二十七个人中，十九个为男性。这直接反映了萨米文化本身的特点：魔法修习和萨满教仪式主要是与男性联系在一起的。其次，尽管萨米魔法师名声在外，但他们并不是极北地区猎巫行动的主要目标。挪威东北的芬马克省是欧洲猎巫最猖獗的地区。然而，当地的猎巫主要发生在渔业村落的诺尔斯定居者之中，且受害人大多为女性，这与欧洲的规律一致。瑞典主要的巫师审判也是如此，在王国的中心地带有数百人被处死。瑞典人之所以不太将萨米人处以死刑，其中一个原因是当地人将萨米人的魔法视作野蛮的部落迷信，而并不将他们当成撒旦巫师阴谋集团的成员。就算是对待魔法师非常严厉的挪威人也不会指控萨米人有意识地崇拜魔鬼。这也就是为什么大约有三分之一的萨米魔法师没有被判处死刑，而那些依然被判处死刑的人是因为还犯下了其他罪行。虽然萨米人的总数占到了整个芬马克人口的一半，但在被控魔法罪的人中，萨米人只占18%。在审判记录中也没有萨米人的大型萨满教仪式的记载。即便有，也不甚明显。[20] 因此，这个欧洲最北部的真正萨满教分支肯定在巫师审判模式上留下了自己独特的标记，但即便在这一地区，它也

20　Rune Blix Hagen, "Sami Shamanism", *Magic, Ritual and Witchcraft*, 1(2006), pp. 93–99；以及"Female Witches and Sami Sorcerers in the Witch Trials of Arctic Norway (1593–1695)", *Arv*, 62 (2006), pp. 122–142；以及 "Witchcraft and Ethnicity" in Marko Nenonen and Raisa Maria Toivo (eds.), *Writing Witch-hunt Histories*, Leiden, 2014, pp. 141–166；Liv Helene Willumsen, *Witches of the North*, Leiden, 2013, pp. 255–259, 300–319。在此我要感谢鲁内寄来的一些著作草稿，以及一封非常有价值的信函。我们对萨满教在审判中作用的判断略有不同，但并不影响我们在主要问题上大体保持一致。维卢姆森（Willumsen）从一则保存良好的审判记录中收录了很多有用的材料，为不同的解释提供了空间，显示了这些材料丰富的价值。事实在于，被指控的萨米人似乎在基督教上帝和其他次一等的神祇间游移不定，在维卢姆森看来这显示了在审讯者的逼迫下，被告并不坚定，而是在取悦审讯者。不过，这同样也可以证明一种真实存在的、融合的信仰体系。

只是异数。

那么，在那个涵盖了中世纪芬诺－斯堪的纳维亚半岛大部分地区的更广泛的"亚萨满教"区域，情况又是如何呢？在芬兰的近代早期巫师审判中，亚萨满教区域的影响同样非常明显，因为这里的受害者性别比也和欧洲的趋势不同。总体上看，在芬兰被控魔法罪的人中，男性约占一半，在17世纪晚期以前，男性则占本地人口中的绝对多数。巫术与恶魔崇拜和女性之间的联系，在瑞典定居者较多的地区和受瑞典影响较大的地区较为密切，而这种联系的产生在芬兰人那里则花了很长时间。这个情况符合当地人认为魔法主要与男性修习者"蒂耶塔亚"有关的习惯，尽管在欧洲大多数地区，服务型魔法师很少被控实施破坏行为。[21] 同萨米人一样，在芬兰法庭的审判记录中也鲜有大型萨满教仪式的记载。一位专家认为"萨满式的巫师文化在近代早期巫师审判中似乎没有发挥任何重要作用"。另一位专家说，"我所掌握的巫师审判的资料并不指向萨满式的历史遗存，更别说仍在执业的萨满了。这些材料都没有提到恍惚状态，也没有描绘任何在这个世界或另一个世界魔法旅行的细节"。[22] 不过，当地传统对审判模式和受害者性别的影响似乎显而易见。

在爱沙尼亚的波罗的海民族地区情况也是如此：撒旦教巫术的概

21 Antero Heikkinen and Timo Kervinen, "Finland", in Ankarloo and Henningsen (eds.), *Early Modern European Witchcraft*, pp. 319–338; Anna-Keena Siikala, *Mythic Images and Shamanism*, Helsinki, 2002; Laura Stark-Arola, *Magic, Body and Social Order*, Helsinki, 2006; Marko Nenonen, "Envious are the People, Witches Watch at Every Gate", *Scandinavian Journal of History*, 18 (1993), pp. 77–91; Raisa Maria Toivo, *Witchcraft and Gender in Early Modern Society*, Aldershot, 2008.
22 Nenonen, "Envious are the People", p. 79; Toivo, *Witchcraft and Gender in Early Modern Society*, p. 61. 非常感谢马尔科（Marko）和赖莎（Raisa）多年来的友善和他们的工作成果。

念主要是瑞典占领该地以后强加给当地人民的，而被控施行有害魔法的人中有 60% 是男性，但被处决的女性数量更多。[23] 一项研究强调，当地信仰根植于长久以来流行的异教信仰，包括在爱沙尼亚南部几乎每一个教区都有的，特别是仲夏夜之际，在圣林和圣石处所进行的崇拜仪式。[24] 从表面上看，在欧洲的东部边缘地区找到这样的异教信仰遗存是合理的，因为这里紧邻立陶宛，后者是中世纪晚期最后一个正式皈依基督教的地区。但如果仔细观察，会发现这些仪式中有一个单例让这个结论不那么具有说服力。材料中描绘了对施洗者约翰的持续献祭，仪式举行的日期选在仲夏夜，仪式中心的圣石是施洗者约翰的祭坛。人们向圣徒祈祷，"祭品"是自认为痊愈了的人的绷带、蜡和其他中世纪常用的祭品，他们通过这样的方式治愈疾病。还有一些类似的仪式会放在圣徒纪念日（saints' day）举行。有些材料则记载了农民劝告伙伴不要上教堂，认为这么做会带来不幸。作者将这些材料视作异教徒对基督教的反抗，但它们实际上是瑞典官方的调查报告，其目的是评估将路德派新教作为官方宗教强加给原本信奉中世纪天主教的波罗的海本地居民可能造成的结果。因此，还无法确定它反映的是基督教与异教的冲突，还是基督宗教内部的冲突。[25] 然而，近代早期

23　Maia Madar, "Estonia I", and Juhan Kalik, "Estonia II", in Ankarloo and Henningsen(eds.), *Early Modern European Witchcraft*, pp. 257–272; Úlo Valk, "Reflections of Folk Beliefs and Legends at the Witch Trials of Estonia", in Klaniczay and Pócs (eds.), *Witchcraft Mythologies and Persecutions*, pp. 269–282.

24　Kalik, "Estonia II".

25　对于 Valk, "Reflections of Folk Beliefs and Legends" 中试图用现代民俗来填补巫师审判证据空白的做法，我也有所保留。审判记录中也许提到了像妖精一样的灵体，但 Valk 的材料更显著地展现的是基督教恶魔和魔鬼巫师集会被永久吸收到爱沙尼亚民间信仰中的方式。

爱沙尼亚的记录确实与波罗的海民族中一个源自异教的民间信仰体系相联系，这一信仰体系被完整记录下来并且可信度非常高。在保存下来的二百零五项巫师审判记录中，发现有二十一人被控化身为狼杀害牲畜。[26] 对近代早期欧洲魔鬼学家来说，包括现代爱沙尼亚和拉脱维亚在内的利沃尼亚是利沃人生活的土地，也是著名的狼人故乡。[27] 近代早期欧洲魔鬼学家津津乐道的故事有两个，一个是在隆冬时节，利沃尼亚的所有狼人会举行一个或一系列大型集会。另一个是在当地人看来，狼人是巫师的大敌，它们会保护社区不被巫师伤害。一则报告中，当事人在里加（Riga）与一名自称是狼人的男子相遇，他说自己曾在昏迷的状态中将自己的灵体化为狼与伪装成蝴蝶的巫师搏斗。1692年，在拉脱维亚举行的一场著名审判中，一位年老的服务型魔法师也自称为狼人，他说自己以上帝的名义化为狼形，为保护田地的丰收，他和他的伙伴每年会同巫师与魔鬼在地狱里搏斗三次。[28] 这使得卡洛·金兹伯格将本南丹蒂与狼人联系起来，认为两者都可以看成是同一个横跨中欧地区的古老萨满式信仰在不同地方的遗存。如前所述，他的假设是可能的，但无法被证明。利沃尼亚传统也可能与巴尔干传统有着

---

26 Kalik, "Estonia II".

27 Petrus Valderama, *Histoire generale du monde*, Paris, 1617, Book 1, pp. 257–261; Johann Weyer, *De praestigiis daemonum*, Basel, 1568, Book 1, c. 10; Bodin, *De la démonomanie*, Book 2, c. 6; De Lancre, *Tableau de l'inconstance*, Book 4, Discourse 1.1. 另见波罗的海民族把年度聚会归因于狼人的早期叙述：Olaus Magnus, *Historia de gentibus septentrionalibus*, Rome, 1555, pp. 442–443；以及一些16世纪利沃尼亚狼人的资料，载于 Carlo Ginzburg, *Ecstasies*, trans. Raymond Rosenthal, London, 1991, pp. 156–159。包括卡斯帕尔·波伊策尔（Caspar Peucer）所述的里加狼人。

28 相关讨论参见 Ginzburg, *The Night Battles*, pp. 28–30。

完全不同的起源。[29] 有趣的是，目前所掌握的材料证明，波罗的海国家民族存在着一种信仰，认为某种特殊的人可以把自己的灵体变成狼，为了公共利益而与巫师的灵体作战。这种信仰对当地的巫师审判产生了影响（尽管只是少数的案件）。在这些魔法师中，尽管被谴责为破坏性狼人的实际上大多数是女性，但如果男性地位比较突出，那么也许有助于解释被告中男性比例较高的原因，也可能将北欧"亚萨满"区域从波罗的海北部扩展至东部。[30]

在前一章中，有人提出，在整个中世纪斯堪的纳维亚人的魔法信仰中都可以发现萨满教的影响，但这种影响却不见于这个地区的大多数巫师审判之中。而来自某些与萨满教不一定相关的更为古老的信仰体系中的某些元素却在审判时有体现。"巫师安息日"的概念可能更容易被吸纳，因为它本身就具备了妇女、人类或超自然体在夜间飞行的概念。[31] 就像之前说的，在斯堪的纳维亚，包括巫术在内的魔法知识一直被与"地魔"联系在一起。到了近代早期，受过教育的斯堪的纳维亚人不再相信地魔，也不再关注那些试图与地魔交流的人，但在挪威巫师审判的民间证词中，有时候魔鬼会以地魔的形式出现。此

29　有人提出了不同的观点，并且强调两者只有表面的相似性，参见 Rudolf Schende, "Ein Benandante, ein Wolf oder Wer?"，和 Christoph Daxelmüller, "Der Werwolf", *Zeitschrift für Volkskunde*, 82 (1986), pp. 200–208；以及 Willem de Blecourt, "A Journey to Hell", *Magic, Ritual and Witchcraft*, 21 (2007), pp. 49–67。

30　Valk, "Reflections of Folk Beliefs and Legends"，坚信爱沙尼亚巫术信仰起源于巴尔干-芬兰萨满教，但他受金兹伯格模型的影响很深。如果他是对的，那当然非常好，可以在波罗的海的两岸构建一个紧凑的亚萨满教分支，其中包含了萨米人真正的萨满教核心，但根据已知的证据似乎无法得出如此肯定的结论。

31　参见 Bengt Ankarloo, "Sweden", in Ankarloo and Henningsen (eds.), *Early Modern European Witchcraft*, pp. 285–318；以及 Stephen A. Mitchell, *Witchcraft and Magic in the Nordic Middle Ages*, Philadelphia, 2011, pp. 119–145。

外，1689 年被审判的两名服务型魔法师称，他们的能力来自"土地地魔"（earth trolls）。[32] 在瑞典的案例中，自然灵体出现得较为频繁，例如，1640 年，一位南雪平（Söderkoping）的服务型魔法师承认自己多年以来一直与一名长着马驹尾巴的美丽女性欢好。这名女子在他捕鱼或打猎的时候出现，能够给他带来好运。在邻近地区的另一个人称自己从森林仙女那里得到了打猎的运气，这位仙女对抗了另一个又丑又老、黑皮肤的东西，那东西试图阻止猎人猎杀森林里的动物。在之后的几十年间，还有三个人作证说，他们与树灵或山灵存在着类似的关系，它们都是以可爱的女性形象出现的（尽管其中有两个据说长着蓬松的腿毛）。尽管这些例子既生动又重要，但总共仅有五个，相比起几百起近代早期的巫术魔法审判来说，还是太少了。[33] 在近代早期的斯堪的纳维亚魔法中，异教元素似乎更多地存在于现代旁观者的眼中。一位历史学家形容丹麦的爱情咒语是"异教与基督教符号和仪式的混合体"。她所说的基督教例子来自托马斯·阿奎那，但她举的异教的例子则是"对鸡蛋的使用"。[34] 从她文章的上下文分析，"异教"这个词似乎指的是"自然"或"世俗"的意思。

然而，当地有一种非常引人注目的魔法形式，诺尔斯异教信仰中的某种具体元素得以在其中延续到了近代早期社会，那就是仪式性魔法。就像其他地方的人沿用埃及神祇的名字为魔法中的强大灵体命名，

32　Gunnar W. Knutsen and Anne Irene Rilsóy, "Trolls and Witches", *Arv*, 63 (2007), pp. 31–69. 非常感谢贡纳尔送给我的这篇文章。

33　Jonas Liliequist, "Sexual Encounters with Spirits and Demons in Early Modern Sweden", in Gábor Klaniczay and Éva Pócs (eds.), *Christian Demonology*, Budapest, 2006, pp. 152–167.

34　Louise Nyholm Kallestrup, *Agents of Witchcraft in Early Modern Italy and Denmark*, Basingstoke, 2015, p. 151.

斯堪的纳维亚神祇的名字也依旧与魔法的操作有关，尽管它们如今被赋予了恶魔。在当地，基督教将旧宗教的神祇妖魔化的策略似乎产生了特别的效果。在整个基督教时期，那些受过教育的斯堪的纳维亚人依然对这些神祇非常熟悉（就像欧洲人熟知希腊和罗马的神祇，以及盖尔人熟知爱尔兰的神祇一样）。然而，作为魔鬼，这些神，特别是它们的首领奥丁，是"真实"存在着的。一根 14 世纪晚期的诺尔斯符文棒将奥丁称为"最大的魔鬼"，与基督的力量相当。1484 年，一名在斯德哥尔摩因盗窃受审的男子称自己"为奥丁服务"了七年。九年后，一个小偷被处死，因为他为了发财，在墓地中把自己奉献给"恶魔奥丁"，而 16 世纪 30 年代的一则文本中提到，当时的人们会怀疑一夜暴富的人都与奥丁签订了契约。一个 1632 年瑞典的案例提到，当时有个说法是人们如果在夜里去某个十字路口与恶魔奥丁签订一个契约，就能获得大笔财富。一次 1693 年的审判中提到，奥丁会带着黑奴、狗和挽马去探访向他呼告的人，他的马眼睛里燃烧着火焰。[35]冰岛有一本 17 世纪的魔法书中包含着一条诅咒，里面反复提到"主，创世的上帝"，此外还有"基督"（救世主）、"奥丁"、"索尔"、"弗雷"（Frey）、"弗雷亚"（Freya）、"撒旦"、"别西卜"（Beelzebub），和一些不知名的灵体：天堂和地狱的力量被不加区分地放在了一起。[36]以上这些生动的例子都说明了古代的神祇是如何被完全吸收进基督教神话的，虽然在巫师审判中它都未曾现身。

现在我们来看看冰岛的情况。它的中世纪文学作品为之前提过的包含萨满教元素的混合型诺尔斯魔法文化提供了最好的材料。仅凭

---

35 Stephen Mitchell, "Odin Magic", *Scandinavian Studies*, 81 (2003), pp. 263–286.

36 Magnus Rafnsson, *Angurgapi*, Holmnavik, Iceland, 2003, p. 46.

这一点，我们便可以预想得到，它一定会影响冰岛近代早期巫师审判的性质。事实上，已经有学者指出了这一点。在冰岛因巫术而受审的一百二十人中，女性只有十名，而在烧死的二十二人中，只有一名是女性。英国最早研究这方面的学者之一直接将它与中世纪传统联系起来，并由此（隐约地）将它与异教和萨满教联系起来。[37] 然而，事实可能没有那么简单。在中世纪冰岛文学中，修习破坏性魔法的男女比例大致相当，而魔法技巧中与萨满教关系最大的部分，比如塞兹尔，也更多是女性修习。解释冰岛现象的关键在于把视野拉到更广泛的欧洲来看：仪式性魔法在整个中世纪和近代早期基本上是男性的专利。17世纪挪威和丹麦所执行的丹麦法律规定，拥有魔法书是犯罪，冰岛人该法条执行得非常严格。冰岛受指控用魔法的人，多是拥有魔法书的男性，因此被处死的那些男子都被证明拥有这些书，人们认为他们曾利用这些书来伤害他人。[38] 在冰岛的记录中，没有通过聚会和仪式邪恶的巫师阴谋。然而，它依然可能与古代历史有联系，那就是中世纪冰岛文本强调的重点，即文字和字符（卢恩符文）在魔法中的重要性。它与以书本为中心的仪式性魔法结合在一起，造就了冰岛审判的特殊性质和性别比例上的特征。

我们再来看看俄罗斯和17世纪被并入该国的乌克兰的情况。这片区域与传统萨满教的故乡西伯利亚接壤，最北端生活着大量萨米人，它还分别与巴尔干和匈牙利的"梦中武士"、波罗的海和芬诺 – 斯堪

37　Kirsten Hastrup, "Iceland", in Ankarloo and Henningsen (eds.). *Early Modern European Witchcraft*, pp. 383–402.

38　关于冰岛巫师迫害，目前最好的英文著作是 Rafnsson, *Angurgapi*，但这本书似乎在任何英国图书馆中都找不到，只能直接向作者索取。也可参见 Hastrup, "Iceland"；以及 R. C. Ellison, "The Kirkjuból Affair", *Seventeenth Century*, 8 (1993), pp. 17–43。

的纳维亚地区的"北方萨满教区"相邻。因此,从逻辑上说,这片区域应该在将古代和中世纪传统映射到近代早期信仰体系方面发挥关键的作用,那么我们就来看看它的巫师审判情况。乍看之下,审判证据的确呼应了这种期待,因为俄罗斯与芬诺 – 波罗的海和萨米人的区域一样,审判情况都和欧洲主流的情况大不相同。相对于这么大面积的地区,俄罗斯的巫师审判数量很少,处死的人数更少(17 世纪约五百次审判中,死亡率为15%),被告有四分之三为男性。[39]但如果仔细观察,这些结果与古代传统之间似乎并没有联系。用一位著名的西方专家的话说:"无论是萨满教还是异教,在莫斯科时代(近代早期俄罗斯)的魔法实践中都没有丝毫迹象。"[40]又一次,旁观者的眼睛起到了作用。这位历史学家总结了俄罗斯巫师审判中的咒语,称"其中大部分都是

39　Russell Zguta, "Witchcraft Trials in Seventeenth-century Russia", *American Historical Review*, 82 (1977), pp. 1187–1207; "Was There a Witch Craze in Muscovite Russia?", *Southern Folklore Quarterly*, 41, 1977, pp. 119–128; 以及 "Witchcraft and Medicine in Pre-Petrine Russia", *Russian Review*, 37 (1978), pp. 438–448；Linda J. Ivanits, *Russian Folk Belief*, Armonk, NY, 1989, pp. 83–91; Valerie A. Kivelson, "Through the Prism of Witchcraft", in Barbara Evans Clements et al. (eds.), *Russia's Women*, Berkeley, 1991, pp. 74–94; "Lethal Convictions", *Magic, Ritual and Witchcraft*, 6 (2011), pp. 34–61; 以及 *Desperate Magic: The Moral Economy of Witchcraft in Seventeenth-century Russia*, Ithaca, NY, 2013；William F. Ryan, "The Witchcraft Hysteria in Early Modern Europe: Was Russia an Exception?", *Slavonic and East European Review*, 76, 1998, pp. 49–84; 以及 "Witchcraft and the Russian State", in Johannes S. Dillinger et al. (eds.), *Hexenprozess und Staatsbildung*, Bielefeld, 2008, pp. 135–147; Kateryna Dysa, "Attitudes towards Witches in the Multi-Confessional Regions of Germany and the Ukraine", in Eszter Andor and István György Tóth (eds.), *Frontiers of Faith*, Budapest, 2001, pp. 285–289; "Orthodox Demonology and the Perception of Witchcraft in Early Modern Ukraine", in Jaroslav Miller and László Kontler (eds.), *Friars, Nobles and Burghers*, Budapest, 2010, pp. 341–360; Maureen Perrie, "The Tsaritsa, the Needlewoman and the Witches", *Russian History*, 40 (2013), pp. 297–314; Marianna G. Muravyeva, "Russian Witchcraft on Trial", in Nenonen and Toivo (eds.), *Writing Witch-hunt Histories*, pp. 109–140。

40　Kivelson, *Desperate Magic*, p. 21.

被基督教掩盖的诗性的自然意象"[41]。老一辈的学者可能将它们描述为异教的意象，但这也是一种武断的主观判断，因为似乎这些意象并不包含与萨满教有关的元素，古代和民间传统也似乎不能解释俄罗斯巫师审判的特殊性质。现代收集的俄罗斯民间传说里充满了灵体，有的是家里的，有的是野外的，但它们在审判中只出现过两次，在咒语书中也很少出现。[42]

真正的原因在别处。17 世纪的俄罗斯处于一种独特的文化隔离状态，撒旦巫师的新形象并没有传播到这里。俄罗斯本身就具备了巫术的原材料：俄罗斯人对魔王撒旦和低一级的魔鬼深信不疑，并认为人类可以与它们达成某种契约；他们恐惧巫术；他们的男性文化根深蒂固地不信任女性。尽管如此，这些特征从来都没有被吸纳进欧洲主流的恶魔阴谋论，因为天主教和新教没有进入到俄罗斯东正教的地盘，而东正教自身也从来没有产生过这样的观念。俄罗斯精英阶层与外国文化几乎没有任何接触。所以，俄罗斯人对魔法的态度只是延续了中世纪的欧洲模式：个别人因使用或企图使用魔法伤害他人被起诉。事实上，在整个 16 世纪和 17 世纪，魔法审判依然是帝国宫廷政治的武器，就像中世纪欧洲宫廷中的状况一样。据说，俄罗斯咒语相对比较简单，使用的也是普通的物品和材料。由于大多数指控来自地方和个人在权力上的紧张关系（如社会上下阶层之间的紧张关系），而且男性最常参与其中，因此男性自然也就更频繁地受到魔法诉讼的冲击。中世纪俄罗斯人在发生自然灾害的时候攻击巫师的倾向在当时似乎已经慢慢消失了。可是，到了彼得一世掌权的时候，为了要使国家跟上欧洲的

---

41 Kivelson, "Through the Prism of Witchcraft", p. 84.

42 Kivelson, *Desperate Magic*, pp. 22, 31–32.

潮流，他进行了一场被视作俄罗斯"现代化"开端的改革。讽刺的是，在这场改革中，近代早期欧洲撒旦教巫术的概念也被一起引入俄罗斯。那是在 18 世纪初，当时欧洲大陆部分地区的猎巫行动已经销声匿迹了（尽管邻近的波兰和匈牙利还没有停止）。所幸的是，由于引入较晚，宗教热情的高涨也没有随之而来，所以这一概念并未在俄罗斯引发大规模的审判，影响有限且持续时间很短。

接着这个话题，或许有必要快速审视一下欧洲其他在巫师审判中将男性作为主要迫害对象的地区的情况。我们来了解一下是什么文化因素造成了这种结果。首先是法国的西部和中部。到目前为止，关于这个地区的研究成果相对较少。[43] 被告中男性所占比例很高（约一半），明显原因是，这些男性中有两个很大的群体，分别是教会人士和牧羊人。前者可能是因为他们与传习仪式性魔法有关，自 14 世纪的审判以来，教会人士就一直被认为与仪式性魔法有关。而后者则似乎被认为是当地的一种特别的魔法职业，研究表明，在诺曼底地区经常发生将牧羊人当成巫师的事情。当地认为牧羊人会用蟾蜍的毒液伤人，还会偷走圣饼（consecrated hosts）。[44] 似乎没有证据可以表明这种民间传统的起源和历史。男性受害者占比突出的最后一个区域则是今天的奥地

43　就目前来看，相关信息的概述参见 William Monter, "Witch Trials in Continental Europe 1560–1660", in Clark et al., *The Athlone History of Witchcraft and Magic*, pp. 40–44; 以及 "Witch Trials in France", in Levack (ed.), *The Oxford Handbook of Witchcraft*, pp. 218–231. 大部分材料都经过了巴黎高等法院（the Parlement of Paris）系统的过滤，其中经典的研究参见 Alfred Soman, *Sorcellerie et Justice Criminelle*, Aldershot, 1992. 关于法兰西中部地区一系列地区审判的记录，有一部出色的研究著作: Nicole Jacques-Chaquin and Maxime Préaud (eds.), *Les sorciers du carroi de Marlou*, Grenoble, 1996, 但它对本书来说无关宏旨。

44　William Monter, "Toads and Eucharists", *French Historical Studies*, 20, 1997, pp. 563–595.

利，关于这里的资料更少。[45] 对卡林西亚州（Carinthia）的一项研究表明，那里三分之二的被告是男性。这是因为那里的巫师经常被认为会带来恶劣的天气，而当地认为男性对天气魔法更感兴趣。这很好地反映了根源于历史文化中的独特地方传统。[46]

另一方面，这项研究报告还指出，巫师迫害也与反对乞讨的法律动因密切相关，这项运动在奥地利的其他地方，特别是萨尔茨堡大主教的领地发生过。17 世纪晚期，当地展开了一场针对年轻男性乞讨者的残暴逮捕行动。该事件演变成了德语国家紧接着一系列巫师审判之一。当时，随着经济形势的变化，这一地区的慈善传统发生了急剧变化，人们一改以往对乞讨者的怜悯，开始怀疑他们会因嫉妒而报复社会中富裕的幸运儿。[47] 在奥地利部分地区逮捕"乞讨者－巫师"的行动解释了为何当地会有那么多男性遭到审判，因此不能被归因于任何传统的巫师刻板印象。它的出现是由经济和社会关系中所出现的具体危机所导致的，出现的时间较晚。总而言之，即便古代因素在巫师审判中非常罕见，审判中也的确存在着"萨满教"和"亚萨满教"分支的概念，但它们仅限于欧洲东北部的边沿地区，对审判中的性别比例产生了一些影响。

45　关于这方面的概述见于 Wolfgang Behringer, "Witchcraft Studies in Austria, Germany and Switzerland", in Barry et al. (eds.), *Witchcraft in Early Modern Europe*, pp. 93–95；近期一项研究 Tyrol, *Hansjörg Rabanser, Hexenwahn*, Innsbruck, 2006 中没有涉及该地区猎巫中性别比例的问题。

46　Rolf Schulte, *Man as Witch: Male Witches in Central Europe*, Basingstoke, 2009, pp. 218–245.

47　William Schindler, *Rebellion, Community and Custom in Early Modern Germany*, trans. Pamela E. Selwyn, Cambridge, 2002, pp. 236–292.

吸血者、骑狼者、夫人们

在阿尔卑斯山区和比利牛斯山区，以及毗邻的欧洲南部土地上，对巫术的指控里充斥着丰富的民间传说主题，其中有一个主题非常古老。那就是斯忒里克斯的形象，它是在夜晚飞出来杀害儿童的女魔。在中世纪（如果不是更早的话），它就已经和人类巫师的形象结合在一起，直接构成了近代早期社会撒旦巫师的刻板印象之基础。第一次体现了这种刻板印象的审判发生在 1424 年，也正是在这次审判中，比利牛斯山地区用来指称这类女魔的词语"布鲁哈"（bruja），演变成了"巫师"。在意大利，也发生了同样的事情，"斯忒里克斯"的复数形式"斯忒里加斯"成为巫师的标准习语，并由此衍生出了现代意大利语中的"斯特雷加"（strega）一词，意思是"巫师"。现在的这一形象依然沿用了这个名字。1523 年，巫师猎人詹弗朗切斯科·皮科·德拉·米兰多拉（Gianfrancesco Pico della Mirandola）写了一本书来为自己正名，其中他还是将巫师称为"斯忒里克斯"。[48] 书中所列举的那些巫师，都具有用针在婴儿身上穿洞然后吸血杀人的特征。他的采邑米兰多拉公国位于摩德纳附近的意大利北部平原；而南边的佩鲁贾和锡耶纳在 15 世纪至 16 世纪时也有妇女因为同样的罪行而受到审判。[49] 同样，在西班牙北部，15 世纪 20 年代也首次爆发了针对杀害儿童的巫师的审判，而且在之后的一百年波及到了更广泛的地区。[50] 大约 1450 年，

---

48 最容易找到的版本是 1612 年的斯特拉斯堡（Strasbourg）版。

49 Richard Kieckhefer, "Mythologies of Witchcraft in the Fifteenth Century", *Magic, Ritual and Witchcraft*, 1 (2006), pp. 88–91; 以及 "Avenging the Blood of Children", in Alberto Ferreiro (ed.), *The Devil, Heresy and Witchcraft in the Middle Ages*, Leiden, 1998, pp. 91–110。

50 Maria Tausiet Carlés, "Witchcraft as Metaphor: Infanticide and its Translations in 16th-Century Aragon", in Stuart Clark (ed.), *Languages of Witchcraft*, Basingstoke, 2000, pp. 179–196.

卡斯提尔的一位主教谴责这种撒旦巫师的新概念是一种幻想，"那些'布鲁哈'能够穿缝而过，或者把自己变成动物吸食婴儿的血"的观念更是无稽之谈。[51] 而直到巫师审判终结之前，这种信仰一直是西班牙北部地区巫术指控的基础：它是 1609 至 1614 年针对巴斯克人的大规模猎巫行动的主要动因。[52]

在近代早期欧洲的大部分地区，杀害婴幼儿是巫师指控中最重的罪名之一，而且，正如之前说的，它是巫术新概念发展的基础。但这个从斯忒里克斯中发展出来的"吸血鬼般"的元素，仅限于地中海盆地的北部边缘地区。之后它又向东传播到意大利的边境弗留利地区，据说，本南丹蒂所对抗的那些巫婆会慢慢吃掉小孩子的血肉，导致孩子们日益消瘦。[53] 与古代罗马的统治和"梦中武士"信仰一样，"吸血者"这个概念也跨越了意大利语区，来到了斯拉夫语区域，在塞尔维亚的现代民间传说中，巫师所犯下的特殊罪行也是以这种方式杀害婴儿。在克罗地亚的巫师审判中，被告妇女们会供认自己吃掉了孩子的心脏，导致孩子慢慢死去。克罗地亚人还认为，化作猫的巫师会吸食成人的血并致其慢性死亡。[54] 现代吸血鬼的吸血特性可能确实是从这种巫师概念中发展出来的，因为 18 世纪时的"不眠亡者"（restless dead）吸纳了这种特征。[55]

在阿尔卑斯西部山区的部分地区，保持着一种完全不同的地方传

51　Pau Castell Granados, '"Wine Vat Witches Suffocate Children"', *eHumanista*, 26 (2014), p. 181.

52　Gustav Henningsen, *The Witches' Advocate*, Reno, CA, 1980, pp. 27–29.

53　Ginzburg, *The Night Battles*, pp. 69–70, 91, 99.

54　Vukanović, "Witchcraft in the Central Balkans", pp. 9–17.

55　Klaniczay, *The Uses of Supernatural Power*, ch. 10 表明吸血这种能力在 18 世纪中期才与吸血鬼紧密联系。

统：巫师骑着狼在夜间攻击人类。在瑞士西北部地区，从巴塞尔到卢塞恩和康斯坦茨，狼代表自然界中的巨大威胁，就像巫师是人类世界的巨大威胁一样，从这个意义上看，他们简直就是绝配。然而，在欧洲其他地区，狼的数量也非常多，但都没能成为巫师的坐骑，从中也能看出各地想象的随机性在发挥作用。在其他一些同时害怕狼和巫师、并将两者联系在一起的地区，狼被看作是魔鬼伪装的，它为巫师服务，或给巫师下指令，又或者它是巫师本身，只是魔鬼借助魔法而变成的化身，或者是魔鬼制造的幻觉。[56] 当然，利沃尼亚是个例外，当地的某些民众认为善意的服务型魔法师才是狼人。不管怎么说，在瑞士广袤的山地和山谷中，巫师审判和文学作品中常常出现"骑狼"主题，但它的根源已经不可考了。[57]

在巫师审判中，中世纪非常重要的那种对"夫人"或"夫人们"夜间旅行的信仰也起到了显著作用，但它只出现在阿尔卑斯山区、意大利北部和西西里等少数地区。皮科·德拉·米兰多拉笔下的刻板的巫师形象不仅以婴儿为食，还参加"女主人的游戏"（饮宴与乱交），

56　这部分将在后面的章节中讨论。

57　Laura Stokes, *Demons of Urban Reform*, Basingstoke, 2011, pp. 16–26, 181–183. 亦见 Joseph Hansen, *Quellen und Untersuchungen zur Geschichte des Hexenwahns und Hexenverfolgung im Mittelalter*, Bonn, 1901, pp. 553–555; 以及 Henry Charles Lea, *Materials towards a History of Witchcraft*, ed. Arthur C. Howland, Philadelphia, PA, 1939, vol. 1, pp. 348–349. 在 pp. 65–66, 斯托克斯(Stokes) 指出，1450 年左右卢塞恩的某个案例的元素是当地丰产崇拜的证据，就像本南丹蒂一样，但它看起来描述的是一场巫师呼唤风暴的游行集会，而不是一场战斗。同样，我也没有信心将中世纪和近代早期"梦中武士"传统的范围向西扩展到科西嘉，当地 20 世纪时记载了一种名为"马泽里"（mazzeri）的民间信仰，这种人生来就能在夜间放出灵体去杀死动物，也能预测社区中的死亡，参见 Dorothy Carrington, *The Dream-hunters of Corsica*, London, 1995。每年的某天夜里，某个村庄的马泽里就会在梦中聚集，与另一个村的马泽里搏斗，搏斗死去的人在这一年间也会去世。这一点与南斯拉夫人的信仰具有明显的相似之处，但也有不同（马泽里并不给社区带来什么帮助）。近代早期科西嘉宗教裁判所记录了大量与魔法有关的案件，却没有提到这种信仰。

从他妖魔化的视角来看，这些巫师会将圣餐饼献给女主人，供她亵渎。皮科的采邑与摩德纳很近，1532 年，一名摩德纳的妇女供认自己参加了"狄安娜的游戏"。在此过程中，她亵渎了基督教的十字架，还受游戏的夫人们命令与魔鬼共舞。1539 年的另一则记录中提到，有人参加了"某位妇女"主持的巫师安息日聚会。[58] 从摩德纳穿过伦巴第平原，就来到阿尔卑斯山脚下的布雷西亚。当地一名妇女在 1518 年的巫师审判中称她的女主人是一名唤作"游戏的夫人"（Signora del Zuogo）的美丽女性，有很多人类追随者和恶魔为她服务。而在 1504 至 1506 年间，被意大利人称为"菲耶梅山谷"（Val di Fiemme）的南蒂罗尔北部山区所发生的审判中，这位女性被称为"维纳斯"或"埃罗迪亚德"（Erodiade，即希罗底）。对于"维纳斯"的信仰大概已经从德语区传到了北方，15 世纪末，当地关于她的山中宫廷（维纳斯堡）的传说就已经非常成熟了。1504 年，一名男性在供词中称，他进入山中并遇到了著名的骑士唐豪瑟（Tannhäuser）和"善意游戏中的女人"（显然，这个女人不是维纳斯）。出于审判的需要，这番描述再一次被妖魔化了：据他说，维纳斯带着一群黑马一起旅行，她每周有一半的时间腰部以下是蛇身，而"埃罗迪亚德蒂"则是一个穿着黑色衣服的丑陋黑人妇女，骑着黑猫出行。[59] "善意游戏"或"善意社团"（无论其中是否出现"夫人"）也出现在 15 世纪末 16 世纪初的伦巴第和意大利阿尔卑斯山区的巫师审判中，比如科莫（Como）、曼图阿（Mantua）、费拉拉（Ferrara）

58　Peter Burke, "Witchcraft and Magic in Renaissance Italy", in Sydney Anglo (ed.), *The Damned Art*, London, 1977, p. 45.

59　这些记载被收集在 Alice Azul Palau-Giovanetti, "Pagan Traces in Medieval and Early Modern Witch-Beliefs", York University MA thesis, 2012, pp. 79–99 and Appendix; Ginzburg, *Ecstasies*, pp. 100, 108–109, 131–132；以 及 Wolfgang Behringer, *Shaman of Oberstdorf*, trans. H. C. Erik Midelfort, Charlottesville, VA, 1998, pp. 55–56。

和瓦尔泰利纳（Valtellina）。从最西端——皮埃蒙特西部的苏萨山谷，到最东端出现本南丹蒂的弗留利，意大利北部语言区的魔法审判中都出现了这种元素。[60]

再往北走就到了阿尔卑斯山德语区，那里的近代早期审判很少出现夜间灵体的骑行队伍，除了那些纯粹关于安息日巫师和魔鬼的描述。明显的例外是沃尔夫冈·贝林格所提出的"奥斯特多夫的萨满"。这位魔法师因为行巫术而遭到定罪，而他来自德意志最南端巴伐利亚和奥地利边境的一个山谷村庄。在经过贝林格巧妙重构的信仰体系中，天使、天堂、炼狱等基督教的主流概念与当地的"夜间同伴"（Nachtschar）——善意的夜间飞行灵体的民间传说融为一体。[61]在阿尔卑斯山脉北部地区的司法审判过程中，唯一一次明确提到这种现象的审判发生在因特拉肯地区。1572年，该地区西北端的伯尔尼市当局的报告显示，一名妇女自称与"夜行人"（Nachtvolk）一同出游。[62]这种现象在审判记录中稀缺的情况令人瞩目，因为正如前面所讨论的那样，这种幽灵一般的夜游者在当地民间传统中非常常见，在巫术起诉中也经常能遇到。大概是因为在阿尔卑斯山北部地区的夜游传统中缺乏一个公认的灵体领队，致使这些当地的夜游灵体难以被巫师集会的刻板印象所吸收。但如果人们愿意这么做的话，要吸收它们也是很容易的。然而，在16世纪末17世纪初的远离北部夫人们"大本营"的意大利最南端，有着一个女神般的领队人物及选定的人类随从的夜游夫人传统在当地民间依然非常活跃，在审判中也很突出。那就是西西里岛，古斯塔夫·亨宁森检索了当地的审判，发现大约有七十个案

60　参考资料参见 Ginzburg, *Ecstasies*, pp. 96, 131–132, 302；以及 *The Night Battles*, pp. 54–55。

61　Behringer, *Shaman of Oberstdorf*, esp. pp. 148–152.

62　Ibid., p. 34.

例与"从外面来的夫人"有关。我们之前也提到，当地的服务型魔法师曾声称在夜间与超人类的"夫人们"接触，并从她们那里获得了魔法知识。[63]

在意大利北部的审判中还发现了一个旧的（可能是非常古老的）民俗主题，也与"夫人"和她的"善意游戏"有关：这是一种神奇的仪式，一只被吃掉的牲畜（通常是牛）在宴会结束的时候又会复生。对这一主题进行了广泛研究的毛里齐奥·贝尔托洛蒂（ Maurizio Bertolotti）认为，这种仪式的做法通常是先收集牲畜的骨头和皮，然后用一根棍子触碰它，或者用稻草把它填充起来。这当然是一种骗人的戏法——动物很快就死了，或生命逐渐衰弱。在审判中描述这种仪式，往往被视作受审者试图避免被怀疑为巫师的手段。[64]据记载，在1390至1559年期间，米兰、卡纳韦塞（Canavese）、菲耶梅山谷、摩德纳和博洛尼亚等地因邪术受审的人的自白中都有记载：灵体军团访问住家，他们和人类朋友在那里大吃大喝后，那些被消耗掉的食物和饮料又神奇地复原了，没有留下任何痕迹——这表现出与中世纪信仰之间的继承关系。不过，这一民俗主题应该有一个来自更普遍信仰的独立起源，连续两篇与圣杰马努斯（ St. Germanus）所行的神迹有关的记载都可以证明这一点：8世纪时，这位圣徒将一头小牛恢复原状。类似的神迹也出现在13世纪斯诺里·斯蒂德吕松（Snorri Sturluson）的诺尔斯异教神祇的故事集

---

63 Gustav Henningsen, "'The Ladies from Outside'", in Ankarloo and Henningsen (eds.), *Early Modern Witchcraft*, pp. 191–218. 亦见 Giovanna Fiume, "The Old Vinegar Lady", in Edward Muir and Guido Ruggiero (eds.), *History from Crime*, Baltimore, MD, 1994, pp. 45–87。

64 Maurizio Bertolotti, "The Ox Bones and the Ox Hide", in Edward Muir and Guido Ruggiero (eds.), *Microhistory and the Lost Peoples of Europe*, Baltimore, MD, 1991, pp. 42–70。见 Palau-Giovanetti, "Pagan Traces", pp. 50–53；以 及 Rainer Decker, *Witchcraft and the Papacy*, trans. H. R. Erik Midelfort, Charlottesville, VA, 2008, pp. 91–94。

中。这些故事大概是从更为古老的传统中发展出来的,里面记载到神祇索尔用他的锤子复活了一群山羊。贝尔托洛蒂主张,圣徒的奇迹是从索尔的故事中发展出来的,而索尔的故事则源自一个史前的狩猎神话:有一位超人类的"动物之王"可以让猎物不断重生,这样就确保了人类有源源不断的食物供应。

沃尔夫冈·贝林格对这个主题进行了进一步的研究,他搜集了很多中世纪尼德兰基督圣徒的故事——圣法拉意弟(St. Pharaildis)、康提姆普雷的圣托马斯(St. Thomas of Cantimpré)和威廉·维莱尔斯(Wilhelm Villers)都以同样的方式复活了动物。他认为这些故事可能都受到了《圣经》的启发,特别是受到了《旧约·以西结书》中关于枯骸谷中景象的启发,但他也认为这个推断可能并不比贝尔托洛蒂的"狩猎神话起源说"更有说服力。为了说明这一点,他不仅引用了斯诺里的故事,还引用了我们之前说过的布尔夏德的谴责:日耳曼神话中的食人巫师会让被杀害的人短暂恢复生命。他还提出民族志方面的类比材料,比如某个高加索部落认为狩猎神可以复活被献祭者杀死的动物,西伯利亚的猎人会留下猎物的骨头以用来让动物复活,以及一些亚洲其他地区和非洲地区相似的信仰。[65] 这些都有道理,但我们无法从希腊或罗马的任何古代异教传说中找到"动物从骨头中复活"信仰的真正起源,因此就应慎重考虑是否该全盘接受它。我们只能在古代传说中找到一个相似的观念,即巫师可以神奇地将夜里杀死的人短暂而确实地复生,这在阿普列乌斯的《变形记》中得到了生动的展现,也与布尔夏德所引述的日耳曼传统相一致。但就目前的情况来看,通过奇迹和魔法利用其尸体部位复活将被宰杀的动物,这个欧洲传统应

65　Behringer, *Shaman of Oberstdorf*, pp. 39–46.

该是从中世纪开始的。这一信仰在巫师审判中最明显的作用是，它反映了穷人的幻想，他们希望能够享受大餐，又不必花钱或担心遭到报应。正如前面所说的那样，这种特权感和满足感是"灵体军团到选中的人家中大吃大喝"这种中世纪信仰的核心。

温和的地中海

正如之前所述，近代早期巫术罪的死刑案例绝大多数发生在 1560 至 1640 年期间。同一时期，宗教裁判所——它是欧洲最有力的审查和惩罚机器——也正在西地中海盆地为维护罗马天主教的纯正性，对所有种类的魔法实践发起了坚决的打击。然而，打击的结果看起来却异常温和：数千起针对魔法的起诉，最多也就只有五百人被判死刑。[66] 因为普遍缺乏对撒旦教阴谋的危险意识，宗教裁判官极少发起对集体崇拜魔鬼和与撒旦签订契约的指控。他们很少使用酷刑，也不会强求被捕者供出同谋的名字。总之，他们将巫师看成受到魔鬼欺骗的无知者，而不是什么危险的罪犯。[67] 在 1550 至 1650 年的威尼斯，裁判官举行了六百多场与魔法有关的审判，其中五分之一是针对巫术的，但大

66 Brian P. Levack, *The Witch-hunt in Early Modern Europe*, 3rd edition, London, 2006, pp. 237–242.

67 除下文引述的资料来源外，还可参见 Mary O'Neil, "Magical Healing, Love Magicand the Inquisition in Late Sixteenth-century Modena", in Stephen Haliczer (ed.), *Inquisition and Society in Early Modern Europe*, Beckenham, 1987, pp. 88–114；Guido Ruggiero, *Binding Passions*, Oxford, 1993；Louise Nyholm Kallestrup, *Agents of Witchcraft in Early Modern Italy and Denmark*, Basingstoke, 2015；以及 Tamar Herzig, "Witchcraft Prosecutions in Italy", in Brian P. Levack (ed.), *The Oxford Handbook of Witchcraft in Early Modern Europe and Colonial America*, Oxford, 2013, pp. 249–267；Matteo Duni, *Under the Devil's Spell*, Florence, 2007，非常感谢黛博拉·莫雷蒂送我这本书。

多数都以无罪开释作结，没有任何人被处死。[68] 同样，西西里也没有发现死刑记录。臭名昭著的西班牙宗教裁判所在 1610 至 1700 年间审判了五千多名被控使用魔法的人，但没有烧死任何人。[69] 葡萄牙裁判所虽然经常审理涉嫌魔法的指控，有时候起诉数量甚至一度已达顶峰，但也仅处死一人。[70] 而马耳他的审判官不仅经常以使用魔法罪对人们进行起诉，而且在 17 世纪发起了两次大规模的审判，其中一次涉及了四十名妇女，却也没有将任何人处以死刑。[71] 路易丝·尼霍尔姆·卡勒斯特鲁普（Louise Nyholm Kallestrup）对 17 世纪丹麦法庭和意大利教宗国的奥尔贝泰洛（Orbetello）地区法庭的判决进行比较时发现，奥尔贝泰洛宗教审判官们最严厉判决的惩罚力度往往只与世俗的丹麦法庭中最轻微的判决相当。[72]

如何解释这样的模式呢？乍看起来，在与这些案件相关的地中海地区存在着一些根深蒂固的民间传统，它们对野蛮猎巫行动起到了阻碍作用。但这个答案似乎有些似是而非。事实上，贡纳尔·克努森（Gunnar Knutsen）曾为西班牙的案例提出过这样一个因素。他注意到，在 1600 年前后的几十年里，西班牙最北部省份记录了数百起死刑，其中多数是世俗法庭执行的，而且这个地区以南的省份没有产生过死刑判决。他研究加泰罗尼亚和瓦伦西亚的情况发现，魔鬼巫术的观念很容易在

68　Jonathan Seitz, *Witchcraft and Inquisition in Early Modern Venice*, Cambridge, 2011, pp. 35–44.

69　Gustav Henningsen, "The Witches' Flying and the Spanish Inquisitors", *Folklore*, 120 (2009), pp. 57–58.

70　Francisco Bethencourt, "Portugal", in Ankarloo and Henningsen(eds.), *Early Modern European Witchcraft*, pp. 403–424.

71　Carmel Cassar, "Witchcraft Beliefs and Social Control in Seventeenth-century Malta", *Journal of Mediterranean Studies*, 3 (1993), pp. 316–334.

72　Louise Nyholm Kallestrup, *Agents of Witchcraft in Early Modern Italy and Denmark*, Basingstoke, 2015, p. 61.

与法兰西文化密切接触的加泰罗尼亚传统基督教农村族群中生根；而瓦伦西亚的农民主要由刚皈依伊斯兰教的穆斯林组成，在他们的观念中，魔法师应该能够控制住魔鬼，而不是成为魔鬼的仆从，因此他们对巫术的恐惧很弱，撒旦的概念也几乎不存在。这些观念或多或少地传播到了附近的某些基督徒那边。[73]克努森所描绘的图景中一定潜藏着真相：毕竟，已有先例展示了撒旦巫师的新式刻板印象是如何在早先的西班牙比利牛斯地区扎根下来，并在该地区传播开的。意大利本土没有伊斯兰信仰，但和西班牙大部分地区的民众一样，半岛大部分地区的民众非常相信"邪恶之眼"的力量是无意之间被触发的，它是一种自带的能力，而不是从魔王撒旦那里得到的。这类观念已被证实还抑制了许多地方对巫师的恐惧。[74]

这种文化因素可能确实阻碍了天主教地中海世界对魔鬼巫师形象的接受，而且，其他区域的研究也许还会发现很多证据。[75]然而，这些证据显然都不足以解释当欧洲其他地区的猎巫行动泛滥的时候，这一地区因何那么平静。毕竟，西班牙北部地区和意大利曾是新式巫术想象的摇篮，许多早期的审判都发生在这里，意大利北部也已经产生了一些著名的猎巫观念的早期支持者。布雷西亚主教在 1510 年烧死了六十人，在 1518 年又烧死了六十四人。[76]意大利阿尔卑斯山区和伦巴第平原可能是 15 世纪猎巫最频繁、致死率最高的地区，那时那里巫师的新式刻板印象就已经存在了。即便是西班牙南部的拉曼恰地区（La

73　Gunnar W. Knutsen, *Servants of Satan and Masters of Demons*, Oslo, 2004. 非常感谢贡纳尔送给我这本书。

74　Francesca Matteoni, "Blood Beliefs in Early Modern Europe", University of Hertfordshire PhD thesis, 2009, pp. 194–196.

75　比如黛博拉·莫雷蒂在我指导下所做的诺瓦拉和西耶那的比较研究。

76　Wolfgang Behringer, *Witches and Witch-hunts*, Cambridge, 2004, p. 78.

Mancha），在 1491 至 1510 年间也有六个人因犯魔法相关的罪行而被处死。[77] 此外，有大量证据表明，魔鬼巫师的概念当时在整个地中海盆地广泛传播，如果当局有猎巫的意图，民众对巫师的新概念的广泛信仰就一定能为野蛮的猎巫行动创造条件。比如在威尼斯，人们往往会承认，自己为了实现愿望与魔鬼签订了契约，农村地区的审判记录中曾六次提到"巫师安息日"。大众呼吁把一些妇女当作巫师烧死，教会人士也经常阅读鼓吹猎巫的魔鬼学作品。[78] 诺瓦拉（Novara）位于皮埃蒙特最北端，亦即意大利西北部，它所处的地理环境正是那种造就撒旦巫师新形象的阿尔卑斯山区。然而，在 1609 至 1611 年间北欧审判最为高峰的时候，当地的主教宗教裁判所起诉了十一名供认全程参与巫师安息日活动的人，但最终只判处他们监禁。[79]1594 年在托斯卡纳，只有一名接生婆在某位醉心于魔鬼学的修士的逼供下，承认在"巫师安息日"崇拜撒旦和在其指引下杀害儿童。[80] 在意大利东南部的奥特朗托（Otranto）地区，从法律记录中可以明显发现，普通民众对巫术的恐惧和仇恨比教会人士强烈得多。[81] 在 1588 年的瓦伦西亚，审判官遇到了一个自称与魔王撒旦欢好的少女，而在之后的一个世纪里，就只出现了一则关于飞到屋内对别人行巫术的妇女和一则关于主动提出充当寻巫人的男子的记录。[82]1587 年，一位西西里的妇女自称曾经

77　Sara T. Nalle, *God in La Mancha*, Baltimore, MD, 1992, pp. 179–181.

78　Ruth Martin, *Witchcraft and the Inquisition in Venice 1550–1650*, Oxford, 1989, 散见全书各处。以及 Seitz, *Witchcraft and Inquisition in Early Modern Venice*, pp. 35–38, 135。

79　Thomas Deutscher, "The Role of the Episcopal Tribunal of Novara in the Suppression of Heresy and Witchcraft, 1563–1615", *Catholic Historical Review*, 77 (1991), pp. 403–421.

80　Anne Jacobsen Schutte, "Asmodea", in Kathryn A. Edwards (ed.), *Werewolves, Witches and Wandering Spirits*, Kirksville, MO, 2002, pp. 119–125.

81　David Gentilcore, *From Bishop to Witch, Manchester*, 1992, ch. 8.

82　Knutsen, *Servants of Satan and Masters of Demons*, pp. 117–134.

骑着公山羊，与他人一起飞去敬奉一对王室夫妻的灵体，参加它们举办的宴会和狂欢。[83] 在马耳他的审讯中，有人供称自己曾经召唤撒旦，近代早期葡萄牙的审讯中也经常有人谈论与魔鬼签订契约，以及巫师安息日夜间飞行的经历。[84]

显然，意大利、伊比利亚半岛及它们的附属岛屿的民间信仰已经吸纳了巫术的新模式，而与之相抗衡的文化特征只能对这个进程起到延缓作用。当然，还有另外一种因素在起作用。贡纳尔·克努森在对比加泰罗尼亚和瓦伦西亚两地审判材料时就发现，在瓦伦西亚，宗教审判所的控制力较强，会对非专业法官狂热的猎巫行动加以控制；而在加泰罗尼亚，则更倾向于去迎合群众对于巫术的恐惧和仇恨，因而对嫌疑人作出更严厉的判决。克制与否是决定审判结果的关键因素。在瓦伦西亚，供认与撒旦欢好的女孩被判处笞刑和宗教教育，被控夜间飞行的妇女被判无罪，想要成为寻巫者的男子反而受到了惩罚。在上述其他所谓"魔法"（diabolism）案中，都可以找到"克制"的证据，裁判官对那些恶魔的元素总是一笔带过。那个被意大利修士逼供的妇女最终在修士的上级的命令下获释。将各地的材料整理起来后进行的综合研究表明，中心政策的逐步制定，一开始使得这种结果成为可能，后来就成为必然。

1542 年，罗马设立了一个中央法庭，负责监督意大利地方的宗教裁判事务。到了 16 世纪 80 年代，这个法庭建议地方法庭在巫师审判时保持谨慎，并直接干预了一些审判的结果。1575 年，教宗格列高利十三世规定，任何人不能仅凭审判嫌疑人的告发而被以巫术罪逮捕，

83　Henningsen, "'The Ladies from Outside'", pp. 196–200.

84　Cassar, "Witchcraft Beliefs and Social Control"; Bethencourt, "Portugal", p. 403.

1594 年，教宗克莱门特八世驱逐了一名意大利南部地区的主教，因为他认为这位主教的审判过于轻率。大约 1600 年，中央法庭拟定了一个草案，并在 17 世纪 10 年代起下发给大多数意大利宗教裁判官：所有被指由巫术导致的死亡都要经由宣誓过的医学专家进行调查；嫌疑人必须被分别关押，以免他们相互串联，导致幻想加深；调查人员应避免任何诱导性提问，注意区分事实和因仇恨造成的不实陈述，只采纳客观证据。这样一来，巫术指控被定罪几乎是不可能的。1630 年以后，教宗的权威有效地终结了意大利半岛的巫师审判。[85]

从 1525 年起，西班牙宗教裁判所最高议会开始逐渐减少地方巫术审判案中的死刑判决，并指责地方宗教裁判所过于轻信巫术证据和滥用刑讯逼供。1526 年，也就是先于教宗规定几十年，该议会就已经命令任何人都不能仅凭嫌疑人的供词就实施逮捕。它还曾试图亲自接手那些在巫术案中嫌疑人坚称无罪的案件。阿拉贡裁判所从 1535 年之后就再也没有将巫术案嫌疑人判处过死刑，1548 年加泰罗尼亚也停止了死刑判决。而同样在西班牙，纳瓦拉的巫师审判还在继续。1609 年，法西边境靠近法国的一侧发起了一场严重的猎巫行动，这一行动蔓延到了纳瓦拉，导致了一场大型恐慌，大约两千人受到指控。第一批审查官被一些"真实情况"说服了，烧死了六个人。后来，最高议会派来了一位更为谨慎的代表，阿隆索·德·萨拉查·伊·弗里亚斯（Alonso de Salazar y Frías）接管审判。在调查之后，他确信这场审讯中大多数供词明显都是虚假的，剩下的少部分也没有明确的证据。他的报告说服了上司，但调查产生的费用也让他们感到震惊。之后，他们颁布了

85　Decker, *Witchcraft and the Papacy*, pp. 61–145，这是最新近和最出色的研究进展，而作为其补充的是 Duni, *Under the Devil's Spell*, pp. 32–45；以及 Seitz, *Witchcraft and Inquisition in Early Modern Venice*, pp. 196–244。

一套审判撒旦巫师的守则，其中要求给这一指控定罪必须要有严格的证据。这让巫术定罪几乎不再可能。在这之后，猎巫仅出现在西班牙东北部地区，特别是加泰罗尼亚。在这些地区，宗教裁判所的权威最为薄弱，审判可以在相对自由的世俗法庭进行。即便如此，宗教裁判官们也想尽一切办法来阻止这类诉讼，并在 1620 年得到了西班牙王室的支持。到了 17 世纪 20 年代末，西班牙的魔鬼巫师审判已经销声匿迹。[86]

　　教廷和西班牙人对整个西地中海地区产生的巨大影响，大体上说明了为什么该地区其他地方在同一时期也遵循了相同的历史轨迹。中央监督机构为调查程序注入了新的监管和专业精神，而它的存在本身似乎就使人们对魔鬼巫术指控采取了更加严苛和怀疑的态度，越来越多人认为即使那些供认自己与魔王撒旦签订契约的人也是受了欺骗和需要被救赎的。因为防止轻信和消除猎巫的措施让中央法庭更有效地对地方法律事务行使权威，所以这种态度上的转变后来成为区域政治权力调整的一个因素。最终，对巫术指控采取审慎态度，对因魔法被定罪的人采取纠正而不是消灭的办法，这些特点成为族裔身份的标识。一个 17 世纪的意大利人如果看到北欧猎巫行动造成的那些堆积如山的尸体，一定会感到惊讶和战栗。[87] 但是，地中海的宗教裁判所依然是用来迫害魔法行为的严厉而有效的机器，即便是像监禁、鞭笞和公开忏悔这样温和的惩罚，也会对受折磨的人造成创伤。尽管如此，这些裁判所拯救了欧洲四分之一的地区，使其避开了近代早期巫师审判最

86　Ana Conde, "Sorcellerie et inquisition au XVIe siècle en Espagne", in Annie Moliniéand Jean-Paul Duviols (eds.), *Inquisition d'Espagne, Paris*, 2003, pp. 95–107; William Monter, *Frontiers of Heresy*, Cambridge, 1990, pp. 255–275; María Tausiet, *Urban Magic in Early Modern Spain*, Basingstoke, 2014; Henningsen, *The Witches' Advocate*，散见全书各处；Agusti Alcoberro, "The Catalan Witch and the Witch Hunt", *eHumanista*, 26 (2014), pp. 153–169.

87　Decker, *Witchcraft and the Papacy*, pp. 113–131.

集中也最致命的时期。另外，它们之所以采取温和的态度，似乎也和宗教精英阶层的政治和意识形态的发展有关，民众的信仰对此只是辅助，并不起决定性作用。

沉默的中心

那么，在近代早期巫术审判的中心区域，也是大多数受害者的死亡之地——德语地区、莱茵河和摩泽尔河盆地西边的法语地区，以及东边的波兰——情况又如何呢？学者已经注意到，这些地区孕育了丰富的中世纪民间传说，比如"愤怒军团"、霍勒和佩希特等。这些传说本应该很容易与"巫师安息日"的概念相融合。以雅各布·格林为代表的现代民俗学家向我们揭示了这类带有很强的地域性而且如今依然盛行的夜间灵体的传说。这一系列信仰植根于草根文化，本应像南部的斯忒里克斯、骑狼者、超人类夫人和梦中武士一样，向我们提供关于巫师审判性质的信息。然而，大多数证据显示，事实并非如此。[88]

在谈论这个话题的时候，我们不要忘记"深度视角"。传播到北欧的撒旦巫师的想象，部分是基于古代关于斯忒里克斯的概念。而日耳曼文化区则不同，它之所以会吸纳撒旦巫师形象，很可能是源于其自身古代的本土传统，也就是食人巫师会攻击所有年龄层次的人类，而不单是儿童。[89] 这个传统也可能有助于解释为什么这一地区的大多

88　参考文献已在上下文引注中列出，或可参见上文注 1 中所列的一般性著作。

89　在没有提及这一传统的情况下，伊娃·拉博维（Eva Labouvie）、马丁·莫勒（Martin Moeller）和艾莉森·罗兰兹（Alison Rowlands）指出，日耳曼人的民间信仰更倾向于将女性与恶毒的魔法联系在一起：Labouvie, "Men in Witchcraft Trials", in Ulinka Rublack (ed.), *Gender in Early Modern German History*, Cambridge, 2002, pp. 49–70；Moeller, *Dass Willkür über Recht ginge*, Bielefeld, 2007, pp. 228–231；以及 Rowlands, *Witchcraft Narratives in Germany*, Manchester, 2003, pp. 170–179。

数被告是妇女。此外，巫术的基本概念由来已久，魔法作用的范围也很广——从巫师延伸到服务型魔法师，但近代早期的很多人却仅仅将其归为非此即彼的两种。人们相信如果巫师愿意把巫术收回的话，被巫术伤害的人就会痊愈。这种观念非常普遍，而且根深蒂固，因此一定也是非常古老的。而且，我们很容易假设，古代社会就已经存在对夜间飞行或骑行灵体的信仰，所以"巫师安息日"的概念才那么容易被吸纳。而被大部分撒旦巫术的供词征用为开场白的"恶魔（或撒旦）的诱惑"的基本叙述，也一定借鉴了这个普遍而广泛的民间故事主题：友好的灵体在野外邂逅了某位不幸的人类，并且成为他们的帮手。因此，在欧洲大陆北部地区，巫师审判中的嫌疑人在供词中将魔鬼随从的名字说成妖精或其他灵体的名字也就不足为奇了。[90] 除这些历史事实之外，无论多么基本和重要，都没什么可记录的。各地对巫术罪行的控诉略有不同：在阿尔卑斯山区、德国和法国的南部地区，巫术经常被指控造成破坏性风暴；在洛林地区则是驱使狼咬死牲畜；在斯堪的纳维亚、波兰和德国北部的大部分地区则是偷牛奶。这些区别可能源自各地不同的古老传统，但更可能在社会功能上反映了当地经济性质的不同。巫师审判中还有一些地区或民族特征同样可能建立在这些古老的民俗主题上，比如丹麦巫师被认为更易导致疾病而不是致死，法国北部和荷兰南部则认为巫师会导致不能生育。[91] 在这个中心地带的大部分地区，"与魔鬼的契约"是巫师审判的核心，而在一些地区，

90　迪林格（Dillinger）在著作中特别清晰地指出了这一点：Dillinger, *Evil People*, pp. 44–46. 然而，迪林格还警告说（第51页），"巫师安息日"最好被看成一种想象中的近代早期反社会组织，而不应该看成"古老传统的聚合"。

91　Jens Christian V. Johansen, "Denmark", in Ankarloo and Henningsen (eds.), *Early Modern European Witchcraft*, pp. 360–366.

巫师集会（安息日）的概念比在其他地区更为少见，目前还不清楚这个情况是由于以当地超自然观念为基础的信仰倾向造成的，还是由于在引入新式巫师概念的时候发生的一些偶然事件的影响。各地对巫师活动的描述也各不相同，不知道是不是也受了某些因素的影响。在洛林的德语区，人们相信巫师会聚成规模不等的团体，一齐攻击其他人；而在法语区，则认为巫师的聚会具有特定规模，但他们通常单独行动。要将这些不同与各地古老文化上的差异联系起来是很吸引人的想法，但要证明这一点却是不可能的。[92]

在整个地区的审判中，很难发现特定的民间主题。波兰民间传统中的魔王比其他地方的更无害，也更顽皮。这可能是因为受到了前基督教时期树灵、水灵和家庭灵体的影响，这些灵体都能用礼物加以安抚。在波兰的审判中，出现了很多顽皮的魔鬼的痕迹，但发现这一现象的历史学家同时也指出，并不能就此推定古代异教和近代早期民间关于自然灵体的信仰之间，以及两者与恶魔想象之间有关系。[93]德意志的审判有时会透露出民间传说想象的痕迹。在西南部的罗滕堡（Rottenburg），一名男子被指控在安息日以骑马猎人的面貌出现，这个形象是一个当地传说中的幽灵。整个南部地区，指控巫师的那些罪行大多也是当地恶意的灵体犯下的恶行。[94]1627 年，德意志中部格布萨特尔（Gebsattel）的村民声称巫师特别喜欢在瓦尔普吉斯之夜

92　Robin Briggs, *The Witches of Lorraine*, Oxford, 2007, pp. 143–146.

93　Wanda Wyporska, *Witchcraft in Early Modern Poland*, Basingstoke, 2013, pp. 97–101. 一位研究波兰巫师审判的历史学家迈克尔·奥斯林（Michael Ostling）仔细研究了近代早期波兰魔法观念中基督教和非基督教元素，以及家庭或自然灵体之间的关系，并得出结论，这些观念已经被彻底基督教化了（即便是非正统地）："普通农民不会表演基督教化的魔法；相反，他们用基督教的圣物保护自己免受恶魔的伤害。" 参见 *Between the Devil and the Host*, Oxford, 2011, pp. 183–236；引用参见第 188 页。

94　Dillinger, *Evil People*, pp. 55–56.

（Walpurgis Night，4 月 30 日）外出。这种说法源于北欧地区的传统，人们认为这个日子具有神秘特质。[95] 然而，这些细节相对来说比较罕见和偶然。爱德华·贝弗（Edward Bever）在考察德意志西南部的审判记录后坦承，这一地区充满了一种并行的灵体世界的传统，这个灵体世界很大程度上独立于正统的基督教世界，一些民众可以参与其中。但这一点在他所研究的实际案例中很少出现。[96]

只要观察一下欧洲中心地区被审讯的嫌疑人编造巫师参加安息日聚会的方式，就可以了解撒旦巫师这个概念是如何被构造出来的。他们被审讯，被施以酷刑，被逼着编造出各种各样的答案。这些答案部分反映了当地的信仰，但为了呼应审判官心中的巫师刻板印象，他们也不可避免地添加了自己当场的想象和创造。结果就是，魔鬼学中提及的众多巫术方法随着时间的推移不断地增多。1486 年，《巫师之锤》一书中提到了早期阿尔卑斯山区巫师审判记录中既已出现的观念：巫师骑在一片木板上，上面涂着用婴儿脂肪做成的药膏。[97] 而大约一个世纪之后，让·博丹以法国南部和意大利巫师审判为依据，细化了这个观念：有些人把药膏涂在自己身上，然后就能飞起来；还有一些人即使没用药膏，也可以骑着动物、扫帚或杆子飞行。[98] 更为古老的观念的痕迹就此浮现：将药膏涂在自己身上是阿普列乌斯和"琉善"篇章中的罗马巫师的行为，而狄安娜的军团骑着野兽则是《主教教规》

---

95 Alison Rowlands, "Witchcraft and Popular Religion in Early Modern Rothenburg ob der Tauber", in Bob Scribner and Trevor Johnson (eds.), *Popular Religion in Germany and Central Europe*, London, 1995, p. 108. 我曾考察过这个传统与"五月节"（May Eve）的联系，参见 *The Stations of the Sun*, Oxford, 1996, pp. 218–243。

96 Edward Bever, *The Realities of Witchcraft and Popular Magic in Early Modern Europe*, Basingstoke, 2008, p. 96，以及其他各处。

97 Heinrich Kramer (?and Jacob Sprenger), *Malleus Maleficarum*, Mainz, 1486, 104A.

98 Bodin, *De la démonomanie*, Book 2, c. 4.

中的内容。在博丹之后不久，尼古拉斯·雷米（Nicholas Remy）记录了他在 16 世纪 80 年代中期洛林地区审判的内容，其中有些嫌疑人被迫承认会从烟囱里飞出家门参加安息日聚会；有些则说自己往身上涂了药膏并把一只脚放在篮子里，或者跨着涂了药膏的扫帚就能飞行；还有的人说在念完咒语后，骑着柳条筐、芦苇、猪、牛、黑狗或叉棍等飞行；还有的说靠双脚走着去参加聚会。[99] 而在欧洲中部的另一端，波兰的审讯记录所讲述的故事也同样多样化：一名妇女说自己从烟囱中飞走，另一名说自己是坐着普通马车，还有说骑着马的，第四名说自己骑着被巫术弄晕的人，第五名妇女则声称自己在涂药膏后飞了起来。[100] 德意志的记录呈现出同样的模式。[101] 但有些地方的嫌疑人供词的种类则比较有限：在瑞典的审判中，巫术嫌疑人所声称的参加安息日聚会的方式只有骑着动物和骑着被巫术弄晕的人两种。[102]1612 年，皮埃尔·德·朗克尔试图将大量在自己审判的巫术案中积累的那些费解的证词合理化，他的解释是：有些人只在梦中或意识中参加安息日聚会，这时他们的身体是躺在床上的；而那些走路或在棍子、扫帚、动物上涂了婴儿脂肪药膏飞起来的人，则是以亲身参加了聚会。不过

99　Nicholas Remy, *Daemonolatreiae libri tres*, Lyon, 1595, Book 1, c. 14.

100　Wyporska, *Witchcraft in Early Modern Poland*, p. 39.

101　例如，Rita Volmer, "Hexenprozesse in der Stadt Trier und im Herzogtum Luxemburg Geständnisse", in Rosemaries Beier-De Haan (ed.), *Hexenwahn*, Wolfratshausen, 2002, pp. 72–81 (for Trier)；George L. Burr, *The Witch Persecutions*, Philadelphia, PA, 1902, pp. 23–28 (for Bamberg)；Brian P. Levack (ed.), *The Witchcraft Sourcebook*, London, 2004, p. 207 (for Eichstätt)；Peter A. Morton (ed.), *The Trial of Tempel Anneke*, trans. Barbara Dahms, Peterborough, Ontario, 2006 (for Brunswick)；Thomas Robisheaux, *The Last Witch of Langenburg*, New York, 2009, p. 164 (for Hohenlohe)。

102　Per Sorlin, "Child Witches and the Construction of the Witches' Sabbath", in Klaniczay and Pócs (eds.), *Witchcraft Mythologies and Persecutions*, pp. 99–126.

他也断定，这种能力是魔鬼造成的幻觉。[103]

参加安息日聚会的方式是撒旦巫师概念中一个非常重要的方面，但从以上这些内容中，我们很难总结出某种具有当地特色的公式。反而是整个欧洲的传播中形成了一个非常标准的选择范围，以供人们根据地区和个人的选择进行拣选。虽然这些选项最初是那些被审讯的人提出的，而且其中一些还借鉴了古代的观念，但将它们传播出去的却是每个地区构建了"安息日聚会"概念的精英阶层人士。

这一结论可能与欧洲巫术审判发生的中心地带，巫师审判中特定民间故事和古代主题的一般作用有关。最近大量的研究表明，不仅这些主题起到了偶然、零星和边缘的作用，而且相反的现象也非常强大：中世纪晚期传教士和宗教裁判官所构造的对撒旦巫师的新式刻板印象，一经引入某个地区，就对当地民众的巫师想象产生了相当大的影响。可以肯定的是，新式刻板印象影响地方想象的过程漫长且零散，而且某些特定的地方比其他地方更强调或采纳某些特征，但无一不被审讯中的原告和被告广泛接受并加以理解和消化。于是，巫师审判就成了传播撒旦巫师形象的一种特别生动的手段。在欧洲的许多地区，特别是中心地带以外的地区，人们仅仅因为涉嫌有害魔法就会被起诉，根本不会提到和撒旦的契约或有组织的聚会。但我们可以强烈主张，欧洲精英阶层之所以允许这类轻率的起诉出现，本身就是对撒旦教刻板印象中的巫术日益增加的危机感和恐惧感的结果。

接下来的问题是，被控犯有巫术罪的人又展现了多少撒旦教的特性呢？他们中真的有人想当一名撒旦巫师吗？巫术的"真实性"问题

103　De Lancre, *Tableau de l'inconstance*, Book 2.2.1, 5; 2.31. 其他鬼神学家使用的类似材料，参见 Boguet, *Discours des sorciers*, c. 14; Francesco Maria Guaccio, *Compendium Maleficarum*, Milan, 1626, p. 70; 以及 Del Rio, *Disquisitiones magicae*, Book 2.6.16。

在全球语境下，即本书的第一部分第一章节就已经讲过了，我的观点是：学者们在现今社会的调查中很难找到任何确定的结论。那么，从故纸堆中的证词里去寻找巫术的"真实性"，无疑是更困难的事情。近期有两位专家对此问题做了概括。一位是罗宾·布里格斯，他宣称"历史上的欧洲巫术完全只是虚构"；另一位是布莱恩·莱瓦克（Brian Levack），他认为：它"在现实中有坚实的基础，因为几乎所有社会中都有人在实际中修习有害的或邪恶的魔法"[104]。这两种看似矛盾的观点其实是互补的，因为他们指的是不同的现象。在布里格斯看来，巫术代表的是一种信仰，人们相信与魔王订契约，从而获得用魔法伤害他人的能力，他们在聚会中崇拜撒旦，并从事谋杀和各种令人厌恶的活动。而莱瓦克的观点只是说明了自古以来都存在着用魔法伤害别人的意图。然而这两种观点都需要加以进一步的审视。

莱瓦克的观点有大量证据作为支撑。正如他自己指出的，诅咒板和用钉子扎肖像是古代遗留下来的伤害或驱使他人的有力证据，中世纪和近代早期的仪式性魔法书中也包含着破坏性的咒语。近代早期欧洲的法庭记录中充斥着许多已经确证的案例，它们可以证明某些人的确企图用物质手段伤害或杀害别人，并对他人下诅咒。看起来似乎有些不可思议的是，如果他们相信咒语会起作用，他们中的一些人就不会大胆地使用咒语。难就难在如何在个案中证明这一点。这也就是为什么威尼斯共和国的宗教审判官从来不会将魔法伤害作为一种具体罪名而给人定罪，即便是在受害人的家中发现了诸如骨头、羽毛和铭文之类的物证，也不排除这些东西也许是被栽赃、又或者是通过其他没

104　Robin Briggs, *Witches and Neighbours*, London, 1996, p. 6; Brian Levack, *The Witch-hunt in Early Modern Europe*, London, 3rd edition, 2006, p. 13.

有恶意的方式被放在那儿的。[105] 如果那些训练有素的审判官在当场都不能找到问题的答案，也就不能指望历史学家们能做得更好。到最后只留下一个矛盾的说法：在近代早期欧洲，的确存在着修习魔法和巫术的行为，但对于任何一桩个案来说，都没有明确的证据。在本书的第一章中曾讨论过一些在发展中国家工作的医生的见解：相信自己被施了巫术的人，就会生病甚至死亡。爱德华·贝弗大胆地尝试将它推及欧洲社会。他用一系列新近的医学和心理学观点来证明对巫术的恐惧会削弱免疫系统，对人和牲畜的薄弱器官带来压力。从这个意义上说，和其他地方一样，巫术在欧洲也能"起作用"。[106] 然而，隔了那么远的时间，我们已经无法从医学上证明这种"作用"确实发生在近代早期巫术受害者的身上，更不能说明被告确实采取了某些行动来产生这种效果。贝弗合理的推定同样没有确凿的证据作为支撑。

另外，关于近代早期巫术中的恶魔元素，以及 15 世纪从中发展出来的撒旦教巫术崇拜的心理聚合体的问题也同样重要。从某一种意义上说，一条巨大的概念鸿沟横陈在两者之间，现代历史学家无论用什么方式去理解和解释这一信仰，都会完全拒绝承认这种崇拜的真实性。他们一直遵循着近代早期学术观念自身所规定的道路，无论从实践上，还是从理论上都拒绝相信它的真实性。毕竟，中世纪欧洲人直到 15 世纪才拥有了撒旦巫师的概念，在历史的长河中这只是个相对短暂的现象。然而，这也意味着历史学家在某个瞬间拒绝相信那些审判中的证词确实是出于个人的武断选择，毕竟有大量的第一手资料表明，人们

---

105 Seitz, *Witchcraft and Inquisition in Early Modern Venice*, pp. 67–68, 196–218, 236–237. 也可参见 Frans Ciappara, *Society and Inquisition in Early Modern Malta*, San Gwann, 2001, pp. 261–300。

106 Bever, *The Realities of Witchcraft and Popular Magic*, pp. 5–40.

与他们所崇拜的魔鬼合谋从事巫术活动，而且，没有客观的手段证明这些证词是完全虚假的。我们只是决定拒绝相信它，将其当作虚构或是隐喻。在这个研究领域中，目前还没有任何一个研究近代早期猎巫的学者会相信支撑这些巫术崇拜的意识形态。[107] 同样也没有不可知论者：没有任何一位学院派的历史学家公开对这件事的可能性保留怀疑，即在近代早期的欧洲，撒旦可能真的像许多被指控认罪的巫师所描述的那样活动。我们都选择不相信，因为相信的结果是可怕的。

但依然没有解决问题：近代早期欧洲，是否真的存在撒旦巫师呢？换句话说，将魔鬼排除之后，除了那些虚构出来的特征，是否存在聚集起来敬拜魔鬼的人，并像"安息日"所描述的那样举行了相关的礼拜仪式？关于这一点，尽管有那么多的明显的证据，但过去半个世纪以来的所有专业研究似乎都导向了一致的结论：不存在。记录中描述的所有巫师集会都是虚构的。此外，如前所述，学者间还存在着另一个共识：关于这些聚会的说法，并不是对其他宗教传统的描述（比如对异教的描述）的"误解"或者"歪曲"，它们根本就从未发生过。也就是说，关于近代早期人企图使用巫术的情况，学界主流有一个确凿的推定——的确发生了一些与巫术相关的事情，但无法明确当事人是否真的是在使用巫术；而关于邪恶的巫师宗教，我们有充分的证据证明它的确存在，但却被学界以难以置信为由忽略掉了。根据企图使用巫术的逻辑，人们相信某些人在绝望和痛苦的时候的确会向魔王撒旦和恶魔祈求帮助，从而获得对抗敌人和迫害者的力量，而有些人

107　自 20 世纪 90 年代以来，在所有从事这方面研究的学者中，唯一明显的例子是完全偏离常规的蒙塔古·萨默斯（Montague Summers），朱利安·古达尔提醒了我。

甚至可能想要和撒旦签订契约。在后宗教改革时代（post-Reformation era），许多人从一种形式的基督教转向另一种形式，改信了一直被之前的教派污名化为"撒旦的戏仿"的新教，这个过程对他们来说可能并不困难。此外，有确凿的证据表明，在一系列致死率较低的巫师审判后的一段时间里，的确有人草拟了与撒旦的契约，希望能够以此满足世俗的愿望。这些证据大多是书面的契约，它们的作者（大部分是城市人和士兵）也都承认了自己的行为。[108] 问题是，这些与魔鬼签订的契约出现在巫师审判记录和魔鬼学文献中，通常伴随着被现代人视为奇幻的元素。而任何重建真实情况的尝试都只能是推测性的，而且有赖于对资料的重新排序，但这种排序又是任意和主观的。所有这些因素都集中到一个归根结底的问题上：这些奇幻的元素最初是如何出现在供词中的呢？大多数情况下，它们由酷刑、禁闭、恐吓和洗脑催生。[109] 但也有例外的情况。比如，当对巫术持怀疑态度的审判官萨拉查来到纳瓦拉的时候，他决定彻底搞清楚当地的巫术恐慌。他的问题不在于分辨原告的谎言，而在于辨明被告的谎言，也就是质疑在审判中被告所提供的大量详细证词的真实性。通过耐心的分析，他成功地发现了这些证词中的矛盾之处，然后向上级直陈："巫师是不可信的！"[110] 证词可能是生动的梦境、恍惚状态、幻觉、精神分裂症、虚假记忆综合征或斯德哥尔摩综合征造成的结果，而且在自愿而详细供认自己的人中，儿童和青少年特别多。综合以上因素可能总结出造成

108　有关瑞典证据，参见 Soili-Maria Olli, "How to Make a Pact with the Devil", *Studia Neophilologica*, 84 (2012), pp. 88–96。

109　关于欧洲大陆中部地区审判中在这些环境下认罪方式的研究，参见 Lyndal Roper, *Witch Craze*, London, 2004；以及 Robisheaux, *The Last Witch of Langenburg*。这一点在洛桑小组和老一辈学者诸如乔治·林肯·布尔（George Lincoln Burr）编辑的审讯记录中也很明显。

110　Henningsen, *The Witches' Advocate*, p. 350.

这一现象的原因，但他最终并没能达成某个结论。古斯塔夫·亨宁森研究了西西里妇女的供词，她们声称与"外面来的夫人"有很多互动。亨宁森认为，梦境无法解释这些人所说的每周三个晚上一起出游的习惯。在他看来，这种有规律的、有目的的想象活动只能用某种技巧来解释，这种技巧能使人进入梦乡，并通过心灵感应的交流实现集体的心理体验。他想知道"巫师安息日"这种体验是否也是通过同样的方式获得的。[111] 他跨过了现有学科知识的界限，而这也许正是近代早期巫术研究最终有可能引导我们进入的领域。然而，他的尝试能否成功，依然取决于西西里妇女供词的真实性。她们是否夸大了梦中经历的规律性和连贯性，以此来维护她们作为服务型魔法师的声誉，以及她们被善意灵体赋予的能力？很难想到有什么办法能够证实她们的陈述。

此外，还有一个更普遍的问题有待解答：是否任何与魔法仪式有关的组织活动都是以对撒旦教巫术的指控和供述为依据呢？没有人比研究德意志符腾堡（Wüttemberg）巫师审判记录的爱德华·贝弗更执着于在欧洲大陆寻找这类证据。他展示了邪恶巫术的观念是如何通过印刷品和当地大学的渠道被精英阶层吸纳，然后再通过路德派教会的传播散布到民众中间去。他将大多数指控和供述的内容归结为梦境、谵妄、精神活性物质的刺激、灵魂出窍体验、虚假记忆、谎言、自我催眠、感知错误、人格障碍和其他形式的认知失调。同时，他否认那些巫术案中的被告组成了宗教或反宗教教派的组织，但同时保留了将其看作可能是少数人参与的集体活动的可能性。参与者在这种活动中可以分享关于魔法的观念，有些人甚至开始在实际生活中去使用这些魔法。难题还是出现在证据上。他的主要证据来自一位尝试使用巫术的"准"

111 Gustav Henningsen, "The Witches' Flying and the Spanish Inquisitors", *Folklore*, 120 (2009), pp. 57–74.

服务型魔法师，他称自己从女神维纳斯的王国里学会了魔法，而之前我们说到过，他所描述的维纳斯生活的地方与中世纪晚期著名的唐豪瑟传奇故事中描绘的山脉是一样的。材料中的个人化的口吻，以及这个故事与很多学者认知的"萨满的"经验相符的叙述，这些都吸引了贝弗的注意力。但他非常明智地认为，这段故事可能是梦境或活跃的想象力造成的，而非当地萨满教传统的结果，其中大部分内容确实像幻想出来的。[112]可以确定的是，魔法师们有时会临时组织起来集体行动，但非常罕见。最明显的行动是寻找宝藏。除此之外，我们就再也没有什么可以确定的了。[113]

因此，在近代早期巫师审判与古代和民俗传统之间存在着一个奇特的悖论。一方面，学者一再强调，撒旦巫师的概念是构成巫师审判的基础，其中的确存在着非常古老的想象和观念。大约六个世纪以后，它们在某种程度上造成了相关的恐惧感，但基督教的教会人士并不愿意将它们严肃对待。另一方面，新的概念需要很长的时间来发展，需要更长的时间来传播，所花费的时间贯穿了整个以正统基督教思想观念为基础的中世纪晚期。另外，更为古老的主题和传统对于巫师审判的实际发生率和性质的直接作用非常小。这些主题和传统最明显地表

112　Bever, *The Realities of Witchcraft and Popular Magic*, pp. 65–214. 贝弗对萨满教给出了两种不同的定义，一种是狭义的萨满教，另一种是广义的萨满教。问题是，他把这两种定义都应用到了氏著之中，并根据不同的情况在两者之间游走。总的来说，我认为他理解近代早期信仰和指控的方法是值得肯定的。约翰·德莫斯（John Demos）率先将精神分析应用于对巫师审判的理解，参见 *Entertaining Satan*, Oxford, 1982, 许多学者对他的设想进行了富有成果的讨论，包括：Lyndal Roper, *Oedipus and the Devil*, London, 1994, 以及 Diane Purkiss, *The Witch in History*, London, 1996. 现在需要的是，随着心理学和神经科学的不断发展，更多研究这一领域的历史学家能够效仿贝弗的做法，就如何从类似的研究中获得更好的见解展开讨论。

113　在上文所引的贝弗的讨论中提到了寻找魔法宝藏的重要性。也可参见 Johannes Dillinger, *Magical Treasure Hunting in Europe and North America*, Basingstoke, 2012。

现在巫师审判中心地带的边缘，也就是在欧洲最北端和东南端，比利牛斯山和阿尔卑斯山的南部分水岭一带，以及两座山脉中的低地地区。在审判的中心地带存在着大量活跃的夜间灵体世界的民间传说，但就算在表现得最突出的区域，与之有关的审判也只占少数，而且通常是非常少的少数。从芬马克穿过芬兰，到波罗的海沿岸，这一地区的民间传统可能的确影响了巫术指控中的性别比例，但总体来说，法庭记录偶尔在特定地区揭示了一些民间信仰元素，但民间信仰却不能用来解释当地审判的整体面貌。而这种审判之所以泛滥，最重要的因素是精英宣传和大众文化接受的那种几乎是泛欧洲的巫术新概念。不过，这个结论来源于对欧洲大陆各地区研究成果所做的一般性考察。它不能排除另一种可能性：如果针对某一个特定地区的巫师审判问题进行调查，可能可以用古代和中世纪文化中的洞察来解释其他视角无法解释的模式。这样的"细读"可能会对这个主题中存在的问题提供新的解答。在本书的最后一个部分所要阐述的是关于不列颠的内容，这个岛拥有合适的记录、各种文化的杂糅和完备的学术传统，而这些都是我们触手可及的资源。

第三部分　不列颠视角

VIII 巫师与妖精

自从民俗研究成为一门独立的学科以来，至 19 世纪末，研究者就发现，近代早期的不列颠人相信，所谓的巫师与土地上的类人生灵之间存在某种联系，它们通常被称为"妖精"或"精灵"（elves）。这种联系在苏格兰巫师审判的记录中尤为明显，而它一直以来都是研究不列颠妖精传统的重要资源。[1] 近年来，坚持认为"古老萨满教观念的底层孕育了巫师安息日概念"的卡洛·金兹伯格进一步强调了这些记录的重要性。他请学界同仁关注某些被告的供词，其中提到他们去拜访妖精，特别是妖精王后的经历。他认为描述这种经历的人都处在恍惚状态中，与欧洲大陆声称在夜晚与"夫人们"同游的那些人一样。他的结论是，如果把在苏格兰的这些发现与阿尔卑斯山脉、意大利和东南欧的资料相叠加，"我们可以看到一种被扭曲的凯尔特传统狂热崇拜的回响"，崇拜的对象是夜间女神。[2]

大多数研究苏格兰巫师审判和神话传说的专家都忽视了金兹伯格

1　例 如，J. A. MacCulloch, "The Mingling of Fairy and Witch Beliefs in Sixteenth- and Seventeenth-century Scotland", *Folklore*, 32 (1921), pp. 227–244；Minor White Latham, *The Elizabethan Fairies*, New York, 1930, pp. 148–175；K. M. Briggs, *The Anatomy of Puck*, London, 1959, pp. 99–116；Diane Purkiss, *Troublesome Things*, London, 2000, pp. 85–115；Lizanne Henderson and Edward J. Cowan, *Scottish Fairy Belief*, East Linton, 2001, 散见全书各处；P. G. Maxwell-Stuart, *Satan's Conspiracy*, East Linton, 2001, pp. 63–141。

2　Carlo Ginzburg, *Ecstasies*, Harmondsworth, 1992, pp. 96–109. 引文见第 109 页。

的假设，但有两位英国学者却深受他的影响，她们是他的巫术相关思想对英语学者缺乏影响力的两个主要的例外。第一位是埃玛·威尔比，她在两本书中都采用了金兹伯格，以及相关学者如埃娃·波奇和加博尔·克洛尼曹伊的方法。其中一本出版于 2005 年，论述了近代早期不列颠妖精和魔法的关系，主张很多时候巫师和魔法师都会设想一种与灵体世界的相遇，他们的许多观念与实践都获得于此。[3] 她说，他们之所以这么做，是因为他们的意识陷入了一种与萨满相似的意识改变状态，他们借鉴了前基督教的万物有灵的观念。他们打交道的大多数灵体，尤其是妖精，都是从这个观念中产生的。但她比金兹伯格本人更为谨慎地避免将它称为"异教观念"，并强调，在近代早期的普通人看来，宇宙中共存着分别来自基督教和前基督教世界的超自然人物形象。[4] 她还避免了任何证明古代萨满教和近代早期信仰之间连续性的尝试，而主要是在现代西伯利亚和美洲的萨满教之间做跨文化比较。她表示，不列颠巫师和魔法师与萨满有很多相似之处，不过她也承认，能够支持不列颠巫师和魔法师也会进入恍惚状态的证据非常少。

她在 2010 出版的第二本书是一份案例的拓展性研究。她将自己的观点应用到 1662 年在马里湾（Moray Firth）奥尔德恩村（Auldearn）发生的伊索贝尔·高迪（Isobel Gowdie）案中。这是苏格兰历史上最轰动的巫师审判个案，正是这次审判中出现了"coven"一词，后来成

3　Emma Wilby, *Cunning Folk and Familiar Spirits*, Brighton, 2005. 非常感谢埃玛将这本书和它的续作送我。

4　此外，她还与玛格丽特·穆雷所谓的"意识形态过激行为"和现代非基督徒"想象的放纵"（"与近代早期巫术和魔法相关的精神信仰与实践"）保持了距离（参见前书，第 190 页）。然而，她对现代西方萨满教怀有深深的敬意。金兹伯格作为世俗的理性主义者，从未对现代非基督主义和现代萨满教表现出任何兴趣，并指出玛格丽特·穆雷对苏格兰材料的解释是"明显荒谬的"，这个评价比其他批评者更为直率：*Ecstasies*, p. 112。

为形容"巫师群体"最常用的词语。高迪对她行巫的活动做了非常详细和耸人听闻的陈述，其中包括一系列恶毒的罪行、夜间飞行以及与魔王撒旦、妖精国王及王后打交道等内容。之前的学者都认为她疯了，但威尔比却不这么看。她主张将高迪看作一名服务型魔法师，以及被邂逅（不论真假的）灵体的幻想所激发的说书人（storyteller）。在解读的过程中，威尔比出色地重构了高迪所处的社会和文化环境，并在无意间提出了一个特别好的主张——高迪与她的朋友们可能真的曾是从事邪恶魔法的撒旦教徒。[5]威尔比承认，高迪在证词中很可能存在虚假陈述和虚假记忆综合征的情况，同时她也意识到，卡洛·金兹伯格的观念在英国和美国学界尤其广受争议。尽管如此，她还是认为英美学者需要承认，高迪的供词中可能隐藏着某种"萨满教式"的幻觉体验，甚至认为高迪可能是当地一个"崇拜团体"的成员。

到目前为止，埃玛·威尔比的观点在近代早期不列颠历史研究界依然没有什么影响，她对审判记录的解读也确实带有太多的推测成分，而这些资料完全可以用其他方式来解读。[6]比如，没有确凿的证据证明伊索贝尔·高迪是魔法师或说书人，或者有过任何幻觉体验。即便她真的产生过什么幻觉，她也依然有可能是一个幻想型精神病人，其幻

5　Emma Wilby, *The Visions of Isobel Gowdie*, Brighton, 2010. 一些苏格兰被指控为巫师，实际上可能被认为犯了恶魔崇拜和尝试使用破坏性魔法两种罪行，这类案例的争议见 P. G. Maxwell-Stuart, *Satan's Conspiracy*。这种情况的确有可能发生，不过我们似乎无法通过证据来证明这一点，也无法解释供词中的荒诞成分。

6　相关评论，参见 *Historical Journal*, 51 (2008), pp. 1083–1085；*Shaman*, 19 (2011), pp. 89–95；*Journal of Scottish Historical Studies*, 32 (2012), pp. 93–94；*Time and Mind*, 6 (2012), pp. 361–366；以及 *Folklore*, 124 (2013), pp. 111–112。非常感谢克莱夫·托利和马尔科姆·加斯基尔提醒我注意其中两篇文章。或参见 Owen Davies, *Cunning Folk*, London, 2003, pp. 177–186。埃玛·威尔比在一篇关于不列颠"黑暗的萨满教"的文章中进一步发展了她的理论，但就本书的目的而言，这些理论对她早期的著作没有任何补充，而是对其他方面进行了扩展。

觉受到了民间文化主题的强烈影响。尽管如此，在大多数时间里，威尔比依然在努力坚持这个方向的研究，试图说服学者们不要忽视不列颠巫师审判供词和魔法修习者的行为可能源于幻觉体验，使他们接纳其为一种可行的解释。[7] 本书认为她在这一工作上是成功的。

第二位受到卡洛·金兹伯格影响的英国学者是朱利安·古达尔。他是近代早期苏格兰研究领域最重要的专家之一。他认为自己的观点与金兹伯格、威尔比的都不同，指出没有人会完全采纳金兹伯格的理论，也拒绝像金兹伯格一样"沉溺于古老的过去"，同时，他也不同意威尔比的许多观点。但他认为两者的观点各有价值。他断言，"根深蒂固的民俗信仰或神话结构深刻影响了民间将巫术概念化的方式"，并认为是金兹伯格引起了学界对这一观念的关注。[8] 在 2012 年刊发的一篇文章中，他突出了一个 16 世纪 30 年代中期的苏格兰审判文本的重要性，该文本提到了一个妖精传说："有些人说他们会与无数多个被他们称为'欢乐生灵'[9]（seely wights）的单纯女性相会。"在苏格兰，欢乐生灵能给人带来祝福和幸运，19 世纪以前在传说中反复出现。古达尔将它解释成一种类似于妖精但又与之不同的超人类体。从这些资料以及一些别的对此类实体有所提及的苏格兰材料，并将它们与西西里对"外面来的夫人"的信仰作对比后，他假设在近代早期苏格兰存在着一种"萨满教式魔法修习者"的"崇拜团体"[10]，且大多数是女性。

---

7 不可否认，有时她的论述不够谨慎，比如，在 *Cunning Folk*, p. 243 和 *The Visions of Isobel Gowdie*, p. 281 中，经常将一些令人赞赏的暗示和试探弄得言之凿凿 —— 但这种武断非常罕见。

8 Julian Goodare, "Scottish Witchcraft in its European Context", in Julian Goodare et al. (eds.), *Witchcraft and Belief in Early Modern Scotland*, Basingstoke, 2008, pp. 30–38; 引文见第 31 页。

9 译注："seely"为古苏格兰语，意为"欢乐的"；"wight"源自古英语"wiht"，意为"特殊生物"，此处译作"生灵"。

10 他和金兹伯格都使用了这个词，并将其"问题化"了。

这些人声称自己与超人类体有交流，有时将自己称作"欢乐生灵"。他认为，她们声称在夜间飞去与"欢乐生灵"交流的方式与欧洲大陆"夫人"的追随者相同，实际上都处在恍惚的状态和入迷的幻想之中。金兹伯格和威尔比二人在古达尔这一重构工作中所造成的影响都是显而易见的，就像埃娃·波奇和古斯塔夫·亨宁森的著作对他的影响一样，但这种重构的形式仍是古达尔的原创。[11] 同行还没来得及对它给出回应，他紧接着又写了一篇文章，探讨了"欢乐生灵"的"崇拜团体"是如何融入近代早期苏格兰文化大图景中的，特别是这一图景关于妖精信仰和幻觉体验的那部分。[12] 因此，以上提到的这些学者为近代早期不列颠史提出了一些重要的问题：服务型魔法师、巫师和妖精之间存在着什么样的关系？这种关系在整个不列颠都是相同的吗？它的发展，以及关于妖精观念的总体发展，是否能够依据时间线索加以追溯呢？接下来我们就要看一下本书采用的方法能够在多大程度上解决这些问题。

妖精与魔法师

本书提出的收缩视角的一般方法可以被应用于上述第一个问题。一项全球调查显示，在每一个人居大陆，人们通常都相信魔法师能（尽管并不是都能）从与超人类体（常以灵体形态出现）的交往中获得一些能力和知识。同样，人们通常认为巫师与邪恶的灵体合作，共同从

11 Julian Goodare, "The Cult of the Seely Wights in Scotland", *Folklore*, 123 (2012), pp. 198–219.
12 Julian Goodare, "Seely Wights, Fairies and Nature Spirits". 当时即将出版于 Éva Pócs (ed.), *Body, Soul, Spirits and Supernatural Communication*，非常感谢朱利安将这篇论文的样刊寄给我。

事破坏活动。[13] 但"传统的"西伯利亚萨满是一般模式中的极端样本，因为在施展服务型魔法的过程中，他们依靠的是灵体助手。同样，从前面的章节可以看出，欧洲的服务型魔法师也经常声称能通过与灵体的交流来获取他们的力量和知识。从 9 世纪开始出现的那些"夫人"或"夫人们"的追随者也是如此。还有自称在维纳斯堡学会魔法技巧的人、通过与地魔或树灵交流来学习魔法的斯堪的纳维亚人都属于这一类。但是，在欧洲大部分地区，显然没有证据表明大多数魔法师自认或被认为也通过这种方式获得相应的魔法技巧。事实上，在欧洲的某些地区，还有另一种获得能力的方式，比如东南部的"梦中武士"以及本南丹蒂，他们的能力都是先天的。然而，在"梦中武士"所在的地区，也有一种通过向灵体学习以获得能力的魔法修习者，埃娃·波奇将他们命名为"妖精魔法师"。[14] 他们遍布欧洲东南部，从希腊到巴尔干，再到斯洛文尼亚、克罗地亚、罗马尼亚，甚至可能还包括匈牙利，据说这些魔法师是从当地那些与不列颠妖精类似的物种那里学会了技巧，特别是疗愈技巧。它们往往以美丽女性群体的形象出现，制造了很多难题给它们的人类学徒医治，但也可以给人带来好运和富足。很多与它们有联系的魔法师组成了社团，成员大部分为女性，人们相信还有很多魔法师在夜间与它们一起旅行。这类传说看起来就像《主教教规》中记载的欧洲东南部传统的延续，大概与古斯塔夫·亨宁森所研究的西西里"外面来的夫人"一样，都是这一传统持续时间最长的遗存。关于这些人的信息大都保存在现代搜集的民间传说中，

13　相关参考资料参见第一章和附录。与动物灵体有关的具体案例将在第十章中讨论。

14　Éva Pócs, *Fairies and Witches at the Boundary of South-eastern and Central Europe*, Helsinki, 1989；以及 "Tundéres and the Order of St. Ilona, or, Did the Hungarians Have Fairy Magicians?", *Acta Ethnographica Hungarica*, 54 (2009), pp. 379–396。

但在近代早期达尔马提亚和克罗地亚的记录中也保留着她们作为疗愈师和寻巫者的记载。[15] 然而，值得反复说明的是，即使在其活动区域内，她们也只代表了一种服务型魔法师，而且似乎大多数欧洲国家都缺乏这一种共同的传统。此外，这些类似妖精的灵体也只是魔法师求助的其中一类超人类体，在西班牙和葡萄牙，服务型魔法师的能力则被认为大多来自某些特定的圣徒。[16]

与零散的欧洲记录相比，在不列颠的资料中似乎比较有可能找到魔法师与妖精之间的联系。长期以来，研究民间传说的学者和一些偶尔对这个主题感兴趣的历史学家就已经注意到，不列颠的服务型魔法师经常声称自己受到了妖精的指导。[17] 如上所述，学者们早就已经确认了这些超人类体和被指控的巫师之间的关系。接下来我们要一一将证据摆出来（尽管大部分都已经众所周知了），这样才可以让它们与之前提出的问题挂上钩。从苏格兰开始，大约在 1572 年，第一次关于巫术的审判，也就是爱丁堡的珍妮特·博伊曼（Janet Boyman）的起诉书中就保存了详细的证据。博伊曼说，她从一位服务型魔法师的仪式中学会了疗愈技巧，在仪式中召唤了一位"善意邻居"（good neighbours，妖精的常用化名），并通过他们获得了"欢乐生灵"的伎俩，使她能够保护人们免受它们的伤害。但遗憾的是，她的疗愈效果并不好，而且还涉嫌发布政治预言，导致被逮捕。[18] 1576 年，艾尔郡一位

---

15 Zoran Čiča, "Vilenica; Vilenjak", *Narodna umjetnost*, 39 (2002), pp. 31–64.

16 Fabián Alejandro Campagne, "Charismatic Healers on Iberian Soil", *Folklore*, 118 (2007), pp. 44–64.

17 例如，Latham, *The Elizabethan Fairies*, pp. 140–147, 163–164；Briggs, *The Anatomy of Puck*, p. 99. 另一个很好的例子是 Keith Thomas, *Religion and the Decline of Magic*, London, 1971, pp. 608–609。

18 National Records of Scotland, JC26/1/67.

叫伊丽莎白·邓禄普（Elizabeth Dunlop）的妇女承认，有个叫汤姆·里德（Tom Reid）的男子将她介绍给"精灵之家的大厅"中的"善意生灵"，在那个地方，她遇到了一个已经亡故的熟人。而汤姆·里德本人在三十年前就战死沙场了。后来，里德的情人——精灵王后还亲自到家中去拜访她。邓禄普说，从汤姆和他的伙伴那里，她学会了用草药来治病和预见未来，还能够找到丢失或被盗的物品。后来被她指认作小偷的男子为了自保而告发了她，导致了她的悲惨结局。[19] 十二年以后，来自法夫（Fife）的艾莉森·皮尔逊（Alison Pearson）说，她治病的本领是通过观察一群穿着绿衣的超人类男女而学来的，这群人有时既美貌又快乐，有时又很可怕。从一位死去的堂兄身上，她学到了更多疗愈的本领。这位堂兄曾告诉她，他自己也是被这群人带领着离开人世的。[20] 她之所以遭受审讯，可能是因为当时圣安德鲁斯的大主教找她治疗，结果大主教的政敌告发了她。[21] 1590 年，苏格兰爆发了第一次大规模的巫师审判。据称，克罗默蒂（Cromarty）的福尔斯夫人（Lady Foulis）曾向当地的一位魔法师请教如何杀死一些亲戚。那人建议她去找当地一座小山里的妖精们谈谈。[22] 同一年，斯特灵（Stirling）的伊索贝尔·沃森（Isobel Watson）声称自己曾给妖精王后接生，还与一位可能是鬼魂的男人成为朋友。她也说自己从他们那里学会了疗愈技巧，同时还承认自己得到过天使的帮助。[23] 1597 年，克里斯蒂安·莱

19　关于这场审判的最新出版物，见 Wilby, *Cunning Folk*, pp. viii–xv。

20　Robert Pitcairn (ed.), *Ancient Criminal Trials in Scotland, Edinburgh*, 1833, vol. 1, part 3, pp. 161–165.

21　参见 "The Legend of the Bischop of St. Androis Lyfe", in James Cranstoun (ed.), *Satirical Poems of the Time of the Reformation*, Edinburgh, 1891, vol. 1, p. 365, lines 371–389："嘲笑和诽谤她的人，将她当作与'欢乐生灵'为伍的邪恶魔法师"。

22　Pitcairn (ed.), *Ancient Criminal Trials*, vol. 1, part 3, pp. 192–204.

23　Stirling Council Archives, CH2/722/2.

温斯顿（Christian Lewinston）的审判在爱丁堡开庭。她供称自己从女儿那里学到了巫术，而她的女儿曾被妖精诱拐和教导过。[24] 同一年被审判的伊索贝尔·斯特拉昌（Isobel Strachan）则称是她的母亲教会她魔法技能，而母亲的魔法是从她的精灵情人那里学的。[25] 1589 年，安德鲁·曼（Andrew Man）因曾经对人类、动物和农田使用疗愈和保护（但也有疫病）魔法，在阿伯丁接受了审判。他说自己有两个超人类的帮手，一位是精灵之家的王后，从他小的时候就拜访过他们家；还有一位是名为"克里斯松戴"（Christsonday）的天使，他认为这个天使是上帝的儿子，有时又似乎将它直接等同于耶稣。这两个帮手是同伙，但曼的魔法能力似乎是王后教给他的。他说，在王后的宫廷里见到了很多已故的人，其中包括王后传说中的情人——著名诗人托马斯（Thomas the Rhymer），以及在弗洛登战役（Flodden Field）中被杀的詹姆士四世国王。[26]

1615 年，珍妮特·德雷弗（Janet Drever）在苏格兰北部的奥克尼岛（Orkney）接受审判，她被控与"妖精族"（fairy folk）保持了二十六年的交往。次年，伊丽莎白·里奥克（Elspeth Reoch）也被传唤到这个法庭，她被控从两个神秘男子那里获得了通晓与人类有关的隐秘知识的能力和用草药疗愈的能力。其中一个称自己是"妖精"，是她一个在争执中被杀害的亲戚。[27] 另一位是来自苏格兰北部的疗愈师凯瑟琳·卡雷（Catherine Caray），她说自己曾于日落时分在附近的

24　Pitcairn (ed.), *Ancient Criminal Trials*, vol. 2, part 2, pp. 25–26.

25　John Stuart (ed.), *The Miscellany of the Spalding Club: Volume One*, Aberdeen, 1841, p. 177.

26　Ibid., pp. 119–125.

27　G. F. Black, *Examples of Printed Folk-lore Concerning the Orkney and Shetland Islands*, ed. Northcote W. Thomas, London, 1903, pp. 72–74, 111–115.

小山上见过"许多妖精"及其领袖。[28] 两年后，一位流浪的杂耍者和算命师，约翰·斯图尔特（John Stewart）因为用魔法弄沉了一条船而在艾尔郡的欧文村受审。他告诉法庭，自己每星期都去拜访妖精和它们的国王，自己的占卜技能也是它们传授的。在那里，他还见过很多已故的人，因为突然死去的人都会生活在精灵国度（Elfland）。[29]1623 年，一位名为伊索贝尔·霍尔丹（Isobel Haldane）的珀斯郡妇女在接受审讯时说，她在床上睡觉的时候突然被送到了一座妖精山里，获得了疗愈的能力和预测死亡的灵感。而且，她还能够对人下诅咒。某次她在偷麦子的时候被人当场抓住，她就诅咒了对方，之后就被人告发了。而一起受审的还有她的朋友珍妮特·特罗尔（Janet Trall），她也是一位著名的魔法疗愈师。她说自己也曾被一群妖精从床上抬到山里，从此学会了疗愈和为祸的魔法。[30]1628 年，斯特灵附近一位很受欢迎的疗愈师斯坦（斯蒂文）·马尔特曼（Stein [Steven] Maltman）被送上法庭，人们怀疑他将委托人的痛苦转移给其他人。他说自己是从妖精那里学到的相关技巧，而且妖精们还制造了很多疾病让他来医治，但同时他也强调自己对"上帝和所有神秘生物"的热爱。[31]1633 年又是在奥克尼岛，伊索贝尔·辛克莱尔（Isobel Sinclair）因吹嘘与妖精的交往而被审讯，她说自己被"妖精控制了六次"，从而获得了"第三只眼"（second

---

28　John Graham Dalyell, *The Darker Superstitions of Scotland*, Edinburgh, 1835, p. 536. 材料将她的遭遇放在凯瑟尼斯（Caithness），但她本人来自奥克尼（Orkney）。

29　*Register of the Privy Council of Scotland*, vol. 11, pp. 366–367, 401. 参见 Henderson and Cowan, *Scottish Fairy Belief*, pp. 130–131。

30　John Stuart (ed.), *Extracts from the Presbytery Book of Strathbogie*, Aberdeen, 1843, pp. xi–xiii.

31　该记录刊印于 Alaric Hall, "Folk-healing, Fairies and Witchcraft", *Studia Celtica Fennica*, 2 (2006), pp. 10–25。

sight）。[32]1640 年，约翰·戈思里（John Gothrey）向珀斯的基督教长老会承认，自己被妖精绑架了，之后他一直在和妖精一起跟着里面的一个少年学疗愈咒语，而那个少年自称是约翰的亲兄弟，在还是婴儿的时候就被妖精偷走了。[33]1647 年，爱丁堡以西的利文斯顿，玛格丽特·亚历山大（Margaret Alexander）供称自己在三十年前与妖精成为朋友，并且与它们的国王有染。从此她就学会了疗愈，但也学会了某种杀人的魔法，她用这种魔法杀了两个人。[34]同年，珍妮特·考伊（Janet Cowie）因用巫术伤害多人而在埃尔金（Elgin）受审，她为自己经常在夜晚与妖精外出的情况辩解，这招致了对她的又一条指控。[35]

　　伊索贝尔·高迪自称曾到附近的山上拜访过妖精王后和国王，尽管她从来没有从中获得什么能力，但也许更值得注意的是，她从来没有承认过自己是一名服务型魔法师。[36]1669 年，不列颠东南部邓斯（Duns）的男性魔法师哈利·威尔斯（Harry Wills）受到审判，他承认自己在职业生涯刚开始时与妖精共度了十九天，还收留了一位女性灵体，她会在晚上给他出谋划策。[37]1677 年，阿盖尔郡（Argyll）的因弗雷里（Inveraray）有两名男子被控偷牛罪，其中有个男子声称自己有能力追回被偷的物品，他的能力是由一位朋友传授的，而第一次见面的时候，这位朋友正在山洞里跳舞，那个山洞是妖精国王的宫

32　Black, *Examples of Printed Folk-lore*, p. 124.

33　相关描述参见 Margo Todd, "Fairies, Egyptians and Elders", in Bridget Heal and Ole Peter Grell (eds.), *The Impact of the European Reformation*, Aldershot, 2008, p. 193。

34　Survey of Scottish Witchcraft.

35　William Cramond (ed.), *Records of Elgin 1234–1830: Volume Two*, Aberdeen, 1908, p. 357.

36　她的供述近期出版在 Wilby, *The Visions of Isobel Gowdie*, pp. 37–52。

37　参见 P. G. Maxwell-Stuart, *An Abundance of Witches*, Stroud, 2005, pp. 112–113。

廷。[38]1697年，伦弗鲁郡（Renfrewshire）的一名妇女玛格丽特·富尔顿（Margaret Fulton）受到多起巫术谋杀案的指控，在提到自己的魔法交易时她说，她的丈夫"把她从妖精那里救了回来"。[39]

以上案件中的大多数被告都以撒旦教巫术罪被判处了死刑，因为在苏格兰，该罪名定罪关键在承认与魔鬼订立了契约，而妖精很容易被地方法官视作魔鬼。事实上，这些叙述中经常出现撒旦或它的爪牙，而且还经常将魔鬼的行为安在妖精身上，比如叫人背弃基督教等。另一方面，除了上面提到的，被告叙述的魔法服务中还能找到基督教的元素：他们的咒语通常借用"圣三一"的名义，或是专门从供奉圣徒的水井中取水。如今能看到的苏格兰巫师审判，只要提到了妖精，绝大多数我们都引用了。[40]尽管数量众多，但与有案可查的审判总数相比，它们依然只占很小的比重；但也有可能它们代表的是大多数服务型魔法师被当作巫师来审判的案例，这样就让这种魔法师与妖精传说之间的关系更加密切了。被审判的服务型魔法师似乎大多是因为树敌、未完成委托或卷入政治斗争而逾越了正常服务型魔法师的边界。当然，还有其他的资料能强化苏格兰的人类魔法师和妖精之间的联系。一项对当地教会法庭魔法审判的研究发现，那些因兜售魔法服务而被指控的人供称，他们的能力都是妖精传授的，而这些被告遍布在从安格斯和东洛锡安（East Lothian）到艾尔郡的整个中部低地地区。这项研究的结论是，当时所有社会阶层都会向这些魔法师求助，如果委托人的

38　J. R. N., Macphail (ed.), *Highland Papers. Volume Three*, Edinburgh, 1920, pp. 36–38.

39　Page 7 of an *Account of Two Letters*，附于 *A True Narrative of the Sufferings and Relief of a Young Girl*, Edinburgh, 1697。

40　从中，我排除了审判记录中特征不明显的那些，比如穿绿衣服的灵体，虽然很有可能是妖精，但无法完全肯定。

目的达到了，他们就不会被起诉。[41]1677年，一位上流社会人士向与他通信的人抱怨说，"白恶魔（也就是妖精）到今天为止，依然像'密友'一般提供一些日常服务"。[42]

另一方面，并非所有（或大多数）近代早期的苏格兰服务型魔法师都声称他们的能力来自妖精。朱利安·古达尔的研究表明，在指控中，被告人在谈到自己从哪里获得了这些能力的时候，在魔鬼之外，他们还会提到天使、幽灵和（往往）定义模糊的"灵体"。[43]对苏格兰服务型魔法师的能力来源进行的案例研究，可以从一个特殊的分支，即"盖尔预言家"那里着手。17世纪后半叶，致力于为灵体世界的真实性收集证据的不列颠学者开始聚焦这个主题，并搜集整理出版了一些记录。[44]某些学者认为，这些预言家的能力也是从妖精那里获得的。17世纪90年代，一位来自东部高地斯特拉斯佩（Strathspey）的作者说，他们主要的盖尔语名字表明了有些人能与妖精或妖精族交流。而与他通信的人也赞同某些人所说的，自己的"第三只眼"来自"那些我们称之为妖精的魔鬼"。[45]然而，每当预言家和他们的同伴接受咨询的时候，他们首先表现出来的是一系列源自"视觉"的信念，其中包括"视觉"的传承、"视觉"的自发产生、通过观察木瘤和剪刀刃来引导"视觉"，或将手脚交叠在预言家的手脚上等。一些预言家把"视觉"兜

---

41 Todd, "Fairies, Egyptians and Elders".

42 Robert Law, *Memorialls*, ed. Charles Kirkpatrick Sharpe, Edinburgh, 1818, p. lxxv.

43 Julian Goodare, "Boundaries of the Fairy Realm in Scotland", in Karin E. Olsen and Jan R. Veenstra (eds.), *Airy Nothings*, Leiden, pp. 139–170; 以及 "Scottish Witchcraft in its European Context"。非常感谢古达尔惠赐论文。

44 By Michael Hunter, as *The Occult Laboratory*, Woodbridge, 2001.

45 Ibid., pp. 143, 150.

售给咨询者，而另一些预言家则承认没有人知道"视觉"是从何而来。[46]

　　尽管如此，妖精和魔法天赋之间的关系仍很明显。接下来我们要考察一下朱利安·古达尔所说的"欢乐生灵"这个主题。在关于这个主题的文章的开头，他引用了一首1826年发行的苏格兰民间诗歌，诗歌警告人们，直接指称"妖精"会引起它们的敌意，只能使用"善意邻居"或"欢乐生灵"之类的恭维的词来赢得它们的好感。所以到了19世纪，人们认为"欢乐生灵"只不过是妖精的另一种称呼，近代早期的"善意邻居"当然也是妖精的意思。但"欢乐生灵"在近代早期是什么意思呢？在上面提到的审判记录中，这个词出现了两次，它很可能有"妖精"的意思。因此，如果要证明"欢乐生灵"真是和妖精有联系但又不同类型的东西，就必须要找到它们最早的来源。我们找到了16世纪30年代阿伯丁大学的神学家威廉·海（William Hay）撰写的文本，但其中的意思颇为隐晦。文本的开头称：有些女性说她们与妖精王后狄安娜有交往。这明显是在重复《主教教规》中那些最常提到的非常古老的内容，只不过在词句上做了改变，在这里狄安娜所率领的是"妖精"。接下来一句是：有其他人（根据上下文，大概是指其他妇女）说，那些妖精是魔鬼，她们不和妖精来往。这段话其实是对《主教教规》的又一次重复，把狄安娜和她的灵体随从当作魔鬼般的幻觉来看待，只不过是借时人之口表达了作者的谴责而已。放在16世纪的苏格兰来看，它既说明了有些妇女（很有可能是服务型魔法师）宣称与妖精王国有来往，这一点可以与近代早期巫师审判记录呼应；又说明了其他平民已经将某些官方的信息化为己用，将妖精看成是魔鬼。到了第三句，问题出现了。它似乎表明"她们"（可能是指不愿与妖精打

46　Ibid., pp. 51–191，散见全书各处。

交道的女性）与"无数"未受教育的或平民阶层的妇女聚在一起，"用我们的话说，她们是'欢乐生灵'"。[47] 从字面上看，这句话说的是，不与妖精打交道的人会说自己与其他女性一起参加大型集会，后者都没有什么坏名声，也没有什么超自然力量——但她们会给这些女性起一个跟妖精有关的名字。

这里肯定有什么错误。我们无从知道海从何处获得了"欢乐生灵"相关信息，以及信息在传递过程中出了多大的偏差，因此要判断哪里出错是非常困难的。朱利安·古达尔是这么解读的：那些反对与妖精交往的妇女坚持认为，她们交往的是另一种像妖精的东西，叫"欢乐生灵"。古达尔假定海的信息是从这些"崇拜团体"的成员那边直接或间接取得的，还对海获得这些信息的采访方式做了详细的假设。[48] 我倾向于认为，海是复述了一些别人告诉他、但他不完全理解的信息，"欢乐生灵"其实是那些妇女用来指代"妖精"的一种说法。这些妇女可能是服务型魔法师，她们声称自己与妖精交往，而且否认它们是魔鬼。读者可以在不同的解读方式中自行选择，或者因为不确定性而放弃这一选择。[49]

47　William Hay, *Lectures on Marriage*, ed. John C. Barry, Edinburgh, 1967, pp. 126–127. 原文为: "Nam quaedam sunt mulieres que dicunt se habere commercium cum diana regina pharorum Alie sunt que dicunt pharos esse demones et eas nullum commertium cum eis habere Sed se convenisse cum innumera multitudine mulierum simplicium quas vocant lingua nostra celly vichtys."

48　参见 Julian Goodare, "Seely Wights, Fairies and Nature Spirits in Scotland", in *Small Gods*, ed. Michael Ostling, Palgrave Macmillan。非常感谢朱利安惠赐这本即将出版的文集样书。

49　朱利安·古达尔还指出，海不同寻常地将《主教教规》中的妇女描述成"骑着燕子"，并且认为这是"欢乐生灵"崇拜团体的特征之一。这个团体的信众认为自己是入迷的幻象中完成这一举动的。这种推断并非完全不可能，但实际并不像海所说，而且在苏格兰的法庭上，没有任何一位魔法罪的被告宣称自己能以这种方式飞行。最接近古达尔推断的案例是贝茜·亨德森（Bessie Henderson），不过她说的是遇见了一位"像燕子一样飞翔的"像精灵的东西。

那么，英格兰和威尔士的情况如何呢？在这些地方也有许多魔法师自称从妖精那里学到技能的例子。[50] 在英格兰，与它们有关的记录出现在 1440 年左右的萨默塞特审判、1499 年的萨福克审判（与"上帝与赐福玛丽"结合），1555 年的萨默塞特审判（与"上帝的帮助"叠加）、1566 年的多塞特审判（其中一个男性魔法师在一座史前墓穴里与妖精联系）以及 1567 年的约克郡审判。[51] 而威尔士的记录则包括：1587 年一位作家呼吁镇压当地的魔法师"群体"，这些魔法师自称"在星期二和星期四夜间与妖精结伴而行，还夸口掌握了妖精的知识"[52]。1609 年，萨塞克斯拉伊港（Sussex port of Rye）的知名服务型魔法师苏珊·斯瓦帕（Susan Swapper）被指控使用巫术与妖精交往。这个案子在当时很罕见，如今也成了一个著名的英格兰案例。她与妖精的邂逅在当今

50　顺便一提，在对苏格兰进行调查时，我把北部和西部群岛包括在内，而把海峡群岛排除在我对不列颠南部的考察之外。从地理角度，这样做是合理的，因为它们是诺曼底的一部分，而且从法律上看，它们在历史上是诺曼底公国的一部分。当然，还有部分原因是缺乏材料。达利尔·奥吉（Darryl Ogier）的文章论述了 1630 年对一些男性青年的诉讼案，他们在圣诞节期间伪装成（也许是）狼人，引起了民众的恐慌："Night Revels and Werewolfery in Calvinist Guernsey", *Folklore*, 109 (1998), pp. 53–62。然而，当时没有人将他们与巫术、魔法或"崇拜团体"联系在一起，案件记录只涉及一个或（可能）两个团体，而"狼人"这个词的翻译也不确定，因为它还有一个意思是"非法"。在宗教改革后，恩格西岛（Guernsey）当局正在摧毁传统的季拜性习俗，特别是那些喧闹的、与伪装有关的习俗。而惩罚的措施不过是"暂停圣餐"而已。这段插曲与近代早期海峡群岛那些高烈度、死亡人数众多的猎巫行动无关，参见 John Linwood Pitts, *Witchcraft and Devil Lore in the Channel Islands*, Guernsey, 1886；G. R. Balleine, "Witch Trials in Jersey", *Société Jersaise Bulletin Annuel*, 13 (1939), pp. 379–398；以及 Darryl Ogier, "Glimpses of the Obscure", in Angela McShane and Garthine Walker (eds.), *The Extraordinary and the Everyday in Early Modern England*, Basingstoke, 2010, pp. 177–191。

51　Thomas Scott Holmes (ed.), *The Register of John Stafford*, Somerset Record Society 31–32 (1915–1916), pp. 225–257; Claude Jenkins, "Cardinal Morton's Register", in R. W. Seton-Watson (ed.), *Tudor Studies*, London, 1924, pp. 72–74; *The Examination of John Walsh*, London, 1566; Somerset Record Office, D/D/Ca/21–22; Borthwick Institute, R.vi.A2, fo. 22.

52　John Penry, *A Treatise Concerning the Aequity of an Humble Supplication*, Oxford, 1587, p. 46.

的我们看来很典型，一群绿衣人向她提供帮助，并教会她某种疗愈技巧，后来又带着她见了妖精王后。看她的描述，这场邂逅后来演变成了一场"寻宝游戏"，但在当地派系政治的操弄下，涉案人员都遭到了巫师审判，虽然最终她们都被赦免了。[53]

这个传统一直延续到 17 世纪。40 年代晚期，康沃尔的女佣安·杰弗里斯（Ann Jeffries）在当地是相当有名气的魔法疗愈师，因为她声称能与妖精交谈（以及因为她对基督教非常虔诚）。但后来她在魔法活动中发表了对现任政府不利的政治预言，导致职业生涯就此终结。[54]在 17 世纪中期，一名男子因在英格兰北部使用某种白色粉末给人治病而被控使用巫术。他告诉法庭说，他的技巧是住在山丘里受王后统治的妖精教的。后来陪审团宣告他无罪，因为他的疗愈方法似乎挺有效。[55]17 世纪晚期，有个向他人提供各种魔法服务的伦敦妇女玛丽·帕里什（Mary Parish），她自称从豪恩斯洛荒原（Hounslow Heath）的一座山丘进入了妖精领地，还与妖精们，特别是国王和王后交上了朋友。80 年代，她向自己的贵族赞助人古德温·沃顿（Goodwin Wharton）介绍了这个情况，还带着他到处去寻找妖精王国，但每次都因为各种各样的原因空手而归。与其他魔法师一样，她的咒语也引用了上学期

53　East Sussex Record Office, RYE 13/1–21. 关于该案例社会和政治背景的研究，参见 Annabel Gregory in "Witchcraft, Politics and 'Good Neighbourhood' in Early Seventeenth-century Rye", *Past and Present*, 133 (1991), pp. 31–66；以及 *Rye Spirits*, London, 2013。

54　Moses Pitt, *An Account of one Ann Jeffries*, London, 1696; *Devon and Cornwall Notes and Queries*, 13 (1924), pp. 312–314. 对这一例子的深入研究见：Peter Marshall, "Ann Jeffries and the Fairies", in McShane and Walker (eds.), *The Extraordinary and the Everyday in Early Modern England*, pp. 127–142。

55　Durant Hotham, *The Life of Jacob Behmen*, London, 1654, C3; John Webster, *The Displaying of Supposed Witchcraft*, London, 1677, p. 301.

教的相关表述。[56]1705 年，一位作家记录了一位受审的格洛斯特郡妇女的故事。她自称可以预言病人的死亡或康复，据称妖精会在夜间探访她，传授她问题的答案。[57]因此，英格兰和苏格兰一样，尽管服务型魔法师与妖精之间看似有非常紧密的联系，但实际上这并不是普遍情况，甚至在比例上只占到少数。而且，在大多数已知的案例中，涉案的魔法师都是女性，比如上面十个英格兰案例中就有八个女性魔法师。但我们不知道这种情况是由什么原因造成的。是因为女性魔法师更容易认同妖精呢，还是因为大多数此类魔法师都是女性？抑或因为女性魔法师更容易陷入官司而被记录在案卷中？但是，在英格兰和威尔士，以及苏格兰，妖精和人类魔法师的联系到了 18 世纪就逐渐消失了。至 18 世纪末，人们认为魔法师的能力是书籍和人类导师所传授的。之后，似乎再也没有魔法师自称从妖精一族那里学到了知识。也许到了那个时期，妖精已经不再被人相信了。[58]

因此，近代早期成为这种联系的某个（或可能是唯一的）全盛时期。那么我们就要考察一下原因，特别是考虑到卡洛·金兹伯格对“萨满教式”实践如此关注。考虑到在 16 至 17 世纪的不列颠被指控为巫师或服务型魔法师的人中，没有一个被控使用像西伯利亚人或萨米人的萨满那样的仪式技巧，就必须从最宽泛的含义上来理解金兹伯格所说的“萨满”：在反常的意识状态下与非人类体（通常是与灵体）沟通的人。令人激动的是，17 世纪苏格兰的记录里经常使用一些词语来

56　可查阅 Wharton's journals, British Library, Add. MSS 20006–7。弗朗西斯·廷伯斯 (Frances Timbers) 对帕里什进行了全面的研究，对她的遭遇深表同情：*The Magical Adventures of Mary Parish*, Kirksville, MO, 2016。

57　John Beaumont, *An Historical, Physiological and Theological Treatise of Spirits*, London, 1705, pp. 104–105.

58　戴维斯（Davies）特别注意到了这一点：*Cunning Folk*, p. 70。

指代这种状态。东北部阿尔弗德长老会曾经盘问过一名乞讨者，他们将他称为"假装恍惚，或假装与灵体密友交流的骗子"。[59] 而比它更高一级的教会机构——阿伯丁附近的宗教会议收到了一些投诉，里面说"一些人假装恍惚，或假装成妖精，对他人进行谴责"（大概是指控他们犯了某些罪）。[60] 这些人看起来很像服务型魔法师或预言家，他们受雇为客户寻求神谕。可惜的是，资料不能清楚地表明以上两个例子中的行为属于通过进入恍惚状态与灵体或妖精进行交流，而不是某种占卜方式。同样，17 世纪晚期赫布里底群岛中的泰里岛（Tiree）的记录里提到，有位妇女像死了一样躺了一整夜，而她醒来以后说自己的灵魂拜访了基督教的天堂。[61] 这看起来像传统的萨满式入迷恍惚状态，但她不是萨满，甚至称不上一个魔法师，而仅是一个宗教神秘主义者。学者们在收集整理了 17 世纪的苏格兰高地预言家的资料并进行研究后，没有发现任何记录能够表明这些人曾经沉浸在入迷恍惚的状态中，或者有旁观者看到了这种状态。而且，他们的灵光一现都是不由自主的。[62]1678 年，一位采访者特意就此问题询问了著名的女预言家（和寻巫者）珍妮特·道格拉斯（Janet Douglas），她说当"视觉"

59　Thomas Bell (ed.), *Records of the Meeting of the Exercise of Alford*, Aberdeen, 1897, p. 257.

60　John Stuart (ed.), *Selections from the Records of the Kirk Session, Presbytery and Synod of Aberdeen*, Aberdeen, 1846, p. 310.

61　Hunter, *The Occult Laboratory*, p. 196.

62　Ibid., pp. 51–53, 60, 142–147, 161–172. 这种情况使得 18 世纪晚期托马斯·彭南特（Thomas Pennant）的陈述变得更加古怪和不同寻常，他说某些朗姆岛（属于赫布里底群岛）的岛民拥有"第三只眼"，他们在"发作"的时候能够看见幻象，他们"陷入恍惚之中，脸色苍白，假装一个月不吃东西"。引自 Julian Goodare, "Visionaries and Nature Spirits in Scotland", in Bela Mosia (ed.), *Book of Scientific Works of the Conference of Belief Narrative Network of ISFNR, 1–4 October 2014*, Zugdidi, Georgia, 2015, p. 106。可能这些形象在一个世纪之中发展出了新的技巧，但更可能的是，这种方法在更早之前就是他们魔法行为的一部分，但从早期报告来判断，它们并不是主要的。

出现的时候，她的"情绪"和平常一样，"没有任何烦恼、混乱或惊慌"，而"视觉"消失的时候，也一切如常。[63]

所以，重要的是，在苏格兰审判中，以及在英格兰巫术和魔法审判中供认自己与妖精打交道的被告，没有一个宣称自己进入恍惚状态，或者会精神飞行。他们并没有灵魂出窍，而那些妖精总是当他们在床上、房子里、花园里，或当他们走出家门的时候出现，彼时他们（一旦醒来就）能够完全掌控自己心智。与妖精的接触经常发生在户外的某些特殊场所，比如一口圣井旁或（大多是）一个山洞里。虽然有人自称被从床上抬到了妖精那里，但被带走的是身体而不是他们的灵魂，他们是走回来的，或者精疲力竭地被扔在家附近的地上。当然，这并不意味着在发生这些事情的时候他们的精神状态毫无改变，但精神状态似乎是不可能证明的，而且对它的解释可以有很多种。比如，某些人可能编造故事来提高他们的魔法师声誉，某些人可能在苏格兰的巫师审判中受到了精神或肉体的折磨，被迫编出令对方满意的供词，这两种人都会用当地民间传说来填充自己的叙述。即便意识状态真的发生了改变，也非常可能并不属于萨满教式的那种恍惚状态。关于苏格兰巫师审判的一般情况，朱利安·古达尔自己也考虑了好多种可能，比如梦游、睡眠瘫痪症、错觉和幻想等。[64]此外，实在要说的话，还有最后一个可能性是，有人真的遇到了非人类体。

在所有这些中可以肯定的是，整个近代早期的不列颠，从奥克尼岛到康沃尔郡，人们通常认为魔法师们是从妖精那里得到了他们的能

---

63 Hunter, *The Occult Laboratory*, p. 177.

64 Goodare, "Visionaries and Nature Spirits", pp. 102–216; Margaret Dudley and Julian Goodare, "Outside In or Inside Out", and Julian Goodare, "Flying Witches in Scotland", in *Scottish Witches and Witch-hunters*, Basingstoke, 2013, pp. 121–139, 159–176.

力和知识，魔法师们自己也是这样宣称的。在他们的陈述中，有各种各样与妖精沟通的方法，所反映出的可能是当事人各自不同的性格和经历，其中"萨满教式的"恍惚状态只是其中一种而已。于是，我们不能认定他们属于同一个修习此法的"崇拜团体"，尽管按照埃玛·威尔比的看法，这种小型地方团体虽然未经证实，也还是有可能存在的。朱利安·古达尔的观点可能更接近近代早期社会的现实。他用金兹伯格的术语"崇拜团体"来指代"欢乐生灵"，将珍妮特·博伊曼用来自称及形容同类的"行会"（craft）视为这种"崇拜团体"的替换物，之后他又接着审视了所谓"传统"的替换物。他提出，与其说"欢乐生灵"是一个有组织和成员架构的团体，还不如说这些成员只是拥有某种共同的职业身份。大多数服务型魔法师当然都有同样的职业身份，他们肯定是一个"行会"和一种"传统"。

　　苏格兰妖精和欧洲大陆"夫人"的追随者之间确有相似处，但二者之间并没有"血缘关系"，它们代表的是不同起源的传统之间的相互融合。苏格兰妖精的确会像"夫人"的追随者那样一起骑行，贝茜·邓禄普（Bessie Dunlop）[65]、珍妮特·特罗尔和安德鲁·曼都声称见过这类情况。但苏格兰的服务型魔法师并没有声称他们会跟着它们一起骑行，就像他们的欧洲大陆同侪们跟着狄安娜和希罗底一起骑行一样。苏格兰妖精也拥有一个占统治地位的女性形象，但通常还并存着一个与她相配的国王形象。苏格兰妖精的出行方式似乎是随风而动，无论是给人制造疫病还是把人带回妖精王国，涉及这一运动方式的供词总是反复出现，而且这一传统还蔓延到了英格兰的边境。[66] 另外，与"夫

65　译注：即前文所述的伊丽莎白·邓禄普。
66　在贝茜·邓禄普、珍妮特·博伊曼和艾莉森·佩尔森的案例中就出现了这个主题。英格兰的案例，参见 C. M. L. Bouch, *Prelates and People of the Lake Counties*, Kendal, 1948, pp. 215–216；William Lilly, *History of his Life and Times*, London, 1715, pp. 102–103。

人"不同的是,不列颠妖精的活动是不分白天夜间的。因此,卡洛·金兹伯格的观点曲解了不列颠妖精和魔法师之间的关系,过分强调了"萨满教式的"精神状态,给研究带来了误导,导致了部分历史学家从"崇拜团体"的角度来思考问题。但我们也要看到,他的观点做出了非常有益的贡献,让学界重新重视思考"妖精和魔法师的关系"这个问题,而之后的埃玛·威尔比和朱利安·古达尔将金兹伯格的观念和他们自己的杰出工作结合了起来。这三位学者的工作都值得认可。

妖精何来?

然而,卡洛·金兹伯格的观点还可以从另一条路径来考察,虽然埃玛·威尔比和朱利安·古德都没有这么做,但对于本书的方法论来说是可行的,即考察不列颠妖精信仰如何从古代一直延续到近代早期的世界之中,以及这种延续性有多强。首先我们假定,史前时代的不列颠人都信仰本书开头所定义的灵体,因为传统的文化大多如此。从古代学者笔下的欧洲世界和其他大陆上的土著民族的大量证据来看,有些文化中的灵体可能与森林、水流等自然环境有着内在联系,有些文化中的则可能与家庭空间比如壁炉等有关。我们可以将近代早期不列颠的妖精看作一种"灵体",因为当时的人通常认为它们具有突然出现和消失的能力,而且可以跨越正常身体的限制。然而,还有一些其他的说法,比如它们似乎是由一些人类不可能施展的魔法变出来的。[67] 但似乎不能把它们看成是"自然灵体",因为它们并不代表森林、水流等自然现象,而且也并不比前现代的人类活得更"自然"。相反,

---

67　关于不列颠妖精信仰的一般性说明,参见上文注 1 中的资料,另可参见 Jeremy Harte, *Explore Fairy Traditions*, Wymeswold, 2004。

它们和人类一样有国王、贵族式的社会结构，差别在于它们的建筑和设施都建在地下，而不是地面上。[68] 可以说，最近（被广泛使用的）将妖精与自然界紧密联系起来的做法反映了一种现代文学想象，它们代表着正在被城市化和工业化重塑的古老土地。如果真是这样，那么这种看法实际上可能曲解了中世纪和前工业化时代的态度。于是，还是回到那个问题："妖精"传统到底是从何时出现的呢？[69]

一般认为，"妖精"一词是在中世纪晚期才从法兰西传入不列颠的，在这之前，英格兰语和苏格兰语把后来用"妖精"来指代的那种存在称作"精灵"。而在"妖精"出现以后，"精灵"依然保留了下来，与"妖精"交替出现。盎格鲁－撒克逊人肯定相信精灵的存在，也害怕被精灵给人与牲畜带来的疾病折磨。一些文本试图将它们妖魔化，但其他文本则暗示它们是诱人的女性美的典范。但我们找不到明确的证据来证明它们曾被看作魔术师的知识来源——最早的可以确定的迹象出现在 15 世纪——但它们可能与占卜者或先知有联系。从这些文本中找不到明晰连贯的传统，很可能本来就没有传统，但也可能是证据留存不完整的结果。

然而，从 12 世纪至 13 世纪早期的作品中，似乎可以看出盎格鲁－撒克逊时期的人们对精灵的看法并不一致。当时的作者们，比如威尔士的杰拉德、科吉舍尔的拉尔夫（Ralph of Coggeshall）、蒂尔伯里的

68　凯瑟琳·布里格斯（Katharine Briggs）着重强调了这一点：*The Fairies in Tradition and Literature*, London, 1967, pp. 48–50；以及 Gillian Edwards, *Hobgoblin and Sweet Puck*, London, 1974, pp. 33–48。

69　除非另有说明，本节以下部分内容是对本人相关论文的总结：Ronald Hutton, "The Making of the Early Modern British Fairy Tradition", *Historical Journal*, 57 (2014), pp. 1157–1175。从中可以找到完整的论证过程和参考资料。

杰维斯（Gervase of Tilbury）、瓦尔特·马普（Walter Map）、纽堡的威廉（William of Newburgh），在作品中描述了很多人类与非人类的相遇，这些内容不容易融入基督教传统的天使和魔鬼的概念之中。其中的几个主题（它们散落在各种各样的轶事中），后来成为童话故事里经久不衰的要素。第一个是相信存在着一个与人类社会相似的异世界，生活在里面的居民有自己的统治者和社会，在某些方面要比人类社会优越；第二是那个世界的居民能够进入人类世界，有时会偷走人类的儿童，而人类有时也能进入它们的王国；第三是在某个特定的地方存在着沟通两个世界的门户，比如湖泊、森林、丘陵或史前的墓穴；第四是相信存在一种美丽的超自然女性，她们夜晚在僻静的地方跳舞，甚至可以被凡人追求或诱拐，但最后终究要回到她们自己的王国；第五是这些生灵经常与绿色有关；第六是如果人类对它们报以善意，或款待了它们，它们就会还以祝福，但它们也会戏弄人类，特别是在夜晚把人引入歧途。与此相关的还有第七个要素，有一种类似人类的生灵，它们住在或进入人们家里，有时对这个家的主人有帮助，有时又耍各种恶作剧作弄主人。

在这些叙述中，找不到某种连贯一致的信仰体系，可以涵盖和解释这些被创作者们所一再重复的故事。从中也完全不能断定它们都是由社会精英创造的。中世纪那些收集了这些故事并将它们编撰在一起的知识分子们费尽心思地为它们创造了一个类别，就是因为无论是在基督教宇宙观里还是民间信仰中，都没有一个类别能将它们一并收纳。在同一时期1100至1250年间的文学作品中，另一个文学分支即骑士罗曼司中，同样对这类人类与具有明显超人类能力的生灵的相遇缺乏一致的定义，故事里的生灵往往过着奢华的生活，反映了当时社会精英的样貌。特别是，这些生灵扮演的角色是骑士和夫人们的情人、顾问和保护者，有时也是他们的掠食者或引诱者。到了 12 世纪，从法兰西到爱尔兰的整个西北欧的文学作品中都出现了这样的形象。[70] 上面列举的学术作品将人类与非人类体的相遇当作真实发生的事件来讨论，而罗曼司则是天马行空的虚构作品。那些用法语写作的作品最先提供了"妖精"（fairy）一词的词源，它与"fai"、"fae"或"fay"有关，代表的是上面所描述的那些生灵中的女性形象。几乎没有人尝试在神学框架内给这些生灵下定义，去解释它们是什么，或者搞清楚它们做那些事情的动机，而往往只是将它们当作一种神秘的存在。有的作品会明确表明它们是学会了强大魔法的人类，但有些作品却认为它们本质上是超人类的。但大多数作品并没有明确指出它们到底是什么，甚至根本就忽略了这个问题。

尽管如此，这些作品依然对我们非常重要。首先，如上所述，它们代表了整个妖精概念的语言学根源。在古代法语和后来的英语文本中，"fai"或"fay"这个词本身更多地被当作动词，而不是名词使用，用以表示某种神奇和奇怪事物的"形成"。而它的派生词或并行发展出来的"faierie"这个词，指的是离奇的事物和现象，并非指代某种生命体，直到在 15 世纪以后，它才开始在英格兰语中指代某种生灵。但是，它让"妖精"这个形象类型的创造成为可能。另外，在 12 至 13 世纪早期的罗曼司中，还有其他各类"fay"，它们中的一些形象后来也进入了前述的那个被创造出来的类别里。比如，"魔女"（enchantresses）会捕捉那些误入领地的人类，或者主动诱骗人类进入领地；"奥伯龙"

---

70 在 12 世纪的大部分时间里，人们或多或少地认为法国罗曼司中的妖精是来自凯尔特文化，但现在这种看法已经被学者抛弃了，因为无法证实；参见本人文章中的参考文献。

（Auberon）则是一位法力强大的森林国王。这类形象还出现在僧侣莱阿门（Layamon）改编的不列颠传奇的历史中，其中讲述了亚瑟王被它们抚养和传授魔法的过程。在结束自己的统治以后，亚瑟王还回到了妖精王后统治的阿瓦隆岛。莱阿门使用的是英格兰语，他给这些形象冠以本国精灵的名字，这让他能够使罗曼司和本土体裁进行交叉结合。

因此，到了13世纪中叶，构成妖精概念的素材已经齐备：在民间的精灵传统中，它会让植物枯萎、也可能拥有疗愈和诱惑人类的能力；而在精英文学中，它美丽、富有，而且拥有强大的魔法能力；还有一种类型，与以上两种交叠，但不完全相同，其中有各种像人一样的生灵，似乎并存于精英文化和民间文化之中。但我们所不知道的是，有否一种真实存在的传统将至少以上三种素材结合了起来并加以系统化。事实上，在中世纪晚期和近代早期，不列颠原先的那些超自然体依然继续出现在文学作品里，它们的功能特性很模糊，彼此之间的关系也不能确定。比如，盎格鲁–撒克逊时期的"迫克"（puck）能"诱使夜晚的行人掉进陷阱"，而中世纪晚期开始流行的"巴格"（bug，许多词都与它有关）则以在夜里令人们恐惧而著名。14世纪，可能来自法语的"地精"（goblin）一词也代表着某种特性不明但令人不快的夜间灵体，它的行为特征与迫克和巴格有所重叠。不过，到13世纪末，其中一些形象开始被置于同一个系统化的信仰结构之中。

与之相关的有两个文本，一个是《南英传奇人物》（*South English Legendary*），一个是格洛斯特的罗伯特的《格律编年史》（*Metrical Chronicle*），它们将精灵定义成有着美丽女性外表的灵体，它们在人迹罕至的地方舞蹈和玩耍，人们可以与它们交欢，但也要自担风险。到了14世纪初，布道者手册《道德集说》（*Fasciculus Morum*）将这种广泛传播的精灵信仰斥为一种邪恶的幻想，并将这些在黑夜中舞蹈的美女的王后或女神与罗马女神狄安娜相提并论。从这里可以看出《主教教规》的传统开始影响英格兰人对夜间生灵的看法。这本手册中提到了一些相关信仰的细节，比如这些精灵可以将人类带到他们的领地，那里居住着过往的英雄们。

同时，罗曼司中古典时代的影响也为妖精概念的系统化提供了另一个框架。在 1300 年左右创作的法兰西罗曼司《小不列颠的亚瑟王》（*Arthur of Little Britain*）中，古代女神珀耳塞福涅（Proserpine）被设定为"妖精王后"，成为英雄的助手和准情人。这是法兰西妖精的经典角色，往往以出现在夜间和森林的边缘而著称。大约同一时期的中古英国文学《奥尔弗斯爵士》（*Sir Orfeo*）也对俄耳甫斯和欧律狄刻的古代神话进行了类似的改造。神话中的俄耳甫斯潜入地府寻找妻子，而奥尔弗斯进入的则是一个无名的"妖精国王"的领地。在这里，妖精国王代替了原版本中的冥王普鲁托，成为亡者世界的统治者，不同的是他所统治的亡者都是早夭者。那是一片美丽的绿色土地，国王和王后统治着许多俊美强壮的非人类体，有时国王会带着队伍闯入人类世界，一起猎杀野兽和诱拐人类。这是一幅妖精国度的全景画。这些过程让 14 世纪乔叟的名篇成为可能。在他那个著名的故事中，乔叟提到了亚瑟王时代的"精灵王后和她的伙伴们在绿色的草地上欢快地跳舞"。他从中世纪盛期的罗曼司（尤其是关于亚瑟王和他的骑士们的罗曼司）中合成了一幅法兰西妖精的想象图。他的描写给妖精加上了"定冠词"，将它作为一种原型确立了下来，并使这一原型逐渐拥有自己的独特个性。因此妖精的概念依然没有完全固定，但围绕着"妖精"和"精灵"两个概念的联系越发紧密，关于二者的生活场所和性格特征的描述也来越相似。这个过程在改写自 12 世纪古代法兰西故事的，托马斯·切斯特（Thomas Chestre）所著的英语罗曼司《劳恩法尔爵士》（*Sir Launfal*）中也同样可见一斑。其中一个经典的情节是，神秘而美丽的妖精为一位真正的骑士献出自己的爱和帮助，但两个版本之间的对比非常值得注意。古法语版本中的女主人公的身份尚不明确，穿的衣服是皇室的紫色；而到了切斯特那里，女主人公已经变成了"妖精国王的女儿"，而且身着具有鲜明妖精色彩的绿色，故事的结局是让她把男主人公带回了"妖精之地"（faërie）。

到了 15 世纪，妖精王国的文学建构已经完全成型，而且真正地泛不列颠化了。1401 至 1430 年间，苏格兰著名的罗曼司《厄塞尔东的托马斯》（*Thomas of Erceldoune*）讲述了一则故事：一位优雅的男主角成为一位夫人的情人，这位夫人原本被当成祭品留在了野外。她将他带进自己的领地（穿过小山坡而进入），才透露出自己是此地国王的妻子。返回人间的时候，男主人公接受了女王的馈赠——辨别真相，以及预知未来的能力。从这里我们可以看到，彼时的苏格兰已经建立了这种与后来那么多服务型魔法师相联系的传统。到 15 世纪末，这个王国的概念已经成为苏格兰诗歌中反复出现的主题，并与"妖精"这个标签紧密相连。同一时期，威尔士文学也吸收了这一主题。中世纪晚期的《布查德·科伦》（*Buchedd Collen*）用浪漫的笔调书写了这位同名圣徒的一生。故事的主人公遇到了安文（Annwn）的国王古因·阿普·尼德（Gwyn ap Nudd），这个国家是中世纪威尔士传说中地下世界或异世界的代表。古因既是"妖精之王"，也是安文的国王。当圣徒向国王和他华丽的宫廷洒上圣水时，一切都消失了，只留下绿色的土堆。从现存材料看，至 15 世纪中期，相关的英格兰记录为了解当时的大众文化提供了直观的视角，其中也出现了妖精王国的概念。15 世纪 40 至 50 年代间，有报告说在肯特郡和埃塞克斯郡出现了一个自称是"妖精（Fayre）王后"

的游民；还有一群偷猎者伪装成"妖精王后的侍从"；还有一位萨默塞特郡的女魔法师，她自称从"被大家称为妖精（feyry）的空气灵体那里"得到了魔法能力。[71] 显然，在英格兰的普通民众看来，这个外来的法兰西单词已经与英格兰语中的精灵画上了等号。

同样，在中世纪晚期，不列颠对妖精的信仰似乎有了进一步的发展。比如，在中世纪盛期的法兰西和日耳曼传统中，土地上的灵体不但会偷走人类的孩子，还会用自己的体弱多病和难缠的后代（"changelings"）来交换人类孩子。而在中世纪的不列颠文本中，似乎缺乏这方面的明确记载。然而，在1519年出版的一本示范拉丁语翻译学习手册中，这种信仰出现了，而且还成为英格兰，以及之后的全不列颠的妖精故事的固定特征。又比如，当时还创造了一种类似妖精的生灵，名叫"好伙计罗宾"（Robin Goodfellow）。它在1489年的帕斯顿家族的信件中首次出现，1531年，威廉·廷代尔（William Tyndale）给它安排了一个角色，让它诱使夜间的旅行者误入歧途，行为类似盎格鲁–撒克逊时代的迫克和中世纪晚期的地精。雷金纳德·斯科特（Reginald Scot）在1584年将"好伙计罗宾"与另一种长久以来便存在于世的魔法生灵——家养灵体相提并论，并称前者也像这种灵体一样，以完成有效的实际任务来换取报酬："好伙计罗宾"要的是牛奶和面包。不过，在其他地方，斯科特也提到了好伙计罗宾，他将其称为"巨大的妖怪"（great bullbeggar），曾经"非常可怕"，这意味着，较上述几种生灵而言，这种生物的天性中有更大的敌意。总而

---

71 关于萨默塞特郡的魔法师，参见上文注释51中的第一则资料。在一篇关于《十诫》的拉丁文专著中，一篇魔法文本被称为"helvenbook"，也就是"精灵书"（elven book），进一步证明了当时的人们广泛认为妖精与魔法之间存在某种联系。这篇专著的写作时间很可能更早，但目前存世的只有15世纪的抄本：Siegfried Wenzel, "The Middle English Lexicon", in Michael Korhammer (ed.), *Words, Texts and Manuscripts*, Woodbridge, 1992, p. 472。

言之，这些形象的属性还没有完全固定下来。

因此，可以主张，近代早期不列颠流行的妖精概念形成于 13 世纪至 15 世纪之间，其中 14 世纪是孕育这个概念的关键时期。至 1400 年，它已经成为不列颠岛上大多数文学类型中的元素，也成为大众信仰的确定特征之一，英格兰当然如此，其他地方可能也不例外。虽然借鉴了旧有的想象和观念，但它的出现是中世纪晚期的独特现象。它有极小的可能性存在于早一些的大众文化里，虽然对当时的文学没有太多影响，但在 1100 至 1250 年之间写就的那些记录了人类和魔法生灵之间接触的故事，反映了当时整个社会的传统和经验。引人注目的是，在这些故事中，缺乏一种普遍共有的概念，即一个拥有公认的统治者和特性的超自然国度。在后一个时期，可以看出这一概念逐步形成的过程。法语单词"妖精"通过罗曼司这个媒介传到不列颠，同时传入的还有"王国"观念，彼时，无论这个单词还是概念都还未曾出现在大众信仰中，但一旦这个现象发生，"妖精"就和大众信仰紧密地联系在了一起。"妖精王国"的概念本身，又建立在独特的社会精英形式之上，比如那些骑士罗曼司和古典神话。顺便说一句，这种发展顺序也许可以解释为什么这种法兰西文学形式渗透进了不列颠各地——英格兰、威尔士、苏格兰低地区，却没有进入盖尔文化区域。因为高地和西部群岛本身普遍具有一种与妖精和精灵非常类似的信仰，人们称其为"西斯安"（sithean），但这种信仰里没有统治者。[72] 这也可以解释为什么在古代欧洲无法找到近代早期的不列颠妖精形象，以及

72　对这个问题特别关注的有：William Grant Stewart, *The Popular Superstitions and Festive Amusements of the Highlanders of Scotland*, London, 1851, pp. 49–51；以及 Donald A. Mackenzie, *Scottish Folk-Lore and Folk Life*, London, 1935, pp. 195–210。尽管他们主要依靠的是现代民间传说，但他们的观点在一些罕见的 17 世纪盖尔妖精信仰案例中得到了证实，如 Robert Kirk 的 *The Secret Commonwealth*（我使用的是 Hunter 编辑的版本，参见 *The Occult Laboratory*, pp. 77–106）。

为什么它们与同样出现在近代早期和现代不列颠民间传说中的本土的树灵、水灵和家庭灵体有如此大的不同。

如果这些猜测是正确的话，那么"妖精王国"与撒旦巫师阴谋论一样，都是中世纪晚期发展起来的。而且，它与夜行军团（几乎可以肯定）和夜游夫人（可能）一样，都是中世纪的产物，而不是古代世界的遗存。因此，卡洛·金兹伯格关于不列颠的妖精王后和欧洲大陆的"夫人与漫游亡者"都来自史前萨满教"底层"的观点就站不住脚了。埃玛·威尔比强调不列颠妖精信仰是古老的"万物有灵论"的残余，这一点依然是合理的，因为盎格鲁 – 撒克逊的精灵肯定是从中衍生出来的，但她的观点忽略了中世纪对这一信仰发展的重要作用。

苏格兰和英格兰的妖精与巫师

关于妖精在近代早期不列颠巫师审判中所扮演的角色，目前依然存在着两个悬而未决的问题，争论的焦点集中在苏格兰和英格兰这两个王国的差异上：为什么妖精在苏格兰的巫师审判中更为常见？以及，为什么它们与苏格兰的亡者形象联系特别紧密？学者们可能会说，这两个问题都不容易回答。但对这两个问题的思考，可能会为理解近代早期不列颠文化提供某些有趣的观点。相比起来，第二个问题可能稍微容易些。从巫师审判的供词中可以清楚地看出，那些和妖精相伴的亡者大多带有早夭的特征，而且往往是在战争中死去的，它们相当于日耳曼"愤怒军团"的苏格兰版本。因此，我们可以提出三种可能的原因。第一，日耳曼的"愤怒军团"传统穿过北海传播到了不列颠。这种推测有可能性，但是找不到实际的证据支撑，而且这两种传统并不十分相似，可能源头并不相同；第二，精灵与亡者之间的联系是英国北部史前时期一个固有的文化特征，它一直延续到了近代早期。这种推测更合理一些，因为 19 世纪至 20 世纪早期采集的苏格兰和爱尔兰民间故事中都存在一种共同的信念——早夭的人都被妖精带走了。[73]它可能是原始盖尔神话的遗存。另一方面，在较为晚近的故事中，这些亡者几乎都是年轻女性，17 世纪南部高地地区的一则资料称，她们都是年轻的母亲，被诱拐去照顾妖精的孩子。[74]而在近代早期的低地地区，正如现在我们看到的那样，相传妖精接待了非常多早夭的人，而且英格兰的资料也能印证这种观念。

第三种可能性是，妖精与亡者之间的联系同样来源于诞生了"妖精"一词和"妖精王国"概念的中世纪罗曼司。这最早反映在当时人们所笃信的一种观念：在他的最终一战之后，亚瑟王被领进了妖精王国。这种观念是从 12 世纪 40 年代蒙茅斯的杰弗里（Geoffrey of Monmouth）编写的历史中发展出来的。在《奥尔弗斯爵士》和《小不列颠的亚瑟王》写就的那个时代，人们认为妖精王国的统治者是古典神话中的死亡之神，比如普鲁托、珀耳塞福涅。部分原因可能与妖精会接待亡故或失踪英雄的亚瑟王传说有关。还有部分原因可能是，当时认为妖精的家一定和普鲁托的王国一样都在地下，这种观念在中世纪盛期的文本中表现得很明显。14 世纪末，乔叟笔下的妖精王国就是由普鲁托、珀耳塞福涅这样的形象来统治的。[75]相比之下，苏格兰最早提到妖精王国的文本，比如《厄塞尔东的托马斯》，就没有出现亡者和希腊罗马神祇。这样的联系显然要到 15 世纪晚期才建立起来。当时，由邓弗姆林（Dunfermline）文法学校的公证人和教师罗伯特·亨

73　这方面特别出色的研究参见：Harte, *Explore Fairy Traditions*, pp. 96–107。

74　Robert Kirk, in Hunter (ed.), *The Occult Laboratory*, p. 81.

75　Geoffrey Chaucer, "The Merchant's Tale", lines 2225–2318.

利森（Robert Henryson）编撰的"俄耳甫斯传奇"又一次将妖精国王、王后与普鲁托、珀耳塞福涅联系起来。[76]同时代的诗人威廉·邓巴同样视普鲁托为"离奇梦中妖／身披绿斗篷"（the elrich incubus / In cloak of green）。[77]16 世纪初，妖精与亡者已经被紧密联系在一起。当时精英阶层的诗歌将妖精君主的宫廷描绘成理想的魂归之所，历代英雄和中世纪的伟大诗人都住在那里。[78]

因此，有一种合理的观点认为，妖精王国与亡者之间的联系起源于中世纪盛期的罗曼司，也正是通过这一媒介，在中世纪晚期传遍了整个不列颠。它到达苏格兰则花费了更长的时间，不过，在苏格兰，它不仅停留在文学主题的层面上，而且深深地在大众文化中扎下根来，可能还在随后的几个世纪以一种简化了的观念的形式一直发挥着影响力：那些看起来早夭的年轻女性，其实都被妖精诱拐了。这种观念后来也传播到了爱尔兰。相比起来，（根据这一理论）这种观念与妖精王国的观念不同，它在英格兰只是一种文学概念，而且到中世纪末期就消失了。目前看来这个观点是成立的，但它并不比另外两种观点更有说服力，而且和它们并不矛盾。比如，盖尔文化区域可能具有一种独特的当地传统——西斯安会带走年轻女性；或者，欧洲大陆对亡者军团的想象可能对《奥尔弗斯爵士》中对普鲁托王国的描写带来了影响。这个问题到目前为止都没有定论。

另一个问题是，为什么在苏格兰巫师审判中，妖精的特征更为突

76　Robert Henryson, "Orpheus and Eurydice"，各种版本的选集。

77　William Dunbar, "The Goldyn Targe", lines 125–126.（译注："elrich"为当时苏格兰诗歌中的词语，意为离奇的、神秘的、可怕的；"incubus"如今常作"梦淫妖"，可梦中与女性欢好，致人生病。其形象在不同文化背景中各有不同。）

78　例如，Sir David Lyndsay, "The Testament and Complaynt of our Soverane Lordis Papyngo", lines 1132–1135；以及 Anon., "The Manner of the Crying of ane Playe", in W. A. Craigie (ed.), *The Asluan Manuscript*, Edinburgh, 1925, vol. 2, p. 149。

出？这个问题需要更进一步去考察。一种简单的回答是，苏格兰人在巫术指控中通常将魔鬼视为妖精，而英格兰的审判则往往将魔鬼视为动物。但事情并没有这么简单。而且即便真是如此，我们又必须追问造成这种差异的原因。我们还是把这个问题放到最后一章再来解决。另一个简单的回答是，妖精往往与服务型魔法师联系在一起，而苏格兰人经常以巫术罪起诉这些魔法师，所以"妖精"被连带着出现的次数就非常频繁。然而，真实情况是否如此，我们并不清楚。即便情况真是如此，也不至于产生那么大的差距。第三种显见的回答是，苏格兰当地控制刑事审判的政治和社会精英对待精灵或妖精的态度与英格兰的不同。这个回答有足够有力的证据加以检验，并可从中得出某些结论。接下来我们就来检视一下相关的证据。

中世纪晚期和都铎王朝早期的英格兰，对待妖精的态度有两种难分轩轾的形式。一种在虚构类型的文学中最为常见，将它视作虚构形象，代表着享乐主义、理想美和威胁的混合体。而那些涉及明显现实的文本有时将它归于魔鬼那一类，但总体来说都不相信它真实存在，或困惑于如何将它归类。[79] 宗教改革前，苏格兰人也采取了相似的态度。在《厄塞尔东的托马斯》中指出，"野外的祭品"之地受魔王的支配，谁吃了特定树上长出来的果实就会被它抓走，每隔七年就派出一个魔鬼（fiend）抓走一个村民送到地狱献祭。然而，书里说得很清楚，"祭品"本身不是魔鬼，它们对魔王没有好感。

在15世纪晚期和16世纪早期的苏格兰诗歌中，人们以各种不同的方式来看待妖精。《贝多克王》（*King Berdok*）将它们视为奇想中的生灵，故事里的主角身体小巧，住在卷心菜或蛤蜊壳里，还向"妖精

79　我在 *Historical Journal* 的文章中提供了参考资料的来源，上文已列出。

王"的女儿求爱。[80] 威廉·邓巴将"妖精王后"与"妖术"联系在一起，但同时也怀着既焦虑又被吸引的心情，探索了对妖精般的生灵的想象。[81] 戴维·林赛爵士（Sir David Lindsay）也反复让笔下的人物怀着爱慕或恐惧的心情提到妖精皇后或国王。因此，即便是同一位作家的不同作品，甚至同一首诗里，对待妖精的态度也不尽相同。[82] 而宗教改革时代之后的苏格兰，人们对妖精的态度似乎完全转向了负面。大约在 1580 年，亚历山大·蒙哥马利（Alexander Montgomerie）所作的一首著名诗歌中，"妖精国王"和"精灵王后"的军团里已经出现了一些像"梦淫妖"这样的明显的丑恶形象。[83] 詹姆士六世[84]是蒙哥马利的赞助人，也是一名令人敬畏的作家。在之后的十年里，他在作品中将一切有关妖精世界的明显表现都斥为魔鬼为引诱人类灵魂而制造的幻想。对已经发生和将要发生的巫师审判来说，如果要将妖精和魔鬼联系起来，这就是最完美的理论依据。[85] 从那以后，这种态度或多或少地成为苏格兰官方的正统观念，从而形成了苏格兰的特征。我们不知道，如果有更好的媒介，比如苏格兰诗歌在 17 世纪早期没有衰落，或者当时出现了某种繁荣的戏剧传统，对妖精的看法会不会更加多样化。但也许也并不会有太大的改变。例如，1567 年苏格兰王室宫廷上

---

80 这首诗出现在《班纳泰恩手稿》（*Bannatyne Manuscript*）中，有许多版本，有时则出现在第一行，"Syn of Lyntoun"。

81 关于其诗歌的讨论，参见 Henderson and Cowan, *Scottish Fairy Belief*, pp. 155–156。

82 请对比林赛的 "The Testament, and Complaynt" 中上文注释中提及的段落与 "Ane Satyre of the Thrie Estates", lines 732, 1245–1246, 1536–1537, 4188–4189。文学研究的学者将他的名字拼写成 "Lyndsay"。

83 "Ane Flytting or Invective be Capitane Alexander Montgomerie aganis the Laird of Pollart", Book 2, lines 14–26.

84 译注：后来还担任了英格兰国王，称詹姆士一世。

85 James VI, *Daemonologie*, Edinburgh, 1597, pp. 73–74.

演了一出滑稽戏，其中的"妖精国度"（the Farie）已经被看成了另一种地狱。[86]宗教改革后的苏格兰文化似乎对妖精并不友善，这种敌意并不因教派的区别而有所不同，蒙哥马利是天主教徒，而1567年那场宫廷戏上演的时候，当时苏格兰的统治者是女王玛丽，她也是天主教徒。

相比之下，英格兰社会在宗教改革的激发下，对妖精神话产生了极大的兴趣。1560至1700年之间，英格兰人对超人类体的性质和规律的兴趣普遍高涨，妖精神话热只是其中的一个方面，当时对魔鬼学和天使学的兴趣也达到了新的高度。对于我们正在讨论的主题来说，特别重要的是，当时的英格兰人没有对妖精的性质，甚至妖精是否真实存在达成任何共识，更没能形成某种正统的观点，而是在相对自由的氛围中表达了各自的态度。[87]1598至1675年间的英国作家采取了和苏格兰新教徒同样的观点，认为妖精纯粹就是魔鬼。威廉·沃纳（William Warner）将"精灵和妖精"归为地狱灵体那一类。[88]约翰·佛洛里奥（John

---

86　*Philotus*, eventually published in Edinburgh in 1603, stanza 132. 非常感谢朱利安·古达尔指出1567年时演出的具体时间。

87　我在 *Historical Journal* 的文章中考察了这个背景，但在本书中我对近代早期英格兰妖精描述的细节进行了进一步的探讨。以往对这一主题的研究虽然也做了一些社会背景考察，但主要集中在这些形象的文字本身：Latham, *The Elizabethan Fairies*; Briggs, *The Anatomy of Puck*; Purkiss, *Troublesome Things*, pp. 124–185；Mary Ellen Lamb, "Taken by the Fairies", *Shakespeare Quarterly*, 51 (2000), pp. 277–311；Marjorie Swann, "The Politics of Fairylore in Early Modern English Literature", *Renaissance Quarterly*, 53 (2000), pp. 449–473；Matthew Woodcock, *Fairy in The Faerie Queene*, Aldershot, 2005；Regina Buccola, *Fairies, Fractious Women, and the Old Faith*, Selinsgrove, 2006；Peter Marshall, "Protestants and Fairies in Early Modern England", in L. Scott Dixon (ed.), *Living with Religious Diversity in Early-Modern Europe*, Farnham, 2009, pp. 139–161。最后一篇参考文献是最近以来对妖精态度的最好的概述，但本书可以提供一种更为全面和综合的纵览，并在全不列颠的视角下进行比较。

88　参见两个版本的 *Albions England,* London, 1602, p. 85, 以及 London 1612, c. 91。

Florio）、托马斯·杰克逊（Thomas Jackson）、罗伯特·伯顿（Robert Burton）、托马斯·海伍德（Thomas Heywood）、威廉·沃恩（William Vaughan）和亨利·史密斯（Henry Smith）也都毫不含糊地将它们概括为魔鬼，或者（比较罕见地）看成魔鬼制造的幻象。[89] 大约在 1600 年上演的一出喜剧中，一位邪恶的幻术师（enchanter）可以像灵仆一样将妖精召唤出来。[90] 后来，更知名的剧作家本·琼森曾两度以魔鬼式的妖精形象为素材。在《恶魔是头驴》（*The Divell is an Asse*）中，他将“迫克”这个传统民间传说中折磨人的骗子形象转化成撒旦手下的魔鬼。虽然他也对一些巫术指控表示怀疑，比如他曾表示被绞死的女性其实是替做坏事的迫克受罪而已。[91] 然而，他在《伤心的牧羊人》（*The Sad Shepherd*）中描绘了一位邪恶的人类巫师：拥有真正的魔法，身边带着“长毛迫克”（Puck-hairy）之类的魔鬼仆从，还和“白色妖精”与“长寿精灵”有联系。[92] 我们似乎很难将以上这些作者归入某种特定的宗教或文化群体，由此可知，不只是英格兰新教徒才相信有“魔鬼式的妖精”存在。

这出喜剧中的邪恶魔术师（conjuror）给我们带来了一个问题：在都铎王朝晚期和斯图亚特王朝时期，妖精般的生灵在仪式性魔法中扮演了什么样的角色呢？我们可以在这出戏里找到答案。那就是，在 15

89　John Florio, *A Worlde of Words*, London, 1598, pp. 401–402; Thomas Jackson, *A treatise Concerning the Original of Unbeliefe*, London, 1625, p. 178; Robert Burton, *The Anatomy of Melancholy*, ed. Thomas Faulkner et al., Oxford, 1989, pp. 185–188; Thomas Heywood, *The Hierarchie of the Blessed Angels*, London, 1635, pp. 567–568; William Vaughan, *The Souls Exercise*, London, 1641, p. 113; Thomas Hobbes, *Leviathan*, Part 4, c. 47; Henry Smith, *Christian Religions Appeal*, London, 1675, p. 45.

90　*The Wisdom of Dr Dodypoll*, London, c.1600.

91　*The Divell is an Asse*, London, 1616, esp. Act 1, Scene 1.

92　*The Sad Shepherd*, London, 1640, Acts 2 and 3.

世纪早期，尽管它们与为大众客户工作的服务型魔法师有联系，却与精英阶层的仪式性魔法关系不大。长期以来，仪式性魔法一直忠于其古代和中世纪早期的根源，它所召唤的灵体大多源于异教的神祇和魔鬼，或者是犹太–基督教的天使。然而，在 16 世纪晚期和 17 世纪的魔法仪式的手稿中出现了五份召唤和控制妖精的说明，它们把妖精列为灵体的一个单独的子项，在一篇公开发表的文章中又发现了第六篇手稿的节选。[93] 与其他被召唤的灵体一样，这些手稿中的妖精也是为魔法师服务的。这些将妖精列入仪式性魔法文本的做法在当时刚刚出现，想必反映了整个英格兰社会对它们新兴的强烈兴趣，某些颇具学识的魔法师的记录可以证实这一点。约翰·迪伊（John Dee）在 1582 年的日记中写道，一个"有学识的人"提出要"借妖精的力量……增进我的魔法知识"，之后的西蒙·福曼（Simon Forman）还记载了有关妖精国王能力的资料。[94]1618 年，一位被控施行邪恶巫术的妇女称，她的魔法老师曾提出要"往她的身体里注入一个妖精，这样就能让她更强大"[95]。

妖精会折磨患病和不幸的人类，这种古老的名声对于那些将妖精看成低级恶魔的人来说，当然再合适不过了。尤其是因为这种名声持续到近代早期，一直未曾被基督教神学所同化。威廉·莎士比亚的《哈姆雷特》中"妖精不作祟，巫师也无法为害"（no fairy takes, nor witch

---

93　British Library, Sloane MS 1727, pp. 23, 28; MS 3851, fos. 106v, 115v, p. 129; Bodleian Library, Ashmole MS 1406, fos. 50–55; MS e. MUS 173, fo. 72r; Folger Library MS V626, pp. 80, 185; Reginald Scot, *The Discoverie of Witchcraft*, Book 15, cc. 8–9.

94　Edward Fenton (ed.), *The Diaries of John Dee*, Charlbury, 1998, p. 25; Bodleian Library, Ashmole MS 1491, fo. 1362v.

95　*The Wonderful Discoverie of the Witchcrafts of Margaret and Philip Flower*, London, 1618, sig. E3.

has power to harm）只是伊丽莎白和詹姆士一世时代提到"妖精"的众
多文学作品中最著名的一句。[96] 妖精仍是当时人们在日常生活中需要
防范的对象，人们会保存好对抗妖精导致疾病的符咒，一些术士也会
特别提到如何治疗它们，这些都证明了这一点。[97] 同样，当时的英格
兰文学作品也能很好地证明，当时刚刚传入了一种观念：人类儿童可
能会被妖精从摇篮里抱走，然后调换成妖精婴儿。[98] 当时的自传和法
律记录还清楚地表明，这种观念已经在英格兰大众文化中成为一种真
实存在的恐惧，而在苏格兰和爱尔兰还很少有这方面的证据，虽然它
后来在这两个地区变得极为流行。[99]

也正是到了这个时期，妖精已经成了当时英格兰有教养阶层的文
化共识，主流作家将它的形象妖魔化，但魔法师们对此不热衷，就像
他们忽略或否认将他们召唤的其他生灵妖魔化的企图一样。然而，也
正是在这一点上，事情开始变得更加复杂。即使是那些将妖精视为魔

96 William Shakespeare, *Hamlet*, Act 1, Scene 1, line 162; John Day, *Works* (London, 1881),
vol. 2, p. 70; Christopher Marlowe, *Dido, Queen of Carthage* (London, 1594), Act 5, Scene 1, lines
212–215; *Gammer Gurton's Needle* (London, 1575), Act 1, Scene 2, lines 67–69; *The Merry Devil of
Edmonton* (London, 1608), Act 3, Scene 3; John Fletcher, *The Faithful Shepherdess*, Act 1, Scene 1,
lines 114–117, in *The Works of Francis Beaumont and John Fletcher*, ed. A. Glover and A. R. Waller
(Cambridge, 1906–1912), vol. 2.

97 关于伊丽莎白时代符咒的例子，参见 Bodleian Library, Add.MSB1, fo. 20r。英格兰服
务型魔法师对抗妖精导致疾病的例子，参见 Bouch, *Prelates and People*, p. 230；以及 Thomas,
Religion and the Decline of Magic, p. 184。

98 参考文献参见 Latham, *The Elizabethan Fairies*, pp. 150–161。

99 George Puttenham, *The Arte of English Poesie*, London, 1589, c. 15; John Aubrey, *Three Prose
Works*, ed. John Buchanan Brown, Fontwell, 1972, p. 203; R. Willis, *Mount Tabor*, London, 1639,
pp. 92–93; Hertfordshire Record Office, HAT/SR 2/100. 关于不列颠岛不断变化的传统的
后来历史，参见 Briggs, *The Fairies in Tradition and Literature*, pp. 236–245；以及 Harte, *Explore
Fairy Traditions*, pp. 108–122。朱利安·古达尔告诉我，在近代早期的苏格兰，也有证据支
持"换孩子"的信仰。

鬼的人，也往往认为它们不同于一般的魔鬼。伊丽莎白时代的《治安官之镜》（*Mirror for Magistrates*）中描绘了一个指挥"恶魔和妖精"的巫师形象，而一部16世纪80年代的戏剧里则包含了召唤"好伙计罗宾、大地精、魔王和他的母畜（dam）"的祷词。[100]17世纪10年代，约翰·弗莱彻（John Fletcher）所写的一出喜剧中，有个角色要求上天保护以"免受精灵、地精、妖精……火兽和魔鬼，以及其他恶魔派遣邪物"的伤害。[101]我们不知道其中所描述的地方或生灵在多大程度上相互等同或相互区别。而且，事实上，在写就这出喜剧十年之后，弗莱彻又写了一部剧，里面的"妖精"就被谨慎地描述为"半个恶魔"。[102]而这方面最让人好奇的是一部伊丽莎白时期的戏剧——《克罗伊登的矿工格林》（*Grim the Collier of Croydon*），里面的好伙计罗宾被描述成被从地狱派来折磨人类的小魔鬼，然而它不但与罪人和恶棍对抗，还帮助有德之人完成工作、达成心愿。主人公感激地将它称为"我所见过最诚实的快乐恶魔之一"。[103]

此外，在同一时期的英格兰，还有一种完全不同的方式用以谴责对妖精和相关生灵的信仰：它们并不存在，它们是受蒙蔽的和愚蠢的人类想象出来的产物。英格兰巫师审判中缺乏妖精特征，与这种策略多少有些关系。作为新教用以与天主教论争的工具，妖精被赋予了特殊的意义，被视为天主教信仰培育出来的无知和迷信。1575年，埃德蒙·斯宾塞（Edmund Spenser）的《牧羊者之历》（*Shepheardes*

---

100 *A Mirror for Magistrates*, ed. Lily B. Campbell, Cambridge, 1938, p. 435; Anthony Munday, *Fidele and Fortunio*, London, 1584, line 566.（译注："dam"，有争议，有些译本称为母亲、妻子或祖母等。）

101 *Monsieur Thomas*, London, 1639, Act 5, Scene 1.

102 *The Pilgrim*, London 1647, Act 5, Scene 4.

103 *Grim the Collier of Croydon*, London 1662，散见全书各处。

Calendar) 中的注释者称，任何对妖精的刻板信仰，都是"光头修士和无赖僧侣"反复灌输的一种"等级观念"，都是用来欺骗普罗大众的。[104] 在一则 1625 年所写的时评文章中，这个观点得到了发展。它认为，户主们被劝说把食物和饮料留给夜间来的妖精们，却不知道是被流浪的修士偷偷吃光了。在 16 世纪末和 17 世纪的反天主教论争中，这个观点反复出现。[105] 其他伊丽莎白时代和斯图亚特时代早期的作家则更为广泛地宣称，妖精信仰不应该出现在一个受福音书教化的土地上。[106]

喜剧作者也在消解人们对妖精的轻信。虽然这些喜剧通常并没有与妖精传统断绝联系，但出现了人装扮成妖精和类似生灵（比如巴格和地精）、或假装召唤它们等情节。这些行为有时是剧中的恶棍所为，有些是男女主人公干的，目的是为了要说服那些轻易相信妖精的人放弃财物或违背原本的意愿。莎士比亚的《温莎的风流娘儿们》和本·琼森的《炼金术士》是其中最著名的两部。[107] 正如研究它们的学者早就认识到的那样，妖精之名被许多众所周知的诈骗案所利用，犯人扮成妖精的目的是为了欺诈受害人，要把财产和金钱弄到自己手中。他们

---

104 参见对 "June" 的解释，line 25。

105 *The Friers Chronicle*, London, 1625, sig. B3v; 亦见 Henry Holland, *A Treatise against Witchcraft, Cambridge*, 1590, p. 8; Samuel Harsnett, *A Declaration of egregious popish Impostures*, London, 1603, pp. 135–136; Richard Flecknoe, *Aenigmatical Characters*, London, 1665, p. 17; Webster, *The Displaying of Supposed Witchcraft*, pp. 175–176; Thomas Heyrick, *The New Atlantis*, London, 1687, pp. 15–16。

106 George Chapman, *An Humerous Dayes Mirth*, London, 1599, pp. 209–211; *A Discourse of Witchcraft*, London, 1621, p. 17; Thomas Heywood, *If You Know Not Me, You Know No Body*, London, 1605, vol. 1, pp. 3–23, 在他 1974 年版的剧作中。亦可见 Reginald Scot 的声明，关于仙女是女仆的发明，用以哄吓儿童：*Discoverie of Witchcraft*, Book 4, c. 10。

107 William Shakespeare, *The Merry Wives of Windsor*, Act 4, Scene 4 和 Act 5, Scene 5; Ben Jonson, *The Alchemist*, London, 1616, Act 1, Scene 2 和 Act 3, Scene 5; *The Buggbears*, London, c. 1564–1565, 散见全书各处; *The Valiant Welshman*, London, 1663, Act 2, Scene 5; *Wily Beguilde*, London, 1606, 散见全书各处；Munday, *Fidele and Fortunio*, 散见全书各处。

骗受害人说，会向他引荐妖精王后，甚至是国王，而他们会让他赚取更大的财富或者其他好处。而仅在1595至1614年期间的时评文章和法律记录中，就发现了三起这样的真实案件。[108]这些案件一定进一步助长了对妖精信仰的怀疑态度。

不过，即使是宗教改革以后，英格兰的文化精英还能用积极甚至赞赏的态度来讨论妖精。他们借鉴了中世纪的文学传统，里面的妖精拥有王室和贵族的身份，是骑士的保护者和智囊，也是贵妇的情人。在后宗教改革时期，中世纪的罗曼司依然长盛不衰，也让这种妖精的传统保持了巨大的活力。事实上，在罗曼司的印刷出版物发行后，它的影响可能进一步得到了加强。在这些作品中，最具影响力的无疑是伯纳斯勋爵（Lord Berners）翻译的叙事诗《波尔多的于翁》（*Huon de Bordeaux*），它向英格兰引入了"魔法师奥伯龙王"这个形象（罗曼司中称为"King Auberon"，在英格兰被称作"Oberon"）。[109]到了1593年或1594年，这个故事被改编成了剧本，并于1594年出现在罗伯特·格林（Robert Greene）的戏剧中，其间，妖精国王奥伯龙化身成为一名温柔、善良而睿智的评论者。[110]几乎同时，莎士比亚《仲夏夜之梦》的成功，使他获得了更加持久的荣耀。此后，在本·琼森、诗人罗伯特·赫里克（Robert Herrick）和一些比较不知名作家的作品

108　*The Brideling, Saddling and Ryding, of a rich Churle in Hampshire*, London, 1595; *The Several Notorious and lewd Cousnages of Iohn West, and Alice West, falsely called the King and Queene of the Fayries*, London, 1613; Historical Manuscripts Commission, Hatfield House MSS, vol. 5(1894), pp. 81–83; C. J. Sisson, "A Topical Referencein 'The Alchemist'", in James G. McManaway et al. (eds.), *Joseph Quincy Adams: Memorial Studies*, Washington, DC, 1948, pp. 739–741.

109　目前为人所熟知的博纳斯著作最好的翻译版本是1882年由S. L. 李（S. L. Lee）编辑的早期英语文献协会（Early English Text Society）版。

110　关于李的评论参见 ibid., pp. xxiv–li; 以及 Robert Greene, *The Scottish Historie of James IV*, London, 1598.

中都能见到他的身影，这些作家不约而同地为他塑造了令人钦佩的性格。[111] 伊丽莎白时代的人们创造了至少一部全新的沿袭了中世纪传统的罗曼司：在克里斯托弗·米德尔顿（Christopher Middleton）创作的罗曼司《英格兰的希农》（*Chinon of England*）中，妖精国王和他的伙伴们是骑士主人公的主人、向导和助手。[112] 在更多的时候，他们将罗曼司中的灵体移植到了新的文学形式中，其中最著名的是《仲夏夜之梦》，莎士比亚重新调动了中世纪的传统，将罗曼司中的妖精与古典神话的神祇结合起来，创造了妖精国王奥伯龙和王后提塔妮娅。正如人们所注意到的，他还明确赋予了妖精们高贵的天性，让奥伯龙王视自己与妻子为与"可恶的灵体"不同的存在，尽管人类行为不端，他们还是愿意施以援手。而且，偷窃人类孩子的行为被解释为对其亡故母亲的一种怜悯，另外大家都知道的是，和迫克一样，"好伙计罗宾"也成为奥伯龙的廷臣，他所玩弄的伎俩无非是一些无害的恶作剧，针对的是那些不尊敬它的人。[113]

近代早期的英格兰精英可能会被罗曼司传统中的妖精所强烈吸引。毕竟，他们是天生的君主主义者和贵族，过着奢侈、闲适和轻浮的生活，不必忍受凡人所经历的疾病折磨。[114] 从这个意义上说，妖精

111　Ben Jonson, *Oberon, the Fairy*, London, 1616; Robert Herrick, "Oberon's Feast" and "Oberon's Palace" in *Hesperides*, London, 1648, much anthologized since; Christopher Middleton, *The Famous Historie of Chinon of England*, London, 1597. 另参见 Thomas Randolph, *The Jealous Lovers*, London, 1643, Act 3, Scene 7; *The Midnight's Watch*, London, 1643, 以及 *Amyntas*, London, 1638; [? Thomas Dekker], *Lust's Dominion*, London, 1657, lines 1583–1605。

112　参见上文注释 111。

113　关于这方面参见 Latham, *The Elizabethan Fairies*, pp. 176–218；Purkiss, *Troublesome Things*, pp. 176–180；Buccola, *Fairies, Fractious Women, and the Old Faith*, pp. 58–82；Lamb, "Taken by the Fairies", pp. 300–311。

114　在 "The Politics of Fairylore" 中，马约莉·斯万（Marjorie Swann）认为，近代早期文学中对妖精炫耀式消费的强调反映了消费社会的出现。但问题是中世纪的贵族对这种消费方式并不陌生，而且华丽的生活方式总是与妖精联系在一起。

并不只对精英阶层有吸引力。梦想一片乐土并不是富有、美貌和有闲的阶级的专利。因此，在民间流行的小书中，妖精也可以扮演一种善意的角色，比如《拇指汤姆》的主人公是一个在穷人家庭里长大的小人物，他的教母和保护者就是"妖精王后"（Fayry Queene）。[115] 这些特征可能与当时真实的英格兰王室，尤其是伊丽莎白一世女王产生了明显的呼应。从 16 世纪 90 年代开始，埃德蒙·斯宾塞的《仙后》是这类作品中最著名的代表。斯宾塞既拍了女王的马屁——作品中的妖精王后暗指伊丽莎白女王，又让女王远离故事核心，避免产生直接的对应关系。而之后的托马斯·德克（Thomas Dekker）却在下一个统治时期让这种对应更加明显。他在一则新教的寓言中，将亨利八世比作奥伯龙，将伊丽莎白女王比作他的继任者提塔妮娅，他们与巴比伦妓女（天主教）的军团作战，并取得了胜利。[116] 在 16 世纪 90 年代，伊丽莎白本人经常遇到扮演妖精国王（通常是女王）和随从的贵族主人们用妖精歌舞来赞美和取悦她。另外，她被致敬的方式还有以妖精为主题的诗篇创作。斯宾塞的诗歌可能对此起到了促进作用，但早在 1575年这种方式就已经被广泛使用了，只是当时这类作品仅仅反映了妖精在当时的高知名度，以及超人类君主低头侍奉人间君主的戏剧情节。[117]

115　London, 1630 版。继莎士比亚之后，在英格兰文学作品中，妖精们常被视为矮小的生灵。于是，作家们时常探索这个充满想象力的小人儿组成的世界的含义。许多文学专业的学者对这一类型的作品进行了广泛的研究，其中包括 Latham, *The Elizabethan Fairies*, pp. 176–218；Briggs, *The Anatomy of Puck*, pp. 44–70；以及 Purkiss, *Troublesome Things*, pp. 181–183。它的这种不合常理的性质让人很难将它认真对待，因此也就更难成为巫师审判中的角色，但魔鬼的身体也很小，比如亚历山大·蒙哥马利笔下的魔鬼妖精就骑在豆子和茎秆上。

116　Thomas Dekker, *The Whore of Babylon*, London, 1607.

117　Jean Wilson, *Entertainments for Elizabeth I*, Woodbridge, 1980, pp. 99–118, 122, 126–142；Thomas Churchyarde, *A Handful of Gladsome Verses, Given to the Queenes Maiesty at Woodstocke*, Oxford, 1593, Sig. B4; Latham, *The Elizabethan Fairies*, pp. 143–144.

本·琼森把这一传统延续到了下一个王朝，在詹姆士六世的王后和长子抵达英格兰到访奥尔索普庄园时，他也构思了类似的表演来迎接他们。后来他还请威尔士亲王亨利亲自在宫廷假面晚会中扮演奥伯龙，还有"在妖精领地生活的"亚瑟王的骑士作为随从。[118] 在1550至1640年间各层次的英格兰文学中，妖精都是享乐主义的化身，它们过着远离世俗忧虑的快乐生活，它们对歌舞的痴迷正是这种生活的生动概括。因此，对于创作古典田园诗歌题材的英格兰诗人来说，它们是天赐的素材。事实上，那个时期的希腊罗马文本的译本中，仙女或类似生灵，比如那伊阿得（naiads）或德律阿得（dryads）通常都被翻译成英语的"妖精"。[119] 它们很受剧作家的欢迎，后者常将它们作为主题创作间奏曲来缓和剧情。[120] 这个时期的文学传统中，还有一个部分是将对妖精和类似灵体的信仰，或者将它们的生活状况视为一种已经消逝和更美好的时代的特征，更诚实、更朴素，也更纯真。到了17世纪，它们变成了"欢乐英格兰"[121] 想象世界的居民。[122] 约翰·塞尔登（John

---

118 Ben Jonson, *The Entertainment at Althorp*, London, 1616; 以及 *Oberon, the Fairy Prince*, London, 1616。

119 *The Lamentable Tragedy of Locrine*, London, 1595, Act 3, Scene 1, line 203; Fletcher, The Faithful Shepherdess, Act 1, Scene 2, lines 100–105; A. H. Bullen (ed.), *The Works of Dr Thomas Campion*, London, 1889, pp. 21–22; Michael Drayton, "The Quest of Cynthia", in *The Battaile of Agincourt*, 1627; 以及 "The Third Nimphal", in *The Muses Elizium*, London, 1630; *Selections from the Writings of Thomas Ravenscroft*, Edinburgh, 1822, nos. XXI–XXII; A. H. Bullen, *Lyrics from the Song Books of the Elizabethan Age*, London, 1889, pp. 34–35. 对于经典文本的翻译，参见 Latham, *The Elizabethan Fairies*, pp. 59–73。

120 *The Maydes Metamorphosis*, London, 1600, Act 2, Scene 2, Sig. c4 and D1; Shakespeare, *A Midsummer Night's Dream*, Act 2, Scene 2, lines 9–25; John Lyly, *Gallathea*, London, 1592, Act 2, Scene 3; Walter W. Greg (ed.), *Henslowe Papers*, London, 1907, p. 135.

121 译注："Merry England"，指的是英格兰社会和文化中的一种基于田园诗般生活方式的乌托邦概念，出现在中世纪末期和工业化时代之间。

122 Samuel Rowlands, *More Knaves Yet? The Knaves of Spades and Diamonds*, London, 1600, Sig. F2; *The Cobler of Canterburie*, London, 1590, Epistle; Churchyarde, *A Handeful of Gladsome Verses*, Sig. B4.

Selden）总结道："自从妖精不再跳舞，这里就不再是快乐的天地。"[123]

在这一时期，英格兰人对妖精还有另一种积极的看法：它们为了得到食物、饮料等报酬，会在一夜之间帮户主完成想要达成的任务。这个观点是从古老的家庭助手灵体的传统中发展起来的。后来，这种观念被加以改良：妖精会奖励那些家务劳动中整洁、守时的人，惩罚肮脏、懒惰的人。它们会在后者睡觉的时候掐他们，让他们带着淤青醒来。这种故事当然是鼓励仆人勤奋工作的一种手段，但对于家务劳动者来说，也是对保持清洁和勤劳的一种激励。这种观念与欧洲大陆的一个传统有着明确的联系，这一点在前面的章节中已经讨论过了，就是那群夜间到访干净整洁的户主家去为他们赐福的灵体。但就像"换子"主题一样，这个观念在不列颠出现的时代似乎也比较晚。直到1600年，它才形成一个完整的样貌，并迅速成为相当常见的文学主题。[124]然而，这种观念也代表着一种真正的大众信仰。17世纪30年代，约翰·奥布里（John Aubrey）在为年轻时生活过的威尔特郡乡村所写的回忆录中反映了这一点。细节包括妖精会在夜里把硬币放在那些在做家务方面特别勤劳的人的鞋子里，这看起来像是雇主或家庭成员在生活中实际会做的风俗。[125]当时人们将"好伙计罗宾"当作一种帮人们做家务的灵体，它从16世纪90年代开始就成为一个道德楷模，对人类的愚

123　John Selden, *Table Talk*, ed. Edward Arber, London, 1868, p. 82.

124　Rowlands, *More Knaves Yet? The Knave of Spades*, p. 40; John Marston, *The Mountebanks Masque, printed in Peter Cunningham*, Inigo Jones, London, 1898, p. 114; Jonson, *The Entertainment at Althorp*; Richard Corbet, *Certain Elegant Poems*, London, 1647, pp. 47–49. 以及上文注 1 中的资料来源。

125　Aubrey, *Three Prose Works*, p. 203.

蠢行为加以检视和评论。[126] 到了 17 世纪 20 年代，它的形象更是发展成了道德英雄。作为奥伯龙王的儿子，他用超人的力量帮助受冤枉的人，惩罚做坏事的人。[127]

以上这些妖精想象表明，英格兰人在都铎王朝晚期和斯图亚特王朝时期，尤其是 1570 至 1640 年之间，对妖精的看法是多种多样的。即使是同一位作者，对妖精的看法也是复杂甚至矛盾的。比如莎士比亚，妖精在一部戏中表现得强大而仁慈，在另一部戏中则显得荒谬可笑，到了第三部戏又变成了人类进行欺诈的工具，而在第四部戏中，它的危险性可以与巫师相提并论。然而，正是这种态度上的多样性妨碍了人们形成共识，要么认定它们就是魔鬼，要么觉得它们是魔鬼制造的幻觉，或是苏格兰审判中任何一种对它们的清晰定性，虽然在英格兰和苏格兰，妖精和服务型魔术师有着共同的联系。两国君主所采取的截然不同的态度非常值得研究：在苏格兰，国王詹姆士贬斥对妖精的信仰，视之为屈从于魔鬼的把戏，而英格兰女王伊丽莎白则乐于被人拿来和妖精王后相比较，还接受扮成妖精王后的演员的致敬。更令人惊讶的是，詹姆士在继承伊丽莎白的王位之后发生了彻底的转变，

126　它似乎以这样的身份出现在 *Tell-Trothes New Yeares Gift*, London, 1593。妖精国王有时也带有这种特点：讽刺作家萨缪尔·罗缪尔（Samuel Rowlands）声称，"妖精国王"曾授命他"鞭笞这个时代的幽默"。参见 Samuel Rowlands, *Humors Antique Faces*, London, 1605, prologue。

127　詹姆斯·哈利维尔（James Orchard Halliwell）重印了三本这一题材中比较重要的小册子。参见 *Illustrations of the Fairy Mythology of A Midsummer Night's Dream*, London, 1845, pp. 120–154, 155–170。显然，第一本的出版时间是 1628 年。但维多利亚早期的编撰者约翰·佩恩·克里尔（J. Payne Collier）相信它在 1588 年就已经出现了，参见 *The Mad Pranks and Merry Jests of Robin Goodfellow*, London, 1841；后来，罗伯特·伦图尔·里德（Robert Rentoul Reed）也赞同他的观点，参见 *The Occult on the Tudor and Stuart Stage*, Boston, 1965, pp. 194–233。然而，他们的论据一般都是关于罗宾古德非本身的，而不是它在这方面的行为。它以美德的捍卫者示人，在上文讨论过的《克罗伊登的矿工格林》中就有预兆，但不知道具体的时间，看起来像维多利亚时代的作品。

才过了几年，他就可以泰然地主持英格兰宫廷娱乐活动，在这场活动中，他的儿子扮演了一个高贵而令人敬佩的妖精。除了中世纪晚期相对连贯的妖精王国概念，再也没有什么能够如此戏剧化地概括后宗教改革时期不同民族文化给中世纪晚期相对连贯的妖精王国概念的建构所带来的影响。

IX 巫师与凯尔特

　　在本书的第一章中，我们注意到，世界上存在着不相信或不恐惧巫师的民族。那么，对于欧洲的巫师审判来说，就有一个明显的问题摆在眼前：近代早期的欧洲是否存在这样的民族？如果存在，他们对欧洲的巫师审判发生率又造成了什么样的影响呢？在本书的另一章中，我们探讨了一种假设，即早期信仰可能减轻了人们对巫术的恐惧，由此也可能导致地中海盆地较少发生处死巫师的情况。如果真是那样，这些信仰在实际中却并没有被视为决定性的解释因素。不过，如果我们将这个假设放在不列颠群岛，会更有可能使其得到检验。研究近代早期巫师审判的历史学家罗宾·布里格斯曾经发表过一张欧洲巫师审判地图，在地图中，不列颠群岛被一条线一分为二，这条线的南部和东部是英格兰、苏格兰低地和苏格兰高地的边缘地区，这些地区的审判数量很多，有几处数值极高。线的另一边是不列颠岛的北部和西部，基本上没有发生什么巫师审判。这一地区包括了苏格兰高地六部、西部群岛、马恩岛、威尔士岛和爱尔兰岛的大部分地区，通常被认为是主要的凯尔特地区。[1]

　　"凯尔特"这个词在前文出现过，在上一章中，卡洛·金兹伯格认为，所谓的"萨满教式"的夜间女神崇拜是近代早期"巫师安息日"

1　Robin Briggs, *Witches and Neighbours*, London, 1996, p. xi.

概念的基础，同时它也一直是凯尔特人的传统。然而，本书对"凯尔特"一词的用法与卡洛·金兹伯格的完全不同，这种区别体现的是学术共识上的重大转变。在20世纪90年代以前，学者普遍认为凯尔特人是一个古老的民族大家庭，由共同的语言族群、文化、艺术和种族纽带联系在一起。他们发源于中欧，到公元前1世纪晚期，其生活的区域已经遍布从爱尔兰到小亚细亚，从苏格兰到意大利北部和西班牙的广大地区。这种学术共识是金兹伯格假设的有力支撑。因为它强烈地暗示着，意大利北部和苏格兰北部所记录的那些现象，源头都是同一种古老的文化。然而，这种共识成形的时间很晚，到20世纪初才完全成熟，不过到了20世纪末，就几乎完全被研究铁器时代历史的英国专家以及一些其他国家的同行摒弃了。目前学者们意识到，相关的共识将一个民族、一种语言、一种艺术形式同时冠以"凯尔特"一词，但其实这三者在古代并不完全相互对应。[2]

因此，在研究古代史的时候，大多数英国以及一些其他国家的学者已经放弃使用"凯尔特"这个词。而依然在使用这一词语的学者同样也反对将它视为一个种族和文化群体，只将它视作在史前时代晚期遍布大西洋沿岸大部分欧洲地区的不同族群都接受的一套语言和价值观。关于"凯尔特"的辩论依然在持续，但参与辩论的任何一方都不会再花精力考虑某个单一的"凯尔特"族和文化上的凯尔特区域，而这正是卡洛·金兹伯格假说的前置条件。相反，有一种新的共识认为，"凯尔特"这个词仍然可以合理并准确地指代一组语言，以及自中世纪以来围绕这些语言发展起来的种族和文化认同，其中包括布列塔尼人（Bretons）、康沃尔人（Cornish）、威尔士和马恩岛人（Manx）、

2　这一争论在 Ronald Hutton, *Pagan Britain*, London, 2013, pp. 166–171 中得到了全面的总结。

爱尔兰和苏格兰盖尔人。[3] 在近代早期，后四个民族似乎极少发生猎巫行动。因此，我们有必要提出这样一个问题：这些民族的文化中是否存在某些内在因素，使其避免了猎巫的发生。

凯尔特社会有关巫师审判的争论

从 20 世纪 70 年代开始，历史学家开始注意到，凯尔特语言区的巫师审判数量明显较少，但在进行解释的时候，大多数学者都忽略了任何共同因素。以往的学者们认为爱尔兰的巫师审判较少的原因是，爱尔兰原住民大多信奉天主教，而英格兰人信奉的是敌对的宗教——新教，当地人不大愿意用不列颠征服者主导的法律制度来审判自己的同胞。有些学者认为，英、爱这两个族群和宗教团体之间的紧张关系取代了催生出巫术指控的那种社区内部的紧张关系。[4] 研究近代早期威尔士史的专家也大多采用了这种区域性、功能性的解释，认为威尔士的社区比英格兰的社区更有凝聚力，更少受到经济上的紧张关系的影响而分崩离析，因此邻居间发生巫师指控的可能性也更小。[5] 学者们还指出，这些地区所坚持的习惯法更注重对受害者的赔偿，而非对罪犯

3　关于这方面的总结依然可参见 Ronald Hutton, *Pagan Britain*, London, 2013, pp. 166–171。

4　Raymond Gillespie, "Women and Crime in Seventeenth-century Ireland", in Margaret Mac-Curtain and Mary O'Dowd (eds.), *Women in Early Modern Ireland*, Edinburgh, 1991, pp. 43–52; Elwyn C. Lapoint, "Irish Immunity to Witch-hunting, 1534–1711", *Éire-Ireland*, 27 (1992), pp. 76–92.

5　J. Gwynn Williams, "Witchcraft in Seventeenth-century Flintshire", *Flintshire Historical Society Publications*, 26 (1973–1974), pp. 16–33, 和 27 (1975–1976), pp. 5–35; Geraint H. Jenkins, "Popular Beliefs in Wales from the Restoration to Methodism", *Bulletin of the Board of Celtic Studies*, 27 (1977), pp. 440–462.

的惩罚，因此不容易导致将犯巫术罪的嫌疑人处死的情况。[6]而研究苏格兰巫师审判的历史学家大多不认为有什么解释的必要。一些学者指出，某些位于低地地区的乡村也很少提出巫师诉讼，数量与总人口相比尤其显得更少，因此高地地区的指控较少并非什么特殊情况。[7]另有学者统计了一份数量非常大的高地审判数据，因为他将高地边缘地区也囊括在内，那些地区确实发生了多起审判。[8]特别是克莱德湾（Firth of Clyde）入海口的岛屿和半岛，以及马里湾沿岸地区和北部的海湾，都是审判的高发地。也正是在马里湾的海岸发生了伊索贝尔·高迪的审判。这些区域有个共同的特点，要从低地地区进入它们相对比较容易，位于该区域东北部的那个岛屿存在一系列混合"低地－盖尔"文化的城镇。

然而，在同一时期内，另一种不同的研究方法也缓慢发展起来。1994年，一位研究苏格兰盖尔人的历史学家偶然地提出了一个观点，他承认这一区域猎巫事件数量少的特征意义很大，同时认为这是由于文化上的差异造成的，盖尔人对超自然活动的构想与低地人截然不同。[9]2002年，同样在没有任何持续研究或论据的支持下，他进一步提出，苏格兰和爱尔兰的盖尔区域之所以没有发生巫师审判，正是因为这种文化差异，盖尔人大多不像其他地方的人那样把生活中的不幸遭

6　Sally Parkin, "Witchcraft, Women's Honour and Customary Law in Early Modern Wales", *Social History*, 31 (2006), pp. 295–318.

7　Stuart MacDonald, *The Witches of Fife*, East Linton, 2002, pp. 22–23; Lauren Martin, "Scottish Witch Panics Re-examined", in Julian Goodare et al. (eds.), *Witchcraft and Belief in Early Modern Scotland*, Basingstoke, 2008, p. 125.

8　Lizanne Henderson, "Witch-hunting and Witch Belief in the Gaidhealtachd", in Goodare et al. (eds.), *Witchcraft and Belief in Early Modern Scotland*, pp. 95–118.

9　Jane Dawson, "Calvinism and the Gàidhealtachd in Scotland", in Andrew Pettegree et al.(eds.), *Calvinism in Europe, 1540–1620*, Cambridge, 1994, pp. 250–251.

遇迁怒于巫师，而是相信妖精在作祟。[10] 五年后，一位研究英国巫术信仰的著名历史学家将他的注意力转向了马恩岛，这个岛上保存着近代早期盖尔社会的最完整的记录。他发现，岛上几乎没有发生什么巫师审判，但却存在着一种对恶毒妖精的鲜活想象，他认为这两者之间存在着一定的关系。[11] 同时，近代早期威尔士的犯罪记录也非常丰富，对它们的进一步的研究证明，无论是社区团结还是习惯法，都没能阻止威尔士人相互之间大规模地检举揭发，也导致了大量的死刑，但指控的罪名却不包括巫术。特别是在16世纪晚期威尔士发生了一场"猎贼"事件，造成了约四千人死亡。而且，在这一时代威尔士大众文化对魔王撒旦非常熟悉，然而，他们对巫师的审判又非常少见，其中带有魔鬼元素的巫师审判更是少之又少。另外，这些巫师审判往往发生在受英格兰影响更深的地理区域和历史时期。有人认为，这种模式应该可以用文化因素来解释。[12]

2011年，我发表了一篇文章，尝试着将这些相互交织的问题归纳起来。[13] 结论是，近代早期，在苏格兰盖尔地区的核心区域——苏格兰高地的中部和西部以及赫布里底群岛，约占苏格兰面积的三分之一——几乎没有发生的猎巫行动，这是整个欧洲最平静的地区。全国发生的三千八百三十七起巫师审判中，当地只占八起，而且这些案件

10　Ronald Hutton, "The Global Context of the Scottish Witch-hunt", in Julian Goodare (ed.), *The Scottish Witch-hunt in Context*, Manchester, 2002, pp. 31–32.

11　James Sharpe, "Witchcraft in the Early Modern Isle of Man", *Cultural and Social History*, 4 (2007), pp. 11–28. 非常感谢他惠赐文章的副本。

12　Richard Suggett, "Witchcraft Dynamics in Early Modern Wales", in Michael Roberts and Simone Clark (eds.), *Women and Gender in Early Modern Wales*, Cardiff, 2003, pp. 75–103; 以及 *A History of Magic and Witchcraft in Wales*, Stroud, 2008。非常感谢作者惠赐论文的副本。

13　Ronald Hutton, "Witch-hunting in Celtic Societies", *Past and Present*, 212 (2011), pp. 43–71. 本节其余部分的内容可以在这里找到，并进行了充分的论证和引注。

往往很特殊，巫术在其中只是附加的指控，比如案件的主诉是偷牛，或者是对本土文化蓄意攻击。马恩岛的情况也是如此，那里只发生过四次巫师审判，其中两起（是一次重复审判）是死刑，之后就再也没有发生过。更值得注意的是，在整个北欧地区，岛屿这种自给自足的小型社群更容易导致巫术指控的泛滥。比如，波罗的海和挪威东北部边缘地区，以诺曼文化为主的英王属地海峡群岛以及以斯堪的纳维亚语为主的苏格兰奥克尼岛和设得兰岛都是如此。然而，马恩岛和其他盖尔人的群岛，比如赫布里底群岛，岛民们几乎没有什么巫师审判的意愿。在爱尔兰当地人中，似乎也完全不存在巫师审判。而丰富的威尔士资料显示，在那儿只发生了三十四起审判，其中八人被定罪，五人被处死，而且大多数审判发生在受英格兰影响比较大的地区。我在文章中提出，在苏格兰盖尔区，当地险恶的地理环境可能导致人们认为土灵和水灵特别凶恶和危险，而且他们还特别惧怕当地一种类似于精灵和妖精的"西斯安"。比起苏格兰低地地区和英格兰，苏格兰盖尔区对"西斯安"的恐惧更为剧烈而持久，他们担心它会袭击人畜、房屋，这些其他地方认为是巫师所为的劣迹都被归因于它。当然，苏格兰盖尔人也存在着对巫师的笃信与恐惧，他们害怕巫师弄沉出海的船只，或偷取奶牛养殖的收入。但有些因素降低了他们的这种恐惧感。一方面，盖尔人认为诅咒和咒语是达到目的、挫败或惩罚对手的合法手段。如果相关的行为看起来不合适或不公正，或者带着恶意或欺骗，那么使用咒语的确会导致责难，但使用物质工具或武器不当也会导致一样的责难。很少有人将巫术视为威胁整个社会的内在邪恶力量。另一方面，苏格兰盖尔人拥有一套非常宽泛的仪式和道具——例如铁片或面包片、《圣经》、特殊的石头、盐、尚未熄灭的炭、特殊工艺和形状的洞、刺柏和花楸的枝条，以及一系列祈祷、祝福、韵诗、圣歌和口头的惯用语，当地人认为这些都能有效地避免敌意魔法的伤害。第三个因素是盖尔人普遍相信"邪恶之眼"，认为很多（也许是大多数）情况下的伤害都是无意为之的。和其他存在"邪恶之眼"信仰的地区一样，当地人认为巫师的邪眼的确会对人、畜、庄稼和家庭生产带来损害，但因为不是主观故意，所以不能追究巫师的责任。人们使用符咒、咒语和器物来抵抗它，或者主动躲开"邪眼者"的注视，或者避免被"邪眼者"直接盯上自己和财产。"邪恶之眼"在不列颠其他地方也有记载，但非常少见，人们通常认为它是一种故意使用的武器，是巫术的载体之一。这也就是为什么它从未出现在不列颠巫师审判的辩护中。

之后，我的文章转向了其他涉及凯尔特社会群体和文化的近代早期社会，想看看能否从中发现类似的信仰。结果是肯定的。上文提到的马恩岛巫师审判的研究发现，近代早期的马恩岛人不仅强烈崇信妖精，而且还认为对冤枉他人施咒的人下诅咒是合法的。放弃了用巫师审判的方式来处理矛盾之后，他们处理指控的方式是尝试让双方进行和解，如果被告承认对原告下了诅咒，就会被判向原告道歉并将诅咒撤回。[14] 这和关于近代早期威尔士的新研究所发现的情况相同。在威尔士，对道德败坏的巫师的想象，以及他们对社区造成威胁的描述，要比英格兰和苏格兰低地地区少得多。当地人把生活中的不幸归咎于无意的"邪恶之眼"，或者某个被雇来解决个人恩怨的服务型魔法师所下的咒语。而反制魔法、教士的祝福和祈祷者的力量都能对抗它们。同样，用诅咒来对抗不公正的行为，这也是可以接受的。对巫术指控的一般处理方式是让双方进行仲裁调解，如果行巫术的一方理亏，则

14　在这里，詹姆斯·夏普的研究得到了本人的补充和支持：在他发表论文三年后，我在同一份期刊上发表了自己的一篇论文。"The Changing Faces of Manx Witchcraft", *Cultural and Social History*, 7 (2010), pp. 153–170。

要向原告道歉并收回诅咒。研究还发现，威尔士人也害怕妖精的破坏，他们的恐惧比英格兰人要大得多，甚至可能比苏格兰低地地区的居民更大。[15]

文章考察的最后一个凯尔特社会是爱尔兰盖尔区的情况，那里也呈现出相同的模式。当地明显笃信巫师的存在，但对巫师的指控主要集中在他们用魔法盗窃乳制品等方面，这种观念在苏格兰盖尔区和马恩岛也有发现。这种行为对劳作仅够糊口的农民来说是很大的问题，但农民们通常只停留在烦恼和愤怒的情绪上，人们通常在私下里用它来解释为什么有人毫无原因地暴富，而其他人却没有这样的好运。显然，在爱尔兰文化中，几乎找不到关于巫师出于邪恶的天性而杀害人畜的想象。当地人认为妖精才是那些可怕的，导致人类、庄稼、牲畜的灾病和死亡的源头，家庭和生计中那些离奇的不幸、被诱拐的孩子也都是因为它在作祟。因此，他们将很多心思花在如何躲避、化解和回击妖精的破坏上。学者们注意到，越是盖尔文化的中心地区，对妖精的恐惧就越强烈，对巫师的恐惧也就越微弱。同时，就像苏格兰盖尔区一样，爱尔兰人对"邪恶之眼"也保有持续的恐惧，但他们也同样认为它是无意中被使用的，也相信可以用多种魔法措施来补救它所造成的伤害。

关于盖尔人巫术信仰的近期思考

我发表那篇文章的主要目的并不是要寻求某种完美的解答，而是

15　此处，以及此前引用的理查德·苏格特（Richard Suggett）和萨莉·帕金（Sally Parkin）的著作中，都有一条非常重要的材料，参见 Lisa Mari Tallis, "The Conjuror, the Fairy, the Devil and the Preacher", Swansea University PhD thesis, 2007。非常感谢欧文·戴维斯（Owen Davies）借阅该著作的副本。

为了拓展这场辩论并检视其中的观点。在写作本书的过程中，我最初收到的反馈是积极的。一篇详尽研究近代早期北方高地巫师审判和信仰的论文采纳了我的结论。[16] 近代早期爱尔兰巫师审判的权威专家安德鲁·斯内登（Andrew Sneddon）也赞同那篇文章的观点，并进一步充实了我们对爱尔兰情况的了解。他的文章指出，尽管那个时期的爱尔兰天主教徒和新教徒都并不怀疑确有巫术存在，比如：旧英格兰贵族和他的盖尔贵族出身的妻子曾指控他们的亲戚在家庭纠纷中使用巫术，新英格兰人中也有许多关于巫术的谣言；尽管爱尔兰的法律在对待巫术方面与英格兰大体相同，而且也用相同的法律机制来惩罚巫术；对比更为明显的是，包括盖尔人在内的爱尔兰天主教徒经常利用英格兰新教徒官员掌控的法院，来控告很多巫术之外的其他罪行。[17] 然而，在爱尔兰的大多数盖尔人以及中世纪英格兰移民人口（即信奉罗马天主教的"旧英格兰人"）中依然甚少出现巫术指控。即使是在16世纪末17世纪移居爱尔兰的新教徒（也就是"新英格兰人"）群体中，在已知的资料中也只找到四次巫师审判的记录，其中只有一例判处死刑。这与英格兰巫师审判的情况形成了鲜明的对比，学者通常估计在英格兰被处以死刑的数量大约有五百人，更不用说那些低地和斯堪的纳维亚人聚集的苏格兰地区，从死刑人数与总人口数的比值来看，那儿的猎巫强度是英格兰的十二倍。

16　Thomas Brochard, "Scottish Witchcraft in a Regional and Northern European Context", *Magic, Ritual and Witchcraft*, 10 (2015), pp. 41–74.

17　Andrew Sneddon, "Witchcraft Beliefs and Trials in Early Modern Ireland", *Irish Economic and Social History*, 39 (2012), pp. 1–25; 以及 *Witchcraft and Magic in Ireland*, Basingstoke, 2015。在前一部作品中，他完全同意我的观点，而在后一部作品中，他试图找出其中的细微差异，并强调至少天主教贵族恐惧巫术，邪恶之眼可以被认为是蓄意的。事实上，我们之间没有任何争议，因为我从未否认第一点，并且我的文章非常明确地指出，在盖尔地区，邪恶之眼并不总是被视为无辜的。

斯内登证明，在新教移民中少有巫师审判的原因很大程度在于，大部分移民来到爱尔兰的时间已经是 17 世纪了，当时掌控法庭的法官在受理巫术指控的时候已经开始变得谨慎。而占爱尔兰人口多数的本地居民，又因为文化的因素而缺乏提出巫术指控的意愿。斯内登承认，他们没有撒旦巫师的概念，认为巫师通常不会伤害人畜。他也认可对"邪恶之眼"和妖精的信仰以及反制魔法的功效之于阻碍巫师审判发生的重要作用，并更为谨慎地用近代早期的资料来证明自己的观点。他还强调，爱尔兰人和其他地方的盖尔人一样，都认为巫师的主要行为是用魔法手段偷窃牛奶和黄油类的小事。他指出，这种观念至少在中世纪盛期就已经存在了（如果不能再往前追溯的话），12 世纪晚期威尔士的杰拉德就已经记录了这种传统，书中介绍到，爱尔兰、威尔士和苏格兰都有"老妪"变成兔子偷吸牛奶的传说。[18] 斯内登还用一些民俗学的文献（其中有些在我自己的文章中也引用过）来印证这种观念一直持续到现代。

　　在 12 世纪，巫师偷窃奶制品的观念在杰拉德所提及的地区流行，这可能说明它是一个独特的凯尔特主题，因为凯尔特语正是起源于该地区。然而，更重要的原因是，它与当地的经济形态关系密切，那片区域是不列颠群岛主要的畜牧业经济区，而在北欧的大部分地区也存在着同样的观念。在 11 世纪莱茵兰沃尔姆斯的布尔夏德的补赎手册中，这种观念也被斥作一种虚假的迷信（且尤其与妇女相关），这反而是借鉴了早期的文本。[19] 在斯堪的纳维亚大部分地区的现代民间传说中，也都有这种观念，包括化为野兔的主题，而 14 世纪早期的文本证明，

18　他用的词是"vetulas"，也就是"干瘪的丑陋老太婆"（crone）：*Topographia Hibernica*, c.19。并非所有翻译版本都包含该段落。

19　Burchard, *Decreta*, Book 19.

当地人普遍相信巫师都会偷牛奶。到了中世纪晚期，这种观念已经成为瑞典和丹麦教堂绘画中的标准组成部分，在芬兰和德国北部也有零星分布，而画中偷牛奶的主要是女性。[20] 到了近代早期，偷牛奶是波兰巫师审判中女性最常受到指控的罪行之一。[21] 波兰猎巫行动，以及上述的斯堪的纳维亚地区的审判之多，证明女性与用魔法偷窃牛奶的指控之间的联系本身并不能抑制猎巫。相反，如同故意的"邪恶之眼"一般，它很容易被纳入罪恶而危险的巫术结构中。这或许暗示着，是其他因素导致了盖尔文化与猎巫行动的疏离。而且，以安德鲁·斯内登颇有价值的研究为基础，我们刚才所进行的比较有可能进一步证明各社会和区域间的比较方法在研究这一主题方面的巨大潜力。在搁置"偷牛奶的巫师"这一形象之前，我们还要再探讨一个与之相关的问题：在盖尔人的世界里，用魔法偷窃奶制品的并不只是一些妇女，它也可能被当地人看作是妖精所为，被当成是它们造成的诸多伤害和滋扰行为中的一种。至少在 19 世纪爱尔兰、威尔士和苏格兰高地地区搜集到的民间传说中是这样的。[22] 如果这些地区的早期信仰体系中也具有同样的特征，那么，那些通常与巫术相关的劣行也就不一定会被归咎于巫术，从而进一步减少了这些地区发生猎巫行动的倾向。丰富

20　Bodil Nildin and Jan Wall, "The Witch as Hare or the Witch's Hare", *Folklore*, 104 (1993), pp. 67–76; Stephen A. Mitchell, *Witchcraft and Magic in the Nordic Middle Ages*, Philadelphia, PA, 2011, pp. 118, 138–145, 181–187.

21　Wanda Wyporska, *Witchcraft in Early Modern Poland*, Basingstoke, 2013, pp. 1–2, 22, 32–33, 39, 48, 61, 93.

22　Jeremiah Curtin, *Tales of Fairies and of the Ghost World Collected from Oral Tradition in Southwest Munster*, London, 1895, pp. 23–28; Jane Francesca Wilde, *Ancient Cures, Charms and Usages of Ireland*, London, 1890, pp. 75–83; Robin Gwyndaf, "Fairylore: Memorates and Legends from Welsh Oral Tradition", in Peter Narvaez (ed.), *The Good People*, New York, 1991, pp. 159–170; W. Y. Evans-Wentz, *The Fairy-Faith in Celtic Countries*, Oxford, 1911, pp. 37–39; James MacDougall, *Highland Fairy Legends*, ed. George Calder, Cambridge, 1978, pp. 80–81.

的 19 世纪爱尔兰民间传说还有一个显著的特点，那就是人们认为巫师和妖精导致的不幸在总体上是相当的。一般来说，妖精更让人感到恐惧，而且它们的劣迹触及人们关注的核心。巫师的伤害主要针对的是农业生产和过程。但妖精对人畜带来伤残，甚至导致死亡，对儿童和年轻人更为危险，在欧洲大陆乃至不列颠的大部分地区的平民阶层和受教育阶层眼中，儿童和年轻人都是巫师的首要目标。[23] 如果以上谈到的这些观念是近代早期信仰的延续，而且产生这些民间传说的农村平民阶层社会基本没有什么大变动，那么，当地人对巫术缺乏明显敌意的情况就得到了解释。

接下来我们要考虑的问题是，剩下的那些曾是凯尔特语言区的地区的情况如何？对于近代早期巫术迫害，它们是否表现出同样的模式？康沃尔和布列塔尼就是这样两个比较容易识别的区域，而对两地的相关研究似乎比较缺乏。然而，这种情况似乎也可以反映出在这两个地区巫师审判极少发生。乍看之下，康沃尔似乎不能作为一个样本，因为它的面积很小，非常英格兰化，到了近代早期只有最西部还是凯尔特语言区。但是，当时的康沃尔依然保存了独特的民族和文化特征，[24] 并且很少出现关于巫术的审判，特别是与大多数西郡地区（West Country）[25] 相比。事实上，整个康沃尔只发生了十二起审判，相邻的德文郡是六十九起，萨默塞特郡是六十七起。而且，在这十二起审判中，

23　相关民间传说见 Hutton, "Witch-hunting in Celtic Societies", pp. 50–68。对于它在爱尔兰的影响的详尽分析见 Richard P. Jenkins, "Witches and Fairies: Supernatural Aggression and Deviance amongst the Irish Peasantry", in Narvaez (ed.), *The Good People*, pp. 302–335。

24　这是康沃尔历史的大体特征。在强调康沃尔地区在 16—17 世纪的例外论上，马克·斯托伊尔（Mark Stoyle）可能是近期最著名的作者，他出版了一系列出版物，参见 *Soldiers and Strangers*, London, 2005。非常感谢他惠赐的文章副本。

25　译注：西郡，是指英格兰西南部的一个地区，通常包括康沃尔郡、德文郡、多塞特郡、萨默塞特郡，并且有时也包括格洛斯特郡和威尔特郡的部分地区。

除一起之外，其他都发生在 1646 年以后，其时，经历了内战的康沃尔已经被英格兰军队征服，统治它的是一个极其英格兰化的当局。不过，根据目前的资料，同位于西南部地区的多塞特郡也只发生了十三起审判，所以康沃尔的特殊性本身可能并不能完全解释这种差异。[26] 但布列塔尼的情况则不同，它很有研究价值，是欧洲大陆上主要的凯尔特文化中心。然而，我们似乎还没有看到什么关于布列塔尼巫师审判或近代早期巫术信仰的研究成果。到目前为止，我们只能说，它在猎巫领域并不引人注目。

在本章的前面部分，我的文章曾用现代的民间传说来扩展或解读近代早期不列颠群岛盖尔语区和威尔士猎巫行动较少的证据。在本书的第五章中，我对将 19 至 20 世纪搜集的民间传说用来解释之前历史事件的做法提出过警告，认为民间文化基本上是不受时间影响的，因而可以用它们来填补之前某个时期特定信仰和习俗证据的空白。幸运的是，至少这个认为多数凯尔特社会鲜少巫师审判的原因在于一个根本的文化因素的论点还没有完全掉入这个陷阱之中。在 2011 年的文章中，我的确借鉴了大量 19 世纪的民间采集（folklore collections）来阐明盖尔人和威尔士人与魔法有关的信仰，但同时也强调这些民间采集本身包含了很多变化和发展的内在证据，并对这些证据进行了充分的考察。我还进一步指出，19 世纪记录的许多材料是从老年人那里采集的，他们年轻的时候学过这些魔法，因此这些口述材料可以被回溯到前一个世纪，到近代早期的晚期。另外，那篇文章的论点是基于使用民间采集来充实和增加对早期罕见材料的见解。文章试图避免直接将

26　所有的数据均可参见 Janet A. Thompson, *Wives, Widows, Witches and Bitches*, New York, 1993, pp. 106–107. 值得注意的是，英格兰南部的其他一些郡的已知审判数量也比较少：汉普郡十二起，萨塞克斯十三起。

它们作为早先时代信息的承载物，也不认为那些信息会原封不动地投射到它们身上。[27] 举个例子，17 世纪末马丁·马丁（Martin Martin）对赫布里底群岛的描述是近代早期苏格兰盖尔区的重要资料，它简要介绍了当地对特殊形式的反制魔法在消除因魔法引起的不幸时的功效、妇女使用魔法偷窃牛奶和黄油的情况和"邪恶之眼"传说的信仰。[28] 在这种情况下，把这些资料与同一社区的后代们对相同信仰更丰富的描述结合起来当然是合乎逻辑的，只要它们的来源经过明确的辨认和甄别即可。

以这种审慎的方式使用现代民间传说，遵循的是近来研究近代早期苏格兰其他信仰体系时建立的先例，这些研究备受推崇。[29] 后来凯尔特语区的巫师审判研究也沿用了这种先例，特别是安德鲁·斯内登对爱尔兰进行的研究，他谨慎地援引了近代早期（以及中世纪）的材料以及后出的民间传说，借以说明它们共同代表着一种连续性。另外，我在 2011 年发表的那篇文章中，对利用现代民间资料来深化近代早期材料的做法提出了一项"控制机制"：将中世纪爱尔兰文学与现代民间传说结合起来，使得近代早期的资料能在其之前和之后的材料中找到呼应，如果这个策略有效的话，就可以为凯尔特社会中的特殊和持续的因素提供一个非常强有力的案例，用来解释当地巫术起诉的模

27　Hutton, "Witch-hunting in Celtic Societies", pp. 50–68.

28　Martin Martin, *A Description of the Western Isles of Scotland*, London, 1703, pp. 115–116, 179–182.（参见 Stirling 于 1934 年的转载）。

29　其中比较著名的是莉赞娜·亨德森（Lizanne Henderson）和爱德华·考恩（Edward J. Cowan），参见 *Scottish Fairy Belief*, East Linton, 2001，他们的结论是，这种信仰在 15 世纪到 18 世纪晚期几乎没有改变。埃玛·威尔比在前一章讨论的两本书中也采用了同样的方法。事实上，这三个人在将现代民间传说应用于近代早期问题时，都不像这里所采用的方法那样谨慎。

式。[30] 因篇幅所限，那篇文章只能对有关的爱尔兰材料进行粗略总结，但本书的研究是进行这项工作的一个很好的机会，我们还可以将其扩展到其他类型的中世纪爱尔兰记录和威尔士资料上。对与近代早期现象有关的古代和中世纪背景所进行的调查，完全符合本书的目的和方法，其结果可能会支持从文化方面解释凯尔特社会没有猎巫意愿的论点，或者让学者对这个问题进行重大反思。

中世纪语境

中世纪爱尔兰盖尔区的文字资料非常丰富，其中包括目前掌握的宗教著作、法典、世俗诗歌和记叙英雄事迹的散文体故事等。遗憾的是，中世纪马恩岛和苏格兰盖尔区的文字资料比较缺乏。但从爱尔兰材料中的许多地名和附带的备注来看，这三个地区有许多共同的文化特征，爱尔兰和苏格兰的圣徒和英雄甚至都是相同的，我们可以将爱尔兰的材料谨慎地移用到马恩岛和苏格兰的研究中。另一方面，同在爱尔兰一样，在威尔士也发现了的各种中世纪记录，尽管数量比较少。从爱尔兰的资料入手，6 至 9 世纪之间的世俗法律基本没有显示出对魔法的关注。几条为数不多的禁令，反映了当时法律关注的要点。比如：当时的法律禁止使用爱情魔法，那是因为一旦强迫某人与魔法师坠入爱河就会对婚姻关系结成的联盟和遗产继承带来影响；禁止使用导致性无能的咒语，可能也是基于同样的理由；禁止从教堂里取走死者骨头用于魔法配方，因为这会让死者蒙羞，也会亵渎教堂。[31] 同样，

---

30 Hutton, "Witch-hunting in Celtic Societies", p. 64.

31 Alexander Thom (ed.), *Ancient Laws of Ireland*, 5 vols., Dublin, 1865–1901, vol. 1, pp. 181, 203; vol. 5, pp. 295–297.

有篇法律专著称，用咒语致他人死亡，应处以与杀人藏尸罪相同的罚款。这里惩罚的重点在于秘密杀人是不体面的，在光天化日下向对手挑战则不犯法。[32] 不但法典中没有巫师的形象，在 6 世纪晚期至 8 世纪的教会人士为惩罚某些具体罪恶所写的补赎手册中也没有。其中一篇认为应当禁止使用任何魔法，或者，应当禁止以中世纪早期正统天主教的方式使用破坏性魔法（文中用的"malifica"这个词，可能意味着即便是神职人员使用魔法时也不例外），并认为神职人员和妇女特别容易向别人传授魔法。另一篇斥责了用魔法制造爱情药水、诱使堕胎，以及（尤其是）进行谋杀的行为。除了这些，文档中就没有相关的材料了。[33]

而圣徒行传和英雄文学很明显地反映了中世纪爱尔兰人对作为文学主题的魔法有相当大的兴趣，但这些文学作品的中心人物不是巫师，而是"德鲁伊"（druid）。直接原因完全是中世纪爱尔兰语将从事魔法者统称为"德鲁伊"（或 drui、drai）。这个概念非常宽泛，并不严谨。任何人只要一使用魔法，都可以被称为"德鲁伊"。反过来，专职的魔法专家可以被认为是专职的德鲁伊，他们是某种特定阶层或特定组织的成员。[34] 使该定义的边界更加模糊的是（或者是为了混淆问题），一些职业，特别是高级诗人或铁匠，也被视作天生具有魔法能力的群体，但它们的成员是因为所从事的行业的关系而被认为拥有魔法能力，因此不能直接称为德鲁伊。在文学作品中，德鲁伊经常操弄破坏性或欺骗性的魔法：诅咒和毁坏人类和财产、制造风雨和大雾、制造幻觉、

---

32 *Cáin Adomnáin*, no. 46.

33 Ludwig Bieler (ed.), *The Irish Penitentials*, Dublin, 1963, pp. 78–81, 101.

34 Ronald Hutton, *Blood and Mistletoe: The History of the Druids in Britain*, London, 2009, pp. 30–44. 本文和下面的内容是该讨论的摘要，其中提供了完整的参考资料。

把人变成动物或石头、迫使人们听从指挥，以及制造魔法障碍限制人的活动。而在世界上的其他地方，这些魔法都被与巫师联系起来。不仅如此，德鲁伊与巫师相似的地方还在于，德鲁伊作为异教徒，也是基督教圣徒最偏爱的敌人，他们在文学作品中被圣徒击败，因而受到羞辱、被消灭，或者改邪归正。那么，可以将德鲁伊简单地等同于中世纪爱尔兰的巫师吗？

答案是否定的。原因有二。首先，至少在英雄文学中，魔法被视作一种中性的能力。因此在这些故事中，有许多善良的德鲁伊，特别会以国王的顾问和民众的保护者的身份出现，他们的形象是令人钦佩、睿智和仁慈的。在这类文学作品中，德鲁伊主要是占卜者和先知，而不是使用有害魔法的人。第二个原因脱胎于第一个。即便是坏德鲁伊也并不被认为天生就是邪恶的，尽管有些很不讨人喜欢。他们大多扮演反派角色，总是与那些观众同情的正面角色针锋相对。为数不多的例外情况则更加印证了这一点：作为圣徒的传记中的反面角色，德鲁伊捍卫旧式的错误宗教，对抗新式的正确宗教。作为异教徒，他们为一种错误的目标抗争，但他们依然被看作当地社会的利益维护者，只是被误导了或用了追逐私利的方式，而并不是有意与人类为敌。即便是最坏的德鲁伊，他们所行的那些异教的邪恶之事，也只不过是误信了某种虚假的信仰体系，而且她们的这种负面形象大都借鉴了《圣经》中被希伯来先知击败的古代王室宫廷魔法师，或是被基督教的使徒们拆穿了的假先知的形象。

在英雄故事和圣徒行传中，当其性别被提及，德鲁伊通常为男性，只有在特殊的情况中才会出现女性德鲁伊。然而，爱尔兰"德鲁伊"角色在语言学上的模糊状态可能意味着男性和女性都可以使用魔法，但在文学作品涉及魔法的大多数语境中，主人公都是男性。不过，有些时候作品中也提到了一些特殊的女性化的魔法，或者是让人特别恐惧的女性魔法师。比如之前引用的补赎手册就曾提到过她们，另外，在关于第二次莫伊图拉战役（battle of Mag Tuired）的史诗中，描述了德鲁伊在后方诅咒敌人，为即将投入战斗的军队提供支持，但史诗中还提到了其他四种专业的魔法工作者，其中就包括"女妖术师"。[35] 在一首被认定为圣帕特里克（St. Patrick）所作的赞美诗中，请求上帝保护民众免受"妇女、铁匠和德鲁伊的咒语"的侵害，而一篇被认定为圣高隆（St. Columcille）所作的祈祷文中（在罗列出的大量迷信的末尾）称，这位朗诵者"既不理睬预兆，也不理会妇女"。[36] 但这些资料都不能解释女性所施的魔法有什么独特之处。以圣徒贝拉克（Berach）为传主的《生平》，描述了一群邪恶女魔法师的行为，她们由一个异教徒带领着，意图杀害她年幼的继子，而圣徒则对他加以保护。文中说，她纠集了"一群有能力的妇女……使用德鲁伊教的技艺，还使用了异教和邪恶的技巧"来伤害那个男孩，但是贝拉克的祈祷却让大地将她们全都吞没了。[37]

爱尔兰文本中充满了各种诅咒的技巧用语，比如"áer"和"glám dícenn"（诗化韵文咒语），"corrguinecht"（一种特殊的诅咒方式，单脚站立，单眼闭着，单手伸出），"congain connail"（用魔法伤人）和"tuaithe"（从嘴里发出的灵言）等。一则法律文本指出，施术者有时会在刺穿目标人物的画像时使用这些技巧。[38] 杰奎琳·博斯

35　参见 *Cath MaigeTuired*，原文用的是 "ban-tua" 这个词，该文本最著名的版本收录于 Whitley Stokes 的 *Revue Celtique*, 12 (1891)，该篇见第 91 页。

36　Whitley Stokes and John Strachan (eds.), *Thesaurus Palaeohibernicus*, Cambridge, 1901, vol. 2, p. 357; R. I. Best, "Prognostications from the Raven and the Wren", *Eriu*, 8 (1916), p. 120.

37　Edited by Charles Plummer, in *Lives of Irish Saints*, Oxford, 1922, vol. 2, p. 29.

38　Liam Breatnach (ed.), *Uraicechtna Riár*, Dublin, 1987, pp. 114–115.

杰（Jacqueline Borsje）可能是近来在中世纪爱尔兰魔法疗愈研究领域的一流专家，她评论说：

> 当看到爱尔兰人那些用来指称超自然语言力量的术语时，我们震惊于它们的多样性。它们中的许多词被简单地翻译为"魔法、祷词、符咒、咒语"，但各种不同的词似乎反映了不同的含义。它们所代表的含义已经不明确了。[39]

任何尝试构建中世纪爱尔兰破坏性魔法图景的学者都绕不开她的这番评论。然而，显而易见的是，这些故事中所使用的魔法，都是为了追求私人的、具体的目标，为的是实际的利益，而不是通过作恶来获得一般性的心理愉悦。当魔法是由作者欣赏的角色使出的时候，它多少被以赞赏的眼光看待。事实上，据说直到近代早期，人们依然非常钦佩那些（当被激怒时）能够用诗句来伤害或杀死敌人的诗人。[40]

上述背景需要被注意，尤其是在阅读英雄故事中关于那些明显的坏魔法师（英格兰人常将他们翻译为"巫师"）的叙述时。其中最著名的，可能是那些"阿尔斯特传说"（Ulster Cycle）故事里的魔法师们，他们造成了伟大英雄库丘林（Cú Chulainn）之死。随着中世纪发展，他们的身份也一直在演变。在 11 世纪或 12 世纪最早的版本中，库丘林杀死了两位战士，他们的家属雇佣了三个老妪来复仇。这三个人的

39　Jacqueline Borsje, "Celtic Spells and Counterspells", in Katja Ritari (ed.), *Understanding Celtic Religion*, Cardiff, 2015, p. 18. 非常感谢多年来她一直惠赐其中大部分出版物的副本。特别需要注意的是她的论文："Witchcraft and Magic", in Séan Duffy (ed.), *Medieval Ireland*, London, 2005, pp. 518–520。

40　Fergus Kelly, *A Guide to Early Irish Law*, Dublin, 1988, p. 46.

左眼都是瞎的（在爱尔兰传统中，通常这是魔法能力的标志）。她们诱使库丘林违反了不吃狗肉的禁律，从而导致了他的死亡。[41] 而在中世纪晚期的版本中，这个计策是由其中一位死去的战士卡拉丁（Calatin）的孩子们实施的，结局也相同。故事里逐条列出了他们学到的那些特殊的魔法，但现在只留下了杰奎琳·博斯杰所说的那种不准确的翻译版本：战士的儿子们学会了"druidecht"（德鲁伊的技艺）、"coimlecht"（敌对咒语）和"admilliud"（疫病）和"toshúgad"（"带来"），女儿们学会了"dúile"（与书籍、元素和动物有关的魔法）和"amaitecht"（夺命魔法）。为了获得魔法能力，所有人都献上了自己的一只眼睛。一旦他们学会了这些魔法，就开始骚扰库丘林保护的民众——乌勒德人（Ulaid），也杀死了库丘林。[42] 显然，他们在故事中是邪恶的，因为他们用卑鄙的伎俩除掉了一位正直、令人敬佩的伟大英雄，他们是故事中的人民之敌。但他们的行为有一个无可厚非和合理正当的动机：为父亲报仇。

拉长时间线来看，可以将中世纪精英阶层的资料与 19 世纪至 20 世纪早期在爱尔兰普通民众中采集来的民间传说进行比较。这些普通民众认为，对社区内其他人的耕地下诅咒，是对土地所有者怀有敌意的惯常表现。他们认为，把腐烂的物质偷偷埋在土里并念诵咒语，就会让耕地的运气变差。而只有发现并烧掉这些物质，再对土地施以祈祷的保护和圣水的祝福，才能破解诅咒。[43] 由此，我们可以看出，和

41　这个故事叫作 *Aided Con Culainn*。

42　这个故事叫作 *Brislech Mór Maige Muirtheimne*。

43　特别参见 Richard Breen, "The Ritual Expression of Inter-Household Relations In Ireland", *Cambridge Anthropology*, 6 (1980), pp. 33–59。

中世纪故事中的精英一样，这些民间传说也奉行道义经济。[44] 作为武器的魔法本身是一种中性的能力，至于是善是恶，取决于使用魔法的方式和人们更同情争端中的哪一方。两种证据之间还有一种持久的联系是"邪恶之眼"信仰，人们认为它对人畜都很危险。两者都将此视为一种既可以蓄意使用也能意外触发的能力，于是"意图"就成为决定是否有罪的关键因素。[45]

然而，中世纪爱尔兰的文本还有另一种与巫师形象相联系的方式，那就是将可怕而危险的、具有超人类能力的妇女形象引入故事。而她们是否或如何与希腊罗马时代的杀婴恶魔或日耳曼的食人巫师相关的，这仍然是一个困难的问题。一本写于 6 世纪或 7 世纪的补赎手册禁止基督徒信奉拉米亚或斯忒里加，将它们视为一种妄念。[46] 从这些拉丁词来看，它们显然指的是地中海世界的夜间恶魔，或与这些恶魔有联系的妇女，但这条禁令可能只是呼应了当时欧洲法典中的条文，而并没有提到爱尔兰当地的信仰。然而，与这种信仰之间的关联，似乎的确是建立在一本 1050 至 1200 年之间编撰的英雄故事中的名目表（glossary of names）之上。[47] 其中记述了爱尔兰西南部王国芒斯特（Munster）的妇女们是如何潜入住家杀害新生男婴的。她们的能力看

---

44 译注：道义经济，指的是传统社会中农民受道德准则和价值观所驱使，在避免风险和安全第一的原则下，遵从"互惠性"惯例，并透过各种再分配的制度，确保村民的最低生活标准。

45 对中世纪文本中的这一现象所进行的最经典的研究，参见 Jacqueline Borsje, "The Evil Eye in Early Irish Literature and Law", *Celtica*, 24 (2003), pp. 1–39。还有人将这两种证据的载体与现代盖尔（在本案例中是苏格兰）民间传说进行直接对比，参见 R. C. MacLagan, *The Evil Eye in the Western Highlands*, London, 1902。

46 Bieler (ed.), *The Irish Penitentials*, p. 56.

47 *Cóir Anmann,* c. 54. 相关版本有 Whitley Stokes, *Leipzig*, 1897, 以及 Sharon Arbuthnot, for the Irish Texts Society, 2005。

起来至少有几分像魔法，非常强大而无法抵御。然而，有个妇女因为喜欢其中一个婴儿，就把他藏在大锅底下救了出来。在被发现之后，其他妇女要弄死他，却只弄伤了他的一只耳朵，这个婴儿长大以后就成了英雄，他那只被弄伤的耳朵一直是红色的。这听起来真像地道的盖尔故事，但在盖尔文学中似乎找不到类似的人物形象，在现代爱尔兰民间传说中也找不到与其准确对应的人物。爱尔兰的不同的地区都记载着幽灵般杀婴妇女的事例，但她们是某种邪恶女性的鬼魂，因生前所犯的罪而缠着以前的邻居，而且天主教教士的驱魔礼是打败她们的最好武器。[48]

即便如此，中世纪爱尔兰文学中还是充斥着暴力和恐怖的女性，在翻译成英文时，她们通常被描述为"巫婆"和"巫师"。其中的典型形象是被主人公亚特·麦克·克恩（Art mac Cuinn）击败的七名妇女，她们在黑夜的橡树林中袭击了他。[49]然而，她们并不完全符合本书中的巫师定义，原因有二。首先，故事没有表明出她们使用了魔法，她们所使用的尖刺和砍刀似乎是物理武器。其次，我们并不清楚她们是不是人类。在故事中，亚特惹恼了一个异世界的超人类王后，她派她们来与他作对。同样，在《芬尼亚传奇》（Fenian Cycle）——一系列与芬恩·麦克·库尔（Finn mac Cumaill）带领着一群勇士有关的故事——中的一则，三个丑陋巫婆用魔法将芬恩和他的人马困在洞里，她们头发粗糙蓬乱，眼睛发红而无神，牙齿参差而尖利，胳膊很长，指甲像牛角一样尖锐。一开始她们打算用剑杀掉主人公，但主人公的一名同伴破门而入杀掉了两个巫婆，逼着最后一个释放了他的朋友们。这个

---

48 Anne O'Connor, "Images of the Evil Woman in Irish Folklore", *Women's Studies International Forum*, 11 (1988), pp. 281–285.

49 这个故事叫作 *Echtra Airt meic Cuinn*，译本参见 R. I. Best 的 *Eriu*, 3 (1906), pp. 149–173。

故事中的巫婆就不是人类，她们是异世界某种生灵的女儿，因为芬恩冒犯了他，她们才被派来施加惩罚。[50]

在中世纪爱尔兰文学中，无论使用的是魔法还是物理武器，这些凶残巫婆的性质总是很含糊。这些文学作品中充满对神圣女性的想象，原型明显是古代的异教女神。她们大多酷爱战火，挑起战争并亲身参与其中，因此引发了人类的恐惧。故事中那些野蛮的老太婆看起来就像是这些女神的微缩版，而不是学过魔法的人类。在另一个中世纪盛期到晚期的芬尼亚故事中，"峡谷魔女"加入"猎犬、幼犬、乌鸦"和"空中的力量及从四面八方咆哮而来的林中之狼"，互相交战。[51]同样，12世纪历史传奇《盖德希尔与盖尔之战》（ *The War of the Gaedhil with the Gaill* ）为这场大战中嗜血的妖怪罗列了另外一份名单，其中包括："战场灵体和山羊一般的战场灵体，山谷中的疯子、搞破坏的巫师、能变形的超自然体、古代的鸟类、空中和天上的毁灭魔鬼，以及能带来不幸的超自然宿主"。[52]然而，其中的搞破坏的巫师"amati adgaill"又是一个比较罕见的词，指的是"身怀破坏性超自然力量的女性"，我们无法确定她是否是人类，以及假如是人类，又是否是鬼魂。她还曾被描述为"搞破坏的疯妇"，说明她有时也被视作人类。[53]从外表看，中世纪的爱尔兰巫婆与罗马时代一些巫师的描述（它们在近代早期和

50　这个故事叫作 *Bruidhean Chéise Corainn*。

51　这个故事叫作 *Cath Finntrágha*。

52　J. H. Todd 在 *Rolls Series*, London, 1867, pp. 174–175 中对该传奇的传统翻译将"搞破坏的巫师"简单翻译为"巫师"。但马克·威廉姆斯确定那是一种误导，建议我使用另一种翻译。

53　非常感谢马克·威廉姆斯与我讨论这个词，并极大地扩展了我的知识。他还向我推荐了 William Sayers, "Airdreach, Sirite and Other Early Irish Battlefield Spirits", *Éigse*, 25 (1991), pp. 45–55, 其中讨论了其他故事中出现的"峡谷灵体"，并指出"ammait"可以意指一位女性或一种具有超自然力量的灵体。

现代已经在欧洲流传）有明显的相似之处，但实际上两者在本质上是不同的。此外，她们对爱尔兰故事中的主人公和社区来说是来自外部的敌人，而不是暗藏在内部的威胁。就这点来说，根据本书的定义，她们也很难被称作巫师。

对爱尔兰故事中那些更为少见的美丽而迷人的人类妖妇，也可以用以上的方法来考察。在一个12世纪的故事中，引诱并试图杀死国王马彻塔奇·麦克·厄卡（Muircertach mac Erca）的魔法师是其中最明显的例子。[54] 国王和随从将她视为超人类体，但她坚持自己是人类，并自称是个基督徒，在故事的最后她坦言自己这么做是为了给那些被国王毁掉的家人和民众报仇。她身怀非凡的障眼法，能把水变成酒、把蕨类变成猪、把石头土块和植物茎秆变成武士。在基督教神学看来，这些能力都与魔鬼有关，这就能解释为何她住在王室内室的时候，不允许任何教会人士进入。即便如此，在报仇之后，她作为一名悔罪的基督徒而死。这个故事没有一味地谴责她，因为毕竟她的行为有一个情有可原的动因。在中世纪爱尔兰传统中的，这又是一个出于个人具体的不忿，而不是基于一种普遍的敌意而使用了破坏性魔法的巫师式的人物。

在这样的讨论里，我们已经注意到了人类与超人类体之间关系的重要性，这些生灵拥有先天的魔法力量，生活在一个并行的异世界中，随时可以来到人类世界。这个异世界通常存在于山丘和史前墓穴之中，它的居民通常被称作"图查·德·达南"（Túatha Dé Danann）。在那个世界中，它们以贵族或王室的方式生活，几乎可以肯定其中一小部

54　这个例子出现在叫作 *Aided Muirchertach Mac Erca* 的故事中，再一次感谢马克·威廉姆斯让我注意到这则故事。马克自己对这个故事的细读，尤其是对巫师这个角色的细读，可参见 "Lady Vengeance", *Cambrian Medieval Celtic Studies*, 62 (2011), pp. 1–33。

分居民是前基督教的本土神祇。它们与人类的关系，非常接近近代早期和现代盖尔民间传说中的妖精和精灵与人类的关系，并且，至少有一些明显是这些妖精和精灵的前身。虽然它们对人类的态度要比后来的妖精更仁慈也更回护，但如果将它们激怒，后果是非常危险的，只要看看故事中亚特和芬恩（及许多其他故事主人公）的经历就可以了解了。咒语是它们对付人类、同类和其他非人类敌人的主要武器，整个中世纪爱尔兰的传奇故事中都贯穿着对它们的恐惧和敬佩之情。因此，在后来的盖尔人中，那些非常严重的不幸事件被看作是非人类体所为，而不会归咎于人，这种情况在这些虚构的描写中早已埋下了伏笔。

有一种非常相似的人形半神族生灵，它们衣着华丽、装备精良，天生就精通魔法技艺，在中世纪威尔士的散文和诗歌中占据着非常突出的地位。它们生活在一个叫作"安文"的异世界中。确实，20世纪早期，中世纪罗曼司学者中相对正统的观点是，整个西欧骑士罗曼司中的重要角色妖精就直接来源于这些爱尔兰和威尔士的形象。[55] 如果情况确实如此，那么从根本上说，它们也是后来英格兰和苏格兰低地地区的"王室妖精"形象的前身。然而，这个观点现在已经被该领域的大多数专家所抛弃，并不是因为它是错误的，而是因为它无法被证明，注定是一场毫无结果的探索。[56] 但这个问题对本书当下的研究没

55　特别参见 Alfred Nutt, *The Fairy Mythology of Shakespeare*, London, 1900；Lucy Allen Paton, *Studies in the Fairy Mythology of Arthurian Romance*, New York, 1903；以及 Roger Sherman Loomis, *Celtic Myth and Arthurian Romance*, New York, 1927。

56　关于近期对妖精（fays）的研究，请注意参见 Helen Cooper, *The English Romance in Time*, Oxford, 2004；Alaric Hall, *Elves in Anglo-Saxon England*, Woodbridge, 2007；Corinne Saunders, *Magic and the Supernatural in Medieval English Romance*, Cambridge, 2010；以及 James Wade, *Fairies in Medieval Romance*, London, 2011。

有什么影响,因为我们只需注意到,后来威尔士人对妖精的恐惧,就像爱尔兰人在中世纪想象中对这些生灵的态度一样。

在两种中世纪凯尔特文化中,还共同拥有另一种形象,那就是凶残的巫婆。她们的经典现身是在威尔士罗曼司《埃夫劳格之子佩雷杜尔》(Peredur fab Efrawg)中,这部作品的英语版常被译作《格洛斯特九女巫》(Nine Witches of Gloucester)。然而,在威尔士语中,对她们的称呼——"gwinodot"一词含义要比"可怕的老妇人"宽泛得多,她们虽然能预知未来,但并不具有其他明显的魔法能力。她们用无穷大力操弄着普遍的武器,并摧毁了整个地区,直到后来被亚瑟王和他的队伍杀死了。在另一个同类型的故事《基尔胡赫与奥尔温》(Culhwch ac Olwen)中,主人公还是亚瑟王和他的武士们,巫婆用物理力量战胜、伤害和驱逐那些入侵她洞穴的武士,后来亚瑟王丢出匕首将她杀死,避免了与她近身作战。[57] 我们还是不太清楚这些生灵是不是人类。在威尔士民间传说中,她们化身为"gwrach"的形象。所谓"gwrach",是经常出没在荒野和孤寂地带,吓唬过往行人的丑恶老女人;重要的是,这种生灵从未在近代早期真实的巫师审判中出现,而是只停留在人们的想象之中。[58]

两位研究近代早期威尔士社会和文化史的学者——理查德·苏格特和丽萨·塔利斯(Lisa Tallis)——近期搜集了大量与这项调查相关的 15 世纪末至 18 世纪初的材料,以一种现在看来不太可能用于爱

---

57 她出现在 lines 1205–1229,被人称作 "至暗巫婆"(Gwidon Ordu, the "Very Dark Hag")。在 "Pa gur yv y porthaur" 诗歌和圣录体的《参孙传》中,这些生灵(在 "Peredur" 中被描述为九个人)被主人公所征服,关于这方面参见:Patrick Sims-Williams, "The Early Welsh Arthurian Poems", in Rachel Bromwich at al. (eds.), The Arthur of the Welsh, Cardiff, 1991, pp. 44–45。

58 Suggett, A History of Magic and Witchcraft in Wales, pp. 42–43.

尔兰盖尔区研究的方式，填补了中世纪文学与现代民间传说之间的空白。[59] 材料中的人们相信那种无意之间触发的"邪眼"力量，同时也相信符咒和祈祷的力量可以抵抗它。相应地，人们也适当地接受了诅咒的合法性，在宗教改革以前，通常由当地的教士来诅咒那些伤害了教区内善良居民的人。而到了改教以后，诅咒成了个人行为，通常表现为个人向基督教上帝祈祷，要求惩罚伤害自己的人，让对方以失去生命或损失财产的代价来弥补自己的损失。它往往是社会中的弱者对抗强者的武器，因此多被女性所使用。而向圣徒或用圣井里的水祈求保护是一种比较体面地化解诅咒的办法。比起新教时代的不列颠其他地区，这两种方式在威尔士更受欢迎。不过，民间魔法文化也非常盛行，它们中的很大一部分是由服务型魔法师提供的，这些魔法也能用来避开和消除厄运和恶意。另外，16 世纪的记录中表现出，当时的人们还惧怕妖精的恶意和掠夺。以上这些情况都会减少当地人对巫师的敌意。

然而，这种信仰体系也容易受到外来影响的改造，用学术术语来说，这是一种"文化适应"（acculturation）。正如理查德·苏格特所展示的那样，从 16 世纪 40 年代开始，一个新词"wits"（借用自英语中的"witch"）开始在威尔士产生影响。而且，这个词还产生了一种新的含义：某种会蓄意或因怨恨而害人的敌人。到了 1600 年，它可能还进一步与"专门行邪恶之事的恶魔崇拜教派"的观念结合了起来。17 世纪，这个形象在威尔士社会，特别在英格兰化的南方各郡中扎下根来，并开始造成邻里之间的敌意和猜疑。威尔士正在逐渐成为一个"猎巫"社会，甚至在苏格兰盖尔区域的边缘地区，特别是东部沿海

59　同上书，散见全书各处；Tallis, "The Conjuror, the Fairy, the Devil and the Preacher"，散见全文各处。

地带，到了 17 世纪也开始发起猎巫行动。但威尔士没有真正成为猎巫盛行的地方，原因可能在于它"文化适应"的进程启动得比较晚，而且并不完整，还没来得及对威尔士的猎巫行动造成足够的影响，整个不列颠知识界的舆论就已经开始反对巫师审判了。这也可能是苏格兰盖尔地区的腹地一直没有出现猎巫行动的原因。同时，马恩岛虽然处决了一些所谓的巫师，但马上就偃旗息鼓了，之后再也没有遇到足够的外部压力能促使他们重蹈覆辙。因此，我们或许可以做出总结：从中世纪、近代早期和现代三个时期搜集的证据已经积累得足够多了，因此应该能提出一种有把握的设想——威尔士、马恩岛、爱尔兰和苏格兰盖尔区的社会，代表的是那种缺乏严重巫术恐惧传统的社会，它们表现的方式与（本书第一章讨论过的）世界其他地方相同类型的社会都一样。因为缺乏对巫术的恐惧，他们得以避免大规模的猎巫行动，尽管在同一时期猎巫已经在统治他们的英格兰和苏格兰各地泛滥。如果这一结论是正确的，那么它就能成为一个突出的例证，说明：在地区层面上，古代和中世纪传统可以发挥决定性的作用，防止或鼓励对巫术嫌疑人的迫害。

X 巫师与动物

　　20 世纪晚期，对英格兰近代早期巫术信仰和巫师审判感兴趣的历史学家们越来越意识到，这些信仰和审判具有一种与欧洲大部分地区明显不同的特征：英格兰有一种普遍的传统，巫师的恶行得到了化成动物的魔鬼的帮助。[1] 这些生灵通常与巫师个体关系亲密，是他们的盟友和仆从。在当时的资料中，它们往往被描述为"灵体"、"小鬼"（imps），或直接称为"恶魔"，但也经常被称为"密友"（familiars），而现代学者通常称它们为"动物密友"，以示与一般动物的区分。作为巫术的执行者和教唆者，它们的目的和行为几乎全都出于恶意，最经常化身的动物是狗、猫和蟾蜍，但也会以雪貂、野兔、家兔、刺猬、田鼠、家鼠、松鼠、黄鼠狼、臭鼬、蜗牛、蛇、牛犊和各种鸟类及昆虫的形态出现。换句话说，它们通常变成一些人们常见的动物，因为它们不容易被人们发现，偶尔也会出现那种由不同种类的自然生物或家养动物混交出来的怪异动物。某些"密友"可以变成各种各样的动物，或者可以变成人形。

1　比如，Keith Thomas, *Religion and the Decline of Magic*, London, 1971（参见 1997 年版），p. 569；James Sharpe, *Instruments of Darkness*, London, 1996, pp. 71–74；以及 "The Witch's Familiar in Elizabethan England", in G. W. Bernard and S. J. Gunn (eds.), *Authority and Consent in Tudor England*, Aldershot, pp. 219–220；Philip C. Almond, *The Witches of Warboys*, London, 2008, pp. 51–55。

最常被拿来当作证据的英语版本的魔鬼契约象征着巫师与密友关系的形成，也代表着作为近代早期巫师审判基础的泛欧洲魔鬼巫师概念的核心特征。另外，在英属北美殖民地，这种契约同样是当地巫术信仰的重要组成部分。大多数英格兰的巫术案件中都没有提及魔鬼契约，但在为数不多的几个重要案例中，这一因素非常突出，尤其出现在公开发表的庭审记录中，这些庭审记录塑造了当时公众和后世历史学家心目中的巫师形象。在 20 世纪 70 年代，学界对近代早期巫师审判展开持续和大规模的研究时，学者们就注意到英格兰人对这种想象出来的"动物密友"的偏爱完全未得到解释，[2] 但直到 2000 年才开始真正讨论这个问题。不过，当时的学术研究并没有产生真正的学术论争，因为其中没有形成明确的学术流派，各家的观点也缺乏坚定的拥趸。很多学者都做出了贡献，但有的学者只是在几种可能的解释中游移不定，有的随着时间的推移干脆从一种解释转向了另一种。相关的历史学家之间甚至很少直接沟通。尽管这样，学界还是出现了一些不一样的观点。一种观点认为，"动物密友"这个概念是从仪式性魔法的传统中发展出来的，最早在古埃及的仪式性魔法中，就已经体现出对召唤灵体为魔法师服务的偏好。[3] 另一种观点认为，它源于妖精传统，特别来自那些帮助料理家务的灵体形象，以及服务型魔法师由妖精传授技能的传说。[4] 可以肯定的是，正如学者所看到的那样，妖精在一些

2　Keith Thomas, *Religion and the Decline of Magic*, p. 569.

3　Sharpe, *Instruments of Darkness*, pp. 71–74; Andrew Sneddon, *Witchcraft and Magic in Ireland*, London, 2015, p. 7.

4　Sharpe, "The Witch's Familiar", p. 228; Almond, *The Witches of Warboys*, pp. 51–55; 以及他的 *The Lancashire Witches*, London, 2012, p. 26；Diane Purkiss, *Troublesome Things: A History of Fairies and Fairy Stories*, London, 2000, p. 153；以及 "Fairies", in Richard M. Golden (ed.), *Encyclopedia of Witchcraft*, Santa Barbara, CA, 2006, pp. 346–347。

苏格兰巫师审判中扮演的助手角色与英格兰"动物密友"相似（虽然它们很少像"密友"那样充当破坏性巫术的执行者）。尤其支持这一观点的当然是埃玛·威尔比，她认为"密友"和"妖精"代表着同一种生灵的两个不同版本，都源自前基督教万物有灵论的、与萨满教式实践有关的世界观。[5]

参与讨论的学者越来越多，提出的解释也就成倍地增加了。其中一种观点认为，"动物密友"应该与一系列更广泛的民俗现象有关，威尔比的"萨满教式灵体助手"，以及"异教神祇的动物吉祥物"、"圣徒的追随者"等，这些解释都可以被归为一个普遍而广义的"感恩动物"的民俗主题，"动物密友"只是其中的一个方面。[6]还有人反驳"妖精起源说"，主张"动物密友"断然处于魔鬼的框架之下，它真正的来源是中世纪时期的撒旦小鬼。[7]其他解释则更加多维，比如将巫师所养的"密友"视作服务型魔法师的灵仆传统和日益流行（也广受争议）的英格兰畜养宠物的风潮，以及相信巫师能得到魔鬼协助的观念的结合。[8]

5　Emma Wilby, "The Witch's Familiar and the Fairy in Early Modern England and Scotland", *Folklore*, 111 (2000), pp. 283–305; *Cunning Folk and Familiar Spirits*, Brighton, 2005.

6　Boria Sax, "The Magic of Animals", *Anthrozoos*, 22 (2009), pp. 317–332. 非常感谢作者惠赐该文章的副本。

7　Charlotte-Rose Millar, "The Witch's Familiar in Sixteenth-century England", *Melbourne Historical Journal*, 38 (2010), pp. 113–130; Victoria Carr, "The Witch's Animal Familiar in England, 1300–1700", Bristol University PhD thesis, 2017. 非常感谢维多利亚·卡尔 (Victoria Carr) 惠赐这篇文章的副本，也非常感谢米拉（Millar）博士本人随后向我展示了她与劳特利奇（Routledge）合著的 *The Devil in the Pamphlets* 中的相关章节。

8　James A. Serpell, "Guardian Spirits or Demonic Pets", in Angela N. H. Creager and William Chester Jordan (eds.), *The Animal/Human Boundary*, Rochester, NY, 2002, pp. 157–192. 这篇论文非常引人注目，因为它融合了很多假设，却没有让任何一种"无效"。它指出，将英格兰巫师密友的案例解释为前基督教信仰的遗存的做法，是很难让人信服的，但后面却说，动物在欧洲巫术概念中所扮演的角色至少暗示了萨满教残留的痕迹（第184页）。它遵循的是金兹伯格的假设，认为变形术是萨满教的一项标志。

关于近代早期英格兰巫师"动物密友"的信仰，想要新发现重要的一手资料，几乎是不可能的了。而且，关于它的起源已经有了这么多的解释，既有普适性的，也有针对个案的，已经不太可能提出新的解释了。即便如此，本书所采用的更广泛和更深入的视角依然有可能为这个问题的学术讨论增添一些内容，也有可能对全球和欧洲大陆语境下巫师和动物的关系问题提供一些新认识。这一章节将再次使用整本书所采取的从外向内收缩的结构，以达到我们的研究目的。

全球语境

从最早对近代早期英格兰巫术信仰进行的系统化学术研究开始，直到最近的调查，对"动物密友"传统的研究都采用了与"欧洲世界以外的巫师和动物之间的联系"进行比较的方法。[9]然而这些既有研究进行的比较的持续性不强，也不够全面，但本书所采用的民族志资料库的规模足以让本书进行一些新的尝试。总体看来，世界各地的巫师与动物之间的联系主要有三种方式，它们互相交叉，但通常并不相同：一种是巫师自己变成了动物；一种是巫师雇用真正的动物来达到目的；还有一种是巫师利用变成动物形态的灵仆。我们将逐个研究以上三种方式。

世界上每个人居大陆都存在着巫师可以化身兽类的信仰，但它在

9　比如，从 George Lyman Kitteredge, *Witchcraft in Old and New England*, New York, 1929, pp. 174–175；到 Serpell, "Guardian Spirits or Demonic Pets"；以及 Sax, "The Magic of Animals"。

某些地区尤为普遍。一是在美洲，特别是中美洲。[10] 二是在中非的一系列地区，从塞拉利昂延伸到坦桑尼亚和莫桑比克。[11] 三是在南亚，包括印度、尼泊尔、缅甸和泰国，并向东延伸到属于美拉尼西亚的印度尼西亚和新几内亚地区。[12] 在以上这些地区的某些案例中，巫师可

10　Elsie Clews Parsons, "Witchcraft among the Pueblos", in Max Marwick (ed.), *Witchcraft and Sorcery*, Harmondsworth, 1970, pp. 204–209; Benson Saler, "Nagual, Witch and Sorcerer in a Quiché Village", *Ethnology*, 3 (1964), pp. 305–328; J. Robin Fox, "Witchcraft and Clanship in Conchiti Therapy", in Ari Kiev (ed.), *Magic, Faith and Healing*, Glencoe, 1964, pp. 174–200; William and Claudia Madson, "Witchcraft in Tecopsa and Tepepan"; Benson Sales, "Sorcery in Santiago El Palmar"; 以及 Annemarie Shimony, "Iroquois Witchcraft at Six Nations", in Dewar E. Walker (ed.), *Systems of North American Witchcraft and Sorcery*, Moscow, ID, 1970, pp. 73–94, 124–146, 239–265; Robert Redfield, *The Folk Culture of Yucatan*, Chicago, 1941, pp. 303–337; Julian Pitt-Rivers, "Spiritual Power in Central America", in Mary Douglas (ed.), *Witchcraft Confessions and Accusations*, London, 1970, pp. 183–206; Florence H. Ellis, "Pueblo Witchcraft and Medicine"; 以及 Louise Spindler, "Menomini Witchcraft", in Walker (ed.), *Systems of North American Witchcraft and Sorcery*, pp. 37–72, 183–220。

11　John Middleton, "The Concept of 'Bewitching' in Lugbara", *Africa*, 25 (1955), pp. 252–260; Daryll Forde, "Spirits, Witches and Sorcerers in the Supernatural Economy of the Yakö", *Journal of the Royal Anthropological Institute*, 88 (1958), pp. 165–178; Robert Brain, "Child-witches"; Esther Goody, "Legitimate and Illegitimate Aggression in a West African State"; 以 及 Malcolm Ruel, "Were-animals and the Introverted Witch", in Douglas (ed.), *Witchcraft Confessions and Accusations*, pp. 161–179, 207–244, 333–350; Alan Harwood, *Witchcraft, Sorcery and Social Categories among the Safwa*, Oxford, 1970, ch. 3; Charles-Henry Pradelles de Latour, "Witchcraft and the Avoidance of Physical Violence in Cameroon", *Journal of the Royal Anthropological Institute*, N. S. 1 (1995), pp. 599–609; Fiona Bowie, "Witchcraft and Healing among the Bangwa of Cameroon", in Graham Harvey (ed.), *Indigenous Religions*, London, 2000, p. 72; John Parker, "Northern Gothic", *Africa*, 76 (2006), pp. 352–379; C. K. Meek, *Law and Authority in a Nigerian Tribe*, Oxford, 1937, pp. 79–80; E. C. Rapp, "Akan", 8, *Africa* (1935), pp. 553–554; Michael Jackson, "The Man Who Could Turn into an Elephant", in Michael Jackson and Ivan Karp (eds.), *Personhood and Agency*, Uppsala, 1990, pp. 59–78; Harry G. West, *Ethnographic Sorcery*, Chicago, 2007, 散见全书各处。

12　Ajay Skaria, "Women, Witchcraft and Gratuitous Violence in Colonial Western India", *Past and Present*, 155 (1997), pp. 109–141; David N. Gellner, "Priests, Healers, Mediums and Witches", *Man*, N. S. 29 (1994), pp. 33–37; Knut Rio, "The Sorcerer as an Absented Third Person", in Bruce Kapferer (ed.), *Beyond Rationalism*, New York, 2002, pp. 129–154; Melford E. Spiro, *Burmese Supernaturalism*, Philadelphia, PA, 1974, pp. 21–32; Nicola Tannenbaum, "Witches, Fortune and Misfortune among the Dhan of Northwestern Thailand"; Roy Ellen, "Anger, Society and Sorcery"; 以 及 Gregory Forth, "Social and Symbolic Aspects of the Witch among the Nage of Eastern Indonesia", in C. W. Watson and Roy Ellen (eds.), *Understanding Witchcraft and Sorcery in Southeast Asia*, Honolulu, 1993, pp. 67–80, 81–97。

以化身成任何一种动物。但更多的情况是，巫师只能化身为特定的几种动物，不过在不同文化的差异很大，既可以是家养的，也可以是野生的。这些动物往往是夜行动物，因为人们认为夜间的巫术最活跃，或者更具危险性和掠夺性，也更适合为害，或者黑夜能为巫师提供逃跑和迅速转移的能力，让他们能跨越很远的距离，或迅速完成他们的工作。在那些将巫术视为公共问题的地区，通常认为施行巫术的是秘密集会以举行恐怖仪式的巫师团体，而巫师化成动物就能更便捷地到达集会地点。在某些民族中，与野兽的联系可以解释巫师的一些特性。例如，中非大部分地区的民族倾向于认为巫师与鬣狗关系亲密，所以巫师社团往往会挖出人类的尸体吃掉。人们认为巫师有时可以将自己的身体变成动物，但更为常见的是，这些动物被认为是在夜间睡梦中的巫师的精神所化。这种信仰如此广泛存在于那些从来没有萨满的社会中，以至于可以将其与以下几个事实联系起来：传统的西伯利亚萨满从来不被认为会自己化身为动物，并认为变形本身毫无意义，因此不能被当作萨满式信仰和实践的标志。在认为巫师会变形术的地区，我们可以发现另一种相伴而生的信仰，人们认为杀死或伤害巫师的变身形态，会对巫师正常情况下的身体造成同样的伤害。这种行为在故事中是最常见的反制巫术之一。

　　一些民族将巫师化身动物的观念放在更为复杂的信仰体系中。塞拉利昂的库兰科人将巫师称为"suwagenu"，认为只有女性才是巫师，她们会使用变形的能力来对其他人造成恶意的伤害，因此要被判处死刑。然而，他们还相信，某些被称为"yelemaphent-iginu"的男人也具有相同的变形能力，而就算他们用它摧毁敌人的庄稼和牲畜也会受到尊敬。甚至有的人还会吹嘘自己拥有这种能力。[13] 这种模式也遍布中美洲地区,在那里,变形术是一种普遍的概念。墨西哥的索西人(Tzotzil)认为,每个人都拥有一个可以以动物形态存在的灵魂,动物种类根据社会等级而不同,有钱有势的人是美洲虎,而穷人是家兔,但只有魔法师才能有意识地激活灵魂,并利用它产生实际的效果。巫师除此之外还有第二种动物的灵魂,而将两种灵魂结合起来,就可以作恶。[14] 泽尔塔尔人(Tzeltal)则简单地认为每个人天生就有一个能够从身体中分离的动物灵魂,魔法师可以学习如何使用它,疗愈师会用它做好事,巫师则拿它作恶。[15] 特拉斯卡拉人(Tlaxcalan)认为有两种能变身动物的魔法师。一种是"nahuatl"或"nakual",有男有女,可以用这种能力伤人,也可能只是玩一些无害的把戏,他们的能力是通过付费学习获得的,其中的佼佼者最多可以变成五种动物。人们并不憎恶或害怕他们,因为金属材质的符咒可以赶走他们。被憎恶和害怕的是另一种大多为女性的"tlahuelpuchis"。她们会变成动物,特别是鸟类来害人,尤其是吸食婴儿的血液。人们认为她们全是邪恶的,而且能力是先天的。[16]

第二种传统上的巫师和动物的关系,涉及的是所谓"真正的"动物,有各种有关的形式。一种是巫师将动物作为坐骑,骑着它参加聚会或利用它做坏事。这些坐骑可以是老虎、鳄鱼、鬣狗或狒狒等,它

---

13 Jackson, "The Man Who Could Turn into an Elephant".

14 Gary H. Gosan, "Animal Souls, Co-Essences, and Human Destiny in Mesoamerica", in A. James Arnold (ed.), *Monsters, Tricksters and Sacred Cows*, Charlottesville, NC, 1996, pp. 80–107.

15 Manning Nash, "Witchcraft as Social Process in a Tzeltal Community", *American Indigena*, 20 (1961), pp. 121–126.

16 Hugo G. Nutini and John M. Roberts (eds.), *Bloodsucking Witchcraft*, Tucson, AZ, 1993, 散见全书各处。

们本身也会对人类、牲畜或作物带来危险。这类信仰分布在撒哈拉以南的非洲大部分地区和印度的部分地区。[17] 而更普遍的观念是，巫师雇用某些特殊动物陪伴并帮助他们行巫术，这些动物是巫师实现私利的执行者。非洲、东南亚大部分地区直至新几内亚，以及美国的西南部都有这种观念的记载。其中涉及的动物往往是夜间出没的特定物种，比如猫头鹰、鬣狗和蛇等。[18] 据说，在一些民族中，巫师选择的动物种类更广泛。苏丹的阿赞德人的蝙蝠、野猫和猫头鹰，曼达里人的猫、猫头鹰和野兔，丁卡人的深颜色的蛇、猫头鹰、夜鹰、蝎子、蟾蜍、青蛙和野猫等都与当地巫师关系密切。[19] 而乌干达的卢巴拉人（Lubara）

17　Isaac Schapera, "Sorcery and Witchcraft in Bechuanaland", in Marwick (ed.), *Witchcraft and Sorcery*, pp. 108–120; Robert F. Gray, "Some Structural Aspects of Mbugwe Witchcraft", in John Middleton and E. H. Winter (eds.), *Witchcraft and Sorcery in East Africa*, London, 1963, pp. 143–173; Harriet Ngubane, "Aspects of Zulu Treatment", in J. B. Loudon (ed.), *Social Anthroplogy and Medicine*, London, 1976, pp. 328–337; Brigit Meyer, "If You are a Devil, You are a Witch, and if you are a Witch, you are a Devil", *Journal of Religion in Africa*, 22 (1992), pp. 98–132; W. Crooke, *An Introduction to the Popular Religion and Folklore of Northern India*, Allahabad, 1894, pp. 353–356.

18　M. G. Marwick, "The Sociology of Sorcery in a Central African Tribe", *African Studies*, 22 (1963), pp. 1–21; Henri A. Junod, *The Life of a South African Tribe*, Neuchatel, 1912, vol. 2, pp. 461–471; Hugh A. Stayt, *The Bavenda*, Oxford, 1931, pp. 273–276; Isak A. Niehaus, "Witch-hunting and Political Legitimacy", *Africa*, 63 (1993), pp. 498–530; Suzette Heald, "Witches and Thieves", *Man*, N. S. 21 (1986), pp. 65–78; Peter Geschiere, *The Modernity of Witchcraft*, Charlottesville, VA, 1997), pp. 61–68; George Clement Bond, "Ancestors and Witches", in George Clement Bond and Diane M. Ciekawy (eds.), *Witchcraft Dialogues*, Athens, OH, 2001, pp. 131–157; Simeon Mesaki, "Witch-killing in Sukumaland", in Ray Abrahams (ed.), *Witchcraft in Contemporary Tanzania*, Cambridge, 1994, pp. 47–60; Roy Ellen, "Introduction", in Watson and Ellen (eds.), *Understanding Witchcraft and Sorcery in Southeast Asia*, pp. 1–25; Gerald W. Hartwig, "Long-Distance Trade and the Evolution of Sorcery among the Kerebe", *African Historical Studies*, 4 (1971), pp. 505–524; 以及下文注释 30 和注释 33。

19　E. E. Evans-Pritchard, *Witchcraft, Oracles and Magic among the Azande*, Oxford, 1937, 1.3; Godfrey Lienhardt, "Some Notions of Witchcraft amongst the Dinka", *Africa*, 21 (1951), pp. 303–318; Jean Buxton, "Mandari Witchcraft", in Middleton and Winter (eds.), *Witchcraft and Sorcery in East Africa*, pp. 99–121.

把巫师与豺狼、豹、野猫、蝙蝠、猫头鹰、蛇、青蛙和蟾蜍等动物联系在一起。[20]

在大多数涉及巫师及这些动物助手关系的叙述中，都没有具体说明相关的动物是被随机征召的，还是被豢养起来定期反复使用。在材料中偶尔能找到巫师将动物助手当作宠物来饲养的例子。比如，在澳大利亚的一些部落，人们会怀疑在家里养猫和蜥蜴的人有可能将它们放出去攻击睡眠中的邻人。[21]20世纪初，一位住在北非黎波里港的尼日利亚妇女在当地是令人敬畏的服务型魔法师，她养了一条蛇、一只野兔和一些蝎子，据称她会派它们去对付敌人。[22]新几内亚罗罗地区（Roro district）的部落相信，巫师会用蛇和鳄鱼杀人。这些蛇被养在家中的罐子里，大多数被蛇咬伤导致的死亡都要归咎于它们。[23]记录这些巫师的动物助手的故事的人类学家们，使用了近代早期英语词语"密友"（familiar）来形容这类生物。

但在英格兰，这个词实际上指的是变成动物的恶灵。它们也出现在欧洲以外的巫术传统中。如前所述，在世界范围内，大多数社会都相信魔法师通过与灵体的合作来获得或增强他们的特殊能力，而且，往往认为这些帮助巫师的灵体是恶毒的。它们以人的样貌出现，经常要比正常人的体型来得小，少数还兼具人和野兽的体貌特征。不过，在某些民族看来，它们往往以动物的面貌出现，特别是化为当地人认为的对巫师有帮助的那类动物。这种信仰分布的范围可能更为广泛，

20　John Middleton, *Lugbara Religion*, Oxford, 1960, pp. 238–250.

21　A. W. Howitt, "On Australian Medicine Men", *Journal of the Anthropological Institute*, 16 (1887), p. 34.

22　A. J. N. Tremearne, *The Ban of the Bori*, London, 1914, p. 151.

23　C. G. Seligmann, *The Melanesians of British New Guinea*, Cambridge, 1910, pp. 282–284.

因为研究者们在记录本地文化的时候，往往没有明确说明这些巫师的动物仆从和盟友到底是真正的生物还是灵体。事实上，告诉他们这些信息的人本身也许也搞不清楚。不过，有两个地区的资料清楚地表明，当地人的确是将动物当作独立于巫师的灵体来看待，而不是巫师本身的投射：一个在横跨非洲中部和南部的广大地区，从扎伊尔、坦桑尼亚向南延伸至海岸角；[24] 另一个位于东亚新几内亚和菲律宾的边缘岛屿。[25] 另外，美国西北部的内兹珀斯人（Nez Perce）也相信某些恶毒的守护灵，特别是响尾蛇、蓝松鸡和獾，会主动寻找那些易感人群，帮助他们成为巫师。[26]

人类学家在研究各自的社会时，较少对相关的动物密友传统进行详细的研究，但还是出现了少量的成果。开普省的一些部落认为巫师都是女性，她们拥有很多这类奇特的动物，其中最重要的是一种超自然的"风暴鸟"，能变成英俊的年轻男子与女巫欢好。她们还喜欢那些化身为蛇、狒狒和野猫的灵体，长毛的人形小生灵和复活的人类尸体。对这些社会来说，巫术本质上是妇女针对男性的复仇行为，尤其

24　Monica Hunter, *Reaction to Conquest*, Oxford, 1961, ch. 6; J. T. Munday, "Witchcraft in England and in Central Africa", in J. T. Munday et al. (eds.), *Witchcraft*, London, 1951, pp. 8–13; Isak Niehaus, *Witchcraft, Power and Politics*, London, 2001, pp. 25–26; T. O. Beidelman, "Witchcraft in Ukaguru"; 以及 Mary Douglas, "Techniques of Sorcery Control in Central Africa", in Middleton and Winter (eds.), *Witchcraft and Sorcery in East Africa*, pp. 57–98, 123–141；Barrie Reynolds, *Divination and Witchcraft among the Barotse of Northern Rhodesia*, London, 1963, ch. 1; C. M. N. White, "Witchcraft, Divination and Magic among the Balovale Tribes", *Africa*, 18 (1948), pp. 81–104; Jensen Krige and J. D. Krige, *The Realm of a Rain Queen*, Oxford, 1943, pp. 250–270; Greta Bloomhill, *Witchcraft in Africa*, London, 1962, pp. 67–76; Bengt G. M. Sundkler, *Bantu Prophets in South Africa*, Oxford, 1961, pp. 253–259。

25　Bruce M. Knauft, *Good Company and Violence*, Berkeley, 1985, p. 112; Richard W. Lieban, *Cebuano Sorcery*, Berkeley, 1967, pp. 65–79.

26　Deward E. Walker, "Nez Perce Sorcery", *Ethnology*, 6 (1967), pp. 66–96.

针对那些婚姻不忠的男性。[27] 很明显，他们具有一种普遍的观念，即灵体通常是复仇的执行者，常以动物的样貌出现，但实际上，他们眼中灵体所采取的形态往往大不相同。这显然源于对巫术的个人认知或幻想，它们变成了类似的传统，在同一个广泛的信仰概念框架下并行共存。这可以解释近代早期英格兰"密友"何以呈现出那么多的样貌。在津巴布韦北部也有相似的模式，当地认为每个巫师都有若干"密友"，最常见的是非洲蚁熊、鬣狗、猫头鹰和鳄鱼。人们认为，这些动物与巫师的关系性质是不同的，既有不带情感的功能性关系，也有充满深情的亲密关系。[28] 这里再一次证明了，一个基本的概念被不同的部落文化，甚至是同一部落中的不同个体，以不同的方式所讲述。

很明显，世界上关于巫师与动物关系的各种信仰在某些地区是重叠的，但以上三种主要的形式则相对较少出现重叠的情况。然而，就像极其恐惧巫术的社会、相信但不太恐惧巫术的社会和完全不相信巫术的社会共同构成了一幅世界巫术地图一样，巫师与动物关系的地图，在世界各地也由三种信仰形式的不同地区拼接而成。因为从某种程度上看，这三种方式在功能上具有排他性：相信巫师自己会变成动物的社会，当然不再相信巫师需要利用动物；而相信巫师会利用"真正的"动物为他服务的社会，也不会相信动物只是某些灵体的伪装，依此类推。不过，也有记录清晰地表明，有些民族不仅拥有一种传统。乌干达西部的安巴人认为巫师既可以变成豹，也能让豹成为"密友"。[29]

27　W. D. Hammond-Tooke, "The Cape Nguni Witch Familiar as a Mediatory Construct", *Man*, N. S. 9 (1974), pp. 128–136; Monica Hunter Wilson, "Witch Beliefs and Social Structure", *American Journal of Sociology*, 56 (1951), pp. 307–312.

28　J. R. Crawford, *Witchcraft and Sorcery in Rhodesia*, Oxford, 1967, pp. 115–122.

29　E. H. Winter, "The Enemy Within", in Middleton and Winter (eds.), *Witchcraft and Sorcery in East Africa*, pp. 277–299.

北美的纳瓦霍人认为巫师能变成动物，但也能与自然界中的灵体，比如太阳、猫头鹰和蛇结为同盟。[30] 据说，在津巴布韦，绍纳的巫师既以鬣狗为坐骑，也以它为"密友"。而加纳的噶人巫师以蛇为坐骑，也将它作为巫术的执行者，或者自己变成蛇。[31] 新几内亚的那鲁敏人也同样认为巫师可以变成动物，或者成为它们的朋友，新墨西哥的普韦布洛人和赞比亚说汤加语的部落也是如此。[32]

本书一开始所引用的社会学家罗德尼·尼达姆曾将"拥有'动物密友'或拥有化身动物的能力"列为构成组成全世界巫师"固定想象"的元素之一。[33] 我们很容易理解，为什么巫师和动物的联系在世界某些地区——比如美洲远离中部区域的大部分地区——似乎没有那么强，以及为什么即便是存在这种联系的区域，似乎也生活着巫师与动物联系微弱或根本没有联系的民族。然而，在世界上那些独立发展起来、彼此之间没有联系的社会中，这种联系是广泛存在着的。这说明了，它代表着一种那些相信巫师的人类自发的思考巫师的方式。在为英格兰巫师"密友"寻找其民族志中的同类的时候，即便我们将范围限定得尽可能具体，也即那些化成动物的灵体充当的是巫师助手和巫术执行者的角色，也能在世界上的三个大陆上找到他们的踪迹，虽然他们在相信巫术的社会中只占一小部分。在这里我们要提出的问题是，之

---

30 Clyde Kluckhohn, *Navaho Witchcraft*, New Haven, 1944, chs. 1.4, 2.3.

31 Crawford, *Witchcraft and Sorcery in Rhodesia*, pp. 1–30, 115–122; Margaret Field, *Religion and Medicine of the Ga People*, Oxford, 1937, pp. 145–149.

32 Eytan Bercovitch, "Moral Insights", in Gilbert Herot and Michele Stephen (eds.), *The Religious Imagination in New Guinea*, New Brunswick, 1989, pp. 122–159; Marc Simmons, *Witchcraft in the Southwest*, Lincoln, NE, 1974, pp. 54–95; Elizabeth Colson, "The Father as Witch", *Africa*, 70 (2000), pp. 333–358.

33 Rodney Needham, *Primordial Characters*, Charlottesville, VA, 1978, pp. 26, 42.

前尚未加以考虑的欧洲大陆是否符合这个模式？答案是，完全符合。在近代早期审判记录中，这三种关于巫师和动物之联系的信仰都得到了体现。巫师能化身动物，这种观念在欧洲大陆的大部分地区都能找到。在波兰，被控行巫术的人供认自己能够变成动物，最常见的是猫和猪。[34] 在挪威的最北端，在那些妇女召唤风暴摧毁船只的案件中，大部分声称自己变成了海洋中的哺乳动物、鱼类和鸟类。[35] 在西欧的大部分地区，包括洛林，法兰西和西班牙统治的被称为弗朗什－孔泰的勃艮第地区，人们认为巫师会变成狼来造成特殊的伤害，不过也有变成其他动物的记载。[36] 在意大利，人们认为巫师更喜欢变成猫。[37] 巴斯克巫师和克罗地亚南部巴尔干地区的巫师动物形态的选择上则比较多样化。[38] 这些故事令近代早期的魔鬼学家非常困扰，他们对这些动物的含义进行了细致的讨论，得到的结论通常是：外表的明显变化肯定是魔鬼造成的幻觉。[39] 不列颠群岛的大部分地区也非常相信巫师能

34　Wanda Wyporska, "Witchcraft, Arson and Murder", *Central Europe*, 1 (2003), pp. 41–54.

35　Liv Helene Willumsen, *Witches of the North*, Leiden, 2013, pp. 274–289.

36　Emmanuel Le Roy Ladurie, *Jasmin's Witch*, trans. Brian Pearce, London, 1990, pp. 56–63; Robin Briggs, *The Witches of Lorraine*, Oxford, 2007, pp. 123–135; Petrus Valderama, *Histoire generale du monde*, Paris, 1617, vol. 2, pp. 257–261; 以及上文注 37 中的资料来源。

37　Joseph Hansen, *Quellen und Untersuchungen zur Geschichte des Hexenwahns und der Hexenverfolgung im Mittelalter*, Bonn, 1901, pp. 109–112, 195–200, 204, 216–217; Henry Charles Lea, *Materials Towards a History of Witchcraft*, ed. Arthur C. Howland, Philadelphia, PA, 1939, pp. 372, 394, 403–404.

38　Gustav Henningsen, *The Witches' Advocate*, Reno, NV, 1980, p. 78; T. P. Vukanović, "Witchcraftin the Central Balkans 1", *Folklore*, 100 (1989), pp. 9–24.

39　例如，*Martin del Rio, Disquisitiones magicae*, Leuven, 1608, 2.6.17; Henri Boguet, *Discours des sorciers*, Lyon, 1610, c. 47; Pierre de Lancre, *Tableau de l'inconstance des mauvais anges et demons*, Paris, 1612, 4.1.1, 4.1.5, 4.36; Nicholas Remy, *Daemonolatriae libri tres*, Lyon, 1595, 2.5; Jean Bodin, *De la démonomanie des sorciers*, Paris, 1580, 2.6。

变成动物，特别是狗、猫和野兔。[40] 这种信仰当然非常古老，在欧洲罗马帝国和 12 世纪以后不列颠资料中都有记载。

在庭审证词中，使用"真正的"动物作为巫师辅助手段的情况比较少出现，但在阿尔卑斯西部山区的记录中有骑狼的传统，这一点我们在前文已经提到过，而更为宽泛一些的例子则出现在《主教教规》中，里面记载了骑着动物参加"狄安娜"队伍的妇女。当然，庭审证词中还出现了"灵体密友"，不过似乎仅限于英格兰。唯一与它近似的例子是 17 世纪初法西边境两边都有记载的巴斯克巫师豢养蟾蜍的传统。[41] 据庭审记录，与撒旦签订了第一份契约后，巫师会得到一只蟾蜍。他们把蟾蜍当作宠物，有些还会给它穿上各种颜色的外衣。这种描述将蟾蜍与魔鬼扯上关系，但实际上庭审记录并没有明确指出它们是巫术的执行者。一篇文章曾提到，儿童会在安息日"放养"这些蟾蜍，听起来豢养它们很可能是为了收集它们的皮肤毒素。

40　参见 Ernest W. Baughman (ed.), *Type and Motif Index of the Folktales of England and North America*, The Hague, 1966, motif G275，其中包含了大量的历史资料和现代民俗采集方面的例证。爱尔兰地区则往往采取"偷牛奶的野兔"的形式，在第九章已经提到过。关于近代早期英格兰和苏格兰信仰的实例，参见 Richard Galis, *A brief treatise containing the strange and most horrible cruelty of Elizabeth Stile*, London, 1579；*A Most Wicked worke of a Wretched Witch*, London, 1592；*The divels delusions*, London, 1649；*Doctor Lambs Darling*, London, 1653, p. 7；Joseph Anderson (ed.), "The Confessions of the Forfar Witches 1661", *Proceedings of the Society of Antiquaries of Scotland*, 22 (1887–1888), pp. 254–255；Joseph Glanvill, *A Philosophical Endeavour towards a Defence of the Being of Witches*, London, 1666, pp. 16–17；*A True and Impartial Relation of the Informations Against Three Wretches*, London, 1682, p. 21；*A tryal of witches at the assizes held at Bury St. Edmunds*, London, 1682, p. 7；Francis Bragge, *A Full and Impartial Account of the Discovery of Sorcery and Witchcraft, Practis'd by Jane Wenham*, London, 1712, preface；John Graham Dalyell, *The Darker Superstitions of Scotland*, Edinburgh, 1834, p. 563；J. A. Sharpe, *Witchcraft in Seventeenth-century Yorkshire*, Borthwick Paper 81, 1991, p. 7；以及 Survey of Scottish Witchcraft, webdb.ucs.ed.ac.uk/witches。

41　De Lancre, *Tableau de "inconstance des mauvais anges"*, 2.4.6；Henningsen, *The Witches' Advocate*, pp. 75–78.

因此，从全球的角度来看，如果近代早期欧洲不存在某种将巫师和化身成动物的恶灵联系起来的大众信仰，或者绝大部分欧洲人都持有这样的信仰，那才是怪事。实际上，在欧洲的某个地方，也就是本案例所讨论的英格兰，能够发现这种狂热的传统，本来就应该是研究者在全球语境中应该预料到的事情。然而，对于目前的调查而言，这样的结论无法回答的问题是：这种信仰是如何适应欧洲独特的环境的呢？也就是说，这些古老的巫术观念是如何与专制又强大的二元论宗教相混合的呢？以及英格兰为何具有一种独特的巫师与动物之关系的信仰？为了找到这些问题的答案，我们就有尤其必要采用本书的第二种收缩视角，来看看欧洲。

欧洲语境

　　在世界各地，传统的民族经常将邪恶的灵体具象化，认为它们看起来是凶猛、险恶和掠食性动物，或是混合了人类外形的这类动物。古代欧洲和近东地区的民族也不例外，只要看一眼博物馆里陈列的展品，比如亚述艺术中的魔鬼，或是埃及人的冥界怪物，就能证实这一点。罗马人认为魔鬼斯忒里克斯长得像猫头鹰，这也是一例。这种习惯自然而然地被基督教所继承，所以它的撒旦和小鬼们所具有的视觉特征，往往是从那些令人厌恶的生物那里借用来的。这一传统建立于4世纪，当时阿塔那修（Athanasius）撰写的《圣安东尼传》（*Life of St. Anthony*）中讲述了主人公被一群化身为狮子、熊、豹、公牛、毒蛇、眼镜蛇和狼的魔鬼包围的经历。[42] 这些想象一直延续到中世纪盛期，用来描绘

42　Athanasius of Alexandria, *Vita Antonii*, c. 9.

崇拜撒旦和它的爪牙的基督教异端。在 1022 年的奥尔良，最早一批被认定和镇压的异端团体之一所崇拜的撒旦就以各种动物的样貌出现，他们后来被描述为"崇拜魔王撒旦"。至 12 世纪，这已经在异端仪式的记录中司空见惯了，其中最常见的是将主持仪式的魔鬼——要么是撒旦本人，要么是他的爪牙——形容成一只猫。[43] 整个中世纪晚期，作为一种常见的对异端的指控，这种说法还在不列颠诸岛和其他地方一直出现：在 14 世纪 20 年代的爱尔兰，对爱丽丝·凯特尔勒夫人的指控就包括她拥有一个恶魔仆从，它会变成猫、毛茸茸的黑狗和黑人的样子。[44] 因此，到了 15 世纪初，它与中世纪其他异端的标准特征一起，被运用到撒旦巫师宗教的想象中去，也就不奇怪了。汉斯·弗林德关于 1428 年瓦莱审判的描述是有关那种说法的最早的记录，其中提到撒旦能变成黑色动物（比如熊或公羊）的样子出现在巫师的聚会上。[45]《异端的谬误》这本书也同意魔王变身的时候会选择黑色的动物形态，但它认为魔王最喜欢变成猫。[46] 这种观念也可以在最早与巫术新想象有关的审判记录中找到。根据记录，一名在 1428 年托迪审判中被处死的妇女供认，她骑着变成山羊或苍蝇的路西法参加了巫师狂欢。[47]1438年，一名在沃州利勒领地屈打成招的男子供称，巫师们骑着（可能是魔鬼变的）黑色的公牛或小马参加安息日敬拜魔王的仪式，而魔王会

43　Norman Cohn, *Europe's Inner Demons*, 2nd edition, London, 1993, pp. 39–41. 关于动物或部分动物形态的魔鬼的视觉表现，参见 Debra Higgs Strickland, *Saracens, Demons, Jews: Making Monsters in Medieval Art*, Princeton, 2003。

44　相关记录参见 "Narrative" printed in L. S. Davidson and J. O Ward (eds.), *The Sorcery Trial of Alice Kyteler*, Ashville, NC, 2005, pp. 26–70。

45　Edited in Martine Ostorero et al. (eds.), *L'imaginaire du sabbat*, Lausanne, 1999, pp. 30–45.

46　Edited in ibid., pp. 289–299.

47　Dommenico Mammoli, *The Record of the Trial and Condemnation of a Witch*, Matteuccia di Francesco, at Todi, 20 March 1428, Rome, 1972.

在人、猫和蜥蜴的样貌间变动不居。[48] 魔鬼出于实际需要而化身为巫师坐骑的观念也出现在另一篇著名的早期文本中，那就是 1440 至 1442 年间马丹·勒·弗朗（Martin le Franc）所撰写的《护花使者》（*Le Champion des Dames*），其间描述了对巫术的新式刻板印象。它将巫师的坐骑描述成黑色的猫或黑色的狗。[49] 从一开始，骑着魔鬼化身的动物就是巫师参加聚会的一种出行方式，只不过比骑着抹了药膏的木棍更为少见。阿尔卑斯山西部地区的早期审判也体现了这样的观念，巫师在向魔王宣誓效忠之后，会被派发一个专属的恶魔当助手，或者与一个次等的魔鬼签订契约。这些恶魔和魔鬼也会化身为野兽。它们都有自己的名字，在 15 世纪 40 年代、50 年代和 60 年代洛桑教区的审讯中，它们被称作"马米耶"（Mamiet）、"菲居雷"（Figuret）、"佩罗"（Perrot）、"拉斐尔"（Raphiel）、"于萨尔"（Usart），或"拉比耶尔"（Rabiel）等，并且被描述为黑猫、黑狗、狐狸和鸟类。[50] 正如前一章所考察的，在近代早期审判的大部分时期，骑着动物出行依然是巫师参加安息日聚会的标准方式之一，而至少在某些案例中，这些动物被认为是魔鬼变的。在这期间，一些欧洲大陆的魔鬼学家开始讨论魔鬼变身的原理问题。洛林的尼古拉斯·雷米认为魔鬼变身乃是基于某种实际需要：狗能在不引起怀疑的情况下伺候巫师，马能把巫师载往安息日聚会，猫能进入别人的房子做坏事，狼能杀死牲畜，而在安息日它们变成山羊，那是因为身上的味道能够给聚会增添邪恶的氛

48　Ostorero et al. (eds.) *L'imaginaire du sabbat*, pp. 339–353.

49　Ibid., pp. 451–482.

50　Georg Modestin, *Le diable chez l'évêque*, Lausanne, 1999, pp. 186–275; Martine Ostorero et al. (eds.), *Inquisition et sorcellerie en Suisse Romande*, Lausanne, 2007, pp. 40–65; Martine Ostorero, *Folâtrer avec les démons*, Lausanne, 1995, pp. 237–275.

围。[51]生活在波尔多附近的皮埃尔·德·朗克尔更倾向神学方面的原因，他认为悔罪的巫师所描述的魔王之所以能变成那么多动物，显然是因为它生性变化莫测，体现了它对秩序和稳定的普遍仇恨。德·朗克尔坚定地认为，那些动物不可能是真正的野兽，只能是恶魔的化身，因为它们通常都能在天上飞，自然界的生物则不具有这样的能力。[52]

因此我们可以说，魔鬼能化身为动物与巫师保持特殊关系，这种"魔鬼侍从"的观念从一开始就被纳入了对撒旦教巫术的新式刻板印象中。然而，由于近代早期欧洲大陆大多数巫术观念的核心是安息日聚会，大多数巫术都被认为是在那里施行的，所以，魔鬼动物仆从的主要用途是巫师参加聚会的坐骑。因此，在安息日聚会并非巫术想象核心的英格兰，关于魔鬼与动物关系的想象也就大不相同，我们在本章的最后部分来考察一下。

不列颠视角

魔鬼动物的概念对近代早期的不列颠诸王国产生了相当大的影响，但影响的方式有所不同。受教育程度较高的苏格兰人接受了"骑着野兽的巫师"的观念，因此，亚历山大·蒙哥马利在1580年前后所创作的诗歌中就置入了巫师骑猪、狗、牡鹿和猴子的情节，在这首诗中他将妖精讥讽为邪恶的生灵。然而，他的这种观念似乎并没有体现在实际的审判记录中。到了17世纪晚期，一些苏格兰人开始接受英格兰的"动物密友"概念。1679年，当一伙长老会叛乱者暗杀圣安德鲁

51　Remy, *Daemonolatreiae*, 1.23.

52　DeLancre, *Tableau*, 2.1.12, 2.2.1, 2.3.1, 4.1.8.

斯的主教夏普（Sharpe）时，一只大黄蜂从他的烟盒里飞了出来，其中一名暗杀者把它称为他的"密友"，但后来不得不向其他人解释这个词的含义。[53] 这个观念也只持续了很短的时间，似乎也没能体现在这期间的审判记录中。苏格兰以不同的形式热情地接受了魔鬼动物的概念。如果以"动物恶魔"为题搜索"苏格兰巫术调查"网站，可以找到四十四个案例。然而，所有出现在人类面前的动物，几乎都是撒旦自己变的，只有极少数是它的恶魔仆从所为。它们能引导初学者一窥巫术的堂奥，也会执行巫师的命令。[54] 似乎没有一例像英格兰人认为的那样，它们能融入巫师家庭、或被巫师豢养。尽管如此，这些案例提醒我们，近代早期苏格兰想象中标准的巫师指引者，是化为人形或野兽形态的撒旦或魔鬼的爪牙。苏格兰巫师更少与类似妖精的生灵打交道。另外，在巫师与灵体交往的概念中，苏格兰和英格兰差异最大的地方并不在于这个灵体是妖精还是动物密友，而在于巫师与化作动物的魔鬼之间的联系是时断时续的，还是亲密的伙伴关系。

将视线离开苏格兰，英格兰风格的"动物密友"毫无意外地在英格兰控制和影响下的不列颠群岛部分地区留下了记录。对它的信仰体现在 17 世纪爱尔兰的新教移民中，以及伊丽莎白时代的威尔士某地和一则伊丽莎白时代威尔士的审判记录中。[55] 虽然英格兰也经常出现撒旦和他的爪牙化身为人的记录，但它本身是"动物密友"传统的大本

---

53 James Kirkton, *The Secret and True History of the Church of Scotland*, ed. Charles Kirkpatrick Sharpe, Edinburgh, 1817, p. 421.

54 调查的参考文献见上文注释 40。许多相关案件的细节均可参见 *Register of the Privy Council of Scotland*, 2nd series, vols 3 and 8, and 3rd series, vol. 1；以及 *Spalding Club Miscellany*, vol. 1, Aberdeen, 1841。

55 Sneddon, *Witchcraft and Magic in Ireland*, pp. 19, 32; Richard Suggett, *A History of Magic and Witchcraft in Wales*, Stroud, 2008, pp. 16, 31–32.

营。另外，根据目前的证据，英格兰的"动物密友"概念似乎是都铎时期的新发明，因为任何已知的中世纪资料都没有明确地提到它。在一部 14 世纪中期的编年史的开篇，讲述了一个 12 世纪的可怕故事，亨利二世的王后埃莉诺雇用了一个女妖婆，用一对蟾蜍从丈夫的情妇罗莎蒙德（Fair Rosamund）的双乳中吸血，最终杀死了她。[56] 然而，没有迹象能够表明它们是不是真的蟾蜍。不过，在那些因政治原因而被指控与魔王或恶魔结交的审判中，魔王和魔鬼常被描述成以动物的样貌出现，因为（如上所述）中世纪的魔鬼经常这么做。通常这一类型的指控都是基督教的例行公事，比如 13 世纪针对康沃尔伯爵的审判，1409 年一名男子被指控为罗拉德派异端（Lollard heresy），以及 1450 年对叛乱领袖杰克·凯德（Jack Cade）的审判。[57] 中世纪晚期的记录对当时社会各阶层的魔法审判都有详细的记载，但却找不到近代早期那种英格兰巫师"动物密友"的痕迹。这似乎可以反驳"动物密友"是悠久的民间传统的观点。

学者通常认为，最早明确提出"动物密友"的两份法庭文件出现在 16 世纪早期，现在它们已经广为人知了。第一份是 1510 年对一位约克郡服务型魔法师的指控，称他把三个像大黄蜂一样的生灵养在石头下面，然后让它们挨个从他的手指中取一滴血。此前，他因与当地牧师和约克郡前市长合谋，用魔法手段寻找埋藏的宝藏而被逮捕，而这一指控意在将他打成一个撒旦教徒。这一指控不是教会人士提出的，而是来自一个普通证人，嫌疑人则矢口否认。法庭对这个罪名并

56　G. J. Aungier (ed.), *Croniques de London*, Camden Society, 28, 1844, pp. 3–4.
57　头两个案例引自 Kittredge, *Witchcraft in Old and New England*, pp. 175–176, 181，第三个案例的细节参见 *Fifth Report of the Royal Commission on Historical Manuscripts*, London, 1876, Appendix, p. 455。

不感兴趣，只是判魔法师和他的同谋犯了寻宝罪。[58] 第二件案子发生在 1530 年的萨默塞特郡，在这起案件中，一名妇女被人怀疑是巫师，因为在她家里发现了一只蟾蜍，以及其他的一些迹象。[59] 这个案例不能为"动物密友"信仰提供绝对可靠的证据，因为这里的蟾蜍也有可能是真的蟾蜍，巫师能用它来提取毒液，当然，被认为是魔鬼化身也是确有可能的。因此，魔法师能饲养化成动物的魔鬼，并与它们保持一种宠物般的亲密关系，这种观念很可能于 1525 至 1550 年之前就已经在英格兰流行。可以肯定的是，（最迟）在 16 世纪头二十五年，古老的魔法师灵仆的传统已经与这种化成动物的恶灵观念结合起来，产生了一种真实存在的大众信仰，即邪恶的魔法师用自己的鲜血喂养这些化成动物的魔鬼。当 1563 议会法案将魔法入罪，并规定使用巫术杀害人畜以及无论以任何目的召唤恶灵的行为都将处以死刑的时候（伊丽莎白时期正统基督徒认为魔法师无论召唤何种灵体都可能带着邪恶的目的），自然而然地，这种观念就直接进入了英格兰巫师审判中。此外，这一观念也迅速进入了大众文学，后者向大众宣传了这些审判，并且促进了公众观念中的巫师形象的形成。其中，我们目前所能看到的最早的（可能也是最早出版的）小册子讲述的是 1566 年埃塞克斯郡三位妇女受审的经过。她们供认都与同一个曾化身为猫、蟾蜍和狗的魔鬼签订契约，并通过它来实现各自的企图。[60] 很可能是三位妇女在依次的供述中互相串供和激发，才共同造就了如此详尽的魔鬼想象，

58　James Raine, "Proceedings Connected with a Remarkable Charge of Sorcery", *Archaeological Journal*, 16 (1859), pp. 75–81.

59　Somerset Heritage Centre, D/D/Cd/1, sub1530.

60　*The Examination and confession of certain Wytches at Chensford*, London, 1566.

但它也有可能是审讯者或这本小册子的作者自己的想象。[61] 其中一位妇女称自己平时给化身为猫的魔鬼喂食面包和牛奶，但每当要作恶时就需要喂给猫一滴血，而她身上每一次取血的地方都会留下一枚红色的印记。另一位妇女附和说大多数巫术任务魔鬼都需要血液，但如果要杀死别人家的动物时，则需要献上一只鸡作为奖励。从中我们可以明显看出，这些说法在以不同的方式详细阐述同一套基本观念，而用什么样的方式完全来自个人的想象，有时候想象是一致的，有时候则相差很远，这种情况和我们之前说过的开普省和津巴布韦的案例具有一致性。

　　同一年，一位多塞特郡的魔法师告诉教会法庭说，自己从妖精那里学会了破除巫术的技艺，但追寻丢失的财物的技艺则是他从"灵体密友"那里学来的，这个"密友"是他从仪式性魔法的传统仪式中召唤出来的。有时它化身为狗，而且为了让它忠心，第一次得喂它一滴自己的血。然而，一旦关系确立下来，每年都得献祭一只鸡、猫或狗给它。他还补充道，其他巫师以蟾蜍为"密友"，并用它为害，而自己只是用自己的能力做好事。[62] 所以，在巫师审判开始的那些年，在英格兰南部不同的语境之中，也表现出了同样复杂的"密友"信仰。在接下来的几十年中，它并非固定不变。例如，之前介绍的 1566 年受审的埃塞克斯妇女，其中的一位到了 1579 年承认她的"密友"是一只白色的小型粗毛犬，她并没有用自己血来缔结契约，而只提供面包和

61　这几种可能性哪一种是对的，这当然非常重要。而关于这个问题，最好的书籍是 Marion Gibson, *Reading Witchcraft*, London, 1999。然而对于本书来说，它并不太重要，本书关注的是一种文化主题的发展，而不需要考虑究竟谁要对其中出现的某个特定文本负责。

62　*The Examination of John Walsh*, London, 1566.

牛奶，就能让它干活。同年，一名伯克郡的巫师供认，血液是妇女们对"密友"最重要的酬谢方式，而牛奶和面包屑只是额外的常规食物。[63]即便到了 16 世纪 80 年代，这种吸血主题依然作为酬谢"密友"的方式而存在，但喂得更多的还是一些常规的食物，比如啤酒、面包、奶酪、蛋糕和牛奶。埃塞克斯的供述非常引人注目，因为其中描述的"密友"驯化程度很高，动物经常被关在家中内衬羊毛的盆子或箱子里，像宠物一样。[64]16 世纪 80 年代审判中所讲述的故事有时也能提供另外一种角度，让我们了解"动物密友"的想象是如何在具体案例中被塑造出来的。其中一个案例中的被告是住在肯特郡北部法弗舍姆（Faversham）集市的琼·卡森（Joan Cason），原告和证人都声称见过她的"密友"，有人说看到它化作老鼠、猫或蟾蜍的形态，还有人说听见她家里有蟋蟀的声音，但琼自己则说，她养了一只老鼠，并且使它通了人性，把它的脸看成自己已故的主人和情人的脸，以此将它与自己的生活联系了起来。[65]一个想象力丰富的证人，如果相信某人是巫师，就会开始到处宣扬自己亲眼见到了恶魔般的动物：一位来自米德兰兹北部特伦河畔伯顿市的男孩认定自己被六名妇女施了巫术，并指认她们豢养的小鬼分别化身为马、狗、猫、管鼻鹱（一种海鸟）和两种不同鱼类。[66]

  16 世纪 70 后期和 80 年代，报告中给"密友"喂自己血液的行

63 *A detection of damnable driftes...*, London, 1579; *A Rehearsall both straung and true, of heinous and horrible actes...*, London, 1579.

64 参见 W. W., *A true and just Recorde, of the Information, Examination and Confession of all the Witches, taken at S. Oses in the countie of Essex*, London, 1582; 以及 *The Apprehension and confession of three notorious witches, Arraigned and by justice condemned and executed at Chelmes-forde, in the Countye of Essex*, London, 1589。

65 Ralph Holinshed et al., *Chronicles of England, Scotland and Ireland*, vol. 4 of 1808 edition, p. 892; Kent Archives Office, Fa/JQs/1 (bundle 104) and 23 (bundle 128).

66 I. D., *The most wonderfull and truestorie, of a certain Witch named Alse Gooderige of Stapenhill...*, London, 1597.

为已经越来越常见，有时血液甚至变成一种不间断甚至每天都要献上的贡品，献血不再是对某种具体行为的奖赏或确定关系时所使用的仪式。[67] 至 1580 年，出现一种观念认为"密友"每次都在身体的同一个部位吸血，这种行为会在身体上留下永久的印记，所以如果在某个被怀疑为巫师的人身上发现这样的印记，就可以证明他的确是女巫，或者男巫（这种情况比较少见）。[68] 正如专家学者长期以来公认的那样，当时在欧洲广泛流行的一种观念，认为魔王或恶魔在与巫师签订原始契约时，会在人体上打上某个特殊的烙印，就像一个铭牌一样。这种观念与吸血印记的想法融合了起来。到了 1600 年，不列颠的魔鬼学家把这个概念作为一种能够判定巫术嫌疑人有罪的证据。[69]

在随后的几十年里，它以一种特别有影响力的形式表现了出来：这个标记是种特殊的乳头，专门用来给"密友"哺乳，往往藏在生殖器内或附近。这些观念的传播似乎断断续续、不成系统，最初还有地区差异。学者们倾向于认为，东南部地区是这种观念主要的产生和传播地，但要证明这一点却没有那么容易。当然，到了 17 世纪初，"特殊乳头"的概念表现得比较突出。1621 年，它为伦敦北部埃德蒙顿举

67　明显地出现在 *A Rehearsall both straung and true...*, sigs. A5–A6；以及 W. W., *A true and just Recorde*, sigs. 2A3, 2A8。

68　突出地表现在 *A true and just Recorde...*, sigs. 2A3, 2A8, C2, D2。已知最早的文献是 1579 年南安普顿的民事法庭记录，似乎在当地这已经成为某种众所周知的观念。第一位注意到人是 Cecil L'Estrange Ewen，见 *Witchcraft and Demonianism*, London, 1933, p. 75。在 1566 年埃塞克斯的审判中，人们已经认为，巫师身体的同一个部位被"密友"反复吸血会留下红色的标记，但没有表现出这些标记的特殊性，或被巫师特意加以隐藏。在 1566 年的审判中，这些标记都长在妇女的脸上。

69　James VI and I, *Daemonologie*, Edinburgh, 1597, p. 80; William Perkins, *A Discourse of the Damned Art of Witchcraft*, Cambridge, 1608, p. 203; Thomas Cooper, *The Mystery of Witch-Craft*, London, 1617, p. 88.

行的一场著名的审判中提供了关键的证据，同时它也是英格兰最大的一场猎巫行动——1645 至 1647 年东盎格鲁审判中的主要特征，这场猎巫行动是由马修·霍普金斯（Matthew Hopkins）领导的寻巫团队推动的。[70] 然而，1593 年，亨廷登郡沼泽地带边缘的沃博伊斯（Warboys）发生了一起巫术指控，一名妇女因巫术罪而被绞死后，在其尸体上找到了这样一个"乳头"，旋即被作为她的罪证。[71]1597 年，在那个特伦特河畔伯顿的男孩告发妇女的案例中，当地的法官精心挑选了一群妇女来检查嫌疑人身上的"标记"，身上有"乳头"或"疣状物"的人就会被定罪。[72]1613 年，贝德福德郡有妇女因用大腿上的"乳头"喂养小鬼而被定罪，而一年前在北安普顿郡，调查者也在嫌疑人身上寻找这些痕迹。[73] 因此，米德兰兹北部和东部地区的民众早就认识到了它们的重要性。相比之下，著名的 1612 年兰开斯特郡审判（当时全国最大型的审判）表明，当地已经非常牢固地树立了一种观念，每个巫师都有自己的魔鬼侍从，它们会不时地吸巫师的血，然而，那次行动并没有在寻找被告人身上留下的可见印记。在当地，吸血这种行为保留了都铎早期的意义，即巫师与"密友"之间原始契约的确立，就像伊丽莎白早期埃塞克斯郡的案例一样，一旦订立契约，巫师就要给化身为动物的恶魔投喂人类的食物。[74] 然而，到了 1621 年，该地附近

70　关于埃德蒙顿的案例，参见 Henry Goodcole, *The wonderfull Discoverie of Elizabeth Sawyer, a Witch*, London, 1621, sig. C3。东盎格鲁记录汇总于 Ewen, *Witchcraft and Demonianism*, pp. 261–303；而且许多记录被收录于 Malcolm Gaskill (ed.), *English Witchcraft 1560–1736: The Matthew Hopkins Trials*, London, 2003。

71　*The most strange and admirable discoverie of the three Witches of Warboys*, London, 1595, sig. O3.

72　I. D., *The most wonderfull and true storie...*, pp. 8–9.

73　*Witches Apprehended and Executed*, London, 1613; *The Witches of Northamptonshire*, London, 1612.

74　Thomas Potts, *The Wonderfull Discoverie of Witches in the Countie of Lancaster*, London, 1613, sigs. B2, B4, C2, R3.

的约克郡，检查嫌疑人"身上是否有痕迹"就成了必经的程序。[75] 之后的几十年间，这种程序在当地变成了惯例，也成了 1634 年兰开斯特郡下一场大型巫师审判的核心。[76] 到了 17 世纪中期，这似乎已经成为这个国家大部分地区的常规检查程序，在英格兰最后一场死刑判决的巫师审判（1682 年德文郡）和最后一场定罪的巫师审判（1712 年赫特福德郡）中成为非常突出的特征。[77] 不过，关于"给密友哺乳"的意义，依然存在一些疑团。即使是在集中和有计划猎巫行动的霍普金斯的案例中，仍有一些人认为取血行为只是为了确认巫师和"密友"的关系，还有一些人认为血液只是一种常规的贡品。从这些口供中也无法分辨这些常规的吸血到底是给"密友"生存维持的食物，还是对它的奖励，以及除了血液之外还是否需要为"密友"提供其他食物。

这些 17 世纪的审判进一步展示了，卷入审判的人或在小册子上展示观点的人是如何与"动物密友"概念不断斗争的。有时候，"动物密友"的观念与其他本质上相异的观念相互混合，比如巫师可以化身动物的观念或巫师可以让精神变成动物形态的观念。1616 年，金斯林记载了一位妇女将化成蟾蜍的小鬼送到一个令她讨厌的男人的房子里去。男人的仆人抓到了它，并把它丢进火里，不合常理地花了十五分钟才烧完了它，而此时巫师发出了痛苦的尖叫。这位妇女还被指控变成猫和"巨大的会游泳的狗"袭击受害者。[78] 这位来自埃德蒙顿的巫婆供称，

75　William Grainge (ed.), *Daemonologia*, Harrogate, 1882, p. 78.

76　Sharpe, *Instruments of Darkness*, pp. 179, 181–182; Ewen, *Witchcraft and Demonianism*, pp. 244–251.

77　*A True and Impartial Relation of the Informations against Three Witches*, London, 1682, pp. 23–25; Francis Bragge, *A Full and Impartial Account of the Discovery of Sorcery and Witchcraft*, London, 2nd edition, 1712, p. 11.

78　*A True Narration of some of those witch-crafts which Marie, wife of Henry Smith, Glover, did practise...*, London, 1616.

吸她血的魔王化身为一只巨大的黑狗或一只小型的白狗，但她坚称在家周围看到的白鼬是真的动物。[79]霍普金斯审判期间，某位妇女在萨福克郡的弗拉姆灵厄姆（Framlingham）接受审讯，我们可以看到她努力用各种听起来真实的体验来满足审讯者（和用霍普金斯的方式来折磨她的人）的要求，直到最后屈服于他们的神学需要。在记录里，她先是说："大约一年前，她发现有一只像小猫一样的东西抓住了她的双腿，将她挠伤得非常严重。之后，她用私密处摩擦并杀死了两只像蝴蝶一样的东西。"然而，在这一点上，她后来屈服了并加上了审讯者需要的内容，称："当她有一次纺纱的时候，一只鸡貂跳上了她的膝盖，向她保证如果背弃基督和上帝，就能给她带来粮食。"[80]在同一场猎巫行动中，同镇的另一位妇女似乎为了让陈述被接受从而结束审判，增加了生动和独特的细节，她说自己"有七个小鬼，分别化身为苍蝇、甲虫、蜘蛛和老鼠等，小鬼们通过自己身上的五个'乳头'吸血的时候像小猪在争食"[81]。1645年，诺森伯兰（Northumberland）一个年轻女孩控诉有人派了一个灵体来伤害她，这个灵体能化成龙、熊、马和牛等不同的动物，还向她挥舞棍棒、手杖、剑和匕首（这个女孩还宣称，天使曾以鸟的形态来拜访过她，这个天使长着人的面孔，但身体是像火鸡一般大的鸟类）。显然，个人的想象力（或幻觉能力）有时会干扰证人和其他接受审讯者。[82]除了以上这些案例外，我们还要注意到，"动物密友"观念似乎并没有在大众民间传说中扎根，因为到了19世纪，它收缩到了东盎格利亚，变成了当地独特的传统。在1736年废除

79　Goodcole, *The wonderfull discoverie*, sigs. C2–C3.

80　British Library, Add. MS 27402, fo. 1176.

81　Ibid.

82　*Wonderfull News from the North*, London, 1650, p. 5.

了反巫术法之后，吸血留下印记的概念一旦不再具有法律证据上的价值，就在大部分地区消失了。不过，直到 20 世纪之前，对于巫师本身的信仰，以及他们有化身动物的能力的观念依然在整个英格兰和威尔士大众文化中活跃着。[83]

在以上的内容中，我们几乎罗列了新近的所有对本主题有贡献的观点，现在要来做个总结。[84] 通过与欧洲之外社会的信仰进行比较，英格兰"动物密友"确实建立了一种在世界范围内反复出现的模式。作为传统，它确实植根于古代万物有灵论的观念，但两者之间的联系非常微弱而遥远。它的基本来源应该是仪式性魔法师的灵仆传统和人类给恶灵赋予某种特殊的兽性特征的倾向，这种倾向在世界范围内广泛存在。从资料上看，没有确凿的证据表明它是一种特别的大众传统，它和一般人的思想观念相距甚远，因为它不曾出现在中世纪的记录中，后来在英格兰和威尔士的大多数现代民间传说里也几乎都消失了。然而，它与中世纪基督教文化中的魔鬼与动物化身关系密切。那些强调"密友"观念起源于魔鬼学的学者值得肯定，因为他们认为从 15 世纪刚出现的时候，关于建构"动物密友"原始想象的材料就都已存在于有组织的魔鬼巫师阴谋论的刻板印象里。而那些在仪式性魔法的灵仆那里寻找起源的学者也有一定道理，因为英格兰"密友"概念

83　这些观点的来源是 1800 年以来出版的许多关于当地民间传说的著作，参见 Ronald Hutton, *The Stations of the Sun*, Oxford, 1996, 以及 *The Triumph of the Moon*, Oxford, 1999, pp. 84–111。

84　也许我们要特别感谢詹姆斯·夏普，长期以来他一直是英格兰巫师审判的领军人物，发起了最早的学术讨论，以及感谢美国动物科学家詹姆斯·塞尔佩尔（James Serpell），早在 2002 年他就指出，要重视早期欧洲灵仆信仰和变身动物的魔鬼信仰的更加广泛的背景，以及伊丽莎白时期发展起来的英格兰信仰的方式。参见上文注释 1—8。在年轻一辈的学者中，夏洛特-罗丝·米拉和维多利亚·卡尔都表现得尤其出色，她们将魔鬼学视为英格兰"密友"观念发展过程中最重要的单一主题。

直接发源于一种 16 世纪的流行观念：魔法师用自己的血液与灵仆签订契约。然而，它们都不能完全解释为何英格兰人（和威尔士人）最终形成了这种特别的、不寻常的巫师"密友"概念。这也许与他们对宠物的态度有关，这种态度让他们区别于其他欧洲人和苏格兰人。但这种结论缺乏可靠的证据。最终也许我们找不到这个问题的答案，除非能在世界范围内找到魔法和巫术信仰体系完全不同，并且信仰体系与政治、社会、经济和性别结构没有明显关系的民族来观察才行。就不列颠而言，近代早期英格兰和苏格兰人共同借鉴了中世纪晚期和更早的欧洲魔鬼观念，但却发展出了截然不同的变种，这些观念之后又随着时间的推移而进一步分化。这也许只是人类用以形成身份认同的一种方式。

结　论

　　正如本书在一开始所指出的那样，关于"巫师"，当代西方世界至少有四种不同的定义，值得强调的是，它们结合在一起就拥有了不寻常的力量，它们所包含的意义和情感也非常广泛。如今，巫师既可以被当成悲剧的受害者，也可以看作邪恶的化身。一种定义将巫师视为修习魔法或自称修习魔法的人，而将巫术看作某种魔法。这样的定义在好几个世纪以来一直发展和延续，它通常将魔法与邪恶和反社会联系起来，达到了抹黑魔法的目的。然而，在当今社会，巫术更多被视为修复型魔法，经常成为医疗的替代性方案，特别在康复领域。在这一方面，它融合了巫师和服务型魔法师的传统形象，有时又添加了"好"或"坏"、"白"或"黑"这样的词来区分两者，但通常用于剥除"巫师"这个词所附带的负面意味。第二种是以现代的概念来看待巫术，将它视为一种自然宗教，代表着女性主义、环保主义、人道主义，以及个人解放和自我实现的野性和绿色的精神，它建立在19世纪的学术基础之上，已经形成了一系列成功、有活力和（在我看来）完全值得研究的宗教传统。还有一种定义认为，近代早期的巫师审判本质上是一场男性对女性发动的战争。这一论断基于这样一个毋庸置疑的事实，即巫师的形象仍然是传统西方文化遗留下来的极少数独立女性力量的体现之一。

以上这些"巫师"的定义实际上都体现了某种将人们对于巫师的恐惧和仇恨进行剥除的"补救"的策略，而第四种定义，也许才是最基本的一种，即"使用魔法伤害他人的人"。通过对这种定义的集中剖析，本书试图让人们更好地理解这种形象的信仰根源以及在欧洲语境下的发展过程，这显然并不是为了唤回这种恐惧和仇恨，而是为了消除它。全球调查显示，虽然不是所有地方都存在巫师信仰，但在世界所有的人居大陆，在大多数人类社会中，都表现了类似的信仰。在许多地方，它们激起了强烈而致命的猎巫行动，甚至与历史上的欧洲相比都有过之而无不及。在当今世界，这依然是非常现实的问题，而且很可能正在恶化。从全世界来看，欧洲对待巫术的态度相当典型，但也有两个明显的特征：只有欧洲人才会把巫师看成邪恶的反宗教者，以及只有欧洲人代表了这样若干个复杂的民族，他们具有巫师恐惧和猎巫的传统，后来又在官方层面上自发停止了这种信仰。事实上，这两个特征在历史中出现得比较晚，也许我们最好将它们视为现代化进程的一部分，是科学实验精神的发展所带来的结果。撒旦巫师宗教形象的构建和由此产生的审判，代表了中世纪基督教神学的崭新而极端的运用，目的是保护社会免受新的严重威胁，并在宗教和道德上将社会净化到前所未有的程度。一旦威胁没有得到令人满意的证明，净化社会的努力没有带来令人信服的成果，就产生了对这种运用的厌弃。欧洲人发展出了另一种更激进的终极方案来解决巫术的威胁，那就是消除巫术信仰。

　　对巫术信仰所进行的世界范围内的调查具有一个显著的特点，即采集到的各地的信仰形式非常丰富，通常与不同的民族和文化相对应，有时能够形成大的区域传统，但更多的是各种意识形态体系的拼凑，没有哪一种形式与另一种完全一样。在古代欧洲和近东世界的任何一种可以通过幸存记录重建的文化中，都能发现相同的模式。这些古老的变体对后来欧洲的信仰体系产生了相当大的影响，主要是因为欧洲大陆占主导地位的宗教变成了基督教。这个由罗马帝国确立的宗教最初是一种西亚地区的信仰，它吸收了来自大西洋至印度河流域广大范围内各种文化的特征，它们对关于巫术的态度产生了至关重要的影响。它从波斯人那里获得了宇宙观，认为宇宙具有完全对立的善与恶两种神性，而巫师为邪恶的神性服务。从美索不达米亚人那里，它获得了对魔鬼的恐惧，认为世界上活跃着充满恶意的灵体，在人类中寻找同盟和受害者。从希伯来人那里，它获得了对全知全能的唯一真神的信仰。希腊人赋巫术以污名，将它定义为宗教的对立面，认为通常都是阴暗的小人在操纵超人类的力量和知识，以实现他们或雇佣他们的人的目的。罗马人则为巫师提供了情感色彩鲜明的想象，认为巫师都是邪恶的人，与邪恶力量相勾结，所行的都是非自然的、反社会的和杀人之事。他们还开创了大规模审判和处决魔法人士的先例。最后，他们还给中世纪基督教民间记忆留下了两种与巫术有关的古代夜间妖怪形象。罗马人留下的是一种像鸟一样的女魔形象，有时会与攻击小孩的人类巫师混为一谈。日耳曼人则留下了一种使用魔法的女性形象，她有时与其他人合作，榨干成年人的生命力，或者取出内脏，供其享用。

虽然希伯来人、美索不达米亚人和罗马人都恐惧巫术，并以巫术作为起诉的罪名，不过只有罗马发生了大规模、连锁反应式的魔法审判，而且只发生了两次，还相隔甚久。在世界范围内，根据目前的证据，古代欧洲和近东的民族对猎巫并不热心，希腊人虽然公开反对魔法师，还给欧洲人提供了后期巫术想象的要素，但他们似乎直到罗马时期才表现出巫师信仰，也似乎没有以魔法罪起诉过任何人。甚至连基督教也没有首先导致巫术指控的加剧。中世纪早期的基督教国家保留了对魔法的信仰，将大部分魔法与主流神学中的魔鬼紧紧联系在一起，并随时做好准备去惩罚那些因用魔法伤害他人而犯罪的人。另一方面，在中世纪的大部分时间里，并没有太多证据表明在欧洲的大多数地区发生了大量的巫术指控。事实上，中世纪早期的基督教教会人士似乎以三种不同的方式延阻了欧洲大陆大部分地区的猎巫行动。首先，他们对上述两种夜行妖怪的存在提出了质疑，这体现在他们制定法律防止有人因与这些形象有关而受到迫害。其次，他们非常注意强调他们的教会拥有击败和驱逐魔鬼的能力，而不是去强调与那些受魔鬼欺骗和与魔鬼结盟的人对抗的必要性。最后，个别教会人士还不时通过他们的著作和实际行动来质疑和防止以破坏性魔法的名义而对个体进行迫害。

然而，在古代地中海世界，有一个主要的国家和文化既不恐惧巫术，也不反对魔法，那就是埃及。事实上，它的某种神庙祭司团体能够受委托为一般民众提供魔法服务，所使用的通常是基于发展了几千年的魔法信仰和魔法方法的书面文本。当被纳入罗马统治之后，埃及人受到了罗马社会和法律中对魔法强硬态度的冲击，原先用以支持神庙和祭司团体的资源萎缩，埃及的魔法传统因此变得私人化了。因此，一种前所未有的高度依赖文字的精致的仪式性魔法就产生了，它通过文本和训练传播，用来满足委托人和魔法师本人的需要。其中一些特性很快就渗透进了希腊哲学和犹太、基督教文化中，也能在罗马帝国的异教的魔法物体中找到反映，同时还推动了埃及魔法师成为希腊和罗马虚构作品中的固定角色。它的一种主要特征是，很多仪式试图利用超人类力量来满足人类自身的需要，还试图（以埃及传统的方式）迫使神祇和次级灵体按照魔法师的意愿行事。希腊 – 罗马人认为魔法冒犯了神性的尊严，是对宗教的威胁，所以仪式性魔法直接与希腊 –

罗马人对魔法的贬低态度相对立，而且它还与整个罗马帝国官方对魔法师强硬的态度和法律规定背道而驰。因此，埃及魔法师在罗马帝国时期的希腊－罗马文学中受到敌视，而且引发了罗马帝国在4世纪中叶对仪式性魔法修习者的野蛮而广泛的迫害浪潮。

尽管官方持续反对，但在不同程度上，仪式性魔法依然在私下流传，在中世纪早期，它直接以文本形式传播到了犹太、希腊和阿拉伯文化中，并融入了犹太教、拜占庭和穆斯林的宗教思想，得到了延续和扩展。尽管一再尝试与宗教正统观念相适应，但它作为一种强烈的印记和世界性的反主流文化的传承，依然保留了古典时代晚期的特征，以主流宗教教育所不具备的方式向人类提供了某种获得权力和自我提升的可能性。从哲学、宗教态度和文本传播的角度来看，即便不是决定性的，也是一个强有力的证据，表明埃及很可能是整个传统的起源地。可以肯定的是，埃及是这一传统可能的来源中最重要的来源之一，而且几乎肯定就是最重要的来源。到了12至13世纪，当大部分来自希腊和阿拉伯的文本被输入和翻译引进，拉丁基督教世界才开始采用这种仪式性魔法。接着，一些拉丁基督徒以极大的热情接受了它的至少是某些特征，并迅速发展出了自己独特的版本。这个版本的基础是作为仪式标准场地的四分之一圆，以及能量最大的几何图形五芒星。他们还为保护星象魔法，特别是将它作为一种体面的魔法分支做出了努力，虽然最终失败了。而且到了13世纪，宗教正统对仪式性魔法的抵制发展了起来，导致了13世纪末对魔法的妖魔化。14世纪期间，由13世纪追捕基督教异端信徒发展出来的教会机构开始断断续续地将仪式性魔法作为打击的目标，并将它定义为一种异端的形式。这种"再定义"又将服务型魔法卷了进来，原因很简单，两种魔法形式的边界难以区分，经常交织在一起，受教育程度较低的大众魔法师有时会采用仪式性魔法的观念和主题，受教育程度较高的仪式性魔法师也能为委托人服务。结果，这两种魔法类型成了官方发动的一场始于 14 世纪70 年代中期，并一直持续到 15 世纪初的广泛的反魔法运动的打击目标。

以这场运动为背景，15 世纪 20 年代，撒旦巫师阴谋团体的刻板印象开始发展起来，它覆盖了从加泰罗尼亚到阿尔卑斯山西部，再到罗马的弧形区域，还通过与严守教规改革运动有关的修士布道活动传播开来。这立即造成了非常严重的公众恐慌，因为它促使当地民众将遇到的那些离奇的不幸遭遇，特别是孩童的早夭，都归咎于巫师阴谋团体的成员。酷刑催逼至少在某些地区能够带来招供，也反过来强化了刻板印象；同时，还立刻带来了一场至少在罗马帝国晚期后就再也没出现过的大规模的魔法审判。这种刻板印象是由好几个元素结合在一起制造的，一方面是民众对杀人巫术的强烈恐惧，一方面是当时正统拉丁基督教为了反对异端而塑造的恐怖的恶魔崇拜仪式的标准想象，另外，还混杂了古老的民间传说中的形象。在民间传说中有两个形象似乎影响特别大，一是地中海世界在夜间出没的杀婴女魔，一个是南日耳曼地区的食人巫师。

在讲述这个故事的时候，本书将古代欧洲和近东地区划分为不同的信仰体系，结合特定的文化及它们在对待魔法方式上的区别，提出了不同的观察和见解，否定了历史学家的一种观点：他们认为，用以塑造早期欧洲巫师固定形象的观念的主题来自史前泛欧亚大陆的"萨满教式"传统。对此观点的否定本身并不意味着以萨满教概念为基础的广泛的跨文化比较研究是无效的，因为在引导学者对欧洲、欧亚大陆或人类入迷幻想状态的本质进行广泛思考方面，这个概念可能依然具有重要意义。而且，考虑到近代早期欧洲巫师审判的性质，在研究中强调区域传统确实很有价值，它能帮助我们以北欧和东北欧地区各自独特的魔法实践和形象，以及近代早期猎巫的经验，来识别特定的萨满教和类萨满教的区域。在欧洲大陆边缘还可以分割出其他区域，它们都带有区域信仰传统的独特色彩，特别是地中海盆地北部边沿地区，该盆地以北的阿尔卑斯地区，以及辐射到的巴尔干半岛及多瑙河下游地区。还有则是不列颠群岛组成的区域，以及冰岛。与这些边缘区域接壤的是巫师审判的核心区域，在这里发生的审判数量最大，被处死的人数最多。尽管这里孕育着非常繁荣和多样的与夜行灵体世界有关的民间传说，但它们对当地民间巫术主题和传统的直接贡献微乎其微。即使在特征显著的边缘区域，这些传说通常也只出现在少数，而且往往是极少数审判记录中。一般来说，是某些特定时间特定地点的法庭记录让当地原本隐藏着的民间信仰显露了出来，而民间信仰并不能解释大多数审判。能够解释巫师审判的，应该是被一种精英们传播、被大众文化接受的，新的、几乎覆盖整个欧洲的巫术概念所推动和支配的观念。不过，在更长的时间尺度上的认识能够在两个重要方面揭示近代早期欧洲与巫师有关的信仰中的新事物。一方面在于，如果说微观上的地区民间传统在解释巫师审判的性质和发生率方面仅具有一些微小的重要性，那么宏观上的古代传统就能为与巫术有关的基本和一般观念提供坚实基础。其中包括了巫师和服务型魔法师的形象；对魔法力量的信仰，尤其是那些用语言和图像表达的对魔法的笃信；相信必然有一种能平衡伤害魔法的反制魔法，也许是魔法补救措施，也许是可以安抚和攻击有敌意的魔法师的魔法；认为宇宙间充满了灵体，有些天生恶毒，有些愿意接近和帮助人类；在夜里不友好地出没的都是特别危险的非人类体等。如果说撒旦巫师阴谋团体的建构是由中世纪晚期的特殊情况造就的，那么组成它的所有元素在古代世界的尾声就已经全部准备好了。而且，它已经与拉丁基督教共存了很长时间，形成了一种特别的结合，直到后来爆发出了杀伤力巨大的能量。

另一方面在于，长时段和跨地域的比较研究也许可以对近代早期巫师审判提供有趣的见解，其中包括时间尺度运用上的，也包括特定地区审判的性质和发生率方面比较上的。英格兰的三个案例研究可以说明这个论点。在每一个案例中，近代早期不列颠证据中的独特面貌——在某些审判，特别是苏格兰审判中出现的妖精形象，在凯尔特语言文化区的审判中却非常罕见，以及魔鬼"动物密友"在英格兰巫术档案中表现得很突出——都可以用这个方法来加以审视，并因此产生新的理解。对巫术进行全球语境的调查显示，世界各地的民族往往认为有些人间灵体会像不列颠妖精一样经常帮助，有时还会教导巫师和服务型魔法师。而这也的确是在近代早期不列颠所发生的情况。在苏格兰的巫师审判中的妖精是与服务型魔法师的联系的衍生物，当然也是与魔法的联系的衍生物，也就是说，不列颠对这类生灵的信仰从根本上来源于古代传统。然而，在审判中出现的那种特殊的妖精概念是中世纪晚期的产物。同样，全球语境的调查证明了，全世界有少数社会并不相信巫术，或者并不非常恐惧巫术，因为它们可以把离奇的不幸遭遇归咎于其他原因。本书认为，不列颠诸岛的凯尔特社会在近代早期猎巫行动中的活跃程度往往较低，并且，通过与威尔士和盖尔文化中的近代早期和现代民间信仰的比较研究，探讨了中世纪爱尔兰和威尔士的文学，似乎得出了这样的结论：凯尔特社会对猎巫的排斥确实根源于当地的信仰体系。"动物密友"与相信人间灵体能够化身动物的观念有关，有的也相信巫师有化身为动物的能力，这种观念在世界上许多地方，以及在古代和中世纪的欧洲都能找到。然而，它也与基督教中化身动物的魔鬼形象，以及这种形象与中世纪晚期撒旦巫师的联动有特别的关系。这似乎说明近代早期英格兰巫师的"密友"

形象在中世纪末期才出现。

如果这里所重构的近代早期巫师审判的背景是正确的，那就表明我们需要转变对于中世纪大众文化的研究方式，意味着流行文化是指特定社会中大多数人所拥有的信仰和习俗，它们与知识界和社会精英中产生和传播出来的大不相同。目前为止，特别是在处理那些可能对近代早期撒旦巫师的刻板印象的发展有贡献的大众传说的传统时，学者们往往还是倾向于跟随 19 世纪的惯例，认为它们是无法明确定义的过往异教的遗存。的确，上面所列举那些重要元素，当然植根于前基督教的古代，但它们在中世纪的时候都已经被"重写"了。长期以来，学者们一致认为，作为早期猎巫行动基础的崇拜魔鬼的巫师阴谋团体的概念是 15 世纪的产物。雅各布·格林构造了中世纪夜游灵体的概念，他还将其归纳为一种普遍的异教亡者崇拜的遗存。但本书认为，这个概念必须要加以拆分。比如，在格林的材料中可以找到对亡者悔罪队伍的想象，它很明显地源于 11 至 12 世纪时人们对灵魂归宿的关注，而且是以神职人员为模板塑造出来的。他在另一部分材料中提到了夜巡团体，特别是女性团体，活着的人也能参加，它们经常到住家访问并施以祝福，而且往往由一位超人类的女性作为领队。这一类团体似乎源自异教，但在资料似乎找不到证据可以和它们对应。即便它们真利用了古代的元素（至今依然无法证实），最终呈现出来的形式却依然明显是中世纪的。对它们与流浪亡者的描述一样散落在欧洲的大部分地区，后来逐渐融入一些民间故事中，产生了格林所描述的一系列复合性的传奇故事。同样，尽管近代早期不列颠对妖精的想象完全构建在古代传统中的土地灵体之上，这些灵体在英格兰和苏格兰低地地区被称为"精灵"，但在中世纪晚期转化出一种妖精王国的新模式，成为相关观念的核心。

与之类似地，相信灵体能够化身动物的观念也在世界范围内广泛存在，它是近代早期英格兰巫师的"动物密友"概念的基础，但没有什么迹象表明它曾在中世纪出现过，而且在现代民间传说中也缺乏广泛传播的痕迹，这说明它应该是在都铎王朝早期发展起来的，还借鉴了大量的中世纪晚期基督教魔鬼学的观念。它给中世纪和近代早期大众文化引入了非凡的活力、创造力和突变性，所产生的影响至少与它对于文学、精英文化的影响不相上下。以上三个案例所涉及的信仰，它们的特征没有一个是从封闭的民间自发生长起来的。夜间漫游的超人类夫人们，这个概念已经足够"乡土"，但最初人们称这些夫人为"狄安娜"或"希罗底"，这两个名字似乎是源于古典和圣经文本。不列颠民间妖精王国的概念，在很大程度上借鉴了罗曼司文学作品的内容，而英格兰"动物密友"的概念则来自社会上广为人知的对"化身为动物的魔鬼"的想象。

　　在中世纪各阶层都存在的创造性和突变性的文化肖像，呼唤着我们进一步质疑以前的学者将上面讨论的许多信仰都归为"异教的残存"的学术倾向，虽然这种倾向从19世纪发展起来并在20世纪的大多数时期依然强势。不过，将这些信仰归为"基督教"带来的特征，同样也是不恰当的，除非说的是广义上的基督教，毕竟秉持这些信仰的中世纪人至少在形式上显然都是基督徒。将所有中世纪精神性的表现都归为基督教和异教的对立，这本身就是狂热的中世纪基督徒发展出来的论战策略，旨在界定和维持正统的边界。这种策略对19世纪发生，并延续到20世纪的三场论战也同样具有吸引力。第一场论战是对基督教本身的攻击，它试图证明，即便是在中世纪这个基督教在欧洲占据统治地位，基督徒最虔诚的时期，基督教也只不过是精英的表象，而民众基本上仍然忠实于更古老的和更原始的信仰。第二场论战则是第一场的新教版本，重点在于证明罗马天主教在向中世纪民众传播福音方面尤其失败，甚至在某些方面激发了民众的迷信。而第三场论战则是颂扬物质文明和道德文明的进步。它特意将农村里的民众塑造成坚持过时和错误信仰习俗的人，深陷于无知的古典时代，主张教育和拯救他们。本书所提供的中世纪和近代早期文化的肖像，特别之处在于，它非常重视普罗大众发展新信仰的能力，这种能力与基督教关系不大，也不只是简单地保留了前基督教的观念。"夜游夫人"和妖精王国都是明显的例证。前者可能植根于古代概念，后者当然也是如此，但它们所采用的都是明显的中世纪形式。这两个例子都与基督教不相符，除非将它们彻底妖魔化，而民众往往没有合作的意愿，甚至在妖精传统中，连许多精英成员也不肯配合。然而，没有任何迹象表明，抱持这些信仰的人都认为自己是异教徒，或者把自己当成基督教以外的什么宗教的信徒：他们似乎平行地持有两种完全不同的宇宙观，相互之间没有任何冲突。事实上，那些想要消灭这些观念的正统神职人员和他们的世俗合作者始终都没有将这些人视为异教徒。不过，他们将这些人视作基督教异端和撒旦主义者，以符合基督教的框架。所以，依据以往的学术二分法将它们归为彼此对立的基督教或异教似乎并不合适。也许在更多信仰、更多种族，以及文化更多元的后基督教时代的西方社会中，我们可以发明一个新的术语来描述这一现象。

本书一开始提出的重大问题是，研究近代早期巫术信仰的形成以及由此产生的审判模式和性质，需要进行民族志的比较吗？以及，需要研究由书面文本所传播的和各地大众传统所传承的古代和中世纪早期观念吗？既有的答案繁多且复杂，而且往往不是这方面的历史学家以往提供的那些答案。尽管如此，本书对这一问题的总体回应仍然是肯定的：考察世界范围内相似的信仰，考察历史中这些观念和事件的根源，甚至去追溯历史本身，确实可以更好地理解近代早期巫术信仰和巫师审判。如果本书能够成功激发其他学者进一步探索，取得各自不同的成果，这比起书中所得出的任何具体结论都更有意义。

译后记

    我与巫结缘始于 2016 年。该年的万圣节前夕，"万有青年烩"团队想就这一主题录制一期知识类的节目，我接受他们的委托，主要负责介绍与巫师有关的内容。为此，我花了一个多月的时间，动手查找中文世界中关于这一主题的相关资料，并撰写了上万字的文稿。

    节目在万圣节前夜顺利播出了，从观众的反应来看还算不错，可作为参与者的我却像背上了一件沉重的包袱——太多的问题得不到解答。

    比如，同样作为掌握了超自然力量的人类，哈利·波特世界里的魔法师与《灰姑娘》童话里变出南瓜马车的神仙教母有何不同？又比如，非洲、拉美世界里的巫师和《指环王》里的白袍巫师甘道夫一样受人敬仰吗？在近代早期席卷欧洲大陆的巫师迫害又是怎么回事？

    这些疑问一直困扰着我。所以当广西师范大学出版社的编辑询问可否接手《巫师》这本书的翻译工作时，我与另一位对巫师文化极感兴趣、也是合作多年的文史领域作者汪纯老师马上就答应了下来。我们商定，由我负责翻译本书的致谢、题记、导言、结论及第一部分、第三部分的八至九章，汪纯老师负责第二部分及第三部分的第十章，为了保证译文的统一，最后由我做统稿工作。

    我们从未认为这是一项简单的工作，但它还是比我们想象的要困难太多。正如作者所言，本书涉及历史学和人类学等多个领域，既广泛引用了自埃及、美索不达米亚、希腊、罗马至中世纪、近代的大量文献，又采用了大量人类学家对世界各地各民族人群的研究成果，对巫师文化做了全方位长时段的扫描。它介绍了埃及法老、罗马皇帝、北欧人是怎么看待巫术的，也探索了魔法咒语、德鲁伊和家养小精灵的定义和来历，最重要的，它从文化、历史等多个层面追踪了近代早期欧洲大规模猎巫和巫师审判的过程，并做了可信的对比、分析和研判。对于读者来说，这是一本内容极为丰富的巫术文化博物馆，而对译者而言，则如同"误闯"了一座茫茫的黑森林。

幸好，在探索的过程中，国内业已引进的相关书籍提供了非常重要的指南。我们参考了基思·托马斯的《16 和 17 世纪英格兰大众信仰研究》、埃文思 – 普理查德的《阿赞德人的巫术、神谕和魔法》、弗里茨·格拉夫的《古代世界的巫术》、沃尔夫冈·贝林格的《巫师与猎巫：一部全球史》、罗宾·布里格斯的《与巫为邻：欧洲巫术的社会和文化语境》，以及米尔恰·伊利亚德的《萨满教：古老的入迷术》、卡洛·金兹伯格的《夜间的战斗：16、17 世纪的巫术和农业崇拜》等研究巫术文化的专业著作，以及与之相关的古代历史著作和民间传说文本。而王铭铭主编的《20 世纪西方人类学主要著作指南》、A. 曼古埃尔和 G. 盖德鲁培的《想象地名私人词典》，以及必要的人类学、宗教学词典等则在人类学史、宗教学和西方民俗传说文本的理解方面提供了巨大的帮助。

这么做的目的，最重要的是努力让我们的工作符合专业化的学术规范，避免让专业领域的学者和学生耻笑和诟病。不过，考虑到本书的受众群体，其中应该不乏那些对时下流行的文艺作品中的巫师形象感兴趣的读者，因此我们也尽量将译本做得通俗，并在必要的地方加入了译者注，提供一些背景介绍，降低阅读难度，增加可读性。

这本书的最后能够成功翻译出版，还要感谢许多提供无私帮助的友人，尤其是，本书的德文词汇有赖于在德国工作生活多年的好友林海、朱敏，中东欧词汇的拼读则求教了博学的南蔻，关于植物学的生僻知识则叨扰了顾有容老师。感谢本书的编辑曾威智、周丹妮等，让这本重要的书不至于被我们粗陋的翻译所损伤。可爱的王恰恰同学，这本书没能赶在你离职之前出版，但我猜拿到书的你也应该感到十分开心。

2005 年我在福建师范大学攻读世界史研究生。对于初窥学术门径的我来说，一切都显得那么茫然。我的导师，基督教研究专家林金水教授不仅以无比热情和耐心向我展示了宗教文化的精彩和学术的魅力，还非常信任地将"罗马密特拉教"这个选题交由我研究。十多年之后，当我在这本书中看到那段关于"密特拉教神秘仪式"的论述时，就如同见到了许久未曾谋面的熟人一般亲切。希望读过这本书的您，也会在某一天涉猎巫师题材的通俗文艺作品时产生和我一样的感受。

赵凯

2019 年 10 月 12 日

于福州飞凤山